南社中的醴陵人

醴陵市文学艺术界联合会／编

中国文联出版社

图书在版编目（CIP）数据

南社中的醴陵人 / 醴陵市文学艺术界联合会编. --北京：中国文联出版社，2025. 5. -- ISBN 978-7-5190-5929-3

Ⅰ. K825.6

中国国家版本馆 CIP 数据核字第 2025WM9668 号

编　　者	醴陵市文学艺术界联合会
责任编辑	于晓颖
责任校对	秀点校对
封面设计	肖华珍
版式设计	杰瑞设计

出版发行	中国文联出版社有限公司		
社　　址	北京市朝阳区农展馆南里 10 号	邮编	100125
电　　话	010-85923025（发行部）　010-85923030（编辑部）		
经　　销	全国新华书店等		
印　　刷	三河市龙大印装有限公司		
开　　本	880 毫米 ×1230 毫米　1/32		
印　　张	17.5		
字　　数	448 千字		
版　　次	2025 年 5 月第 1 版第 1 次印刷		
定　　价	75.00 元		

版权所有·侵权必究
如有印装质量问题，请与本社发行部联系调换

前　言

醴陵历史悠久，底蕴深厚。近代以来人文蔚起，乃文乃武，辈出有人，是近代湖湘人物群体的重要组成。南社是中国近现代史上产生过重要影响的资产阶级革命文化团体，南社湘集是南社解体后为延续其精神要义而组建的团体。以宁调元、傅熊湘、"南社三刘"、张汉英等为代表的一批醴陵人，曾活跃在这两个团体中，以诗文为武器，借诗文传心声。特别要指出的是，这些人物不是简单的诗人文学家，而是有着多种身份，或为职业革命家，或为军情谍报专家，或为平民教育家。如宁调元是职业革命家、辛亥革命的著名烈士；王芃生则是日本问题专家，长期从事对日情报工作，准确预判了"九一八事件""七七事变"以及"珍珠港事件"，是著名的谍报将军；左铭三是左权的叔父，长期资助左权，并从思想上影响了左权；而傅熊湘的身份更复杂，既是白话文的最早倡导者，是办过多种报纸的著名报人，又长期致力于乡土文化研究，是湖湘学术巨子，还是多地办学的教育家，晚年钟情古体诗文，捍卫传统文化，个人与时代的影响与冲突非常明显。这些人，在时代的浪潮里，在革新国民思想、反对封建专制、促进社会进步等方面发挥了积极作用。

《南社中的醴陵人》是介绍南社及南社湘集中的醴陵籍社员的首部著作。共搜集到醴陵籍南社诗人资料27份，醴陵籍南社湘集诗人资料25份，收集并选辑50位醴陵籍社员的诗文作品共700余首（篇），力求展示其艺术风格和人物历史成就。

一切历史都是当代史,南社的历史烟云已经散去,南社人物的身影已经模糊。我们试图还原历史,向世人展示这些人物的本来面目,但免不了会用现在的眼光,也就很难清晰而准确地恢复本来面目。然而,通过这些诗文,透过历史的沧桑,我们仍然可以感受到这些人物的气息和风骨。这是一群大写的人,一群令人敬重的人,一群不能忘记的人。

　　真心希望有更多的人关注和研究这样的历史人物。

编纂方案

一、书名

《南社中的醴陵人》

二、编纂目的

挖掘和保护地方经典文化资源,传承和传播南社精粹国学文化,彰显醴陵深沉和持久的文化自信力量。有利于加深人们对醴陵历史文化深厚积淀的认识,达到弘扬爱国主义精神、增进地域文化自信、提升地方综合实力等目的。

三、编选范围和定义

南社、南社湘集中的醴籍社员的生平和作品;南社、南社湘集中的醴籍社员定义为南社中的醴陵人。

四、书籍框架

(一)前言

(二)编纂方案

(三)凡例

(四)绪论

(五)生平与作品

(六)附录

(七)参考文献

(八)后记

五、资料来源

各出版社正式出版物、网络资料、社会资料（族谱）、口述整理资料。

六、行文

主要是生平卷，建议使用语体文，力求准确、简明、朴实、流畅；文字、标点使用标准、正确。

七、容量

合理安排作品选用数量，争取做到每一位入编者都有作品。

八、编纂要求

（一）生平部分

主要内容为人物图像、证书影印件、作品集照及影印附录，有故居或墓茔图片可插入，介绍文字。

1. 争取搜集到一人一像，一人一证（均可影印）。

2. 排序按姓氏笔画。

3. 称谓统一，规范术语用法。主要是：

①人物姓名。姓名、字、号、别号依次排列。如：傅熊湘，又名傅尃，字文渠，一字钝根，亦作屯根，号君剑，别号钝庵。

②人物生卒年能准确到月日的记录到年月日。人名后括注公元纪年。

如：王大桢（1893.1.17—1946.5.17）。

③人物或事件中涉及时间。1949年10月后的时间使用公元纪年；1949年10月前的时间使用历史纪年，括注公元纪年。如：民国元年（1912）。

④人物任职。1949年10月前在国民党政权任职，在职务前加"国民政府"。如：国民政府湖南省财政厅厅长。

⑤历史朝代。清王朝不称"满清政府"。1949年10月前国民党政权称国民政府。1949年10月后国民党政权称"台湾当局"。

⑥历史地名。历史地名后括注今地名。如：东堡乡（今沩山镇）。

4.人物简介，包括生卒年、字号、籍贯、入社时间、入社介绍人、入社证号、主要经历和代表著述。以记述为主，尊重历史，客观记录，对人物或事件不作评论。

（二）作品部分

1.选稿标准：以人定稿，思想性与艺术性并重，情志相兼。

2.选稿内容：诗、词、文、赋、书信、对联。

3.选稿数量：以人定文，力争每位入编者均有作品。

4.排序：按姓氏笔画。

5.作品在人物名下以"以类相从"原则，按诗、词、文（赋）、联的顺序排列。

（三）附录

1.与入编人士相关的事件记录或名人、亲友吊缅文章或记载。

如：宁太一　有国民政府追念烈士记载，于右任所书撰碑文。
　　傅熊湘　有湘中五子之一李澄宇撰碑文。

2.南社或南社湘集社员手迹。

3.醴陵籍人士关于南社或南社湘集且有一定文献或史料价值的文章。

4.知名学者关于醴陵籍南社诗人群体的研究文章。

（四）参考文献

期刊、著作、报纸、电子（网络）刊物或文章。应第一时间记录好参考文献的责任者、文献名称、出版地点、出版时间、出版者，如有必要可列出页面。

九、组成人员

（一）召集与统筹

成员：唐青柏　徐　峰　张　坚

（二）统筹与联络

成员：张训贻　赖福明　谢仁辉

（三）序言部分

成员：唐青柏　徐　峰　张　坚

（四）凡例、绪论、后记部分

组稿：谢仁辉　邬添奇　何开思

校审：唐青柏　徐　峰

（五）生平卷部分

组稿：谢仁辉　肖晓菲　何开思　刘嘉欣

校稿：谢仁辉　肖晓菲　张训贻　何开思　刘嘉欣

审稿：徐　峰

（六）作品卷及附录部分

组稿：谢仁辉　邬添奇

校稿：谢仁辉　邬添奇　何开思

审稿：徐　峰

（七）资料搜集

人员：谢仁辉　张训贻　赖福明　肖晓菲　何开思　邬添奇　刘嘉欣

《南社中的醴陵人》编纂组

凡 例

一、本书坚持以马克思主义为指导，遵循辩证唯物主义和历史唯物主义原理，客观记述人物生平、选辑人物主要作品。

二、本书记述地域范围，以历史资料所记载的醴陵行政区划为准。在记述历史事件、历史沿革时，遵从历史原称，括注今名。

三、本书框架按前言、编纂方案、凡例、绪论、生平与作品、附录、参考文献和后记为序设置。

四、本书人物生平包括人物生卒年、字号、籍贯、入社时间、入社介绍人、入社证号、主要经历和代表著述。以记述为主，尊重历史，客观记录，对人物或事件的记述原则上"述而不论""案而不断"。

五、人物作品的选辑在保证每位人物有作品选入的同时，以思想性与艺术性并重、情志相兼为标准，作品在人物名下以"以类相从"原则，按诗、词、文（赋）、联的顺序排列。附录部分以与入编人士相关的事件记录或名人吊缅文章或记载为主，以文字或图片形式体现，以及关于南社或南社湘集的相关探研且具有一定文献或史料价值的文章。

六、本书体裁以述、记、图、录为主，力求内容与形式统一。

七、本书人物排列以姓氏笔画为序。

八、本书采用规范的语体文、记述体，力求严谨、朴实、简洁、流畅，以第三人称记述。

九、本书纪年凡中华人民共和国成立以前的用历史纪年，应标示朝代、年号、年份并括注公元纪年，年份使用汉字书写，括注公元纪年用阿拉伯数字书写。中华人民共和国成立后，一律采用公元纪年，阿拉伯数字书写。非用农历纪月、纪日不可的，一律用汉字书写。

十、本书所记述的历史朝代和机构名称，清王朝不称"满清政府"；1949年10月1日前国民党政权称国民政府；1949年10月1日后国民党政权称"台湾当局"。人物任职和职官名称、典章制度、机构名称按当时称谓。外国侵略者扶植的傀儡政权及其官职冠以"伪"字。

十一、本书引述历史人物、事件时，凡带有封建统治阶级色彩及侮辱性的词语、称谓一律加上引号。

十二、本书所录影印资料和引用资料不另注明出处，统一在参考文献中列出。

目 录

绪 论 ... 1

生平与作品之南社部分 ... 37

卜世藩 ... 39
 答黄生问诗 ... 40
 吊宁太一墓 ... 41
 客华容和贺侠公晃 ... 41
 九日黄湖山作 ... 41
 伤乱四首 ... 42
 感事四首柬华容县长杨季猷等 ... 42
 戊午五月小住县节孝祠和约真四首 ... 43
 和钝根戊午生日 ... 44
 次韵和钝安游仙子岩观萧来凤梦碧泉刻石 ... 44
 游水帘洞感赋十二韵 ... 45
 黄潋根以诗相质次答五绝示之 ... 45
 和潘民讦 ... 46
 和唐次裴显度 ... 46

由灵归寺泛舟而归	47
酬邓瑞生兼柬李肱良	47
醉月楼宴集得陶字	48
民讦招饮梯云阁得细字	48
自题《韵荃精庐》	48
辛未清明行我道人以诗招饮次韵志感	49
黄生字说	49
未晚楼图跋	50
虬渊洞宋碑跋	50
题西山大岭背茶亭联	52
挽刘泽湘联	52
挽傅熊湘联	52
题渌江桥竣工庆典牌楼联	52
题醴陵城关镇南门麻衣庙联	53
民国元年行政厅春节对联	53
题长沙天心阁联	53
题醴陵圣帝殿联	53

马卓 54

长沙雅集通俗教育馆分韵得"教"字	55
南社雅集长沙枣园用壁间黄山谷《松风阁》诗分韵得"松"字	55
甲戌上巳妙高峰雅集得"山"字	56
长沙曲园甲戌重九雅集以陶诗采菊东篱三十字分韵得"鸟"字	56

挽傅熊湘联 56
挽袁家普联 57

王麟 58
挽袁家普联 59

王大桢 60
东京三乐书道会索书素拙于笔题此自嘲 63
红叶馆雅集有感 63
和二峰大司农韵 63
和咏士诗宗韵 63
和龙峰星使韵 64
和苹园诗伯韵 64
和翠云画伯韵 64
和天彭诗伯韵 64
和青崖诗宗韵 64
叠青崖翁和双溪大使韵 64
赠子因诗伯 65
清平乐·春日感事补序 65
相思儿令·夏日感事 65
鹧鸪天·胞弟莪生遇险得救并序 65
巫山一段云·海参崴感事并序 66
少年游·观李合肥书刻美总统格兰特墓碑 66
好事近·温哥华感事 66
清平乐·青岛接收周年纪念感赋 66

水调歌头·和刘雪耘弟原韵	68
金缕曲·丙寅暮秋将归国参加北伐新雨旧交聚饮于京都福合楼赋此留别	69
西江月·神户轮归沪有感并序	69
望海潮·感事并序	69
苏幕遮·日内瓦志怪用范仲淹体并序	70
青玉案·题梯云月刊柬民殊	70
醉高春·题傅抱石先生醉高春图	70
浣溪沙·闻故乡沦陷有怀而作	70
九张机·闲情用晁无咎体韵乙丑冬月于日本西京	71
江城子·题画船春恨图并序	72
《胶澳接收纪念碑铭》铭文	72
挽傅熊湘联	73
挽袁家普联	73
挽张自忠联	74

王启珵 75

调寄长亭怨慢·挽傅熊湘	76
挽傅熊湘联	76
挽袁家普联	76

文斐 77

春夜感怀	79
寄今希约真	79
赠王子剑仙归国	79

哭太一次狱中原韵	80
去国二首	80
月下怀钝根即寄	80
秋夜寄怀雪安并示式南湘芷羽翙树芬	81
感旧分寄叔容痴萍攘夷钝根诸友	81
寄怀惠湘季弟湘潭	81
攘夷汝沧过访喜作	81
题亚子分湖归隐图	82
柬式南	82
甲寅除夕	82
癸丑黄海舟中	83
再哭太一十首次约真韵	83
自题小照	84
丙辰九月追吊湖南先烈	84
南社同志雅集枣园分韵得"梧"字	85
再赋一首奉赠钝安	85
狱中八首	85
自南宁返粤舟中偶书	87
楚侠同行有诗见赠即答	87
友人索阅近著书此作答	87
己未除夕吊亡海上	87
庚申元旦	87
兰皋县长有伤醴陵兵燹之作倚韵奉和	88
长沙赐闲园甲子重九雅集分韵得"天"字	88
癸酉元旦试笔用练人原韵并陈素生子后麓生云盒	88

钝安写孤松行见赠奉答一首	88
家严慈七十双寿征文启	89
挽袁家普联	90
挽黄兴联	90

文斌 91
挽傅熊湘联	93
挽卜（卜世藩）母吴氏太宜人联	93

文启蠡 94
光宣之际都中杂咏	96
甲寅冬日感怀依韵和河葛在廷	96
革命军既破南都余来朱熙营中襄办军务感赋	97
题雪安小照	98
南社长沙琴庄雅集分得"年"字	98
题约真蕉窗忆昔图	98
海上呈汪幼安先生	98
戊午六月余生四十矣时醴经兵燹邑市为墟余与钝安芸厂今希诸君处残城商办善后事宜俯仰身世感赋二律	99
己未北游杂诗	99
入都和袁雪安送别四首	100
题梅画	101
春夕叔容招饮迈南即席有作依韵奉酬	101
感事六首	101
梅谷假归以诗为别赋此酬之	102

题四川秀山县还鹤楼联	102
弥留际自题联	102

宁调元 103

梅	105
拟古	106
感怀四首（选其二首）	106
哭陈君天华	106
丙午冬日出亡洞庭舟次（选其一首）	106
丙午被捕作于巴陵县署	107
美人蕉歌酬唐谢二君	108
吊秋竞雄女侠	108
赠约真	109
古别离（选其一首）	109
书愤用陆剑南韵	109
九日奉和楚狂用文相国韵	110
感事	110
柬哀蝉	110
夏日杂感四首	110
书感	111
感事一首病中作	111
柬天梅嘉兴次其韵	111
粤东感赋	112
无题四首（选其两首）	112

王君衍约作北郭昌华之游同黄晦闻李茗柯蔡哲夫潘致中即席次韵答哲夫	112
游白云归感赋并柬同游诸子（选其三首）	112
武昌狱中书感	113
秋兴用草堂韵（癸丑武昌狱中）	114
秋兴再叠前韵（选其两首）	114
秋兴三叠前韵（选其三首）	115
秋兴四叠前韵（选其两首）	115
用东坡狱中遗子由韵寄约真长沙	116
感旧，集定庵句十二首（选其五首）	116
冬日杂咏，集杜八首（选其四首）	117
海上次韵答天梅	117
柬蜕庵三什	117
青玉案·答钝子	118
满江红·戊申二五初度（选其一首）	118
江城子·端阳日牧希芾生约真钝子携酒肴聚饮于此赋此志影	118
大江东去·酬哀蝉题南幽百绝句	118
苏幕遮	119
忆秦娥·伤别词十阕	119
清平乐	120
一剪梅·出狱日作	120
明月生南浦	120
河传	120
醉太平	121

八六子	121
忆少年	121
长亭怨慢·落花	121
满江红·再用前韵答今稀	121
贺新郎·次韵和蜕盦《题红拂墓》，与今稀同作	122
蝶恋花·用前韵答哀蝉	122
霜天晓角	122
桂枝香	122
天仙子	122
柳梢青·除夕	123
满江红	123
满江红·次韵答钝子见和书感之作	123
浪淘沙·次韵答哀蝉	123
桃源忆故人·感怀	123
朝玉阶·为楚狂题小照	124
鹊踏枝	124
芳草渡·游侠	124
《南社集》序	124
自祭文	125
鸽儿墓碑记	126

朱沃 127

度晒经关	128
赠玲珑馆主	128
黑龙江留别	129

- 南社长沙雅集得"赋"字 … 129
- 斋居杂咏六首 … 129
- 秋感步瘦香君韵并质慕美庚侬二君四首（选其二首）… 130
- 红薇感旧记为钝安作二首 … 131
- 读贾子 … 131
- 挽刘建藩联 … 132

朱德龙 … 133
- 我所思 … 134
- 中秋无月感赋 … 134
- 长沙琴庄雅集分韵得"上"字 … 135
- 题丙穴摩崖石刻 … 135
- 先祖妣朱母钟太夫人状 … 136
- 希夷斋诗存序 … 137
- 挽袁家普联 … 138

刘谦 … 139
- 哭太一诗 … 141
- 哭太一诗后十首 … 142
- 题亚子分湖归隐图 … 143
- 到长沙感赋 … 143
- 叠韵答天梅见赠 … 144
- 次韵钝根 … 144
- 题天梅变雅楼三十年诗征即次其自题原韵 … 144
- 送李石年张慕先入京 … 144

中秋过钝根望月不见	145
寄友人北京同钝根韵	145
奉和钝根生日诗	145
题环中集集为钝根与其徒课余游环中作	145
梯云阁分韵得"春"字	146
读王莽传	146
为石予题近游图并丐石予画梅	146
同钝根韵寄醉庵	147
避乱萍乡次酬瑾珊	147
答瑾珊见赠原韵	147
杂诗十首	148
戊午中秋对月寄怀友人	149
戊午除夕	149
题钝安西泠撰杖图	149
甲子重九南社雅集长沙赐闲园分韵得"长"字	149
哭天梅	150
次韵粤中社友上巳见寄	150
哭钝安十首	150
李行我以清明日宴余与黄芥沧王澍芝何浴沂及余侄雪耘于曲园即席有作依韵和之	152
访少樵	152
蝶恋花·花朝大雨竟日	153
与傅钝根书	153
亡妻顾孺人事略	154
挽姻亲联	157

刘师陶 158

- 夜泊株洲 159
- 次韵钝根闻韩事有感 160
- 题亚子分湖归隐图 160
- 定王台 160
- 题太一小照乙巳日本作 160
- 哭太一十绝和约真韵 161
- 乙卯重九四十初度感赋 162
- 阅报见筹安会宣言书戏作 162
- 题傅钝安红薇感旧记 162
- 书钝安废雅后 163
- 闻约真有断弦之戚诗以唁之 163
- 送溟湘两儿入钝安所设醴泉小学 163
- 南社长沙赐闲园雅集分韵得"霞"字 164
- 登祝融峰观日出 164
- 哭今希 164
- 送粹劳之京即用其留别韵 165
- 题廖公侠百丈村寄庐图 165
- 株萍车中感赋 165
- 甲戌上巳南社长沙妙高峰雅集分韵得"天"字 166
- 调笑令·闲情 166
- 挽袁家普联 166

刘泽湘 167

- 玉娇曲为钝根作 168

题柳亚子分湖归隐图 169
哭太一十首次季弟韵 169
青囊歌为王君纾青作 170
梯云阁分韵得"梯"字 171
哀荆南 171
题约真戌午集 172
题石予近游图 172
次哲夫韵一首 173
题十眉鸳湖双桨图集梅村句 173
过西山辟支生墓 173
访钝安王仙馆中 174
次钝根兄赠韵时过王仙馆中 175
长沙赐闲园甲子重九雅集得"色"字 175
水调歌头·次雪儿中秋对月感怀原韵 176
蝶恋花·次雪儿韵 176
满江红·有感于临城匪祸,次雪儿韵 176
望江南·青岛聊居作 177
钟宝堂先生传 177
与柳亚子书 178

刘鹏年 180

雨霁 181
有感 181
秋怀 182
吴淞秋感四首 182

十八岁生日杂感十首	183
哭太一先生和季父原韵十二首	184
莲花落	186
有马	186
送愁曲并序	186
秋柳六首	187
乙卯十月既望为余十九岁生日赋绝十九首自寿	187
感事六首	189
侠	190
乙卯除夕二首	190
题家叔戊午集四首	191
寄酬钝安师	192
读骚	192
明湖棹歌	193
明湖棹歌后十首	194
长沙天心阁雅集得"上"字	195
桂林旅次适先太父冥诞怆然赋此	195
哭碧柳六首	195
拟古	196
临江仙	197
卜算子·用忆云词韵	197
醉太平·养病申江医院二阕	197
浣溪沙六阕	198
蝶恋花·欧会闭幕倚此志悲	198
浣溪沙	198

扬州慢·申江夜发依白石韵	198
大江东去·青岛岁暮遣怀	199
鹧鸪天	199
清平乐·题钝安师西冷撰杖图	199
蝶恋花·感事	199
点绛唇	200
烛影摇红·咏泪	200
水调歌头·甲子客济南中秋对月感怀	200
转应曲三阕	200
八声甘州·和碧湘词人重九社集韵	200
迈陂塘	201
水龙吟·自题鞭影楼图,长沙李行我先生绘	201
湘月·题李洞庭先生所藏康南海遗札墨迹	201
庆春泽·雨夜	202
疏影	202
雨霖铃·感事用屯田韵	202
水调歌头·题洞庭先生未晚楼图	202
望江南·题长沙临湘八景图	203
卜算子二阕	203
菩萨蛮·五阕录三	204
金缕曲·闻卢沟桥战讯	204
水龙吟·悼佟副军长麟阁赵师长登禹	204
满江红·用岳王韵	204
水龙吟·麓山红叶	205
水调歌头·丙辰孟冬月五十自寿作于金陵	205

水龙吟·辛亥海上作	205
南浦·题钝安先生遗墨	205
祭蚕文	206
殇女楚兰圹铭	207
挽傅熊湘联	207
挽袁家普联	208

阳兆鲲   209

蓄髭后自题小影	210
茹茶	210
感事	210
南都感怀	211
辛亥生日感赋	211
夏日闲居	212
读史杂咏	212
不能	213
戏作	213
客景	213
感近事赠亚子	213
剑华见赠醉吟梦作二首次韵酬之	214
次韵酬剑华	214
亚子以哭赵伯先诗见示读之益触予隐痛依韵补赋二首	215
叠韵二首	215
养生	215
哭杨笃生	216

秋夜叹　　　　　　　　　　　　　　216
　　题钝剑花前说剑图　　　　　　　　217
　　亚子近来海上见示别内室中有七日为期之句而予离家
　　　　且十稔矣劳燕天涯日归未得孤灯风雨益触愁肠因
　　　　次其韵赋此以遣之　　　　　　217
　　中秋前一夕同钝安梦蘧海上作　　　217
　　中秋　　　　　　　　　　　　　　218
　　次韵和石子留溪雅集图题句　　　　218
　　海上放歌与钝剑联句　　　　　　　218
　　有感　　　　　　　　　　　　　　219
　　步可生剑华挥孙道非楼外联句韵　　219
　　归自岭南留别醒公　　　　　　　　219
　　剑华叠前韵见赠倍数酬之　　　　　219
　　自题小影示同社诸子索和　　　　　220
　　挽周实、阮式烈士联　　　　　　　220

李隆建　　　　　　　　　　　　　　221
　　挽傅熊湘联　　　　　　　　　　　222

张汉英　　　　　　　　　　　　　　223
　　日本纪胜绝句四首（选其三首）　　224
　　过小姑山　　　　　　　　　　　　225
　　哀江南八首　　　　　　　　　　　225
　　上参议院书（摘录）　　　　　　　227

罗剑仇 228
    感春 229
    南社雅集长沙枣园用壁间黄山谷《松风阁》诗分韵得"之"字 229
    挽陈其美联 229
    挽黄兴联 230

钟藻 231
    戊寅中秋日夕警报三作感赋排律廿一韵 232
    次韵和粹劳游红拂墓 232
    四十初度时客汉皋 232
    宜城杂感次泣歧韵 233
    题红薇感旧记集义山句 233
    满江红·送春海上避地作 233
    如梦令·秋闱三首 233
    联一副 234

袁家普 235
    过刘其营马上踏青 237
    和何浴沂五十生日 237
    寄题渌江桥即赠陈君盛芳 237
    游金蕉山 237
    明妃墓 238
    汤山温泉 238
    秦淮父女重逢喜赋 238

登泰山	238
题记泰山石刻	238
高公纪念碑	239
永清县署进思堂联	239
挽傅熊湘联	240
挽黄兴联	240

黄钧 241

落梅	242
次韵和钝根《闻韩事有感》	242
乙酉长沙寿钝根	243
生日自寿并寿旭芝	243
舟入洞庭有怀	244
望君山	244
过黄牛峡	244
夜泊青滩	244
峡中遇风欣然有作	244
锦城纪游九首	244
夜泊嘉定望东坡读书楼有感	245
涂山咏怀	245
题钝剑花前说剑图	246
生日感事	246
金陵访杨烈士卓霖墓阻雪不果	246
题痴萍庚戌菊隐图	246
新年感事	247

落梅二首	247
题钝根红薇感旧记	247
怀海上诸友	248
题亚子分湖归隐图	249
于临武县署营栩园成寄钝安并报菱兰著花之喜	249
南岳八首	250
长沙琴庄雅集分韵得"世"字	252
西湖杂咏之登宝石山	252
西湖杂咏之法相寺瞻	252
水龙吟·夜游哈同花园筹赈游览会	253
点绛唇	253
眼儿媚	253
如梦令	253
醉太平	253
菩萨蛮	253
邹砚农遗稿序	254

傅道博   255

甲戌残冬有沅陵之行将别长沙书示内子潆霓	256
沅陵除夕	256
乙亥九月四十初度	256
题沅江县署子民堂壁有序四首	256
丁丑上巳南社同人雅集长沙妙高峰南轩图书馆 以朱晦庵张南轩两先生卷云亭诗分韵得"君"字	257

水龙吟·长沙曲园甲戌重九雅集以陶诗采菊东篱下三十字
    分韵得"见"字 258
浣溪沙（集句） 258
菩萨蛮 258
忆江南·题亚子分湖归隐图 258
误佳期 259
绿意·自题蘼芜阁 259
菩萨蛮 259
菩萨蛮 260
菩萨蛮 260
高阳台·自题万木楼 260
陂塘柳·题哲夫画赠《高柳水堂图》 260
醴东傅氏二修族谱序 260

傅熊湘 262

夜吟寄钝剑 265
过汨罗 265
题自书《精神一到何事不成》横卷 265
今古 266
吴门作 266
赠柳亚子 266
为亡友宁太一辑武昌狱中诗竟因题其后述哀 267
检陈蜕庵旧作赋此述哀 267
次韵答今希见过王仙馆中留别八首 267
梯云阁同万里今希约真芸庵分韵得"台"字 269

雪中行	269
南北议和将始与湘芷赴沪为醴告灾发长沙次湘芷韵	269
撰醴陵兵燹纪略缀以一绝	269
癸亥元旦	270
长沙琴庄雅集分韵得"中"字	270
瓷经	271
虾夷字	272
喜汉元至	272
二年元日自题《长沙日报》	273
春雨谣	273
后醉歌行戏赠约真	274
登石笋山作	274
寒夜被酒,归走林薄间,长歌破寂,因及亚子所为酒社诗。既归,篝灯倚醉,走笔和之,次原韵尽六首	275
雨望大屏	276
乡谈小乐府四首	276
稿人行	277
半淞园见玉兰盛开	277
书事四首选二五月十四日和议再停	277
闰五月九日西山看雨	277
和适之赠别一首	278
送黄兴蔡锷殡归麓山	278
高阳台·登长沙城	278
桂枝香·中秋感怀示觉子	278
浣溪纱·山庄晚眺	278

蝶恋花·感事次利贞韵	279
贺新凉	279
南浦月·怀绩溪胡适之洪骍	279
浣溪纱	279
踏莎行·新中秋时方有日俄新约之耗	279
醉花阴	280
满江红·海上同痴萍阿琴作	280
踏莎行·壬子又新秋	280
水调歌头·痴萍邀饮赋赠	280
卜算子·次雪耘韵	280
点绛唇	281
江城子·己酉五月五日与牧希茋生约真携酒饮太一狱中太一赋词见示次韵酬之	281
水龙吟·海上旅怀	281
水龙吟·乙未海上作	281
点绛唇·途中所见	281
误佳期·闲情用旧韵和雪耘其二	282
罗敷媚	282
菩萨蛮	282
蝶恋花	282
蝶恋花	282
水调歌头·游虎丘	283
水调歌头·九月十一日邀蜕盦登麓山	283
水调歌头·题画《杨柳依依人访船》	283
浣溪纱	283

蝶恋花·七夕	283
疏影·题高天梅红楼梦影图	284
崂山四景词	284
《南社丛选》序	285
红薇感旧记	287
答公侠书	288
无题联	289
赠柳亚子对联（现存柳亚子纪念馆磨剑室）	289
挽浏阳刘蔚庐人熙联	289
挽邓云鹏妻联	289
贺吴恭亨六十寿联	289
题醴陵望章楼联	289
题醴陵石笋山雨母庙联	290
题醴泉小学联	290

谭觉民 291

南社雅集长沙枣园用壁间黄山谷《松风阁》诗分韵得"今"字	294
墨经长笺序	294

潘昭 296

潘世谟 298

王仙学舍呈钝安先生	299
读项羽本纪	299
燕	299

蚕	300
孤愤六首	300
题亚子分湖归隐图	300
滕家堡偶占	301
题哲夫画途中野屋图	301
题哲夫画洞天福地美人图	301
次韵答醉如见寄	301
晚眺	302
同学晚憩小丘	302
题醴陵湘东中学联	302
游三狮记	302

生平与作品之南社湘集部分　　305

文广璜　　307

南丰营次偶书	307
秋夜	307
兴国营次题壁	308
回忆	308
哀江西	308
雩都营次书感	308
和家君	309

左纪勋　　310

长沙妙高峰南园甲戌上巳雅集分韵得"气"字	310

长沙曲园甲戌重九雅集以陶诗采菊东篱下三十字分韵得
　　　"悠"字　　311
　　挽袁家普联　　311

左铭三　　312
　　渡洞庭　　313
　　客居庐山日照峰彭无恙寄庐　　313
　　黄龙寺　　313
　　庐山　　313
　　桐冈老人作玉带园灵幻龟纹石记征诗成怅见赠赋答　　314
　　国庆日感赋　　314
　　游镇江公园步至赵公伯先祠望金焦二山　　314
　　浦口轮渡　　315
　　中秋望月不见　　315
　　偕李君树华游焦山　　315
　　游金山　　316
　　镇江伯先花园　　316
　　忆西湖　　316
　　游滁州琅琊山　　317
　　小孤山　　317
　　金陵杂咏选五　　318
　　打滩　　318
　　丁丑上巳南社同人雅集长沙妙高峰南轩图书馆
　　　以朱晦庵张南轩两先生卷云亭诗分韵得"遐"字　　318
　　灌云县少女马秀兰愤匪犯绥远未能杀敌投身新铺自杀

匡弼 320

甲子重九赐闲园雅集因事羁不克赴召诗以报之 320
钝安以所著离骚章义见赠诗以报之 321
题钝安西泠撰杖图并寿尊翁润荄六十 321
乙丑上巳醴陵雅集得"竹"字 321
题红薇感旧记二首 322
黄山谷题澹山岩诗刻跋尾 322

匡怀瑾 323

登天心阁 323
丙子重九雅集得"时"字 324
记得六首 324
感事寄沈阳故都诸友 326
闻敌降感赋 326
田间杂兴六选二 327
过剑欧师长故宅见钝师遗容并四十七岁生日
    感赋三律谨步原韵哭之 327

朱可 328

乙丑上巳醴陵雅集得"俗"字 328
如梦令·忆红词 329

朱师海 330

奉报钝安即题《红薇感旧记》三首 330
挽傅熊湘联 330

刘声铿 　　331
乙丑九日妙高峰雅集得"重"字 　　331

刘德龙 　　332
奉题钝安师西泠撰杖图 　　332
挽傅熊湘联 　　332
挽袁家普联 　　333

汤超举 　　334
甲子重九赐闲园雅集分韵得"落"字 　　334
乙丑九日妙高峰雅集得"阳"字 　　335
挽傅熊湘联 　　335

许德彰 　　336
重建宗祠告竣喜而有作 　　336
醴陵县考 　　336
啾香憩亭碑记 　　338
南城起元塔序 　　338

许德彬 　　341

阳名传 　　342
渌江桥望月 　　342
丙寅上巳·南社醴陵雅集分韵得"寅"字 　　342

何元文 ... 343

- 题爱晚楼丛书集句 ... 344
- 丁丑上巳长沙妙高峰南园雅集得"心"字 ... 344
- 丙子上巳雅集得"游"字 ... 344
- 长沙天心阁乙亥上巳雅集分韵得"风"字 ... 345
- 恭祝彭少湘先生重宴鹿鸣并九秩大庆诗 ... 345
- 乡贤刘师陶先生事略 ... 346
- 祭邱科长皈三先生文 ... 348
- 薰风亭记 ... 348
- 天心阁联 ... 349
- 挽邱皈三联 ... 349
- 挽傅熊湘联 ... 349
- 挽袁家普联 ... 349
- 挽李隆建联 ... 349
- 长沙天心阁薰风亭联 ... 349

张庆云 ... 350

张翰仪 ... 351

- 奉题钝安师西泠撰杖图 ... 352
- 癸亥九日衡阳军次阻雨 ... 352
- 岳阳楼 ... 352
- 乙丑上巳长沙雅集分韵得"社"字 ... 352
- 题湘阴李麓如先生《寒江独钓图》 ... 353
- 酬衡州左云墩先生依见赠原韵 ... 353
- 过王船山墓 ... 353

赠友芝 354
湘西草堂题壁 354
答陈瘦愚同社书 354
重修王船山湘西草堂记 354
重修衡阳石鼓合江亭记 355
沅湘耆旧集续编自序 356
题湘乡镇湘楼联 358
题炎帝陵联 358
挽袁家普联 358

陈芬 359
挽傅熊湘联 359

陈玄一 360
安排 360
秋夜偶成 361
送春 361

陈叔渠 362
过华园旧址 362
泰山绝顶题壁 363
自题小照 363
向西驿 363
春夜闻莺玄武湖作 363
都门晤公侠 363

扫叶楼题壁 364

　　元宵病中感赋四首 364

　　江湾索居 364

　　与怪愚夜坐 365

　　满江红·秋感十六年客广州南岛作 365

　　唐代两大诗人的风义感及其他 365

陈粹劳 371

　　杂感 372

　　和友韵 372

　　独坐 373

　　立秋夜作 373

　　出狱后遁迹穷乡索居无俚有感于中作此以遣用宁太一先生
　　　　丙午冬日出亡韵 373

　　偶成 373

　　武昌客次 374

　　杂感 374

　　乙丑九日南社长沙妙高峰雅集分韵得"重阳"二字 374

　　南寻道中闻上海中日战起 375

　　秋日西山杂诗 375

　　感事 376

　　庐山作 376

　　过洛阳作 377

　　出潼关 377

陪从张委员长溥泉邵主席力子夫妇朱主席一民暨朱译民张西曼龚贤民张剑雷诸先生谒茂陵言念时艰缅维前烈不禁感慨系之	377
霍去病墓	378
李夫人墓	378
谒杜公祠	378
终南山五台眺望	378
九日长安作	379
谒傅钝师墓	379
乙亥九月四十初度	380
南京鸡鸣寺晚眺	380
感事（1948年12月登明孝陵）	380
受命参与修订《辞源》工作衰陋滥竽深虞覆悚赋此抒感	380
游状元洲并访醴陵文化馆	380
离亭燕	381
苏幕遮	381
双双燕·洞庭先生得湘绮翁所书邓弥之题桃花燕子图属题	381
浪淘沙·一九七五年建军节	381
清平乐·送夏承焘先生并归	381
挽傅熊湘联	382

罗洁纲　　　　　　　　　　　　　　　383

清明后一日游龙洞作	383
忆江南	383

浣溪沙·次雪耘韵 383
鹧鸪天 384
湘月·明湖残荷 384

陶广 385
王阳明墓碑文 386
国民革命军第四路军干部教导总队《教导周刊》民国廿一
　元旦贺词 387
挽傅熊湘联 387
挽袁家普联 388
挽李（李宗仁）母刘太夫人联 388

傅霖 389
垂钓 389
挽袁家普联 389

谢植黄 390
甲子重九赐闲园雅集分韵得"飞"字 391
长沙曲园甲戌重九雅集以陶诗采菊东篱三十字分
　韵得"忘"字 391
挽傅熊湘联 391
挽袁家普联 391
挽曾元高联 392

廖公侠 393

 游红拂墓 394
 挽高天梅 394
 秋夜 394
 题钝安先生《西泠撰杖图》 394
 离京赴粤留别玉书若筠 395
 乙丑上巳醴陵雅集分韵得"话"字 395
 寄怀钝师灵隐寺 395
 过安庆 396
 到秣陵访邦式达存不遇民生报亦被封途中感赋 396
 客思 396
 登豁蒙楼 396
 次叔渠豁蒙楼韵 396
 游西山吊红拂与郭天保墓 397
 登高 397
 己巳除夕 397
 端午感怀 397
 先妣墓铭 398
 节妇刘孺人传 399
 百丈村寄庐记 400
 挽傅熊湘联 400
 挽袁家普联 400

潘毅 401

 山居回文 402

宿梯云阁夜题壁 402
梯云阁宴集侍钝师作得"务"字 403
孙中山先生诔 403

附　录 405

宁太一纪念碑碑文 407

宁烈士太一传 409

傅钝安墓志铭 412

祭张汉英文 414

回忆先父文湘芷的一生 416

刘约真先生事略 423

左权给叔父左铭三的信 426

《柔仲文存》叙 428

浅说南社、南社湘集和醴陵南社成员二三事 430

忆先父文斐参加辛亥革命事迹 440

何元文事略 445

陶广传略 450

论南社中的湖南醴陵诗人 458

《南社诗人群体研究》节选 472

南社与驱张运动——从《天问》说开去 488

参考文献 501

后 记 508

绪　论

一

《南社中的醴陵人》是一本客观记述"南社醴陵人",针对其生平,选辑其主要作品的普及性读本。我们把"南社醴陵人"定义为南社、南社湘集中的醴陵籍社员。试图通过挖掘、整理和保护"南社醴陵人"这一文化群体、文化资源和文化遗产,达到弘扬爱国主义精神、增强地域文化自信、提升地方综合实力等目的。

二

千年瓷都,五彩醴陵。

醴陵位于湖南省东部,地处罗霄山脉北段西沿、湘江支流渌水流域。初唐宰相房玄龄在《题醴陵屏山寺吴楚古刹碑》中写道:"远瞻昆仑,近缀衡庐。南通闽广,北达荆吴。"可见醴陵的地理区位非常优越。醴陵自东汉建武十三年(37)正式置县,此后始终没有更改县名。中华人民共和国成立后,醴陵县先后隶属于长沙行署、湘潭行署,1983年划归株洲市管辖,1985年撤县设市,是为醴陵市。

醴陵有深厚的传统产业与传统文化积淀。早在东汉时期,境内就有成规模制作生活用瓷和硬陶器的传统。这里还是花炮祖师李畋的出生之地,因为盛产陶瓷与花炮,在国内外享有相当高的知名度和影响力,有着"中国陶瓷之都""中国花炮之都"的美誉。南宋时期,朱熹、张栻、吕祖谦等相继在醴陵讲学传道,此后莱山、昭文以及西山、超然、江东、近思等书院相继建立，特别是渌江书院，王阳明曾先后两次在此讲学，左宗棠曾担任书院山长，深耕经世致用之学。

产业与文化的发展，促使人才的不断涌现。南宋吴猎、杨大异、皮龙荣、丁应奎等名臣继起，明清唐寅、丁淑、汤信、罗如钊等俊彦辈出，成为士子学人中的佼佼者。直至近现代，千年古邑再次涌现出一大批仁人志士，有以武救国的革命将士，有以文醒世的文化精英。其中以宁太一、傅熊湘、"三刘"（刘泽湘、刘谦、刘鹏年）、张汉英等为代表的一代"南社醴陵人"，以"愿播热潮高万丈，雨飞不住注神州"（宁太一《感怀四首》之三）的豪情壮志，书写了"风云双手开天地，道义一肩并古今"（傅熊湘《夜吟寄钝剑》）的家国情怀与热血担当。

三

南社，是一个在中国近现代史上产生过重要影响的资产阶级革命文化团体。

南社于清宣统元年（1909）在江苏苏州成立，发起人是柳亚子、高旭和陈去病，宁太一、傅熊湘也参与了创立工作。南社受孙中山先生领导的同盟会影响，取"操南音，不忘本也"之意。宁太一在《〈南社集〉序》中说："钟仪操南音，不忘本也。"傅熊湘在《〈南社丛选〉序》中则说："社中方以激励国人为帜志，又尝胁于清吏之罗织，则廋其词、隐其旨，以求抒其志之所郁结。"

南社早期的很多社友是同盟会会员，他们以诗文鼓吹革命、反映民声、唤醒国魂。柳亚子在《我的诗和字》中说："文学是宣传的利器，诗文并重，效力很大。这样，我的诗不是文学的革命，而是革命的文学了。"南社有"同盟会的宣传部"之称，因为它提倡民族气节，反对清王朝的腐朽统治，支持资产阶级民主革命，为辛亥革命做了重要的舆论准备。

辛亥革命胜利后，南社内部矛盾日益凸显。自1917年开始的对唐宋诗之争演变为对"同光体"的激烈论战。文史专家郑逸梅先生说，"唐宋诗之争，是封建的旧思想和革命的新思想之争"，"是民族矛盾和阶级矛盾所引起的"，"终于搅散了南社的道场"。1923年10月，直系军阀首领曹锟贿选南社成员，这一事件直接导致了南社的解体。

南社解体后，1923年10月，"新南社"在上海成立，柳亚子当选为社长。1924年元月，傅熊湘发起"南社湘集"，"以联络同志，保持社事，发扬国学，演进文化"，同年4月湘集第一次雅集时，傅熊湘当选为社长。1930年傅熊湘病逝后，湘集活动陷于停滞。1934年，傅熊湘的弟子刘鹏年在叔父刘谦的支持下，发起恢复湘集的号召，并被推选为社长。湘集活动直到1937年抗日战争全面爆发才停止。抗战胜利后，1945年9月，在湘阴柳敏泉的组织下，湘集活动再次恢复，此后一直延续到1950年。

南社自1909年成立，至1923年解体，再到后来分别成立的新南社、南社湘集、南社闽集等，前后延续了30多年，成员遍布当时国内近20个省份。在"南社"这面旗帜下，相继集结了柳亚子、高旭、陈去病、宁太一、傅熊湘、宋教仁、廖仲恺、鲁迅、黄宾虹、李叔同、黄兴、于右任、张继、陈布雷、蔡元培、马叙伦、沈钧儒、夏丏尊等一大批文艺、政治、教育等各界精英。

四

醴陵人的身影活跃在南社从成立、发展、高潮、解体、延续，到最终结束的全过程。

南社酝酿之初，宁太一因萍浏醴起义失败而被捕入狱，在狱中他与高旭频繁书信往来，共同讨论南社创立、社刊出版等事项，并亲自撰写《〈南社集〉序》。傅熊湘在《〈南社丛选〉序》中说："岁戊申，松陵陈佩忍、柳亚庐倡南社于海上，余与宁太一自长沙应之。"

南社成立后，柳亚子去信邀请宁太一担任社长兼文选编辑员，宁太一回信表示："弟学力毋以肩此，祈另推一人为佳。"

作为南社、南社湘集的重要创始人物，宁太一、傅熊湘影响和吸收了一批湘籍（醴陵籍）诗人加入。据有关资料记载，南社有醴陵籍社员27人（表1）：

表1 南社醴陵籍社友名录（集自《南社纪略》）

姓名	入社证书	姓名	入社证书	姓名	入社证书	姓名	入社证书
傅熊湘	35	刘师陶	331	刘泽湘	484	李隆建	675
阳兆鲲	72	谭觉民	333	王麟	533	朱沃	682
黄钧	149	刘谦	332	王启玾	576	王大桢	690
宁调元	158	潘世谟	350	卜世藩	584	钟藻	1067
张汉英	194	文斌	353	傅道博	632	袁家普	1081
文斐	296	潘昭	363	文启蠡	651	罗剑仇	62
朱德龙	330	刘鹏年	472	马卓	665		

表1中，谭觉民在柳亚子《南社社友录》中记载为"湖南醴陵人，作民弟"，谭作民记载为湖南湘乡人。南开大学教授汪梦川先生在其《南社词人研究》一书中谈到南社社员籍贯时指出，"又如谭作民、谭觉民为同胞兄弟，但籍贯却不同，作民作湖南湘乡人，而觉民则记为醴陵人（按当以湘乡为是）"。同样，柳亚子《南社纪略》中有关罗剑仇的记载为：一九一九年四月六日在徐园举行的南社第十七次雅集，到者二十六人，其中有醴陵傅熊湘、文斐、文启蠡、钟爱琴（钟藻）、罗剑仇五人，罗剑仇排在第24位，但在《南社社友录》中仅记载为湖南人。罗剑仇的真实籍贯有待进一步考证。

南社解体后,傅熊湘、刘鹏年、马卓、陈子芬加入柳亚子创建的"新南社"。

1924年元月,傅熊湘等发起组织南社湘集,成员344人,其中湘籍183人,湘籍中又有醴陵籍44人。附南社湘集醴陵籍社友名录(表2):

表2 南社湘集醴陵籍社友名录(集自《南社湘集社友录》)

姓名	地址	姓名	地址	姓名	地址	姓名	地址
卜世藩	茶山	袁家普	八步桥	刘声铿	泗汾	傅霖	黄獭嘴
马卓	均楚	黄钧	黄獭嘴	刘德龙	板杉	谢植黄	城关
王大桢	八步桥	傅熊湘	黄獭嘴	许德彰	嘉树	廖公侠	浦口
文斐	东堡	傅道博	黄獭嘴	阳名传	城区	潘毅	大林
朱沃	小水村	潘世谟	大林	何元文	泗汾	汤超举	神福港
朱德龙	清水江	左纪勋	新阳	张翰仪	小水村	文广璜	东堡
刘师陶	泗汾	左铭三	新阳	陈芬		陈玄一	
刘泽湘	黄沙	匡怀瑾	板杉	陈叔渠		钟藻	东堡
刘谦	大林	匡弼	花桥	陈粹劳	王坊	朱师海	王仙
刘鹏年	黄沙	朱可	官庄	罗洁纲		张庆云	黄沙
文启蠡	茶山	李隆建	渌江	陶广	泗汾	许德彬	嘉树

表2中,陈芬列为醴陵籍,但《南社湘集》第六期《南社湘集社友录》中记载陈芬为江苏青浦(今属上海)人,有待进一步考证。

在南社和南社湘集中,醴陵人占有相当的比重。南社成员中,以省籍按人数多少计,江苏440人、浙江226人、广东175人、湖南119人……以县籍按人数多少计,吴江81人、嘉善38人、金山35人、松江31人、吴兴28人、梅县28人、醴陵26人……据汪梦川先生研究,南社湘集成员中,湘籍占53%,醴陵籍占湘籍的23%。

醴陵籍社员在南社、南社湘集中发挥了重要作用。宁太一参与

绪 论 | 5

了南社的创社及早期工作,傅熊湘为"南社四剑"(傅熊湘号君剑、高旭号钝剑、潘飞声号剑士、俞锷字剑华)之一,刘泽湘、刘谦、刘鹏年是名噪一时的"南社三刘"。傅熊湘、刘鹏年先后担任南社湘集社长,主持湘集活动,主编《南社湘集》八期。其他如张汉英、卜世藩、潘世谟、陈粹劳、文斐、袁家普等,也都在各自领域取得了突出的成就。

五

宁太一、傅熊湘、刘泽湘、刘谦、刘鹏年、张汉英等是"南社醴陵人"的杰出代表。

宁太一——"南社诗雄"

宁太一出生于醴陵东富乡(今东富镇)芷泉村潘家塘组,与傅熊湘一同就读于渌江书院,有同乡、同窗、同庚之谊。傅熊湘在给宁太一《朗吟诗草》的题词中说:"癸卯春(1903),晤宁子仙霞于渌江,与为同庚友。暇各出所作诗词互阅,两许知音。"光绪二十九年(1903),宁太一赴长沙明德中学师范速成班学习,临别以《癸卯留别文渠西山》诗赠傅熊湘,诗云"方老平生知己少,钟期去后赏音谁",表达了同傅熊湘惺惺相惜的知己之情。

在明德中学期间,恰逢黄兴执教,宁太一很快接受了其反帝反封建的民主革命思想,开始积极鼓吹民主革命。光绪三十年(1904),傅熊湘赴长沙高等普通师范学习,宁太一则回醴创办渌江中学。清光绪三十一年(1905),傅熊湘在醴陵王坊创办小学,宁太一赴日本早稻田大学留学。同年,两人在上海创办《洞庭波》杂志,鼓吹民主革命,因反清色彩浓重而遭查禁。宁太一避往日本,傅熊湘则再创《竞业旬报》。是年冬,宁太一受孙中山、黄兴之命回国策应萍浏醴起义,起义失败后,宁太一在长沙被捕,傅旋即回湘组织营救，并多次前往狱中探望，提供报纸书籍、生活用品和外界信息等。两人时常探讨诗文、交流思想，患难之际，友情弥笃。

宁太一在狱中继续开展文学创作和革命活动，在此期间写下大量诗文作品。宣统元年（1909）宁太一获释，宣统二年（1910）3月赴北京任《帝国日报》总编辑，傅熊湘则在明德中学教学。民国元年（1912）宁太一担任广东三佛铁路总办，傅熊湘由江苏《大汉报》返湘，任《长沙日报》总编辑。民国二年（1913）宋教仁被刺身亡，宁太一赴上海会见孙中山、黄兴，共商反袁大计，因计划泄露被捕，同年9月，被袁世凯以"内乱罪"杀害于湖北武昌，年仅30岁。

宁太一的一生短暂而坎坷，他的诗文创作正如其人生经历一样，在坎坷中成长，在波澜中壮阔。无论是求学时期、从事革命时期，还是身陷囹圄时期，他都不忘以诗文来宣泄情感，对革命事业的追求、对家国大义的信仰，催动着他在困境中急流勇进。"国步艰难更百忧，年年夜起舞吴钩""凭谁驱得横磨剑，一破楼兰十万兵""深愧才疏无片策，谈何容易挽苍生""男儿得伴沙场死，不遣生还亦令名""甲兵合挽银河洗，不许楼兰近玉关"……篇篇热血，字字丹心。

光绪三十三年（1907）在岳阳被捕时，宁太一始终正气凛然、铁骨铮铮，"铁锁银铛带笑看""不信洞庭湖上望，断头台近岳阳楼"。民国二年（1913）7月第二次被捕时，他愤慨于袁世凯窃取了革命果实，而发出"待抉吾眸挂国门"的悲愤呐喊。

除慷慨激昂的诗作外，宁太一还创作了很多表达亲情、友情、爱情等题材的诗篇，同样感情真挚、动人心魂。比如1907年、1908年分别写下《忆内》诗："记取当年出故关，相偎相依霎时间。行装一夜劳收束，禁却纤纤玉手寒。"（1907）"半生鸳梦老风波，消瘦容颜苦忆他。屈指近来一千日，同衾未得两旬多。"（1908）比如在狱中思念年迈祖母、母亲的诗作："祖母颓唐白发稠，春晖更未寸恩酬""几回欲早归休去，种祸家忧满一肩"。思念之余，更流露出因自己投身革命而可能祸及家人的担忧与惭愧。又如《元日书怀,补和啸樵师》之其三:"东风吹彻渌江湄,桃李阴阴隔梦思。鹿洞讲经仍旧址,程门立雪感初基。漫疑嫠妇恤周晚,想见宣尼去鲁迟。骨肉生离师友尽,不堪肠断数归期。"将对老师刘师陶的感恩与思念写得细致入微,"骨肉生离师友尽,不堪肠断数归期",读之让人泪酸。

作为近代有名的民主革命家、诗人,宁太一用笔墨抒写了人生壮丽的篇章,他的诗文慷慨豪迈、雄浑沉郁,内容丰富、体裁多样,总是洋溢着浓厚的爱国主义和英雄主义色彩,具有较高的文学与艺术成就。

宁太一牺牲后,傅熊湘和文斐、刘谦等搜集整理了其诗词文稿,由柳亚子编成《太一遗书》,于民国四年(1915)、民国五年(1916)陆续刊行。1920年10月,国民党元老章炳麟、蔡元培、吴稚晖、张继一同来到醴陵凭吊宁太一烈士。1935年7月,国民政府主席林森为宁太一烈士颁发国民政府嘉奖令,中国国民党中央党部及湖南省政府拨款修墓建亭,国民党元老、国民政府监察院长、著名书法家于右任亲自撰书纪念碑文。1983年,宁太一烈士墓被湖南省人民政府公布为省级文物保护单位。2008年,湖湘文库编辑出版委员会编辑出版了《宁调元集》。

傅熊湘——"报业先驱""南社湘(籍)集领袖"

傅熊湘出生于醴陵黄獭嘴乡(今枫林镇)崂山(今双井村),是反帝反封建的热血义士,此外还是精通教育、新闻、出版、图书馆等学科的多面才子。傅熊湘工诗擅词、能文善书,国学功底深厚、治学态度严谨。其创作数量宏富,刘谦在《钝安遗集》跋中说:"钝安自少勇于为诗,每自诩一岁有三百首,殆非夸语。"吴恭亨在《傅熊湘墓碑》中认为:"近百年湖南文学家,曾文正外,大之者湘绮楼,而傅熊湘钝安蔚然名后劲,洞庭衡岳间,称者一口无异辞云。"其学生陈粹劳诗颂曰"他时乡里征文献，近百年来只此人"，可见无论是诗友还是学生，都对他表示推崇和钦仰。

傅熊湘的诗词以抒发家国之慨、人生之感为主，包括叙写同酬集会、歌咏江山风物等。他在《钝安诗自序》中说："楚国词宗所自出，醴陵文通之旧封。不少美人香草之怀，尽多春水绿波之感。岂谓批风抹月，足当刻羽引商。亦知范水模山，未抵回肠荡气。"他对爱国诗人屈原极为推崇，将忧国忧民的情怀融入诗词当中，如其《水调歌头·痴萍邀饮赋赠》："且莫悲秋去，尝试踏歌来。眼前屈子余子，坛坫几骚才。都付大江东去，剩有青山无语，劫换六朝灰。楚泽尚今古，谁上问天台。　烹肥矜，沽美酒，酌金罍。浮云人世富贵，春梦一场回。未若登山临水，还与唱予和汝，笑口向人开。我语惟卿解，欢饮快吾杯。"

傅熊湘善于从现实生活当中选择题材，深得杜甫现实主义创作精髓，如民国元年（1912）创作的《五日长沙感济南之变》："尘俗溷胸无一语，虫沙眯目有千杯。未应辟恶能逃世，即解沉渊已费才。大国只供长大息，夕阳犹与故徘徊。残钟欲动群鸦乱，如此江山不忍哀。"借民国建立之初的山东都督之争，反映了辛亥革命后的混乱局面和为国家民族命运的担忧。

民国六年（1917）7月到民国七年（1918）6月的护法战争中，醴陵因是战争通衢而成为主战场，遭遇了前所未有的毁坏。北军第一次攻湘，皖系倪嗣冲配合傅良佐攻打衡山，由醴陵往返攸县，醴陵成为兵匪蹂躏之地。民国七年（1918）春，北军二次攻湘，南军在岳州之役败退，北军趁势追击，醴陵再度遭受屠戮。同年夏，傅熊湘与南社社友刘泽湘、卜世藩等着手善后。岁末，得知南北和会将在上海召开，傅熊湘与同乡文启蠡、袁家普赴沪，向和会请愿告灾。傅熊湘亲编《醴陵兵燹纪略》《醴陵兵燹图》《湘灾纪略》印送南北当局及各界人士。傅熊湘作《南北议和将始与湘芷赴沪为醴告灾发长沙次湘芷韵》诗云："干戈傺扰动经岁,风雪宁辞此一行。勉为黎元抒隐痛,苦劳父老饯离程。保民事岂殊王伯,御侮终难阋弟兄。倘念孑遗生靡托,诸公愤懑尽堪平。"面对家乡惨遭兵祸,傅熊湘等"风雪宁辞此一行",自觉担起为民请命的使命,"勉为黎元抒隐痛",他们奔走呼号,争取舆论关注和社会同情。

在此期间,曾任醴陵知县的民主革命者、报人、南社社友汪文溥作《春日爱俪园王子铭酒座傅屯艮痛陈湘醴兵灾听者强半隳泪不独昔日文通黯然神伤也酒罢写此示屯及文湘芷并同座诸子》诗,傅熊湘和诗四首,赠诗四章。此后,南社社友用此韵反复唱和联句。同年,汪文溥将诗辑录成集,命名为《来台集》,共有作者25人,序文3篇,诗词204首,构成了当时反映醴陵兵燹的一段诗史。

挚友宁太一牺牲后,伴随时局动荡、社员星散、社事零落,傅熊湘不由得感叹"尔来风雅谁复继,诗书道丧鬼神泣",不过他始终信念坚定,"护法国学,敢不勤力",在南社发展陷入低谷时,为顾全大局计,抛开与柳亚子在诗学主张上的异见,而表示旗帜鲜明地支持柳亚子主持南社。他苦心经营南社长沙分社,继续宣扬"研究文学、提倡气节"。南社解体后,他又发起成立南社湘集,以"保存南社旧观,保留国学精微"。

民主革命的风风雨雨,使他屡遭追缉,漂泊无定。当担任护法军总司令的同乡程潜请其出任秘书长时,他执意固辞。在主办《醴陵旬报》《国民日报》时,他先后以倦还、倦翁、青萍等笔名发表文章,说明他已有了倦而思归的想法。

常年在外奔波,也不妨碍他对家乡田野风光的倾情歌颂。他的这类诗词质朴闲适、简洁明快,给人以平淡真实的自然之感,如《山居杂咏》《种蔬二绝句》《山中对雪》《九日饮田舍》等等,章龙岭、三狮洞、石笋山房,甚至家门口的嵝冈、学校边的环中等,都出现在其诗句中。

傅熊湘一生从事过写作、教书、办报、从政、随军、图书馆管理等多重职业，既有悠闲适意的田园教习时期，也有热血沸腾的革命斗争阶段，还有颠沛流离的躲避追缉生涯。作为传统硕儒，他兴办教育，筹办报业，参加"驱张"运动，为南北议和请愿等；作为南社发起人之一、南社骨干、南社湘集领袖，在南社和南社湘集的成立、发展等方面作出了重要贡献。他创办了中国第一份白话报纸——《竞业旬报》，创作了介绍醴陵瓷业发展的诗章——《瓷经》，主持编制了民国时期湖南省最高目录学著作——《湖南省立中山图书馆图书分类目录》十卷等。

傅熊湘病逝后，学生刘鹏年以挽联概述其人生轨迹和文学思想：

阐革命维新之旨，鼓吹早树先声。记经传石室，正义曾激；波涌洞庭，横流独障。挥翰似龙跳虎掷，持躬若玉洁冰清，禄不及乎介推，窘或甚乎张俭。爱东临吴越，西湖沅江，北渡居庸，南瞻大庾，揽取山川形胜，尽入奚囊。直教井水人家，争歌法曲。只赢得等身著述，惊世才名。典籍理丝棼，剧怜惨淡编删，一炬咸阳沦浩劫。

自姜斋壬父而还，坛坫合遵巨擘。更词迈苏辛，峡猿啸月；文追汉魏，天马行空。育才以继往开来，坐我于春风化雨，社遥踵夫九夏，绪丕振乎荆湘。况柳种陶潜，花栽潘岳，图描郑侠，赋续兰成。虽云出处无心，动关忧乐；回忆灯楼联句，顿易沧桑。到今日手泽犹存，遗型安仰？羁魂招楚些，忍听霜狐哽咽，三年端木有余哀。

傅熊湘博识广学，笔耕不辍，诗文著作颇丰。2010年湖湘文库编辑出版委员会编辑出版了《傅熊湘集》。

南社筹划之初，宁太一、傅熊湘共同参与了南社创立工作，并分别于清宣统三年（1911）和清宣统元年（1909）加入了南社。

作为近现代资产阶级民主启蒙思想的早期接受者、鼓吹者，宁太一、傅熊湘积极奔走呼吁，在诗坛"大建革命军之旗"（宁太一）。南社创立后，他们积极创作诗文、网罗社员、扩大南社影响。据有关专家统计，傅熊湘先后在《南社丛刻》发表诗575首、词156首、文75篇，共计806篇，其数量之多，居南社社员发表诗文首位；宁太一在《南社丛刻》发表诗125首、词24首、文17篇，共计166篇，数量居南社成员发表诗文第二位。另据《南社社友录》载，经傅熊湘介绍加入南社的社员有59人（见表3），占湘籍社员的50%。

表3 经傅熊湘介绍加入南社的社员统计表

序号	姓名	字号	入社时间	证书	籍贯
1	陈柱	柱尊	1911年10月	196	广西北流
2	傅卓霖	逸云	1919年10月	1079	湖北鄂城
3	郭开第	涛僧	1916年9月	678	湖南常宁
4	吴恭亨	悔晦	1917年1月	782	湖南慈利
5	田兴奎	星六	1917年3月	830	湖南凤凰
6	田名瑜	个石	1917年3月	831	湖南凤凰
7	陈蜕	蜕庵	1911年5月	150	湖南衡山
8	唐群英	希陶	1911年8月	193	湖南衡山
9	谢晋	霍晋	1916年9月	685	湖南衡阳
10	秦毂	少湄	1917年4月	873	湖南华容
11	黄钧	梦蓬	1911年5月	149	湖南醴陵
12	张汉英	惠风	1911年8月	194	湖南醴陵
13	文斐	牧希	1912年8月	296	湖南醴陵
14	朱德龙	侣霞	1912年12月	330	湖南醴陵
15	刘师陶	少樵	1912年10月	331	湖南醴陵
16	刘谦	约真	1912年12月	332	湖南醴陵

续表

序号	姓名	字号	入社时间	证书	籍贯
17	潘世谟	民殊	1912年10月	350	湖南醴陵
18	文斌	壮军	1912年10月	353	湖南醴陵
19	潘昭	式南	1912年12月	363	湖南醴陵
20	刘泽湘	今希	1914年1月	484	湖南醴陵
21	王麟	笃朋	1915年5月	533	湖南醴陵
22	王启珥	纪宣	1915年11月	576	湖南醴陵
23	卜世藩	芸庵	1916年2月	584	湖南醴陵
24	傅道博	绍禹	1916年6月	632	湖南醴陵
25	马卓	惕冰	1916年8月	665	湖南醴陵
26	朱沃	嬾仙	1916年9月	682	湖南醴陵
27	王大桢	芃生	1916年9月	690	湖南醴陵
28	钟藻	爱琴	1919年4月	1067	湖南醴陵
29	袁家普	雪安	1920年4月	1081	湖南醴陵
30	孔昭绶	攘夷	1912年9月	334	湖南浏阳
31	刘宗向	寅先	1916年9月	705	湖南宁乡
32	胡莘	锷尘	1916年10月	715	湖南宁乡
33	鲁荡平	若衡	1917年4月	874	湖南宁乡
34	陈家庆	秀元	1919年7月	1072	湖南宁乡
35	姚大慈	大慈	1916年9月	684	湖南平江
36	姚大愿	大愿	1916年11月	720	湖南平江
37	方荣杲	旭芝	1912年8月	295	湖南湘潭
38	黄堃	巽卿	1912年9月	335	湖南湘潭
39	余先砺	砥吾	1912年10月	349	湖南湘潭
40	方宗鳌	鹤卿	1916年7月	637	湖南湘潭
41	张启汉	平子	1916年6月	648	湖南湘潭
42	黄镠	咸夷	1916年9月	681	湖南湘潭

续表

序号	姓名	字号	入社时间	证书	籍贯
43	李如焕	碧棠	1917年6月	916	湖南湘潭
44	龚尔位	芥弥	1911年6月	154	湖南湘乡
45	谭作民	戒甫	1911年10月	195	湖南湘乡
46	张昭汉	涵秋	1911年12月	200	湖南湘乡
47	谭觉民	艺甫	1912年9月	333	湖南湘乡
48	成本璞	琢如	1912年9月	336	湖南湘乡
49	龚骞	介子	1912年10月	352	湖南湘乡
50	曾纯阳	元龙	1916年9月	691	湖南湘乡
51	骆鹏	迈南	1915年9月	556	湖南湘阴
52	李澄宇	洞庭	1916年8月	669	湖南岳阳
53	郑泽	叔容	1911年5月	151	湖南长沙
54	韩景苏	君剑	1912年10月	351	湖南长沙
55	王竞	啸苏	1915年3月	487	湖南长沙
56	简易	叔乾	1916年9月	692	湖南长沙
57	孙举璜	姬瑞	1916年9月	693	湖南长沙
58	谢鸿熙	秉璋	1916年11月	719	湖南长沙
59	宋一鸿	痴萍	1912年8月	294	江苏无锡

刘泽湘、刘谦、刘鹏年——"南社三刘"

刘泽湘是刘谦的兄长、刘鹏年的父亲，刘谦是刘鹏年的叔叔。三人的诗文创作成就较高，对南社、南社湘集的发展也多有贡献。

刘泽湘，字今希，晚号钓月老人，曾先后入读渌江书院、岳麓书院。光绪三十一年（1905）自费赴日本东京弘文学院读书期间加入中国同盟会。民国元年（1912）他随三佛铁路总办宁太一入粤为总文案。萍浏醴起义失败后，他积极营救被捕入狱的宁太一。民国二年（1913）宁太一牺牲后，他继任三佛铁路总办。因愤慨于连年军阀混战，看淡名利而解职归乡，其时恰逢傅熊湘避居醴陵乡间。两人都经历了反清倒袁的革命洗礼，对时局颇多同慨，故引为至交。民国三年（1914）由傅熊湘、柳亚子、刘谦介绍加入南社。

刘泽湘诗文存世不多，后人整理出《钓月山房遗稿》一卷，正如其在《与柳亚子书》中所言："兼以半生述作，已付羊城劫灰，年来健忘，不复省记。亦以覆瓿之顷，俯拾即是，不沾沾于故纸也。"刘泽湘擅长乐府诗体长律，缘事而发，以诗叙史，以诗表志。遗稿存诗50首，乐府诗体长律占了10首。其中《哀荆南》亦作《题醴陵兵燹图》，有杜甫诗史风范，堪为"醴陵版的《石壕吏》"。该诗叙述了两个故事：其一是自己避难到深山，遇到了北军，"狠似贪狼狂似虎，揭来舞爪还张牙"，紧追五里许，开枪两响，均掠耳过，"枪声耉然触耳聋，枪弹直射倒村童"；其二是避难老者携子避兵，被兵士发现后枪杀其子，老人负尸返，"自言家在山之南，有媳十五女十三。昨被逼奸都毙命，只今藁葬又中男。长男被掳驮军器，少男年小不更事"。揭露了政客、军阀们掠妇杀男等恶行，叙述客观，褒贬自见，正是史家笔法。另有《过西山辟支生墓》："忆昔翩翩正年少，绿药红蕖日初晓。""主持清议警神州，唤醒国魂争自由。""即今黄雾蔽乾坤，剪纸难招国士魂。"描述了宁太一才华横溢、充满革命激情的一生，流露出对烈士的无限怀念之情。

刘谦，字约真，晚号无诤居士。清光绪二十六年（1900），17岁的傅熊湘与刘谦在渌江书院相识，两人与宁太一同庚，刘谦与傅熊湘生子亦同庚，因结"庚庚社"，以诗词相唱和。光绪三十三年（1907）受宁太一委托，与同乡李隆建等在长沙组"同盟会湘支部"。宁太一牺牲后，他克服重重险阻，将太一遗体运回，葬于醴陵西山。此后他与傅熊湘搜集遗稿，整理出《太一诗存》《辟支庐诗稿》等，谋求出版。

民国元年（1912）刘谦在湖南优级师范学校学习时，由傅熊湘、龚尔位、黄钧介绍加入南社。民国十三年（1924）刘谦支持傅熊湘在长沙创立南社湘集，民国十九年（1930）傅熊湘客死安庆，刘谦守护其榇返乡，并为之编辑《钝安遗集》，印行于世。刘谦的侄子刘鹏年继任南社湘集社长后，他辅助社事，为延续傅熊湘生前心血做出种种努力。中华人民共和国成立后，被聘为湖南省文史馆馆员。其子刘佛年承袭家业，先后担任华东师范大学副校长、校长、名誉校长等，成为一位著名的教育家。

刘谦身后留下《峭嶙吟馆文存》、《峭嶙吟馆诗存》(《无诤诗稿》)、《戊午集》、《新生室诗稿》各一卷。1956 年南社诗人周子美先生为《无诤诗稿》作序时说："君少作才华奋发，悱恻缠绵；中年纪离乱，感时事，有少陵野史之风；近岁坚苍隐秀，诗律愈细。要之，皆不为留连光景之作，而有关国家民生者也。"刘谦诗作用词含蓄，善用典故，寄托情怀。南社社员、文史学家王啸苏先生评价其诗说："定庵遗集在，绕室自长吟。今希先生及从子雪耘，均为南社健者。君则喜诵龚集，雅耐沈思也。"

刘谦自号无诤，面对海内不宁、干戈不止，中年后有心向佛，作品中时常显现一种慈心济民的佛家思想，如："现身说尽法王法，其奈众生善病何。壁上且题年月日，文殊师利诣维摩。"(《钝根过访畅谈累日去后怅然赋此却寄》)"画兰已觉根无着，说法从知石不顽。安得相将叛佛去，担经椰栗锡为环。"(《寄友人北京同钝根韵》)等等。

刘谦的文章可谓真情喷涌、精金百炼。《宁调元革命事略》《太一诗词合钞序》《醴陵县志序》《钝安诗跋》等篇，行文思清、言理情当，写实以杂至论、考事以为慎察。其《德轩先生传》《先父行述》《亡妻顾孺人事略》等篇亦是朴实真挚的感情流露。刘谦主持编纂的《醴陵县志（民国版）》，以其体例严谨、类目新颖、记述详赡，受到国民政府湖南文献委员会主任仇鳌的高度赞扬,称其开省内县志之先河。

70岁生日时,刘谦的侄子刘鹏年写了一首祝寿诗《寿季父七十次曹叔补太史原韵》,对其一生做了比较客观、全面的评价:"一庐申浦上,静听海潮鸣。作草师怀素,研经迈伏生。文章严矩度,尘土薄功名。更喜吟筇健,湖山带笑迎。里乘完鸿著,三湘第一人。千龄齐岳寿,万象与时新。奖善殷如渴,攻医妙若神。无成惭刻鹄,染翰颂佳辰。"

刘鹏年,字雪耘,自号鞭影楼主,刘泽湘次子,光绪二十二年(1896)生。自幼入王仙小学(傅熊湘主办)学习,在傅熊湘的点拨下,得诗文之精髓,在众多学生中最为傅熊湘所器重,此后更是成为南社湘集接班人。民国三年(1914),柳亚子介绍刘鹏年加入南社,他成为最年轻的社员之一,在文坛上逐渐崭露头角,与父亲刘泽湘、叔父刘谦并称"南社三刘"。

刘鹏年的诗作对仗严整、声律和谐,注重运用历史典故和意象词汇,含蓄地表达对人、对物、对事的真实感受。如《秋兴》中的落叶、归鸦:"落叶凭风扫,归鸦绕树飞",《秋怀》中的旅雁、秋山:"一声旅雁酸难听,半壁秋山瘦可怜",等等。

民国三年(1914),袁世凯篡夺了辛亥革命的胜利果实,大肆镇压革命、抓捕革命党人。年轻的刘鹏年作《十八岁生日杂感》,其中有"扁舟重渡洞庭波,两载光阴一刹那。世乱空筹贾谊策,日徂谁挽鲁阳戈。云翻雨覆天难问,酒浅愁深我奈何。弹指旧游成昨梦,眼前亲故已无多"句,表达了对时局混乱与家国前途的关切。

刘鹏年工诗律,擅词格。常常用比兴手法,行讥讽之旨。如《蝶恋花·欧会闭幕倚此志悲》:"啮臂前盟深几许,软语商量,转触檀郎怒。谣诼无端来众女,抛人冷冷清清处。 薄命如花侬自主,把定芳心,不嫁瞿塘贾。化作冤禽东海去,人天缺恨从头补。"看似描写女子痛悟檀郎薄情、众女谣诼而立誓埋葬过去、重新做人，实则是表达了对巴黎和会上列强随意践踏中国主权的愤怒。

刘鹏年留下的作品较多，计《鞭影楼诗存》一卷，164首；《鞭影楼词存》一卷，138首；《鞭影楼文存》一卷，10首；《涉江集》一卷，60首；《清凉吟稿》一卷，130首。刘鹏年晚年向佛，《清凉吟稿》一卷是他和夫人一起朝拜五台山时所作，也正是从这时起，他开始皈依佛法，直至1963年逝世于北京。

1993年，由巫雪敖编纂的《南社三刘遗集》正式出版发行。

张汉英——"辛亥女杰"

张汉英，字惠芬，号惠风，清末民初著名女权活动家、教育家、诗人。清同治十一年（1872）出生于醴陵城关上洲，早年入读长沙女子中学堂。光绪三十年（1904）夏，与同县王昌国被遴选留学日本青山实践女校附设师范班，在这里她结识了一大批革命志士，与唐群英、秋瑾、黄兴、宋教仁、刘道一、孙中山等来往密切，与唐群英更是志同革命、趣同诗文、情同姐妹，成为名闻南北的"女界双英"。

光绪三十一年（1905）8月，孙中山、黄兴、章太炎等组建同盟会，提出"驱除鞑虏，恢复中华，创立民国，平均地权"的政治纲领，张汉英与丈夫李发群毅然加入同盟会。此后，李发群受黄兴之命，回国与宁太一等支援萍浏醴起义，密谋刺杀总督端方，事败被捕入狱。张汉英救夫心切，设法营救。清宣统二年（1910）8月，李发群出狱。1911年10月，辛亥革命爆发。11月，张汉英和唐群英、张昭汉成立了"女子后援会"，旨在"集结妇女界同志，募集军资义捐金，以为民军后援"。同月，张汉英组织成立"女子尚武会"，以"养成女子尚武精神，灌输军事常识"为宗旨。

民国元年（1912）2月，张汉英与唐群英组织成立"女子救援会北伐军救援队",并在女子参政同盟会临时会上发表以"联络全国女界各界代表,要求中央政府给还女子参政权"为主旨的演讲,表达了男女平权的正当性和合理性。围绕女子拥有参政权和选举权的目标,张汉英、唐群英、王昌国等连续五次上书中华民国临时政府和临时政府参议院,甚至发生了"大闹参议会、掌掴宋教仁"等事件。

袁世凯窃取辛亥革命果实后,女子参政权问题被搁置,以张汉英等为首的一批女权活动家改变策略、转移阵地,继续伸张女性权利。民国二年(1913)2月,张汉英、唐群英等创办湖南第一份女性报纸《女权日报》,继续宣传"男女平权,并参国政"。4月,张汉英在上海创办《万国女子参政会旬刊》,自任会长和主编。6月,张汉英在长沙发表演讲,动员湖南女界"慷慨输捐,共成斯举",为远赴西班牙参加万国女子参政同盟会的代表筹集经费。

袁世凯倒行逆施,促使中国第一次女子参政运动落下帷幕。同时,由于宋教仁被刺,举国奋起讨袁。7月,讨袁战事失利,李发群被奸人出卖,为张勋所抓。8月,李发群在南京被杀害,年仅40岁。

李发群的牺牲给张汉英带来了沉重的打击,但亡夫之痛没有挫败其意志,她强忍悲愤,顶着"不安孀居、不守妇道"的压力,再次回到醴陵从事女子教育事业。张汉英曾于清光绪三十二年(1906),借"西山史家老屋为校址",成立县立女学,自任校长兼教员。清光绪三十四年(1908)将女校迁到县城南华宫,并于清宣统年间在女校中附设蒙养园。张汉英经常向学生宣讲女权,提倡男女平等,打倒"三从四德",反对包办婚姻等,被封建卫道士视为离经叛道、异端邪说而极尽毁谤诬蔑。但张汉英依然"沉毅坚定,百折不回""愤祖国之阽危,慨女界之孱弱",乃至"抚膺增痛""积劳成疾",于民国五年(1916)7月19日卒于醴陵,年仅44岁。

唐群英在其《祭张惠风文》中说:"……既孤我德,女界销铄。潜灵不返,余晖闪灼。吊君德行,周规折矩。虚比洪钟,静若幽谷。

吊君文学，浩瀚渊深。沟通今古，气蕴风云。吊君言语，为世之范。于侪辈中，亭亭孤干。……蜚声教育，桂兰有馨。济济来学，月异日新。……"在唐群英的心中，张汉英是生活的挚友、学习的良友、革命的战友，是中国资产阶级民主革命运动中的佼佼女杰。

张汉英出身于书香门第，父亲张云齐是附贡生，通经博史，善书法，好诗词文赋。张汉英幼承庭训，少年时期便写诗作文，名闻邻里。早在清光绪三十四年（1908），当时还在狱中的宁太一便给高旭写信，说"有张汉英、唐群英能诗文，然又以唐君为最优，弟均当嘱其入社"。清宣统三年（1911）8月19日，张汉英由同乡傅熊湘、黄钧、阳兆鲲介绍加入南社，入社证号194，时年39岁。

南社规定有男女平等入社的权利，"品行文学两优，得社友介绍者，即可入社"。张汉英加入南社后，虽然写诗不多，流传下来的更少，但她的诗作描写现实，直抒胸臆，雄丽豪放，具有浓烈的忧国忧民色彩。如《哀江南八首》之一："万里光寒白刃林，鲸鲵满地气萧森。城头碧血如泉涌，江上红旗蔽日阴。衔石徒劳精卫力，补天不遂女娲心。而今刀尺催应急，怕听同人说蘘砧。"

"撼触波涛年复年，发光眉黛总嫣然。"（张汉英《过小姑山》）作为女权活动家、教育家、诗人，张汉英创办了醴陵第一所女子学堂；参与创办了长沙《女权日报》，开创了湖南女子办报的先河；参与组建了统一的妇女参政团体"女子参政同盟会"，致力于发起中国妇女参政运动，这不仅是中国女权发展史上的一件破天荒大事，而且在整个漫长中国史上也是一个划时代的创举，无怪乎湖南省革命烈士传编纂委员会编《三湘英烈传》称"张汉英不愧为中国近代女权运动杰出的领导人"。

张汉英的事迹在《三湘英烈传》《湖南名人志》《湖南省志·人物志》《醴陵县志（民国版）》等志书中都有记载。

六

"南社醴陵人"这一群体现象的出现,有着深刻的醴陵地域原因。

首先,殷实的经济基础及优越的地理条件是"南社醴陵人"产生的首要基础。梁启超在《近代学风之地理的分布》序言中说:"气候山川之特征,影响于住民之性质,性质累代之蓄积发挥,衍为遗传。此特征又影响于对外交通及其他一切物质上生活,物质上生活还直接间接影响于习惯及思想。故同在一国、同在一时而文化之度相去悬绝,或其度不甚相远,其质及其类不相蒙,则环境之分限使然也。环境对于'当时此地'之支配力,其伟大乃不可思议。"醴陵地处湖南东部,农耕历史悠久,陶瓷、花炮等传统工业较为发达,交通非常便利,这里有当时湖南的第一条铁路——萍醴铁路,与外部的频繁交流,有利于当地的人才培养和文化互动。更为重要的是,优越的地理位置和殷实的地方经济为当地人学习和工作提供了很好的条件,为文人结社提供了坚实的物质基础。

文人结社的活动经费主要源于社友交纳的社金或赞助。社团活动以雅集为主要形式,从表6、表7可以看出,雅集地点一般选在苏州、上海、北京、长沙等经济相对活跃、交通相对发达、会员比较集中的城市。雅集活动的通信交通、饮酒餐叙等,都会产生费用。从表4、表5、表8可以看出,醴陵籍南社和南社湘集成员绝大多数生活和工作的地点在长沙或附近城市,且这些社员作为传统文人外,主要的社会身份是官绅商贾。

表4 南社醴陵籍社友通信地址(集自《南社社友录》)

姓名	入社时间	证书	入社年龄	社别	入社时通信地址
宁调元	1911	158	28	南社	北京五道庙堂子胡同《帝国日报》
罗剑仇		62		南社	湖南醴陵,一说长沙

续表

姓名	入社时间	证书	入社年龄	社别	入社时通信地址
文斌	1912	353	21	南社	湖南实业司署
袁家普	1920	1081	46	南社	醴陵板杉铺邮局转
钟藻	1919	1067	27	南社	醴陵东城琴庐
王麟	1915	533	32	南社	醴陵公升钱号
阳兆鲲	1910	72	36	南社	醴陵来龙门阳祠，失鲤铺黄犬坡
潘昭	1912	363	40	南社	醴陵柳发盛号
卜世藩	1916	584	44	南社	醴陵县城大文堂书坊
刘泽湘	1914	484	46	南社	醴陵县城张福隆烟号
王大桢	1916	690	25	南社	醴陵县城张福隆烟号转
张汉英	1911	194	39	南社	日本东京
刘鹏年	1914	472	18	南社	上海吴淞中国公学
黄钧	1911	149	23	南社	四川成都，长沙明德学堂傅文渠转
傅道博	1916	632	20	南社	醴陵县城春生福转大生斋
潘世谟	1912	350	19	南社	长沙湖南第一中学
王启琠	1915	576	26	南社	长沙黎家坡官矿经理处
傅熊湘	1909	35	27	南社	长沙明德学堂
朱沃	1916	682	32	南社	长沙青石桥广达店内山阴金
李隆建	1916	675	29	南社	长沙日报社，醴陵北城二团钱铺内李种德堂
朱德龙	1912	330	38	南社	长沙日报社，醴陵东城丁家巷
刘师陶	1912	331	36	南社	长沙日报社，醴陵泗汾沧霞里
文斐	1912	296	38	南社	长沙日报社，醴陵万丰烟号
马卓	1916	665	31	南社	长沙日报社，醴陵西乡马家堎
刘谦	1912	332	29	南社	长沙日报社，醴陵张福隆烟号
谭觉民	1912	333	26	南社	长沙日报社，湘乡
文启鑫	1916	651	38	南社	长沙小西门外金家码头同兴祥转；醴陵关家巷补天室

表5 南社湘集醴陵籍社友通信地址（集自《南社湘集社友录》）

姓名	年份	社别	在社期间通信地址
潘毅	1936	南社湘集	福建泉州日报社
潘世谟	1936	南社湘集	广西贺县县政府
廖公侠	1936	南社湘集	江苏南京八宝街通德里1号程公馆
陈叔渠	1936	南社湘集	江苏南京四象桥刘公馆16号旁门李少丹转
罗洁纲	1936	南社湘集	江苏浦口津浦铁路管理局
陈芬	1936	南社湘集	江苏青浦
朱师海	1936	南社湘集	江西萍乡危专员公署转
许德彰	1936	南社湘集	醴陵豆田邮局转直溪村
匡弼	1936	南社湘集	醴陵姜湾裕昌瓷号转
刘声铿	1936	南社湘集	醴陵泗汾邮局转符田
傅霖	1936	南社湘集	醴陵县党部
阳名传	1936	南社湘集	醴陵谢家巷13号适园
王大桢	1936	南社湘集	日本东京中华民国驻日大使馆
陈粹劳	1936	南社湘集	陕西绥德行政督察专员公署
傅道博	1936	南社湘集	沅江县政府
文斌	1936	南社湘集	长沙
朱可	1936	南社湘集	长沙宝南街22号食力缝纫社内
张翰仪	1936	南社湘集	长沙宝南街会芳园3号，湘乡县政府
左纪勋	1936	南社湘集	长沙宝南街井巷子4号
左铭三	1936	南社湘集	长沙宝南街井巷子4号
马卓	1936	南社湘集	长沙宝南街井巷子4号，晃县县政府
何元文	1936	南社湘集	长沙北大马路10号淡园
文斐	1936	南社湘集	长沙茶馆巷31号逸园
谢植黄	1936	南社湘集	长沙藩后街郭家巷24号
黄钧	1936	南社湘集	长沙凤宜园16号
刘谦	1936	南社湘集	长沙府后街9号

绪 论 | 23

续表

姓名	年份	社别	在社期间通信地址
匡怀瑾	1936	南社湘集	长沙桂花井堂皇里观音巷 7 号
陶广	1936	南社湘集	长沙荷花池百善堂 4 号
朱德龙	1936	南社湘集	湖南省政府秘书处
张庆云	1936	南社湘集	长沙落星田雪庄
刘德龙	1936	南社湘集	长沙伍家井永康商号转
钟爱琴	1936	南社湘集	长沙西牌楼裕盛隆商号
刘鹏年	1936	南社湘集	长沙长岳关监督署，长沙落星田雪庄
文广璜	1936	南社湘集	长沙中山西路茶馆巷 31 号
卜世藩	1936	南社湘集	长沙种福源寄园商号
陈玄一		南社湘集	无地址资料
汤超举		南社湘集	1933 年已故
文启矗		南社湘集	1925 年已故
朱沃		南社湘集	1929 年已故
刘师陶		南社湘集	1935 年已故
李隆建		南社湘集	1934 年已故
袁家普		南社湘集	1933 年已故
傅熊湘		南社湘集	1930 年已故

表 6 南社历次雅集时间地点（集自《南社纪略》）

序号	时间	人数	地点	参加雅集醴陵籍社友人数
第一次雅集	1909 年 11 月 13 日	19	苏州虎丘张国维祠	
第二次雅集	1910 年 4 月 10 日	17	杭州西湖唐庄	
第三次雅集	1910 年 8 月 16 日	19	上海张家花园	
第四次雅集	1911 年 2 月 13 日	34	上海愚园	1
第五次雅集	1911 年 9 月 17 日	35	上海愚园	3

续表

序号	时间	人数	地点	参加雅集醴陵籍社友人数
第六次雅集	1912年3月13日	40	上海愚园	1
第七次雅集	1912年10月27日	35	上海愚园	
第八次雅集	1913年3月16日	12	上海愚园	
第九次雅集	1913年10月16日	16	上海愚园	
第十次雅集	1914年3月19日	18	上海愚园	
第十一次雅集	1914年10月10日		上海愚园	
第十二次雅集	1915年5月9日	42	上海愚园	1
第十三次雅集	1915年10月17日	27	上海愚园	1
第十四次雅集	1916年6月4日	56	上海愚园	
第十五次雅集	1916年9月24日	34	上海愚园	
第十六次雅集	1917年4月15日	39	上海徐园	
第十七次雅集	1919年4月6日	26	上海徐园	5
第十八次雅集	1922年6月11日	23	上海半淞园	
20周年纪念会	1928年11月12日	40	苏州虎丘冷香阁	

表7 南社长沙分社、南社湘集历次雅集时间地点（集自《南社湘集》）

序号	时间	人数	地点	备注	参加雅集醴陵籍社友人数
第一次雅集	1912年9月25日	19	长沙烈士祠	长沙分社	6
第二次雅集	1916年6月21日	14	长沙琴庄	长沙分社	3
第三次雅集	1916年9月24日	30	长沙枣园	长沙分社	9
第四次雅集	1917年4月22日	29	长沙半园	长沙分社	7
第五次雅集	1922年4月18日	未详	长沙半园	长沙分社	
第一次雅集	1924年4月6日	23	长沙刘园	南社湘集	5

绪 论 | 25

续表

序号	时间	人数	地点	备注	参加雅集醴陵籍社友人数
第二次雅集	1924年10月7日	19	长沙赐闲园	南社湘集	9
	1924年10月7日		香港北山堂	南社湘集	
第三次雅集	1925年3月26日	19	长沙省立通俗教育馆	南社湘集	10
	1925年3月26日	6	醴陵藏园	南社湘集	4
第四次雅集	1925年10月26日	14	长沙妙高峰	南社湘集	5
	1925年10月26日	4	常德高氏园	南社湘集	
	1925年10月26日	34	香港北山堂	南社湘集	
第五次雅集	1926年4月14日	21	慈利环口园	南社湘集	
	1926年4月14日		醴陵	南社湘集	1
第六次雅集	1929年10月11日	未详	长沙赐闲园	南社湘集	2
第七次雅集	1930年10月30日	未详	未详	南社湘集	
第八次雅集	1931年10月19日	未详	长沙天心阁	南社湘集	
第九次雅集	1934年4月16日	19	长沙妙高峰南园	南社湘集	8
第十次雅集	1934年10月16日	18	长沙曲园	南社湘集	6
第十一次雅集	1935年4月5日	13	长沙天心阁	南社湘集	4
第十二次雅集	1935年10月6日	19	长沙怡园	南社湘集	4
第十三次雅集	1936年3月26日	23	长沙定王台	南社湘集	6
第十四次雅集	1936年10月23日	29	长沙赐闲园	南社湘集	8
第十五次雅集	1937年4月3日	20	长沙妙高峰南园	南社湘集	7
第十六次雅集	1945年10月14日	10	长沙北城挹爽楼酒家	南社湘集	
第十七次雅集	1946年4月4日	未详	长沙又一村青年馆	南社湘集	

续表

序号	时间	人数	地点	备注	参加雅集醴陵籍社友人数
第十八次雅集	1946年10月3日	未详	长沙青年会二楼	南社湘集	
第十九次雅集	1947年4月23日	35	长沙又一村青年馆	南社湘集	3
第二十次雅集	1947年10月22日	未详	长沙浏正街马续常家	南社湘集	
第二十一次雅集	1948年4月11日	未详	长沙又一村青年馆	南社湘集	
第二十二次雅集	1948年10月11日	未详	长沙又一村青年馆	南社湘集	
第二十三次雅集	1950年10月19日	20	长沙皇后街陶晋圭家	南社湘集	

表8 南社及南社湘集醴陵籍社友国民政府任职情况（现有资料）

姓名	国民政府任职	姓名	国民政府任职
卜世藩	甘肃抚彝、正宁，湖南攸县、宜章知县	文广璜	国民革命军三七一团中校团副
傅道博	湖南沅江、江西广丰、浮梁县县长	刘鹏年	行政院委员，财政部专门委员
傅熊湘	湖南省政府秘书长，沅江县长	刘谦	湖南省财政厅、民政厅秘书
何元文	内政部参事，长沙市首任市长	刘师陶	湖南省财政厅科长
黄钧	湖南省政府秘书、临武知县	汤超举	湖南省财政厅科长
刘德龙	安徽定远县县长	李隆建	湖南省财政厅厅长
马卓	晃县、永兴县长	谢植黄	湖南省河厘局主任
潘世谟	湖北江陵、英山县县长	王大桢	交通部次长，国际问题研究所中将所长

绪 论 | 27

续表

姓名	国民政府任职	姓名	国民政府任职
文斌	湖南省政府副秘书长，衡阳县县长	廖公侠	山东、安徽财政厅秘书
文启矗	安仁县知事	文斐	湖南省参议员，粤汉铁路局局长
阳兆鲲	江西宜春县长	左铭三	醴陵县劝学所所长
张翰仪	福建省政府秘书长，益阳等县县长	潘昭	醴陵县议会副议长，湖南省勘矿委员
朱德龙	湖南省政府秘书，临湘、长沙、华容、宁乡、嘉禾县县长	刘泽湘	醴陵议会候补议员，广东三佛铁路总办
朱沃	福建同安县长	朱师海	醴陵议会候补议员，江西第二区专署秘书
陈粹劳	国民政府文官处简任编审	朱可	醴陵议会候补议员，湖南财政厅职员
王麟	曾与傅熊湘掌王仙群治中学教务	张汉英	县立女校任校长
王启珥	广东三佛铁路	袁家普	云南、山东、湖南、安徽财政厅厅长
宁调元	广东三佛铁路总办	傅霖	宁乡地方法院、湖南高等法院检查官
陶广	国民革命军十集团军副总司令、二十八军中将军长	钟爱琴	武冈县财政科长

南社、南社湘集中的醴陵籍社员普遍接受了较好的文化教育，其中曾留学日本的有11位、就读国内高等学校的有19人、清举人1人（见表9）。

表9　南社及南社湘集醴陵籍社友最高学历情况（现有资料）

姓名	最高学历	姓名	最高学历
王大桢	日本帝国大学政治经济系	黄钧	湖南高等实业
张汉英	日本东京实践女学	王启珂	湖南高等实业
文斐	日本东京铁道学校	文斌	湖南高等实业
刘师陶	日本宏文学院	傅道博	湖南公立法政
刘泽湘	日本宏文学院	刘德龙	湖南公立法政
王麟	日本宏文学院	潘世谟	湖南公立法政
阳兆鲲	日本明治大学	谢植黄	湖南公立高等铁道学校
朱可	日本明治大学	朱德龙	湖南优级师范
宁调元	日本早稻田大学	刘谦	湖南优级师范
潘昭	日本早稻田大学	马卓	湖南中路师范优级选科
袁家普	日本早稻田大学	文启矗	京师大学堂
潘毅	北京大学	刘鹏年	上海中国公学大学部
匡怀瑾	北京师范大学	李隆建	岳麓高等学堂
陶广	北京宪兵学校	文广璜	中央陆军军官学校
何元文	北京中国大学	卜世藩	光绪二十九年癸卯科举人
刘声铿	湖南达材法政		

从"南社醴陵人"的地域分布看，有来自经济相对活跃的东部、北部乡镇和城区36人，来自南部乡镇7人，西部乡镇4人，其他住址不明的有5人（见表10）。

表 10 南社及南社湘集醴陵籍社友区域分布情况（现有资料）

姓名	地址	位置	姓名	地址	位置
匡怀瑾	板杉	北乡	刘泽湘	黄沙庄埠	东乡
袁家普	八步桥	北乡	阳兆鲲	枧头洲	东乡
王大桢	八步桥	北乡	李隆建	渌江	东乡
刘德龙	板杉	北乡	廖公侠	浦口	东乡
张翰仪	北乡小水村	北乡	陈粹劳	王坊	东乡
朱沃	北乡小水村	北乡	朱师海	王仙	东乡
刘谦	大林	北乡	张庆云		城区
潘世谟	大林	北乡	谢植黄	东堡	城区
潘毅	大林	北乡	许德彰	嘉树	南乡
潘昭	大林	北乡	朱德龙	清水江	南乡
朱可	官庄	北乡	何元文	泗汾	南乡
傅道博	黄獭嘴	北乡	刘声铿	泗汾	南乡
傅霖	黄獭嘴	北乡	陶广	泗汾	南乡
黄钧	黄獭嘴	北乡	刘师陶	泗汾	南乡
傅熊湘	黄獭嘴	北乡	汤超举	神福港	西乡
左铭三	新阳	北乡	马卓	均楚	西乡
左纪勋	新阳	北乡	卜世藩	茶山	西乡
张汉英	丁家坊	东乡	文启矗	茶山	西乡
文斌	东堡	东乡	匡弼	花桥	北乡
文广瑛	东堡	东乡	阳名传	城区	城区
钟藻	东堡	东乡	罗洁纲		不明
文斐	东堡	东乡	陈叔渠		不明
宁调元	东富	东乡	陈玄一		不明
王麟	东富	东乡	罗剑仇		不明
王启珵	东富	东乡	陈芬		不明
刘鹏年	黄沙	东乡	许德彬	嘉树	南乡

其次,悠久的历史积淀和深厚的文化底蕴是"南社醴陵人"产生的必要因素。醴陵县域历史跨越两千多年,根植于荆楚文化,承继了"屈贾"精神,汲取了"朱张"理学,浸润了"曾左"学养,同时融汇了各种外来文化与新思潮。醴陵人注重文化教育,对其前瞻赋予美好的愿景。明代唐寅诗咏醴陵状元洲云:"笔峰斜峙渌江中,两道文光湛碧空。汀草烟含宫锦绿,岸花光映杏园红。争夸灵杰光年盛,共拟昌期此日逢。古谶久虚终必应,迅雷何日起鱼龙。"寄寓着醴陵人魁首争先的文化情结。渌江畔的渌江书院,是近代以来醴陵文化的象征与人才的摇篮。朱熹、张栻、王阳明先后在此讲学,特别是左宗棠在书院担任山长期间,以身示范,倡导和播育经世致用的湖湘学风。清末宿儒吴德襄以75岁高龄担任山长之职,培养了宁太一、傅熊湘、卜世藩("吴门三绝")等一批人才,他们此后成为中国民主革命舞台的佼佼者、南社及南社湘集的骨干成员等。正是这样的县域历史、文化情结,以及在历史与文化交融并生出的文教传统,使醴陵成为人才的孵化之地,亦使孵化的人才先天承继了经世致用、敢于担当的优秀品格。

此外,醴陵乡土的情结、家国的担当是关键支撑。中国传统对"书香门第""一门风雅"等的追求,内化为一种文化性格。"同姓同乡复同调"的乡谊,在学业、事业、勋业等方面体现为相互的关照和帮衬。从表11可以看到,南社、南社湘集醴陵籍社员之间有以同乡同好为基础、以亲情友情为系带、以唱和雅集为动力、以诗词文字为载体的父子诗人、兄弟诗人、叔侄诗人、夫妻诗人、甥舅诗人、师生诗人、同窗诗人、同事诗人等。从表10也可以看出,正是东部乡镇宁太一、北部乡镇傅熊湘两位主要人物的带动效应,汲引了众多志同道合的同乡文人,加入南社和南社湘集。而这些乡土情谊,更为根本的,是对家国前途与命运的关注,以及挺身而出、挺膺担当的精神基源。

表 11　南社和南社湘集醴陵籍社员关系情况（搜集整理）

姓名	关系	姓名	关系
文斐　文广璜	父子	傅熊湘　刘鹏年　陈粹劳 潘毅　刘德龙　张翰仪 潘世谟　廖公侠　匡怀瑾	师生
刘泽湘　刘鹏年	父子	文斐　谢植黄	舅甥
潘昭　潘世谟	父子	宁太一　王启理	舅甥
刘谦　刘鹏年	叔侄	宁太一　傅熊湘　卜世藩	同窗
潘昭　潘毅	叔侄	傅熊湘　黄钧　谭觉民 刘谦　朱德龙　文斐 李隆建　马卓	同事
刘泽湘　刘谦	兄弟	陶广　谢植黄	亲家
许德彰　许德彬	兄弟	文斐　刘谦	亲家
潘毅　潘世谟	堂兄弟	傅熊湘　潘昭　潘世谟 潘毅	姻亲
文斐　文斌	族兄弟	刘师陶　何元文	姻亲
傅熊湘　傅霖	族兄弟	刘谦　潘毅	翁婿
刘鹏年　张庆云	夫妻	刘鹏年　王芃生	连襟
刘师陶　宁太一	师生	潘世谟　谢植黄	郎舅

最后，社会潮流的趋向与时代变革的呼唤是"南社醴陵人"产生的重要前因。南社成立前后，正处于封建清朝统治的末期，清政府"分裂山河，放弃主权；量中华之物力，结友邦之欢心。对于内，则持极端的监禁主义；对于外，则持唯一的布施政策"（宁太一《仇满横议》）。第一次鸦片战争后，西方列强用"坚船利炮"打开了中国国门，帝国主义同中华民族的矛盾日益加剧，国内阶级矛盾、社会矛盾也空前激化。为了救亡图存，先后上演了轰轰烈烈的太平天国运动、洋务运动、戊戌变法等，但均以失败告终。继这些运动之后，资产阶级民主革命运动也逐渐兴起。南社顺应历史潮流而产生，

成为具有重要历史影响的革命文学团体。早期的南社社员,很多都是同盟会会员,据不完全统计,南社中的同盟会会员有179人,其中醴陵籍同盟会会员有11人(见表12)。

表12 南社醴陵籍社员中的革命党人(搜集整理)

姓名	字	号	党籍
王大桢	芃生	曰叟	同盟会
文斐	牧希	延年	同盟会
宁调元	仙霞	太一	同盟会
刘泽湘	今希	钓月老人	同盟会
刘谦	约真	无诤居士	同盟会
阳兆鲲	伯笺(伯羲)、惕生	铁生、铁禅	同盟会
张汉英	惠芬、惠风	惠风	同盟会
傅熊湘	文渠、钝根、屯根	君剑	同盟会
李隆建	仲庄		同盟会
潘昭	式南		同盟会
王麟	石麟	笃朋、竹朋、祝朋	同盟会

南社高举反封建的民主革命文学旗帜,积极配合同盟会的活动,利用报刊舆论阵地(见表13),宣传民主进步思想。辛亥革命前后是南社最活跃的阶段,南社社员们投入这场伟大的社会变革当中,为辛亥革命胜利作出了积极贡献。

表13 南社和南社湘集醴陵籍社员报刊从业情况(搜集整理)

姓名	报刊主笔或编辑或记者
马卓	《长沙日报》《国民日报》《通俗时报》《民治日报》
李隆建	《长沙日报》《国民日报》
文斐	《长沙日报》
朱德龙	《长沙日报》

续表

姓名	报刊主笔或编辑或记者
刘谦	《长沙日报》
谭觉民	《长沙日报》
王大桢	《外交月报》
黄钧	《铁笔报》《长沙日报》《天声日报》《国民日报》
张汉英	《女权日报》《万国女子参政会报》
廖公侠	《醴陵民报》
刘师陶	《醴陵民报》
潘毅	《民国》《民钟》《泉州日报》《星洲日报》
宁调元	《洞庭波》《帝国日报》《民声日报》
傅熊湘	《洞庭波》《竞业旬报》《大汉报》《长沙日报》《天问周刊》《醴陵旬报》《通俗报》
匡怀瑾	《东三省民报》《民国日报》
朱沃	《大湖南日报》
陈叔渠	《今文月刊》《会声月报》
阳兆鲲	《东亚日报》(民主报)
陈粹劳	《湖南民报》

七

南社和南社湘集在中国近现代文化史上风云半纪，流响百年。"南社醴陵人"是特殊的时代背景、地理环境和人文因素等相互碰撞的结果。

目前挖掘和研究南社文化的专家学者，在很多方面取得了系列成果。但是，成系统介绍和普及"南社醴陵人"的成果不多。江西省社科院赣鄱文化研究所所长、江西省国学文化研究会会长胡迎建先生发表有论文《论南社中的湖南醴陵诗人》，主要探讨了以宁调元、傅熊湘、"醴陵三刘"为主的醴陵籍社员的诗文成就，对南社发展的贡献，以及南社湘集在文化史上的地位。搜集、整理和研究"南社醴陵人"这一文化现象，显得十分必要。

本书的编者都是醴陵本土文化爱好者，热爱中国传统文化，热衷于传承醴陵文化，希望通过编纂本书，让大家知晓"南社醴陵人"这一诗人群体、这一文化现象、这段辉煌历史。企盼更多有识之士共同来关注"南社醴陵人"，挖掘好、保护好、利用好这一文化资源和文化遗产，为醴陵文化事业发展乃至中国传统文化发展作出新的贡献。

谨以浅陋之章，示拙方家，翘企不吝赐教！

2023 年 9 月

生平与作品之南社部分

卜世藩

图1 卜世藩像（图片来源：《南社湘集》右三为卜世藩）

卜世藩（1873.3.21—1936），字芸庵（芸盦、芸厂），派名茂琨，又字韵鹍（鹍音同昌），号芸绷，晚号藏叟，别号韵荃山人，斋号韵荃精庐，室号藏园。居湖南省醴陵县西一区梅小段（今醴陵市茶山镇长马村），光绪二十九年（1903）癸卯科举人。民国五年（1916）2月26日由傅熊湘介绍加入南社，入社证书编号584。南社湘集社员。

光绪二十四年（1898）府试冠军，就读渌江书院，师从渌江书院山长吴称三先生，与同乡宁太一、傅熊湘世称"吴门三杰"。光绪三十三年（1907）参加清吏部考试，获授县长职，次年任甘肃省抚彝县（今临泽县）知县，民国二年（1913）任甘肃省正宁县知事，民国五年（1916）任国民政府湖南省攸县知事，民国十四年

生平与作品之南社部分 | 39

（1925）任唐生智陆军第4师行营秘书，民国十五年（1926）任国民政府湖南省宜章县县长，民国十六年（1927）任国民革命军何健江左前敌指挥部少校秘书，民国十八年至民国二十年（1929—1931）任国民政府湖南省财政厅秘书，民国二十二年（1933）任国民政府湖南省教育厅第五科视察员，次年任国民政府湖南财政厅视察员。解职后，一贫如故，卒于乡。

卜世藩擅长魏碑，尤其是古体诗词。著有《韵荃精庐诗钞》六卷，《重造渌江桥纪事》三卷，《藏园诗剩》《五斗集》三卷，《春晖录》三卷，《韵荃精庐书牍》一卷，《醴陵清诗节本》《哲言韵编》《屺瞻录》《韵荃精庐集联》二卷附一卷，《韵荃诗草》十卷。

《湖湘文库：清代湖南朱卷选编》载其乡试卷并有小传，《醴陵县志（民国版）》有传。

图 2 南社入社书
（图片来源：《南社社友录》）

答黄生问诗

乖龙割耳痴龙睡，雨黯空山有所思。
寂寞左徒哀惜诵，艰难秦系用偏师。
宵深病鹤寒犹舞，照久灵犀子自知。
四座繁声方会作，老夫头白为悲丝。

吊宁太一墓

王运际百六,钩党伏祸始。发难洞庭波,捆拘娄濒死。旧君故不杀,环文照湘水。著书尊明夷,敕义翼正史。天帝崩座坏,国变民风起。何意辞南冠,翻令向西市。肉无飞而食,日乃没犹视。武昌殉难地,过者发上指。遥怜鹦鹉洲,祢衡有知己。西山郁苍苍,渌江流弥弥。白衣冠会葬,归骨动故里。所居共夔魖,所游与鹿豕。不像祁连冢,谁为卜国诔。万古骷髅血,殷红草木紫。我来酹君墓,为君歌变徵。鼎鼎百年内,斯人止于是。忆昔靖兴寺,篝火语傲诡。狂呼傅修期,睨视刘中垒。诗声必亡秦,剑胆每诛嚭。孙庞岂异师,苏张不同揆。时我伏牖下,否否而唯唯。七年不相见,遂以失奇士。兵气莽南服,赪尾尚如毁。青霜掠我鬓,商飙割我耳。感自热中肠,浮生等虫豸。灵旗半空下,冤魂坐移晷。

客华容和贺侠公晁

洞庭木落天如水,三户郎当夜誓师。
空谷闻音惊欲绝,孤舟移病恐非宜。
一杯冷看横磨剑,万卷愁供没字碑。
表里河山问风景,昆明灰外汝为谁。

忧患余生各二毛,吟边心血损推敲。
尚将钩党求张俭,稍悔贻书效伯高。
震荡有时愁地裂,乱离无计破天骄。
美人千里隔秋水,日暮章台咏采萧。

九日黄湖山作

黄湖山上去天尺,黄湖山下秋草白。
落木西风吹客衣,山色湖光作寒碧。

劫后诸生举皂幡，平沙浩浩看中原。
哀猿嚎断黄花瘦，惨淡乾坤噩梦痕。

伤乱四首

兵气淋然逼汉东，夕阳城郭水光中。
异人近出虬髯传，军事微闻魏弱翁。
略地飙车三户圻，惊天雷鼓百蛮通。
劫灰未死犹篝火，跋扈飞扬起大风。

殷遗蠢蠢任屠刲，敕勒歌哀白草低。
亭长纵横三尺剑，大王慷慨一丸泥。
蜗牛坐见居成国，蝼蚁犹能力溃堤。
秋老谯楼霜月苦，五更清角有乌啼。

天下安危事万难，新亭浊酒话悲酸。
成功未许添蛇足，强死何关食马肝。
暮雨空山经国变，秋风野屋问盘餐。
十年忧患吾将老，倦鸟凭谁刷羽翰。

书从墨守废何休，梦泽章台有旧游。
已恨王郎空斫地，不堪宋玉尚悲秋。
天边烽火惊飞鸟，湖上波涛犯客舟。
若个无家千里别，潇湘南望裂双眸。

感事四首柬华容县长杨季猷等

朋党诘戎日，两军俱受降。
沙中反有偶，胯下才无双。
废疾到垂暮，爱书不赦惷。
岁寒何所诣，风雪阻沱江。

怪风方罨裂,夜半闻劫棋。
谁作心交战,伤多泪绠縻。
祸机犹倚伏,时议敢坚持。
民气日愁苦,凭谁塞漏卮。

问天此何意,决眦入风毛。
帝在鹃应泣,师熠马不骄。
联邦苏季子,救国郑弦高。
矛盾相攻久,还求大石刀。

杨刘两人杰,仕隐不同流。
异政见驯雉,幽栖乘车鞧。
策陈三太息,星望五诸侯。
且暮吴其沼,东门忍抉眸。

戊午五月小住县节孝祠和约真四首

一炬还烧到楚人,如今三户已亡秦。
空山恶木蛇横路,废院荒丛鬼结邻。
纵化虫沙埋有血,便辞骨肉忍无亲。
殷忧老我怜濒死,围坐清尊扑面尘。

拾橡荒山又日低,杜陵茅屋苦鸡栖。
文昌斗柄全移北,河汉天声欲下西。
野笑阴风多薨葬,断桥江水咽征辇。
殷遗托命余刀俎,乱德凭谁扫九黎。

垂老遁荒依草莱,家贫谁散鹿台财。
绿林夜雨还行劫,瓘斝融风不救灾。
噩梦远随烽火转,空城愁打晚潮回。
幸留孤阁危墙在,与子艰难乱后来。

无复音书远寄将，中原道梗日荒凉。
暮年槁饿陶彭泽，末俗讥评盛孝章。
摇落故交惊老丑，消磨才气觉颓唐。
喧天越鼙吟难定，起视檀枪万丈长。

和钝根戊午生日

才子生时事已非，十年吾长叹吾衰。
秋花闲澹闻香晚，诗境孤危发旨微。
岩谷无扃豺虎乱，文章有债凤凰饥。
横行一世君奇绝，狂胜痴顽瘦胜肥。

旧著书成半劫灰，入关图籍待收来。
耻随功德颂新莽，聊学婴儿号老莱。
鸡斗两家森铁距，蛇蟠万怪护珠胎。
明年此会看风物，愿祝长星酒一杯。

次韵和钝安游仙子岩观萧来凤梦碧泉刻石

我年三十仍孤纵，乃走西北追云龙。崆峒长剑贺兰雪，坐令头白成老翁。归卧芳山两足茧，仙岩咫尺无由穷。选胜难凭叩竹杖，当门且败秋兰丛。故人傅永太奇绝，繁华阅尽怜冬松。章龙左显三狮洞，幽寻独契苔岑同。卸书道观久寂寞，碧泉黄竹谁初终。王乔之舄汉人去，萧史之箫秦苑空。斯岩万古谢开凿，摩挲石刻疑鬼工。涧底龙吟地欲动，云中鸾啸天为风。忆昔扬鞭过华岳，莲花玉女朝三峰。远从故国语灵秘，悔不相随扶短筇。今读新诗气沉郁，使我倦眼揩蒙眬。十年梦想不得到，对此仿佛真形容。吾徒年来志丘壑，问渠可惜斯民恫。南服兵戈北陇笑，檀枪欲亸天无功。语罢烟霞起寒色，雷塘薄暮声隆隆。

游水帘洞感赋十二韵

选径向屏颜，寂寞花枝暮。
怪石立鬼魅，横阻春塘路。
澄波鉴游鱼，高田杂幽树。
悬岩三丈强，当空飞瀑布。
旁门黑如漆，蝙蝠不知数。
虎卧芳草平，鸱鸣野风怒。
中年苦艰险，使我生畏怖。
入山曾几时，山魈斥我去。
寻诗偶然出，亦遭群小妒。
菱蕙化为茅，寿陵失故步。
九夷不可居，乘桴岂游具。
歧途一回首，怅望云深处。

黄潄根以诗相质次答五绝示之

妙谛曾闻僧入定，数茎撚断为吟安。
渔洋神韵幽弦绝，一卷冥心坐夜阑。

雪满空江一钓竿，诗人来向静中看。
阆仙东野都能手，两字真诠在瘦寒。

胸自灵明别有天，读书万卷伴愁眠。
梅花开到香如海，此是鳌山悟道年。

倘能万里走车轮，也是诗家众妙津。
郁郁江山助奇气，笔花头上十分春。

名流竟学黄山谷，却恨三唐少替人。
杜老深沉韩傲兀，愿君高处着吟身。

和潘民讦

　　王乔仙迹埋幽草，狮洞斜阳无限好。百年风义属师儒，此事今如穿鲁缟。冰壶之心清似秋，别开三经来羊求。大夫岂为新莽出，遗老尽作菟裘谋。吁嚱乎，上有青冥之高天，四时云气凌飞仙；下有伏流入地底，石室无书能纪年。此中乃有大人在，禹迹茫茫感兴废。若今长梦采华芝，谁向海隅清舞界。潘郎文藻何缤纷，年少诗欺郑子真。长啸居然竹里报，暂穷未是芦中人。怜余慷慨悲歌士，搔首问天天莫恃。渔丈传来欸乃清，足音听到跫然喜。此时气压元龙豪，仰视天际孤云高。八索九丘恣展读，一弹再鼓相绸缪。荒烟漠漠御书阁，我来吊古君行乐。霸气纷驰井底蛙，英姿独矫云中鹤。傅岩一相思逃名，高如石笋无纤尘。师友渊源本有自，门生门下还相亲。汉家宫殿荒驭婆，古愁欲洗倾长河。却恨刘伶酒德颂，难酬杜老醉时歌。

和唐次裴显度

　　此身合用沉忧老，两戒河山又誓师。
　　薄海尊王荒旧史，当涂称制忆年时。
　　渔人已断桃源路，徵士难编栗里诗。
　　落日唐衢闻痛哭，可怜霜雪上于思。

　　曾上孤城看黑山，炎风朔雪漫消闲。
　　十年乱世头同秃，万里家书梦独还。
　　雾阁云窗来劫外，玉鱼金碗出人间。
　　倦游白首铧刀者，独有儿童识旧颜。

　　乱世相逢折柳桥，衙斋寒雨话深宵。
　　冰霜秦陇诗相苦，宫殿舳舻别路遥。

曾见青松落颜色，怕闻黄竹起歌谣。
凄凉岁穴来风地，此物何堪折束邀。

年来学派分门户，木铎循行亦太难。
传教堂前感兴废，读书声里绝悲酸。
一从雪窖冰天出，倍觉琼楼玉宇寒。
落叶飘萧飞不定，朔风如吼猛加餐。

由灵归寺泛舟而归

天风鸾鹤纷翱翔，白日汎江江气黄。
凭虚阁中起长啸，仙人降下双瞳方。
绝壁枯藤挂乔木，寒花苦竹当僧房。
铸铁牛头百寻所，结庐龟背千仞冈。
斜阳浅水一舟下，野屋汀沙秋草长。
中有鱼龙戏酒舫，飞虹倒挂窥霞觞。
此身历劫幸不死，新诗到眼犹能狂。
君试高歌我互答，绕毫不散弥檀香。

酬邓瑞生兼柬李肱良

节楼半日同消夏，褴褛能来慰暮年。
乱世旧交余复社，遗民诗事问斜川。
无端校尉从中垒，便欲名王缚左贤。
回雁书迟山木落，为谁惆怅泪潸然。

不向同光问早出，先皇原未识奇才。
遗书空诵张安世，文字犹攻段玉裁。
百怪撑肠森壁垒，十年磨剑郁风雷。
诗癖符比恒沙数，人海茫茫独往来。

古今我自饶风鉴，人表何当列上中。
已恨凤凰呼孔雀，休教猿鹤殉沙虫。
凄凉旅夜桐间露，招落乡书木末风。
最是玉溪生别久，雁峰西望两蒙蒙。

醉月楼宴集得陶字

世乱绝游衍，出门无故交。
落日城西隅，复见江楼高。
朋从各妙年，我独霜鬓凋。
酒悲郁天性，壮志空云霄。
苟全得地偏，灌园宁惮劳。
斯楼几废兴，四面风飘摇。
涛作伍胥怨，土带咸阳焦。
暮色苍然来，一瞑何时朝。
持谢二三子，裁诗聊和陶。

民讦招饮梯云阁得细字

城郭沉冥晚烟细，窗棂四开一面闭。
杰阁春尊集胜流，山路花香风入袂。
主人劝客客须醉，何用劳生苦作计。
当年旧游有蒋诩，三径遂荒盛难继。
孤月遥明红拂墓，乱峰渐失青螺髻。
乾坤劫后血模糊，夜气萧寥此何世。

自题《韵荃精庐》

一径烟芜坐掩扉，觚棱天上梦依稀。
臣门冷落春风懒，芳草王孙更不归。

寸寸灵根认烬痕，空庭来拜杜鹃魂。
廿年一掬孤臣泪，洒向芳丛说报恩。

西山一抹水汶汶，卷起湘帘日又曛。
花落鸟啼随意绿，含毫愁杀李将军。

一亩之宫有破残，白头阿母话辛酸。
披图无限青青意，鹈鸠声中不忍看。

辛未清明行我道人以诗招饮次韵志感

茅屋白云难送老，浮湛人海浩茫茫。
久无宫女谈遗事，犹有侯封到醉乡。
今日魏徵宁妩媚，当时阮籍本猖狂。
恶闻年少功名客，公事频来问不忙。

乘兴犹思破壁飞，自疑狂瘦胜痴肥。
攒眉径出高僧社，扣角长谣敝布衣。
惭愧双柑吞斗酒，艰难寸草隔春晖。
芳园桃李花间月，宴罢琼筵缓缓归。

黄生字说

男子二十曰弱冠，冠而字之，朋友之义也。黄生年十三，读书有意。一日问字于余，余疑其幼也，曰："古者唯天子与诸侯，年十二而冠。黄生年甫十三而求字，其有说乎？"因诘其所以求字之志，而字之曰勉夫，从其名也。黄生之言曰："始吾之出就外傅也，父以亚藩名吾，吾惴惴焉惧不克胜也。不克胜，名将败，吾是以惧，此吾之志也。"余乃迎其意而告之曰："古有生而有文在其手者矣。终身之业，定于有生之初，而求其名与实副，则视其人之克自勉焉。期许愈大，则其自勉也宜愈夙。必冠而后字，字而后自勉，是未冠以前皆自弃之时也,鲜克副所志者。子之惴惴焉,惧不克胜,是子之思有以自勉也,必克副所志也。黄生勉乎哉!譬如竹,然为用在寻丈以后,而其干霄之致,即具于抽箭之先。木之用为栋梁也,必待其大数十围,而当其萌芽时已具有磅礴轮囷之势。志先定故也,黄生勉乎哉!"

未晚楼图跋

南社友洞庭李君,既取《国策》语名其读书之楼曰"未晚",遁叟又从而为之图。一日,李君嘱予跋其图之尾。遁叟与余盖皆未至斯楼者,图之跋之,扣槃耶?扪烛耶?然即其所为名楼,思过半矣。夫晚者,天也;随天之晚以为晚,人也。天为晚以限人,人乃自为一"不晚"以胜天。天夺于人,天且退而听命矣。是故卫武耄而好学、鲁阳麾戈迴日,人不晚,天亦不晚。此天人战胜之机,间不容发。尝慨乎今之人矣,幼荒于嬉,长又不学,天未晚,人已先为一"晚"。以自限曾未四五十,遂昏昏然暮气乘之,嗒然曰:"吾之壮也不如人,今老矣,尚何能为?"则虽有旷世之才,亦退而与妄庸竖子为伍,此王荆公所为伤仲永也。李君筑楼读书,而自制嘉名以自儆,意深哉!意深哉!李君有句曰"落日当筵红可吞",脍炙人口。余戏以"李落日"呼之,盖落日晚矣,而曰"可吞云"者,其中故大有作用,亦仍未晚意也。李君之集曰万桑园者,诗也。是图嘉树四围,或即万桑耶?著述等身,昭白日而薄霄汉,则虽谓千百年未晚可也。

虬渊洞宋碑跋

此碑综计首尾及碑额虬渊洞建亭,凡六百六十六字。自宋神宗元丰八年乙丑,至今民国十三年甲子,凡八百四十有六年,字无刓缺。偶以拓本遗钝安。钝书抵余,云:"吾邑宋石,此为仅见,且字画完整如新，书法亦近苏门，至堪宝贵。"细审良然。惟来书谓寻绎文义，高陵寝似为醴陵地者，但既云作尉，何以称局云云，则有不得不还质钝安者。

醴陵为西汉侯国，东汉始置县。醴固县矣，而陵则当以皇陵得名。历考诸书，不言醴有何氏代陵寝。且称名自西汉始，则为西汉以上之陵可知。家无《皇览》一书，无从质证，即得《皇览》，恐亦不释醴陵也。醴陵不可释，而又别寻一左冯翊之高陵以属之，不愈纷乎？吾意高陵固当属左冯翊，而徐刚中或由局吏迁尉，亦未可知。故其文曰，予之尉高陵，寝有日矣。有日者，谓行有日也。第宋时醴有何局，仍不可考耳。黄本骥《职官志》典史一职，宋曰尉，一曰典狱。是时县各一尉。汉有霸陵尉，唐有溧阳尉，皆隶县，非如巡检之职，得分县所辖地而治也，则醴又安得离县而有高陵尉乎？昔孙皓先封为乌程侯，即改葬和于乌程西陵，号曰明陵。置邑二百家，于乌程立陵寝，使县令丞四时奉祀，亦不更设陵官。若徐为高陵寝专官，则不得称尉，高陵岂即醴陵别名乎，此不可能矣。

县东二十里有小沩山，为道书第十三洞天，而《读史方舆纪要》、乾隆府厅州县志皆作沩，不作巍，余又无所谓巍山者。巍山观之名，亦无由考出。初光绪癸卯，余读书渌江书院，教谕陈君寿纶、训导何君安行以宣讲主其地，归语余曰："绕洞有一石龙口，吐水如散珠，过辄喷人衣，如白雨点。"则为之传拓碑刻，修复旧亭，题额撰联悬其上，今二十余年矣。二君去后，拓本不存，此境竟无再问津者。余端居无事，遇石涵人来，辄询之。今年春，谢柱国颜剑夫各拓二纸饷余，惜皆不解拓法，以墨濡石，布纸其上而刷之，如刷书然，故其文皆阴显而阳晦。询所谓六室者，不能答。惟雷击处可指，石涵王江南王，则易像设为木主云。

按石涵山在县南五十里之贺家桥，俗呼是洞为长毛洞，距明经周敦老之居仅三里许，敦老昨过余，亦不能言其详也。钝安又云：

"他日当更觅良工精拓,以贻海内谈石者,俾神物不终晦也。"此诚盛事。盖海内不乏博物君子,或能考之,则于吾醴他年修志有光焉。姑识纸尾以俟。

题西山大岭背茶亭联

楼对凤凰辉日月;
谷腾龙虎会风云。

越过西山劳跋涉;
权当东道献殷勤。

挽刘泽湘联

入社数人才,与卜夏论诗,得君家父子弟兄而友;
同门少缘分,只刘贲下第,愧当道直言敢谏之科。

挽傅熊湘联

西山风雨,同拜草庐,旧梦追三十年前,两人予智自雄,各争意气;诗文余事耳,酒边每不惜,断断亏半生党祸周旋渐能平淡,著书盈篋笥,只邑乘未遂初衷。君在任销沉,后死衰龄谁敢识?

南社英贤,晚分湘集,离愁寄二千里外,一旦去亲为客,永隔仙凡。富贵可求乎?末路尚如斯,仆仆念数岁孤儿随侍,忽失依归,老母倚门闾,与深闺早穿望眼。我来悲落寞,此时清泪已无多。

题渌江桥竣工庆典牌楼联

盛事好题桥柱记;
芳声长在渌江流。

题醴陵城关镇南门麻衣庙联

于廿四孝外独占仙名,淮川浪转思亲泪;
愿百八境中都无病苦,渌水春涵活佛恩。

民国元年行政厅春节对联

倘受民间一文,天诛地灭;
任凭人事万变,鉴空衡平。

题长沙天心阁联

试从神禹碑文,数贾生赋鵩,陶侃射蛟,大家拔地起千寻,听三六湾江声东下;
同拜灵均骚祖,更定王旧台,马殷荒殿,到此登楼作重九,看七二峰云气南来。

题醴陵圣帝殿联

同有仙则名,虽无南岳七二峰,四望云烟都到眼;
神之得其胜,凭此渌江咫尺地,万家瞻拜可存心。

马卓

图1 马卓像

图2 马卓南社入社书
（图片来源：《南社社友录》）

马卓（1885—1945），名邦藩，字惕冰，湖南省醴陵县西乡马家坳（今醴陵市均楚镇马家坳村）人。毕业于湖南中路师范优级选科。民国五年（1916）8月10日由傅熊湘、方旭芝介绍加入南社，入社证书编号665。新南社社员，南社湘集社员。民国二十四年（1935）2月由刘谦介绍加入湖南船山学社。

民国元年（1912）任国民政府醴陵县议会议员，历任《长沙日报》、武汉《民国日报》、湖南《国民日报》《通俗时报》《民治日报》编辑，长沙市新闻记者联合会监事。曾任醴陵渌江中学、醴陵朱子小学校长，民国十三年（1924）前后在湖南省第一师范学校执教，民国二十年（1931）任中国国民党湖南省党务指导委员会秘书，民国二十四年（1935）任国民政府湖南省晃县（今新晃侗族自治县）县长，民国二十六年（1937）任国民政府湖南省永兴县县长。民国三十一年（1942）告老还乡，定居湖南省醴陵高桥黄谷田。

曾参与《醴陵县志（民国版）》编纂工作。

湖南省地方志编纂委员会编《湖南名人志》《醴陵县志（民国版）》均有传。

长沙雅集通俗教育馆分韵得"教"字

春深不放晴，寒云犹幂罩。
风片杂雨丝，蜡屐没泥淖。
吾侪兴不浅，宁畏城市闹。
值此禊集良，聊把兰亭效。
托迹训俗场，愿学西门豹。
岁月去如流，急流须鼓棹。
文章关国运，期与崇文教。

南社雅集长沙枣园用壁间黄山谷《松风阁》诗分韵得"松"字

大雅河东众所宗（谓亚子），吴江楚水两情浓。
枣园遥接愚园席，新雨欣连旧雨踪。
遁世何如元亮饮，登楼宁肯仲宣容。
秋风渐厉群英谢，云麓依然见赤松。

甲戌上巳妙高峰雅集得"山"字

劫后情怀百不关,南园禊集暂开颜。
新晴乍放神同爽,旧雨重逢意转闲。
且喜澄清夸楚水,谁将吟咏暖名山。
登峰回望春何似,柳暗花残指顾间。

长沙曲园甲戌重九雅集以陶诗采菊东篱三十字分韵得"鸟"字

鼎革二十年,中原犹纷扰。
民瘼日已深,郅治谁能肇。
举世多醉眠,漫漫夜难晓。
砥柱挽狂澜,眼中畴表表。
南社罗群彦,扶轮力非小。
存古重风雅,孤鹤云中矫。
中立布不倚,大道孔孟绍。
纫佩采皋兰,缨冠救原燎。
惜哉傅休奕,去如黄鹤杳。
高峰月影寒,名园人迹悄。
刘子新主盟,日再中天皎。
雅集春复秋,同调抑非少。
影摄符重九,学士人了了。
时艰仗众擎,勿作倦还鸟。

挽傅熊湘联

抱奇才著述,建革命功勋,何堪此去匆匆,壮志未全酬,屈子贾生同恨事;

共笔政长沙,结诗盟南社,回忆从前种种,多情犹宛在,皖光湘水恨归魂。

挽袁家普联

理财家实业家慈善家,吾醴有几人,民众救星党国福;
太一卒钝安卒湘芷卒,良朋又逝世,军山落日渌江昏。

王麟

图1 王麟像

图2 王麟南社入社书

（图片来源：《南社社友录》）

王麟（1879.7.18—？），字石麟，号笃朋、竹朋、祝朋，湖南省醴陵县西林（今醴陵市东富镇西林村）人。毕业于日本宏文学院。民国四年（1915）5月由刘谦、傅熊湘介绍加入南社，入社证书编号533。

清光绪三十三年（1907）1月由蔡元培主盟在上海加入中国同盟

会。曾与傅熊湘主持醴陵王仙群治中学教务，曾任国民政府湖南省财政厅科员。

诗词俱未存世。

挽袁家普联

财厅本经济机关，羡当年宦辙奔驰，历滇湘皖鲁各名区，廉明干练，所在有声，裕国才堪追管仲；

牯岭乃养生佳境，慨近日药炉做伴，服耆术参茯诸妙品，导引滋培，终成无效，游仙迹竟步卢敖。

编者注：此联为王麟与谢舜臣等合挽联。

王大桢

图1 王大桢像

图2 王大桢南社入社书
（图片来源：《南社社友录》）

王大桢（1893.1.17—1946.5.17），字芃生，别署曰叟，湖南省醴陵县八步桥七里山（今醴陵市板杉镇七里山）人。少年时就读于醴陵县立高等小学堂（渌江书院前身），后于湖南瓷业学堂学习瓷画，毕业后进入湖南瓷业公司。民国五年（1916）至民国十年（1921）两次东渡日本留学，就读于日本陆军经理学校和东京帝国大学经济学部。民国五年9月18日由刘鹏年、傅熊湘介绍加入南社，入社证书编号690。南社湘集社员。

　　清宣统二年（1910）考入湖南陆军小学堂，其间加入中国同盟会外围组织——嘤鸣社，后经刘敦夔介绍加入中国同盟会。民国元年（1912）2月进入南京陆军军需学校学习，同年9月加入中国国民党。在东京帝国大学学习期间任东京留日学生学术研究会外交研究部部长。民国十年华盛顿会议时期，王大桢撰写了《华盛顿会议之预测与中国应有之准备（纲目）》，被破格聘为华盛顿会议中国代表团咨议，由此步入外交界。民国十一年（1922）7月起，王大桢以鲁案督办公署行政处副主任、鲁案谈判中方专门佐理员、铁路财产评价委员会委员等身份，参与了中日解决鲁案"善后"长达五个多月的系列谈判；同年12月10日，以接收青岛行政委员会及公产委员会主任委员等头衔，见证了青岛行政接收仪式暨接收庆典。次年2月、4月，还以中国代理行政接收委员长、胶澳商埠督办公署政务处长等身份，参与处理青岛主权回归后的善后事宜。自始至终参与收回青岛主权的有关事宜。民国十三年（1924）任国民政府山东省省长公署统计处处长兼山东统计讲习所所长，掌管全省统计工作。民国十五年（1926）参加北伐战争，相继任北伐军第二师上校参谋长、三十五军少将参谋长、江右军总指挥部参谋长。民国十六年（1927）任第四集团军江右军中将总参议兼国民政府安徽省民政厅代理厅长等职。民国十七年（1928）济南惨案（又称"五三惨案"）发生，时任驻日特派员，奉令与日交涉。民国十九年（1930）任国民政府湖南省政府顾问。民国二十一年（1932）任东北外交研究委员会宣传主任，兼国联调查团中国代表处专门委员，负责主编《外交月报》。民国二十三年（1934）11月出任驻土耳其大使馆参事，民国二十四年（1935）冬调驻日本大使馆参事。民国二十六年（1937）抗日战争全面爆发后，受国民政府任命，主持成立了国际问题研究所，任中将主任，专门从事对日情报工作。同年10月，任交通部次长，赴越南、缅甸开展外交活动，率领工程专家到昆明与龙云商谈修筑滇缅公路的有关事项。滇缅公路在抗战初期抢筑成功，对日本帝国主义三个月内灭亡中国的妄想给予了一个有力的回击，而对于中国来说，滇缅公路成了维系中国和东南亚两大战区的纽带，大批援华物资源源不断被运入中国，打破了日军的封锁战略。抗战后8年中，他所主持的国际问题研究所，广泛收集敌友情报，剖析国际形势，对德军进犯苏联、日本偷袭珍珠港及日本的投降等重大事件，均在事先做出了准确的判断，提供了可靠的情报。他所领导的国际问题研究所成为有名的军事情报机构。他本人更是成为驰名中外的研究日本问题的权威，有"日本通"之称。他还在《大公报》《中央日报》等报刊上发表了《抗战过程应有的基本认识》《不降必胜论——纪念七七两周年作（下）》《看清日本的真相》《中国抗战对世界大战的贡献》等大量主张坚决抗战、反对妥协投降、宣传抗日必胜的文章。民国三十四年（1945）当选为中国国民党中央候补委员，获颁抗战胜利勋章，同期，任醴陵县开明中学（今醴陵市第二中学前身）校董会董事长。民国三十五年（1946）5月17日因病于南京逝世，终年53岁，国民政府为其发布褒扬令，蒋介石亲撰祭文，表彰王大桢一生的业绩。

王大桢一生著述较多，抗日战争时期在重庆出版的《时局论丛》，收入文章32篇。主要包括《时局论丛》《日本古史辩证》《日本古史之伪造》及《山海经及先秦盖国、日本国同属燕国的历史考证》《日本伪造古代史与山海经》《先秦时期盖国及日本国同属燕国之考证》《土耳其论文集》《匈奴史之新研究》等时政著作以及《歌曲源流考》《犯曲通考》《四犯令考》《词学管窥》等（上述并称为"淹雅"），《小梅溪堂诗存》《莫哀歌词草》等诗文著作。

湖南省地方志编纂委员会编《湖南名人志》、《醴陵县志（民国版）》均有传。

东京三乐书道会索书素拙于笔题此自嘲

先民观鸟迹，雁字却书空。醉翁不在酒，此烟将毋同。六体已多变，八法难为功。褚刷笑欧刻，居然法不穷。视鸾作墨戏，意到禅亦通。大巧本若拙，孰肯为之工。大拙如可宝，隗亦万夫雄。劝君且莫嗤，我将学痴聋。书罢欲遁去，恍惚乘长风。纵身出云表，云上复苍穹。彗尾为我颖，泼云磨青铜。仰书不用纸，蘸海题天宫。俯瞰笔难下，恐再开鸿蒙。我狂君亦笑，未饮颜先红。换鹅莫易绢，好去侑新丰。酒中天地阔，一醉发神聪。

红叶馆雅集有感

莫叹频年鼠雀哗，尚余风雅不分家。
御沟认取新红叶，新院重寻旧碧纱。
且共陈诗将玉帛，相期解甲话桑麻。
黄山入梦空招隐，欲计归程未得瓜。

和二峰大司农韵

仙人招手玉芙蓉，君在蓬山第几重。
倾杯欲问醉翁意，忧国谁知范老胸。
奇文此夕共欣赏，完璧何时愧折冲。
自笑西堂谢康乐，同身犹伴郭林宗。

和咏士诗宗韵

莫叹风骚变，新声未足奇。
为君歌古调，贻我有清辞。
不作惊人语，飘然出世姿。
醉乡无丧乱，翻笑武陵诗。

和龙峰星使韵

银灯如月照藤萝,人面羞花胜醉酡。
秋思春心吟未得,萍踪回首故乡多。

偶结诗缘附女萝,花枝交映醉颜酡。
才人老去春心在,红叶飘来韵事多。

和苹园诗伯韵

搔首平生愿未酬,十年瀛海等浮鸥。
重来季札聊欢乐,辛苦耕耘且待秋。

和翠云画伯韵

偶因鸥鹭习忘机,欲向青天插翅飞。
悟得有声堪入画,匠心应似道心微。

和天彭诗伯韵

海燕归巢主易新,池鱼惊火浪翻银。
题诗偶忆催租吏,未近重阳迹避人。

和青崖诗宗韵

摩诘流风欲待予,朝衡诗境欲凌虚。
久忘得失无尘累,偶有临渊不羡鱼。

叠青崖翁和双溪大使韵

晚爱山居静,石楠花发初。
孤高谁得似,俯仰意何如。
乱世名为累,道心常若虚。

始知仁者寿，不用养生书。

赠子因诗伯

廿年书对客天涯，文藻如君已足夸。
曾与青莲同梦笔，斑斓五色又生花。

清平乐·春日感事补序

孙大总统让位后，袁氏益无忌惮，三月刺遁初先生于上海。噩耗传来，全国震动，当时不得直书，聊作短词志感。

才逢春半，何事成分散。千缕柔丝纷欲乱，忽被狂风吹断。是谁妆就春容，更怜几树嫣红。荒径落花无主，一任雨洗烟封。

相思儿令·夏日感事

恶月风欺南国，花事付尘埃。禁得几番惆怅，乌兔暗中催。只恐又被伊催，倩芳魂留待春回。应知轻薄东风，等闲莫任全开。

注：《荆楚岁时记》，俗请五月为恶月，约当新历六月也。时袁氏下令免南方三都督，故云。

鹧鸪天·胞弟莪生遇险得救并序

戊午夏，北兵犯醴陵，义民蜂起反抗。胞弟莪生于板杉馆被捉。同难二十余人，监押于龙王庙。苦刑逼供，已枪毙十余人。胞弟适见家父及门弟子朱武成君行经该地，因告急。朱君即日进县走告康三公道源叔父及家岳张铭惕公等。四去奔走，幸县长王伟彤先生贤明，得以生存者提解县署审讯，均获释免。时家父携长妹佩芬二妹佩芳就养于东京旅次，得信悲喜交集。因赋一阕，并志营救原委，以彰盛德，永感不忘。

乱世生涯特苦辛，人如鸡犬命犹轻。行将及我偏怜汝，有梦还家未是真。　　忧国泪，故乡心，两般愁恨几时伸。难瞒老父书先得，幸有仁人善解纷。

巫山一段云·海参崴感事并序

时出兵西伯利亚者,有日英美法中捷克波兰等,而日本野心最大。北政府俯仰依人,当时真有虞虢之惧。日兵在北满,如在属国,视中国如无人焉。

七国连营处,群雄舌战前。回看虞虢梦如烟,兴废倩谁怜。头向生公点,唇同范叔寒。重裘难御北风尖,去住两茫然。

少年游·观李合肥书刻美总统格兰特墓碑

香花展墓立多时,翻恨我来迟。昔失琉球,今争青岛,依样费匡持。　斯人不起空相忆,佳意尚谁知。遥想当年,少荃心事,特地树丰碑。

注:格氏却任东游时;适逢中日琉球争执。氏曾建议,以北部归日,中部存琉球国,南部归华。虽调停未成,佳意可念。

好事近·温哥华感事

碧水映明霞,佳景笑迎词客。行近小园花路,却惊心羞魄。当年拳匪是耶非,人已异今昔。谁把虎蹲移此,恨铜驼荆棘。

注:西人喜将八国联军房获品陈列各地,乃至温哥华公园口亦有小田鸡炮两蹲:旧名虎蹲炮。予由美回国。船经此地,登陆作小游,睹此兴趣索然而归。耀武耶?好奇耶?谅无故意侮华之心,然事过境迁,犹复有此。不知何意,令人有观日本游就馆之慨。

清平乐·青岛接收周年纪念感赋

一、记清许德占青岛,图苟安,竞先亡

汉宫仙质,未解调琴瑟[①]。出塞长思辞殿日,底事君王和北[②]。连城吩咐青蛾,将军解甲婆娑。十八年来哀怨,旧京音讯如何[③]。

注：

①巨野教案，与青岛何涉？故以未解调琴悉为喻。然德竟借此案，租借青岛。与马关条约许割战火未及云台湾同一糊涂。

②康南海谈：当时廷议多主战。西太后怒，拔玉梳掷地碎，曰：敢再言战者，视此梳，租借胶湾之议遂决。

③德强借青岛九十九年，然未满十八年即被夺于日。德败而清且先亡。

二、记日占青岛八年，久假不归

押衙何处，乍喜还疑惧。八载风尘成小住，几度归期轻误。梦中乡国依稀，醒来啼笑皆非。遥望君王恩泽，何年赎取明妃。

注：日本自称以归还中国为目的，进占青岛。而盘踞八年，久假不归，诚有东坡所谓"义士今无古押衙"之感。

三、记巴黎和会争青岛不得

胡城欢会，人隐珠帘外。谁料多情成怨艾，暗里轻分罗带①。前时软语温存，而今好梦无痕②。莫信东皇呵护，空余凤展朱幡③。

注：

①当时多以为议成必能收回青岛，然巴黎和约，卒以青岛归日。中国等于坐瓮受罚，故拒签和约。"暗里经分罗带"指四国密约允以青岛与日也。

②威尔逊总统初亦不知四国有密约，故允助中国。迨联合国最高会议出示密约后，亦叹爱莫能助。

③当时日本代表谓仍将依约直接归还青岛，劝中国代表先签和约。实则和会后，日本经营青岛益亟。大批土地均交日人租领。

四、记华盛顿会议会外交涉，约还青岛

灯明华府，初试霓裳舞。偶趁余欢探坠绪，不是寻常俦侣①。迎来七宝香车，阿侬碧玉年华。细数前程如梦，伊人秋水蒹葭②。

注：

①中国参加国际会议而有小获者，自"华会"始。当时实为军缩会议，鲁案乃会外交涉，故以"余欢坠绪"为喻。

②招请中国参加华会之美总统哈丁，在青岛接收周年纪念之前已逝世。

五、记北平鲁案会议、决还青岛

重逢燕市，往事从头记。毕竟阿侬多不是，为问君心何似①。还将十斛明珠，双双重系罗襦。且趁酒温香暖，醉来笑语相扶②。

注：
①当时日本委员颇伸悔意，求谅解。
②日本对华交涉，以鲁案为较开明老实。

六、记接收青岛

昨年今日，有诏还乡国。恩怨积胸难尽述，回首胡尘萧瑟①。明驼归路三千，香衾莫负婵娟②。重领旧时风月，鸳鸯不羡神仙。

注：
①青岛父老欣喜之余，聚讼德日占领之情形，为之凛然。
②时逢更迭接收委员长，群情激愤，几至罢工。予承乏接收行政与公产两委员会主任委员。戒同人勉抑私情，勿徒顾小节而忘大义，始获完成接收事业，幸免腾笑中外致贻他日不良之口实。

七、青岛接收周年纪念日志感

一年弹指，又在西风里。隔岁情怀重唤起，旧恨新欢如水①。等闲商略东风，依然惨绿愁红。惆怅春明花讯，梦中烟雨蒙蒙②。

注：
①接收后，予承乏胶澳督办公署政务处长兼法规编查委员长。虽于行立法，略具规模，然内外阻力殊多，深感事倍而功不半。
②熊督办润丞虽初交，颇能言听计从。无如北平各部，殊无以青岛树收复失地模范之念，纷来攘夺，余深有"一薛居州"之感。自是浩然有归志矣。

水调歌头·和刘雪耘弟原韵

何处弄管弦，引出一天秋。百年无数三五，几见月当头。饮水初知冷暖，漫把良宵又误，浊酒自添筹。万感如潮涌，身世等浮鸥。金风紧，银汉静，怕登楼。清光谁共，为贪幽独转添愁。哀乐莫萦魂梦，聚散终无痕影，往事总悠悠。此意惟明月，曾记广寒游。

金缕曲·丙寅暮秋将归国参加
北伐新雨旧交聚饮于京都福合楼赋此留别

海外初逢日。最关心,乡音满座,似曾相识。偶向樽前询名贯,尽是天涯倦客。且劝酒,同消今夕。聊慰孤情忘尔我,从还家有梦无痕迹。感此意,为浮白。　　故园雁断烽烟隔。料残红,飘零满地,倩谁怜惜。回首黄台多少恨,瓜蔓何堪再摘。况此去,东西南北。休道重来容易事,怕来时,不是今裙屐。回望处、漫相忆。

西江月·神户轮归沪有感并序

济南惨案后,复将对日发废止商约通告,倭情鼎沸,势将用武。儒堂部长嘱予渡日宣传。攻心夺魄,期以止矣。舌战两旬,始达目的。恐军部老羞多诈,乘机返舍。爰留数月,赴各地作巡回演讲,三岛震动。周龙先在部,因忌工谗,几偾国事。四面楚歌之来自外者,早在意中。而来自内者,殊出意外。歌以　之,并被秽恶。

八面楚歌声里,孤忠赵璧庭前。与身俱碎或能全。忧患谗疑难免。　　彼岸虚传薏苡,他年话剩鱼筌。何求何忮更何怨。自慰良心一点。

望海潮·感事并序

辛未五月下旬,予对日情已或综合观察,推断日本在东北必发动武力,至迟不出9月。时汉卿先生病,迻语左右,迄不得一见。中秋后,子亦病卧德国医院。9月22日汉卿先生偕王迥波兄来院视疾,握予手叹曰:"闻君于数月前言之,然左右均不予报,予亦在病中,贻误多矣。"嘱愈后留平为助。予曰,曩者祸未发,地方容可作缓兵应变之谋,今则非中央统筹不可,余将南矣。继而小愈,适顾少川先生电邀回南,预洽国联调查团事,离平时不胜感慨,爰赋一阕。

徙薪无分,焦头何补,憧憧往事堪嗟。鹃泣暮春,枭鸣九月,边城果起悲笳。胡帐树高牙。愧宠夸先见,愁似黄花。万落千村,望中烽火漫谁家。　　空劳借箸停车。怅良时易失,新恨无涯。封豕未屠,长蛇待斩,还防伺隙蹈瑕。洒耻愿犹赊。但卧薪尝胆,聚米量沙。生教毋荒,沼吴休爱玉钩斜。

苏幕遮·日内瓦志怪用范仲淹体并序

12月之国联大会,中日双方代表辩甚烈。关于田中密奏之真伪问题,松岗仅展拾河上清在美所宣传之饰词四点,不值一哂。顾代表据理举证,痛予反驳,听众额手。日人料为予所提供,十余人深夜袭予寓。予寓固高,蹑肩攀窗,敲打示威。时适游秘书在外室,予在内室,分别拟稿翻译,游以入告。予嘱以见怪不怪,其怪自败。游以电话通知瑞警来捕。彼等闻电话声,咕噜作鸟兽散。次日顾代表以书面向日代表团抗议,日方派员来寓道歉慰问,遂未深究。中冈野适来辞行,对未来大局,予以警告,爰作小词记之。

葵丘盟,夹谷会。和璧连城,宁与身俱瘁。何意东人多谲诡,坛坫吞声,深夜窥私第。　忌箴言,行小慧。褊隘堪怜,漏尽吾无畏。赢得诬词成续尾。倚伏相因,异日应追悔。

青玉案·题梯云月刊柬民殊

梯云旧事凭谁语?待剪烛西窗叙。远水家山成闲阻,一肩书剑,廿年羁旅,寥落儿时侣。　惜时几度歌金缕,惜别无端忆南浦。消息殷勤劳季女,梅花开未,竹荫何许,怅望添愁绪。

醉高春·题傅抱石先生醉高春图

清辉渐减,渐减为思伊。天意迥,事难知。出岫无心云掩月,欺人造物路多歧。悔难追,人未远,梦相依。　失路骅骝行愈稳,旧时鸥鹭不须疑。飞卷絮,藕连丝。忆从花落心良苦,珍重取,再开时。露华滋,恩情永,不分离。

浣溪沙·闻故乡沦陷有怀而作

甲申首夏,敌南犯及湘边。6月13日夜,大瑶铺之敌企渡渌水,被我军截阻。乃转沿萍醴公路进犯。故乡鸡犬不宁,亲故多逃避山中。琴啸久无信,或侍老母住东堡邪？心殊不安，时陪都犹有深夜歌舞者，赋此遣闷。

八载征尘志未纷，忽惊烽火满乡邻。想君知我最关情。　江上晚晴疑七夕，枕边残梦说三生。醒来挥泪惜伶仃。

别鹤无声倍觉哀，廿年甘苦忆相偕。乱离谁与共安排。　前院笙歌朝未歇，问郎何独减情怀。更堪垂老遇兵灾。

九张机·闲情用晁无咎体韵乙丑冬月于日本西京

九张机者，前代之新声；一斛珠耶，三郎之旧恨。借缭绕之余音，写缠绵之哀思。词非本事，体近无题；空拟华堂，妄陈口号。

抽取僵蚕欲尽丝，和愁织向九张机。寒衣剪就偏难寄，寄到边城更不归。

一张机，坠绵轻逐梦魂飞。灯微手软殷勤织。欲低还起，似醒如寐，恍惚见郎归。

两张机，机声断续夜深稀。回文织就频踌躇。丝丝缕缕，行行点点，不忍寄将伊。

三张机，布帆裁与弄潮儿。瞿塘水满偏无信。来飘去忽，离多会少，空自惜芳菲。

四张机，陇头望断白云飞。西风一夜催刀尺。家家户户，年年此际，忙杀寄征衣。

五张机，前言轻负见无期。鸳鸯手织还亲剪。离鸾梧凤，分明两地，拆破一双儿。

六张机，旧书重读背人披。行间瞥见相思字。停梭不语，无情有恨，何惜布成迟。

七张机，旧愁新恨乱如丝。为谁消损郎须认。腰松带缓，旧裙重改，不似嫁时衣。

八张机，懒张机杼忆儿时。欢嬉乞巧无牵挂。娘催不睡，爷呼不醒，娇惯故迟起。

九张机，织成丰艳牡丹枝。阿侬却比黄花瘦。郎如不信，归来认取，无复似前时。

情丝。同心绾就莫矜寄，从兹乐少愁无限，城南夜永，辽西梦短，惊觉打黄鹂。

裁衣。争知肥瘦总堪悲，若将妾向和郎比，手消一寸，如何试剪，收拾待归时。

更堪离乱隔音尘，谙尽孤眠负锦茵。机杼难抛心上恨，座中应有会心人。兴尽悲来，不如归去。

江城子·题画船春恨图并序

陈立夫先生为湖北艺专校长唐义精昆仲遗族义卖画展，用秦观《江城子》词意作《画船春恨图》因题三阕。

吴侬生小未知愁。草忘忧，月含羞。随父漂流来往任扁舟。南北东西浑不记，天渺渺，水悠悠。　长寻故事问根由。采莲讴，绿珠楼。为甚而今偏欲替人谋。从此关情多不惯，人语香，恨难休。

良宵与子幸同舟。棹中流，乍蒙羞。人语船头依约话温柔。惊起秋心眠不稳，贪夜坐，看牵牛。　晴天结网倦慵收。细丝抽，眼相钩。回避无由秋水射明眸。欢意浓时曾共笑，情悃悃，梦幽幽。

阴晴风雨几经秋。意难收，愿难酬。有恨难消欲晤阻鸿沟。我似羁囚君似客，行不易，住无由。　十年影事系心头。忆前游，步芳洲。幽梦难寻随浪化浮沤。剩有丹青能记恨，和热泪，写娇羞。

《胶澳接收纪念碑铭》铭文

聿维胶澳，琅琊古津。黄海为池，崂山为城。地接邹鲁，岛近田横。儒侠熏陶，俗厚民醇。海鸥往返，忘机息神。浑浑噩噩，不知几春。瀛寰既通，华洋多故。甲午丧师，辇金失地。连衡定策，三国遥致。旅大骈弃，卒屈廷议。德管伊始，筑垒修垣，固蒂根深。舳舻西指，无殊彼此。士女属目，时机待熟。约还故土，各得其所。物依旧主，尽成陈迹。齐燕屏外，国有常型。

武装调停，巨野教案，明春约成，回湾百里，樯帆辐辏，爰及甲寅，水陆合攻，誓言归还，暂缺金瓯，辛酉之冬，续议于京，十有二月，溯念五载，渔樵指点，万物咸熙，式昭来世。

德俄法比，戕德憎二。德宗廿四。高建鹫幡。车马尘喧。欧战倏起。沉船夺垒。载在丹匦。庶几复完。会于华府。明年夏序。十日正午。自租于德。俯仰今昔。四方既宁。勒石依亭。

辽东虽复，三舰远涉，于以久假，大兴土木，工商富庶，烽烟弥漫，折入于日，巴黎和会，将信犹疑，玉帛相将，尊俎折冲，中日联欢，中更多变，得丧成败，无忝尔祖，千万斯年，

索酬继至。军威小试。河山遂异。比厦连轩。人物殷繁。世界披靡。民国三纪。休兵敦睦。梦蕉覆鹿。修文偃武。叩端承绪。接收式举。迭相主客。往事如奕。明德惟馨。海碧峰青。

密约造因，九九为期，是为胶澳，设险守固，百年远计，东邻举兵，拔帜易帜，星轺西征，盟约不爽，熄尽塞源，细目既定，璧返珠还，德垒日碑，从兹永奠，安宅劬劳，

挽傅熊湘联

学问则古今并至，著论惟公期大圣，万世而后当遇解者，更无须避异从同，他年化鹤归来，文物犹存记遗范；

风仪在师友之间，品词谓我似屯田，廿载以还不为浮名，却负了浅斟低唱，此日抚棺恸哭，人天何处觅知音。

挽袁家普联

抱经济才，掌度支权，政声遍皖鲁滇湘，宦海波涛孤柱镇；

存悲悯念，成忧愤疾，仙去别庭闱乡井，庐山风雨一棺归。

编者注：与兄弟王太干合挽。

挽张自忠联

忠义澈云霄,一点丹心幸无愧;
鼓鼙思将帅,百年世事不胜悲。

王启玶

王启玶（"玶"或误为"岬"、"坤"）（1890.2.11—1936.6.1），字纪宣、继宣，号复原，又号王复，湖南省醴陵县西林（今醴陵市东富镇西林村）人。毕业于湖南高等实业采矿冶金科，升清华大学，民国二年（1913）由湖南都督谭延闿资送留学日本。民国四年（1915）11月由傅熊湘、刘谦、王麟介绍加入南社，入社证书编号576。

辛亥革命后，主持湖南省零陵、会同各矿工程。曾任上海华昌贸易分公司会计、上海华昌贸易公司海外经理，居美国纽约三年。归国后，先后任国民革命军第四集团军司令部主任，秘书、交通处处长。津浦、京汉、粤汉铁路局首席秘书。

王启玶是宁太一的外甥，平生好学，善诗文、词尤淳雅。可惜诗词俱未存世。

《醴陵县志（民国版）》有传。

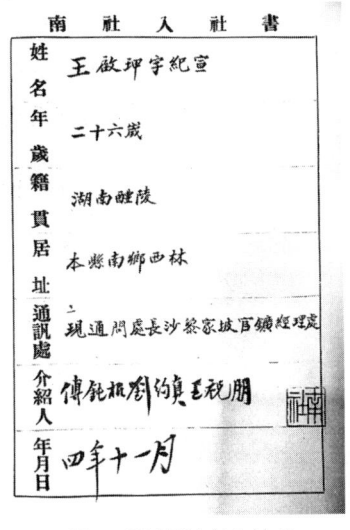

图1　王启玶南社入社书
（图片来源：《南社社友录》）

调寄长亭怨慢·挽傅熊湘

又急景、天涯催换,酒恶花愁,旅怀难浣,煮梦镫昏。照愁不到旧离苑,锦袍宿草,应有个,啼鹃唤。薜荔独吟诗,漫问讯,山阿无恙。　　波荡,叹江蓠写怨,楚客尚传哀响。遗编万首,阿谁似、放翁能放,向故里菊荐寒泉,指他日,水仙祠畔,剩肠断钟期,挥手高山常往。

编者注:词题是编者所加,本词于格律有不合处,姑存。

挽傅熊湘联

汉上共班荆,历劫苦话江陵烬;
文园有遗草,哭寝难招溢浦魂。

挽袁家普联

约我看齐烟,倒屣鬈龄犹昨日;
哭公向天壤,盖棺清议已千秋。

文斐

图1 文斐像(图片来源:
《南社人物名号录》《南社社友图像录》)

图2 文斐南社入社书
(图片来源:《南社社友录》)

文斐(1872.11.3—1943),更名灰,字牧希,号延年,别号幻园,室号幻盦,湖南省醴陵县土步桥(今醴陵市沩山镇青泉村)人。清附生。早年就读于长沙城南书院,清光绪十九年(1893)入湖南师范馆,清光绪二十九年(1903)入湖南第一师范速成班第2班学习。清光绪三十一年(1905),任醴陵渌江中学堂监督,随后东渡日本,就读日本东京铁道学校。民国元年(1912)8月由傅熊湘、黄钧、

生平与作品之南社部分 | 77

郑泽介绍加入南社，入社证书编号296。南社湘集社员。

　　清光绪三十二年（1906）文斐参加萍浏醴起义，起义失败后，留学日本，与焦达峰友善，一同加入中国同盟会。光绪三十四年（1908）学成归国。清宣统元年（1909）10月文斐与谭延闿、龙璋等在长沙发起创刊《湘路周报》，以集股拒债为宗旨，鼓吹保路。同年12月任教于湖南铁路学堂。宣统二年（1910）冬，与曾杰、龙毓峻等重组中国同盟会湖南支部，被推为会长。次年任《长沙日报》总理，《长沙日报》成为中国同盟会在湖南的主要言论机关。宣统三年（1911）10月，文斐首倡组织"湘路协赞会"，兼任湘路公司协理，主张湘路商办。同年，在长沙分别组建革命团体观海学会、图强社和南薰社接受中国同盟会领导，作为同盟会湖南支部外围组织。次年正月组织应援广州黄花岗起义，并设广惠矿业公司于长沙北正街，为革命党人藏集之所，并在驻省新军中进行策反工作。辛亥革命后湖南谭延闿委任他为湖南陆军第二镇参谋长。10月任国民党湖南支部评议会评议员。袁世凯窃取政权后，他辞职脱离军籍，主办《长沙日报》，兼任湖南粤汉铁路公司协理。"二次革命"爆发，与程潜等起兵讨袁，失败后避走日本，在东京加入中华革命党，与黄兴等组织政法学校，在此期间，孙中山手书"天下为公"相赠。民国四年（1915）袁世凯复辟帝制，文斐回国密谋举义，被捕，其后获释，参与护法之役。民国四年1月任长沙涵德女校校长，民国六年（1917）12月去职任粤汉铁路局局长，谭延闿二三次都督湖南，文斐为省长公署顾问。民国十五年（1926）任国民政府永兴县县长。民国二十五年（1936）对于蒋介石消极抗日政策，时有不满，曾赋诗加注云："东来鼓角伤蛮触，（自注：两粤称兵，甚盼和平解决。）北望河山叹瓦全。（自注：北平名存实亡，当局不谋抵抗，良可叹也。）"民国二十八年（1939），任国民政府湖南省第一届临时参议会议员，醴陵救济院院长，创设开明中学及同仁医院，关怀家国，为乡人所称道。民国三十二年（1943），病逝于醴陵，享年 71 岁。

文斐工诗善书，著有《醴陵瓷业考》《幻园遗集》等书。生前参与《醴陵县志（民国版）》编纂工作。诗作多见于《南社丛选》《南社湘集》。其子文广璜，国民党军中校，善诗文，同为南社湘集社员。

湖南省地方志编纂委员会编《湖南省志·人物志》《湖南第一师范名人谱》《醴陵县志（民国版）》均有传。

春夜感怀

故国山河在，何时归去来。
共和春夜梦，身世劫余灰。
但觉漏声疾，那堪行役哀。
家书频断绝，顾影独徘徊。

寄今希约真

故人书万里，心绪倍悠悠。
贶我皆金石，罗兄尽斗牛。
胆肝三尺剑，诗酒一园秋。
湘澧钟兰芷，群夸大小刘。

赠王子剑仙归国

客中送客难为别，况复中原离乱年。
万里扶桑一浮雁，百年心事此归船。
愧余正气歌信国，忍看登楼赋仲宣。
西望故乡狐鼠遍，澄清端赖出群贤。

哭太一次狱中原韵

豪气曾将云梦吞,那堪樽酒细重论。
洞庭波撼蛟龙泣,衡麓云迷燕雀喧。
竟种恶因摧壮士,谁将遗恨问天阍。
国魂未返人先逝,空所寒鸦悲墓门。
国事奔驰十载忙,常携马革到沙场。
那堪枯骨夸神圣,长使英雄悲屋梁。
临鹿不亏温序节,美新终恨子云狂。
登楼忍赋招魂语,风叶萧萧万木凉。

去国二首

貔貅十万化秋烟,客子行行思恫然。
四面楚歌增别恨,满江明月送行船。
尼山违道姑浮海,屈子含冤只问天。
最苦饥鸿遍中泽,终宵哀咽不成眠。

莽莽神州成陷阱,悠悠行路尽天囚。
愿留坚白歌衰凤,羞把须眉效沐猴。
苏武不亡关汉运,张良避地为秦仇。
十年抛尽心头血,只为斯民购自由。

月下怀钝根即寄

一九茅屋万千幽,遥想高人独自由。
塞上烽烟惊幻化,林前猿鹤自春秋。
著书独擅马班笔,把酒横消今古愁。
惆怅故园今夜月,可曾相忆到瀛洲。

秋夜寄怀雪安并示式南湘芷羽翙树芬

英雄逐鹿余残局,长夜西风万木凉。
我愧苏卿羁北海,天留申叔式南疆。
蛮烟瘴雨供诗料,落月停云忆屋梁。
最好晋材多楚用,他乡赢得醴泉香。

感旧分寄叔容痴萍攘夷钝根诸友

西风摇卷菊花秋,撩乱骚心不自由。
今日烽烟遍天下,旧时诗酒付东流。
关山南北愁风马,文武衣冠笑沐猴。
借问清宵好明月,何时重对楚江头。

寄怀惠湘季弟湘潭

无端烽火极天荒,遥忆潇湘欲断肠。
最是恼人天际雁,终宵连阵咽清霜。

达人从古贵知几,乱世何曾有是非。
记得去年今夜月,宜园高唱不如归。

漫云吏隐即神仙,瓠系终多物累牵。
浊酒一杯琴一曲,最宜人是远山巅。

回首庭柯落日斜,乱山深处白云遮。
何时共遂归林愿,柑酒流莺度岁华。

攘夷汝沧过访喜作

僻居东海意憔然,旧雨偏逢鲁仲连。
话到暴秦称帝事,箧中剑气欲腾天。

题亚子分湖归隐图

波光荡漾接苍穹,万籁无言夕照红。
从古妙人多妙手,毫端真个夺天工。

兰桡桂楫泛中流,满载烟霞八月秋。
自是诗人有清福,卧游仍得逐闲鸥。

湖面云光八九吞,六朝金粉旧留痕。
葭苍露白伊人渺,惆怅西风欲断魂。

万顷汪洋逼素秋,烟波深处寄渔舟。
疏香芳雪卿卿墓,千古多情是柳州。

柬式南

湘江别后倏经年,时局风云莽万千。
国有逐臣关运会,人能出世便神仙。
羞将帝号诶嬴政,剩有文章续马迁。
天下兴亡同有责,及时幸着祖生鞭。

甲寅除夕

谪居蓬岛又经年,马齿虚随岁月迁。
往事重论余劫火,壮怀何处觅尧天。
伤时相国然商陆,愤世诗僧入醉癫。
无限骚愁逼今夕,漏钟敲断未成眠。

朔方妖气逼人来,回首中原百感催。
暂避桃源舒日月,敢随童稚卖痴呆。
系缨未了终军志,扪虱空怀景略才。
万里高楼一长啸,天公何日起风雷。

癸丑黄海舟中

狐火狼烟遍九州,东南文物黯然收。
满腔铁血随流水,万里风波动客愁。
海燕隐惭蓬岛月,征鸿怕忆洞庭秋。
渔翁归避嬴秦乱,暂向桃源访白鸥。

再哭太一十首次约真韵

回首当年客泪垂,江山万里怅何之。
伤心自古惟长别,况读刘郎血诔词。

忆昔曾将非种锄,讵知漏网有鲸鱼。
男儿正气还天地,羞向人间问毁誉。

共和创建誓同情,十载相依若弟兄。
今日成仁嗟独去,愧从蓬岛哭先生。

国士天胡不慭遗,长教海内系追思。
阳生冬至今如昨,怕读南幽百绝诗。

残篇收拾仗同盟,字字犹传戛玉声。
从此洲前访鹦鹉,宁弥今古两齐名。

当年一剑倚长空,侠气真堪泣鬼雄。
国事未终身遽毁,血痕长映蓼花红。

故国将开巅上梅,西风万里首频回。
扶灵归葬输刘季,偶忆前年百感哀。

死归生寄寻常事,哲理深钩秋水篇。
一自英雄化蝴蝶,青山长抱月华眠。

惆怅西山落日孤,黄沙青冢惨啼乌。
祥麟夭折豺当道,天下苍生已不腴。

文成自祭忆生前,旧事重论剧可怜。
西望故乡何处是,泪珠空洒夕阳天。

自题小照

万劫轮回剩此身,秋风海上等波臣。
头颅未去酬知己,肝胆犹堪对古人。
揽镜每怀天下瘦,销魂常倚瓮头春。
黄玄汗血归何姓,闷向寒江涤战尘。

丙辰九月追吊湖南先烈

峨峨铜像委蓬蒿,弹指三年客梦劳。
元恶到头终日踣,狂奴何幸竟生逃。
岁时伏腊馨香肃,风雨关山战马号。
满地干戈浑似昨,不堪回首赋同袍。

(悼焦达峰陈作新杨任)

忍抛热血构共和,瞥眼中原涕泪多。
做客谁怜鹦鹉草,登楼怕听洞庭波。
死为厉鬼吞强虏,气化长虹贯大罗。
今日海疆尚多事,问谁再返鲁阳戈。

(悼宁太一)

重论旧事慨蹉跎,太惜斯人一刹那。
草绿湖南悲落日,月明江上涌惊波。
理财刘晏方投笔,窃国阿瞒竟倒戈。
难弟难兄同赴义,橘洲西望泪滂沱。

(悼杨性恂)

忆曾慷慨誓从容,手造河山跻大同。
众志隐扶民族气,三军雄挫大王风。
魂招夏口旌旗白,血染长沙草木红。
我亦当年执鞭者,愧余残息学吟虫。

(悼诸烈士)

作者注:汤芗铭督湘拘戮民党无数,并焦陈杨之铜像亦摧倒荆棘中,时余被通缉,亡走日本。

南社同志雅集枣园分韵得"梧"字

西风飒飒起城隅,无限秋心到碧梧。
百战河山亡走狗,万家庐舍有啼乌。
自怜王粲身如寄,忍语苌弘血已枯。
今日相逢怕相问,东南回首总模糊。

再赋一首奉赠钝安

秋深消息总模糊,一叶飞来问井梧。
劫后人材余傀儡,客中身世等鸥凫。
登楼且学刘伶醉,得句何妨贾岛癯。
傅大不须重击钵,推敲已断数茎须。

狱中八首

寒夜难成梦,他乡漏更长。
万山惊木落,一室看灯黄。
白发催人倦,青阳盼岁忙。
门闾劳倚望,回首泪汪洋。

霹雳讶天降,缨冠化楚囚。
人言慑市虎,心事枉牵牛。

奔走故人瘁,羁栖游子愁。
极南风正猛,何日赋同仇。

叱咤声俱厉,方知狱吏狂。
男儿头可断,乱世道弥光。
颓笔关何罪,嬴庭有禁章。
偕亡予及汝,皈命诉穹苍。

耻与牛同造,平生顾愿违。
歌余惟独寐,鸡鹜慨同飞。
喁喁呼冤抑,狺狺乱是非。
狼氛弥大地,吾道叹谁归。

回首南征日,雄师下武昌。
中原方逐鹿,竖子竟亡羊。
故国人俱寂,狂奴焰正张。
愿衔精卫石,填海换沧桑。

冢中腾孽焰,枯骨竟为殃。
举目皆荆棘,弹冠笑李张。
龙蛇方起陆,天地竟飞霜。
握手无他嘱,安心待曙光。

本来无一物,偏又落尘埃。
旧梦随流水,新诗换劫灰。
江山怜岁暮,天地盼春回。
侧耳涛声急,东风欲化雷。

从政本殆而,帝秦胡为尔。
笑彼子云生,何如仲连死。
沮洳也乐土,鼎镬同饴旨。

天地此悠悠,素心盟白水。

自南宁返粤舟中偶书

浔江千里雨如丝,三月春阴客梦迟。
杜宇一声归去也,青山流水满船诗。

楚侠同行有诗见赠即答

身世相怜劫后灰,蛮烟万里喜同来。
英雄结合关天数,寰海澄清属异才。
乱世几人堪握手,长途有月且衔杯。
功名羞与凡夫共,留待千秋作史材。

友人索阅近著书此作答

漫道诗随穷后工,我诗偏与境俱穷。
黄金散尽霜锋秃,一笑归来万籁空。

己未除夕吊亡海上

惊魉爆竹遍江村,谁解羁人欲断魂。
炉火软催弦柱绝,香烟斜卷镜奁昏。
怜卿曾效藏钩戏,叹我难忘结发恩。
惆怅故园人不见,泪痕空对酒痕温。

庚申元旦

桃符又换一年新,回首乡关泪泗频。
国有豺狼居要道,人随鸥鹭寄闲身。
客中烽火诗多恨,乱后江山草不春。
强酌屠苏楼上望,东南万里总伤神。

兰皋县长有伤醴陵兵燹之作倚韵奉和

满目皆荆棘，腥风扑面来。
垣颓余白骨，瓜蔓泣黄台。
落日炊烟断，秋风战鼓哀。
登楼回首望，乡泪滴盈杯。

曾忆官湘日，群惊活佛来。
儿童迎竹马，豪俊集金台。
一炬山河改，千年草木哀。
云梯空怅望，谁与重衔杯。

长沙赐闲园甲子重九雅集分韵得"天"字

一生能得几重天，况复名园敞盛筵。
三径菊花添画稿，满庭秋思入诗笺。
沙场无赖元私斗，闾里伊谁解倒悬。
回首共和如梦幻，西风惆怅夕阳天。

癸酉元旦试笔用练人原韵并陈素生子后篯生云盦

猛听钟声报晓春，群公诗思又翻新。
杜陵悲愤怀诸将，屈子牢骚忆美人。
眼底文章空汉魏，胸间芒角动星辰。
玉书本属儒家瑞，问到何年在吐麟？

钝安写孤松行见赠奉答一首

东南佳气郁章龙，嵯峨万仞插天空。中有孤松长百尺，枯菀不屑凡卉同。苍茫独立五千载，俯视乾坤同傀儡。孤高耻受秦皇封，偃蹇常作名山宰。阴浓蔽日森龙麟，化雨长生世界春。从古大材多委弃，天公殆欲葆其真。幻公园中有古柏，昂藏磊落参天碧。风霜百炼节弥坚，堪与此树通精魄。君不见，澧兰沅芷号香草，转瞬飘零秋叶扫，徂徕新甫岁寒心，独有千秋长不老。

家严慈七十双寿征文启

家严字自芳，世居湖南醴陵之东堡。体魁梧、秉性豪迈。幼读书，晓五经大义。弱冠奉先大父梦岩公命经商，足迹遍大江南北。凡风土之记载，物产之调查，悉能举其纲要。同治庚午，邑荐饥，死亡枕藉。先大父集族之有力者，酿金为粥，藉而活者逾万人。家严躬亲董理，旷食废寝，达五十昼夜无倦色。喜施舍，恒出余力活人。时有盗议行劫，次第及家严名，群相顾而嘻曰："善人不可犯也。"醴之沩山产瓷，俗浇而土薄，岁时伏腊，池酒林肉，而无告者恒不得一饱。家严悯之，乃组织慈善会，置田数十亩，集境内鳏寡孤独废疾者，册记之。除夕分给米肉，岁以为常。又喜排人纷难，远近雀角者，争质以求解。性纯孝，先大母曾为手制布衣一袭，每诞日必著之，垂三十年无少变。束躬甚严，而处事素富胆量。辛亥两湖义师起，斐奉湘军政府命，率师援鄂。时汉阳失守，今大总统黎公走青山，人多以危险告。家严急驰书促斐行，谓进可战，退则楚南无噍类，其识见之远大有如此者。家慈氏张，出醴南望族，赋性温淑，以孝闻闾里。生斐兄弟五人，斐行二。长兄征，早逝。四弟敵，毕业军官学校，叠任民国各军职。三弟敩，毕业瓷业学校。五弟敏，毕业铁路学校。均先后递充盐厘各差委。先是先大父以儒术旁通医学，求治者不索值。其贫不能给者，辄资以药饵，扶老携幼而来者踵相接。秽气熏触，而家慈承姑氏意，殷勤款接，至为之躬涤洗，手汤药，自旦至暮无懈。其乐善好德，盖素性然也。清光绪末，德宗从朝议，举办学校，家严命斐赴鄂省应考，闻者群为骇异，家慈独怂恿之。至脱簪珥以助旅费。抵鄂，试无期，因返湘入师范馆。岁终毕业，时有某校请居教席，家慈诘之曰："天下固有如是易易之学问耶？"因改入中路师范，复游学东瀛，自是而东西有用之科学，得稍窥门径，皆我母氏之所赐也。予小子行年过四十矣，罔极之恩，纤埃未报。重以频年亡命，辄累我亲予荆天棘地之场。清夜扪心，良用内疚。今幸共和复活，旧历丙辰十月之吉，值七旬双庆，而家严为先高祖创建专祠，适于是时落成，拟煮酒为寿，谨将行迹之显著者，略举数事，上陈作者之堂。倘蒙宠以鸿辞，锡光寿域，则斐兄弟之受赐，至深且渥矣。

挽袁家普联

作官握四省财权，自是前生有奇福；
养疴居三峡桥畔，争夸死后亦神仙。

挽黄兴联

洒满腔热血铸造共和，十载赋同仇，犹忆剑履追随，百战誓除君主毒；

况再建共和飘摇风雨，霎时传噩耗，争叹栋榱崩折，三楚同招壮士魂。

文斌

图1 文斌像

图2 文斌南社入社书

（图片来源：《南社社友录》）

文斌（1889—1968.3），字壮军，湖南省醴陵县东堡乡（今醴陵市沩山镇）人。清光绪二十八年（1902）其父去世，文斌过继给经商的伯父。清光绪二十九年（1903）入小学，清光绪三十年（1904）考入县立渌江中学。清光绪三十一年（1905）入湖南省立高等实业学校，后与宁调元、袁家普、文斐等同赴日本，在东京大成中学就读。半年后，日本政府发布新留学生条例，对中国留学生提出苛刻要求，愤然回国，复回省立高等实业学校，编入采矿冶金预科班学习，清宣统三年（1911）9月在该校本科毕业。民国元年（1912）10月由傅熊湘、黄钧、龚尔位介绍加入南社，入社证书编号353。南社湘集社员。

　　清宣统三年（1911）10月辛亥革命爆发，文斌应聘到国民政府湖南都督府外交司做翻译员，后调实业司任一级技士，主要负责矿产化验工作。民国三年（1914）湖南被亲袁（袁世凯）军阀汤芗铭接管，公教人员被迫遣散，文斌任南路矿山监督署技士。半年后，该署被裁撤。同年8月任郴州六县联合中学英文教员。民国六年（1917）任国民政府湖南护法军总司令部少校翻译。民国七年（1918）因总司令程潜离开湖南，他亦随之解职，先后到醴陵县立中学（渌江书院）、遵道中学任英文教员。民国十四年（1925）7月在国民政府湖南督办署督办唐生智属下任参议。民国十五年（1926）7月任国民政府湖南省建设厅主任科长。民国十七年（1928）和民国二十四年（1935）先后短期担任国民政府湖南省衡阳县县长。民国二十三年（1934）7月起在湖南长沙、耒阳、蓝山等地先后担任行政干部训练团建设组主任教官、省合作事业委员会委员、省水利委员会委员等职务。1945年抗日战争胜利后任湖南省救济分署专门委员会委员兼省政府参议。民国三十七年（1948）7月程潜入主湖南，任国民政府湖南省政府参议兼经济委员会委员。民国三十八年（1949）8月随程潜、陈明仁在长沙起义，旋奉命代理秘书长职务。9月湖南省省政府改组，调任临时国民政府湖南省政府副秘书长。1950年任湖南省人民政府参事兼省文物管理委员会常务委员。1957年增选为湖南省政协第一届委员会委员（民革）。1964年湖南省政协第三届委员会特邀委员。1968年3月因病在长沙逝世，享年79岁。

　　暂未搜集到文斌诗词作品。

挽傅熊湘联

下笔千言,早有文章惊海内;
骑鲸一去,长留声望在乡邦。

挽卜(卜世藩)母吴氏太宜人联

太君福德备箕裘,克享耄年,赢得徽音光女史;
冢嗣陇湘奏勋绩,秉承懿训,恢宏世泽慰慈怀。

编者注:此联与人合挽卜世藩母亲。

文启燊

图1 文启燊像

图2 文启燊南社入社书

（图片来源：《南社社友录》）

文启燊（1878.7.10—1925.4.13），字定源，号湘芷，室号补天楼、望思楼，湖南省醴陵县东堡（据考在今醴陵市茶山镇石均塘村人，原茶山岭大石冲村烂泥冲组）人，清光绪二十五年（1899）补增广生（秀才），清光绪二十八年（1902）入湖南高等师范学校（湖南大学前身），次年入京师大学堂。民国五年（1916）7月15日由郑叔容、刘谦介绍加入南社，入社书编号651。南社湘集社员。

文启矗少年时入渌江书院，师从渌江书院山长肖大猷。民国元年（1912）3月任湖南公立第一师范学校（原湖南中路师范学堂，后改湖南省立第一师范学校）首任校长，民国五年任湖南高等师范学堂教务长。民国八年（1919）任长郡公学校长，民国十年（1921）在湖南省长沙宝南街发起创立私立含光女校（现长沙财经学校前身）并任校长，后任国民政府湖南省长公署教育科科长。

民国三年（1914）同乡袁家普任国民政府云南财政厅厅长时，任云南通海县厘金局长（相当于今税务局）。民国六年（1917）任国民政府湖南省安仁县知事。民国七年（1918）12月，南北议和在上海举行，与同乡傅熊湘、袁家普赴上海请愿，表达民意，呼吁和平，并手撰《醴陵兵燹纪事》《醴陵兵燹图》《湘灾纪略》等印送南北各方及各界人士。同时，他们又在上海创办《湖南月刊》及《天问周刊》，列举军阀张敬尧的十大罪状，声讨其祸湘罪行，力主驱张，从而使湖南发起了一场声势浩大的驱张运动。不久任国民政府湖南省民政厅襄助（民政科科长），民国十二年（1923）何键自保定军官学校毕业回湘任湘军第四师第九旅旅长，在其军中任军法正，同时参赞军务，协助对外联络。民国十四年（1925）全国厌战，各方同意在北京召开全国代表大会。受命为湖南省唐生智的军方代表，正准备起程，突然发病，迅速恶化，瞳孔扩大畏光。临终前吟出自挽对联："一水回环，随人清浊；双刃钩转，成我古今。"他嘱人书就，然后溘然长逝。

文启矗的为人，其朋友评价极高。傅熊湘在《文公湘芷墓志铭》中说："君富天才，事无不办，善为翰藻，有遗集若干卷。"文启矗工诗文、擅联语，著有《文湘芷先生遗集》三卷。

湖南省地方志编纂委员会编《湖南名人志》《湖南第一师范名人谱》《醴陵县志（民国版）》均有传。

光宣之际都中杂咏

劫后皇花道更宽,兔葵野麦不知寒。
花开花落春如醉,一任书生倦眼看。

神骏当年骨已灰,只今墟墓市场开。
诸公一例招贤策,都说黄金始自隗。

难将消息问君王,连日宫车卧夕阳。
内侍忽传更漏尽,垂髫童子迥彷徨。

雪花飞落毳衣轻,低首黄门泪有声。
老佛不灵空忏悔,秃鹫啼罢别伤情。

神州谁是主人翁,底事衣冠拜眇躬。
如此山河今付我,只应流泪向群公。

多少黄金买得来,公门桃李手亲栽。
昨宵风雨摧残甚,花到春前不敢开。

解识东皇欢喜意,莺啼燕语尽春声。
李花枝上无名鸟,也向朝阳学凤鸣。

何当妇女泣无颜,人面相吟落照殷。
今日胡儿应笑绝,胭脂红过汉家山。

渐离击筑荆卿叹,都付银弦铁钹间。
怨恨分明谁识得,原来一曲念家山。

甲寅冬日感怀依韵和河葛在廷

一卧穷边又夕霏,梦中身世觉来非。
雁声直向风前堕,鸿爪无端雪后稀。

当道豺狼憎客瘦，登仙鸡犬比人肥。
山河到眼都萧索，未必西山有蕨薇。

穴中蛮触正纷然，海外风雷接浪传。
厉鬼国中惊伯有，霸才江左失孙坚。
党人碑竖修亡宋，督亢图穷竟误燕。
安得彗星真堕地，转轮蝼蚁各生天。

壮怀不尽客中消，长夜惊回枕上潮。
历劫虫沙旧相识，多情猿鹤隐频招。
几人廷尉山头养，若个中郎爨下烧。
碧杜红蘅摇落尽，寒窗未忍读《离骚》。

空桑此地又三宿，一叶身轻只自权。
蛮鼓敲人惊汉腊，鬓丝催我入中年。
白云亲舍虚遥睇，黄叶家山隔莫天。
税罢鱼豚还拜佛，坡翁前事已如烟。

革命军既破南都余来朱熙营中襄办军务感赋

大江东去洞庭波，一夕西风激楚歌。
开士化身争历劫，金刚怒目为降魔。
贪天应有推之骂，先着其如祖逖何。
直待众生成佛后，屠刀释下礼修罗。

同舟风急竞西东，何物宁馨误乃公。
建国孰仍师帝制，从戎志岂为侯封。
蔺廉自笑张陈哭，随陆何惭绛灌功。
立马斜阳思大树，不言功即是英雄。

题雪安小照

髀肉消还复，英雄无限情。
为怜天下瘦，便觉此身轻。
静眼看余子，低眉笑众生。
不将好头顶，容易许荆卿。

南社长沙琴庄雅集分得"年"字

大雅坛盟壁垒坚，风流真似义熙年。
未容灵运归蓬社，却许长瑜附锦笺。
文字缘宜超劫外，鼓鼙声已落吟边。
遥知昨日琴庄会，不独哀时有仲宣。

题约真蕉窗忆昔图

生成天佛两难知，苦费维摩隐几思。
半榻茶烟人去后，一帘蕉影梦醒时。
宁馨入腹何因果，世界唯心总爱痴。
画里光阴自流易，却赢潘鬓不成丝。

海上呈汪幼安先生

昔年曾见公如佛，今日相看鬓欲秋。
残劫已灰三宿树，清尊不遣陆沉忧。
江东才俊斯人在，海上鱼龙倦眼收。
知否穷山有遗老，白头灯下说贤侯。

自注：公宰醴陵，适萍浏醴革命事败，多所全活。

戊午六月余生四十矣时醴经兵燹邑市为墟余与钝安芸厂今希诸君处残城商办善后事宜俯仰身世感赋二律

忽忽此生成过去，茫茫前事苦低回。
旧栽乔木高于屋，三宿空桑劫有灰。
少日气吞云梦泽，中年哀入望思台。
无端万里长风兴，时作波涛撼梦来。

南中烽火未销兵，故旧传书问死生。
岂意秋蓬余断梗，尚携危涕到芜城。
诸公意气争雄长，天下疮痍忘姓名。
已分逃秦更无地，不须料理武陵行。

己未北游杂诗

再入都门路转迷，八年前事忍重提。
只今地气分南北，不许津桥杜宇啼。

国事如何仗鬼谋，夜深曹社语啾啾。
可怜大学诸生辈，挝破登闻鼓不休。

新华门外几回车，一带红墙似帝家。
袁术不成天子事，碧槐无语夕阳斜。

白石平铺辇道宽，君王从此拜天坛。
黄门不复严宫禁，输入游人倦眼看。

昨自城南郭外来，名园华屋换蒿莱。
层楼纵使高千尺，不及周王避债台。

西山佳气郁葱葱，想见先朝国力雄。
一自海洋通寇盗，颓垣残碣卧秋风。

空山老佛事长眠,知否人间海又田。
三百年来呼不起,觉时还让众生先。

玉泉山下玉泉清,也许人间第一名。
一勺我元非盗饮,山灵招客试题评。

弦管声中掌沸雷,民邦风气入歌台。
叫天老死梅郎去,更拥何人作党魁。

化作吴宫第一人,从知蝴蝶是前身。
何时召见鸾和殿,为乞相如草诏频。

乱世朋侪相见稀,见时情话信依依。
西风珍重元规扇,防有缁尘染素衣。

话入家山座屡移,豆棚瓜架纳凉时。
不辞亲手调冰水,又唤姬人雪藕丝。

画中人影画中诗,记取书生二十时。
后日视今今视昔,较量身世耐相思。

入都和袁雪安送别四首

身后身前不尽愁,年来心迹更宜秋。
此行一事知珍重,不许荆轲轻借头。

大好河山竟不支,多将豪杰当癫痴。
望诸墟里将军墓,为子披荆一吊之。

潇湘风雨正狂时,花落君应数得知。
谁把高皇斩蛇剑,等闲付与匹夫持。

生值危时亦善缘,艰难事业最堪传。
祝君炼得心如石,留补东南缺后天。

题梅画

吹嘘不借东风力,温暖甘心让众生。
历劫尽时春始觉,化身应与佛同情。

春夕叔容招饮迈南即席有作依韵奉酬

是何因果成今夕,分我闲情到酒杯。
功狗不为甘隐雾,蛰龙无奈总惊雷。
都如过客随缘住,底事春花着意栽。
徒倚朱门一惆怅,曲池平后又荒台。

感事六首

樊川禅榻渐宜人,秋后年华劫后身。
一寸红心灰不尽,梅花着处又成春。

分明春色暖南枝,别有金铃解护持。
痴绝孤山林处士,自禁风雪耐相思。

多惭宋玉费词章,神女何曾遇楚王。
梦里巫山自朝暮,即无云雨也荒唐。

闻道蛾眉解用兵,迂拘我岂避狂名。
纵横挥阖非良策,误杀秦仪更误卿。

才看天花便有情,累侬惆怅转怜卿。
当头一棒牟尼偈,人苦都从恩爱生。

肠断圆珠悔少时,不堪重赋忏情诗。
故山别有伤心事,紫玉烟消墓草萎。

梅谷假归以诗为别赋此酬之

出门荆棘君何往,暮岁田园我亦还。
各有梦魂萦别绪,君随渌水我东山。

万里江山觉万重,此行夷险任天公。
背人多少叮咛语,都在平安两字中。

养生有术汝应知,心病元无药可医。
一语劝君君记取,只加餐饭不相思。

凄绝江郎作赋情,醴陵犹识故侯名。
我来拾得生花笔,恨赋应先别赋成。

题四川秀山县还鹤楼联

我自汉皋来,到此欲寻黄鹤返;
谁先崔颢至,何端又作白云题。

弥留际自题联

一水回环,随人清浊;
双刃钩转,成我古今。

宁调元

图1 宁调元像

图2 宁调元南社入社书
（图片来源：《南社社友录》）

宁调元（1883—1913.9.25），派名之梯，号光甲，字仙霞，号太一，别号辟支生、辟支，别署屈魂、民遗、仙甫、士逸、楚囚，室名辟支庐，湖南省醴陵县东富乡芷泉潘家塘（今醴陵市东富镇芷泉村潘家塘组）人。宁调元少年时求学于渌江书院，师从渌江书院山长吴德襄。清光绪二十九年（1903），考入长沙明德学堂第一期速成师范班。清光绪三十一年（1905）夏赴日本早稻田大学学法学。清

生平与作品之南社部分 | 103

宣统三年（1911）6月由高旭介绍加入南社，入社证书编号158。

清光绪三十二年（1906）宁调元与姚宏业等在上海创办"中国公学"，接纳海外留学生。不久回醴陵主持渌江中学事务，宣传民主思想，从事反对帝制革命活动。同年夏，加入中国同盟会，发动声势浩大的公葬陈天华、姚宏业两位烈士活动，遭湖南省地方当局通缉，避往上海。在上海与同乡傅熊湘等创办《洞庭波》杂志（后易名《汉帜》），用笔名"辟支"在刊物上发表了《仇满横议》《三合会讨满清檄文》等系列著名的反清革命檄文。宁调元的激进遭两江总督缉捕，再次逃亡日本，任同盟会机关报《民报》干事。同年冬，萍浏醴起义爆发，宁调元受孙中山、黄兴委派回上海，与秋瑾、陈其美、杨卓林等商议在湖南、江苏、浙江等省分头发动起义。回到湖南时，萍浏醴起义已经失败，只得折回上海。途经岳州时，被清军水师截捕，押解长沙监禁。

清光绪三十三年（1907）春宁调元委托同乡刘谦、李隆建联络在湘同盟会员，重建同盟会湖南支部。10月，在《长沙日报》发表《论开国会之宜缓》，反对立宪派杨度等煽惑湖南学界联名要求"亟开国会"的主张。清光绪三十四年（1908），爱国诗人陈去病、高旭、柳亚子等在上海发起成立革命文学团体"南社"，身在狱中的宁调元积极参与筹划创立南社，成为南社的创始人之一。宣统元年（1909）冬经各界人士和亲友多方奔走、周旋，被保释出狱。清宣统二年（1910）应聘为北京《帝国日报》总编辑，刊文抨击时政，宣传革命，以报纸为阵地，无情揭露君主立宪的骗局，在副刊上连载他在狱中撰写的《碧血痕》一书，教育民众，宣传反清革命，同年10月武昌起义爆发后，任湖南都督谭延闿秘书。民国元年（1912）春在上海，创办《民声日报》，任报社总理，后回湘奔祖母丧，返回上海时，民社已与统一党等合并为共和党，反对同盟会的倾向更加明显，同年8月登报脱离民社和《民声日报》，赴广东任三佛铁路总办。随着袁世凯复辟帝制的野心暴露，宁调元奔走于粤、湘、鄂、皖、赣之间，商议南方七省联合讨袁计划，筹划南方独立之策。民国二年（1913）2月1日，袁世凯派人暗杀宋教仁于上海火车站，宁调元星夜兼程，赶赴上海，与孙中山、黄兴会晤，面商南方联合讨袁事宜，被孙中山委任为秘书长。由黄兴派赴武汉，参与策划运动鄂军发难。计划失密，6月26日，宁调元与熊樾山在汉口德租界富贵旅馆同时被捕。8月4日，袁世凯下令将宁调元"在鄂就近讯明，按法惩办"。9月25日，宁调元以"内乱罪"被杀害于武昌抱冰堂，年仅30岁。

宁调元牺牲后，同乡刘谦闻讯，于9月27日从长沙赶往湖北，护送宁调元的灵柩返回湖南醴陵。10月8日，葬于醴陵西山。民国十五年（1926）国民政府下令褒扬，并拨款修墓建亭。于右任撰书了碑文。

宁调元世称"囚徒诗人"，诗作大部分是在狱中写的，多为慷慨悲愤、感情激越之辞。其作品内容丰富，体裁多样，反映了当时动荡不安的社会背景下，近代文人和爱国志士的内心感受。宁调元就义后，傅熊湘、刘谦等搜集其著作，由柳亚子整理编印《太一遗书》刊行。2008年湖湘文库编辑出版委员会编辑出版了其作品集《宁调元集》。

《醴陵县志（民国版）》、湖南省革命烈士传编纂委员会编《三湘英烈传》第二卷、湖南省地方志编纂委员会编《湖南名人志》《湖南省志·人物志》等志书均有传。

梅

前不见秋华，后不见春花。
冒此霜与雪，孤影逾横斜。

拟古

芳兰生幽谷，凡卉失其荣。
野梅丛荆棘，冰雪独主盟。
君子处忧乱，意气愈纵横。

感怀四首（选其二首）

十年前是一重囚，也逐欧风唱自由。
复九世仇盟玉帛，提三尺剑奠金瓯。
丈夫有志当如是，竖子诚难足与谋。
愿播热潮高万丈，雨飞不住注神州。

休论瞆瞆彼苍天，努力中原莫问年。
一局残棋疑醉梦，几番劫火总盘旋。
锄除异种因存汉，恢复中原直到燕。
壮志欲酬心未死，一生从不抚流弦。

哭陈君天华

生不能期入玉门，万言遗草怕重论。
南风不竞天将丧，东海难填石尚存。
差幸鲁连能做伴，更无宋玉解招魂。
逢人莫问东瀛事，入苙曾招几放豚。

丙午冬日出亡洞庭舟次（选其一首）

身世飘零迹已陈，浮云水泡变迁频。
少年赋鹏宁论命，老子犹龙差可人。
不惜头颅利天下，誓捐顶踵拟微尘。
歧途几被桃源误，未解亡秦转避秦。

丙午被捕作于巴陵县署

正当腊尽与冬残，铁锁锒铛带笑看。
赢得卫兵差解事，傍人镇日骂昏官。

不信参商原异处，岂知郭李偶同舟。
一篇蕉鹿唐人赋，教我沉吟到白头。

旧游万里记瀛洲，今日钟期系楚丘。
不信洞庭湖上望，断头台近岳阳楼。

几生东海填精卫，千古南冠泣楚囚。
如此相逢如此死，并时屈贾更风流。

绕树更无枝可依，丈夫豹死不留皮。
慈亲如倚门前望，休为孤儿老泪垂。

人生自古百年稀，死不瞑兮愿已违。
昨夜似曾闻杜宇，声声叫道不如归。

壮志澄清付水流，漫言后乐与先忧。
鬼雄如果能为厉，死到泉台定复仇。

白刃当头枉用号，向天搔首奈天高。
只缘不向沙场死，枉向人间走一遭。

满地梅花带雪飞，茫茫前路欲何为。
魂兮应上新亭哭，风景山河有是非。

幸不垂头终户牖，只缘壮志在中原。
人心死尽钧天醉，风雨何曾吊国魂。

美人蕉歌酬唐谢二君

彼美人兮河之涘,共明月兮隔千里。爱河毋许旁物入,绝圣弃智英雄已。吁嗟乎,英雄圣智古何多,美人世间今复几。

彼美人兮山之阿,见时常少别时多。我欲移情爱祖国,祖国其奈荆棘何。吁嗟乎,祖国至今生荆棘,美人千古何终极。

今年桃花去年面,对此不觉泪如霞。夜月司马伤琵琶,秋风婕妤怨团扇。吁嗟乎,美人思我何时期,我思美人不得见。

美人不见天一涯,美人相思落谁家。泪复泪兮啼为雨,血复血兮春来树。吁嗟乎,一缕情魂耿不消,到此化作美人蕉。

盈盈憨态不胜春,胭脂颜色玉精神。帐中虞姬楚人歌,捧心西子吴宫颦。美人为蕉真面目,蕉为美人化合身。吁嗟乎,我今一见情已倾,安知孰蕉孰美人。

我闻美人能化身,从今见花如见君。祖国英雄已两空,花即祖国与英雄。吁嗟乎,天地不灭此花在,我情直与争时代。

吊秋竞雄女侠

樽前感慨旧山河,我亦闻歌唤奈何。
一首遗诗万般恨,秋风团扇忍重摩。

竟欲先鞭着祖生,狙秦又见女荆卿。
燕丹已死嬴皇在,遗恨茫茫未许平。

憔悴风尘各一天,相逢逆旅正残年。
几行慷慨忧时泪,流到长川欲化烟。

有生如此不如无,谶语从今若合符。
我尚面颜在人世,一年生气一年枯。

赠约真

薰风振庭除，蒲柳日衰谢。
自从南冠囚，经冬复徂夏。
时俗久轻薄，谁愿言慰藉。
君岂骨肉亲，一朝一来过。
文字时往还，书史资假借。
既蔑嫌疑心，况乃风潮大。
密迩曾几时，分离苦无奈。
曲曲城南烟，寂寂江月夜。
菟丝东北垂，雁影西南际。
累绁对兹道，夙昔泪斯下。

古别离（选其一首）

自冬徂兹夏，别君几何时。
一日如三秋，采葛欲言诗。
渺渺双鲤鱼，遗书问归期。
归期不可问，红豆子离离。
忧来多采撷，泪下结成丝。
今生尚莫卜，他生何所知。
鱼当成比目，树为连理枝。

书愤用陆剑南韵

人材零落叹时艰，莽莽衡阳山外山。
牛喘只缘惊汉月，鸡鸣未许度秦关。
新年蓬鬓垂垂老，旧泪青衫点点斑。
何日秋高重秣马，旌旗遥出九阳间。

九日奉和楚狂用文相国韵

君为断梗我飘蓬,同病相携泣爨桐。
头上花枝丛菊在,眼前人物一时空。
不堪楚甸呼阴雨,还向新丰起大风。
斗韵题糕浑细事,教人惆怅隔年中。

感事

民权剥丧种将无,四顾茫茫忧与惧。
堪笑衣冠尽优孟,只今痛哭剩唐衢。
山河犹是繁华尽,形影相依衾枕孤。
两载拘囚归未得,一场归梦又今吾。

柬哀蝉

千里江南一纸书,伤心春事总烦纡。
江山半壁谁牛耳,人物一时推狗屠。
幕燕池鱼聊复尔,壶蜂象蚁渺愁余。
自从小雅悲消歇,嗣响今余高达夫。

夏日杂感四首

锒铛声里老春秋,浩浩沅湘水北流。
袖上几回添泪点,江滨谁复送潮头。
斑鸠望岁朝呼雨,饥鼠成群夜出游。
一事回思百感并,沉沉院落鬼猿愁。

犴狴重重掩铁扉,三年拘系不曾归。
故园久已悲寥落,祖国惊闻赋式微。
鸟语绵蛮惊短梦,苔痕清浅入生机。

提师直抵黄龙府，壮志朝来渐觉违。

不作秋霜作槛羊，拥书犹是百城王。
芭蕉半展心犹卷，鹈䴗先鸣草不芳。
朝暮黄牛伤往境，新陈白鬓老高堂。
何时听待皋繇直，迎我相将开九阊。

麦穗初黄桐叶长，可怜佳节又端阳。
回风入夏偏摇蕙，明月终年不到窗。
多少豺狼横大道，幺幺燕雀处华堂。
余生渐就南冠老，且置兴亡倒酒缸。

书感

落日下荒楼，猿啼夜向幽。
虫沙增世议，蒲柳入秋愁。
见卵推时骤，亡羊负鼓求。
少无欢乐意，应与世同忧。

感事一首病中作

百国潮流卷地来，天公沉鼾大如雷。
神仙半出淮南犬，土木争营郭隗台。
万事尘劳成痛哭，十年生死几轮回。
天花过眼飘流尽，但觉寒炉有死灰。

柬天梅嘉兴次其韵

死别生离忍细论，东风回首重销魂。
低迷红豆迟归计，憔悴青衫剩酒痕。
鹈首旧怜天帝醉，鬼方都似夜郎尊。
扁舟江上烦安定，何用双眸挂国门。

粤东感赋

镇海楼头栖暮鸦，越王祠下树争花。
风云西望生机尽，鸾凤南来住处差。
回首烟花如梦寐，赏心乐事惜年华。
重重烟瘴频频雨，似此羁迟不可嗟。

无题四首（选其两首）

世渐承明喜欲狂，衣冠重睹汉家装。
五千貂锦张旗鼓，百二金瓯资栋梁。
青史更无先例在，黄牛贪着异乡忙。
愁来对此频搔首，惭愧新添两鬓霜。

塞上秋高马渐肥，将军推食复推衣。
高楼西北腾奇气，大海东南露国徽。
此去似怜鸟鹊意，我来不见木棉飞。
十年一事生差幸，眼看征人奏凯归。

王君衍约作北郭昌华之游同黄晦闻李茗柯蔡哲夫潘致中即席次韵答哲夫

天涯何处无芳草，归饮终须到此乡。
欢会纵多容易散，旧游回忆更堪伤。
枯荷着雨怜秋意，海燕结巢隐画梁。
今日得钱拼一醉，何如傀儡强登场。

游白云归感赋并柬同游诸子（选其三首）

丈夫三十尚平平，竖子争传卫霍名。
不道风云催世变，由来生死见交情。

亡羊已为歧途误，功狗翻先狡兔烹。
闻说佳人真绝代，伫看倾国与倾城。

江水南流夜有声，万家灯火夹江明。
我来不胜邱山感，对此难消迟暮情。
狺犬面颜喧上座，沐猴作态误苍生。
酒阑重忆十年事，忽动热潮憾未平。

夜气萧森十里堤，出门可有上天梯。
神仙传里新鸡犬，粉墨场中假笑啼。
旧雨伤心如此别，好花过眼莫重提。
昨宵身在能仁寺，似听秋声过隔溪。

武昌狱中书感

天阴雨骤昼闻雷，犴狴重重即夜台。
铁铸九州浑是错，愁来百念尽成灰。
好还且莫论天道，泄愤公然记祸魁。
去日来年都不易，肯因知己托良媒。

蔓尽瓜稀泪暗吞，须臾忍死可堪论。
谁明黄雀螳螂意，频见朱门主仆喧。
生世不偕当五浊，问天毕竟隔重阍。
身经波浪翻回在，待抉吾眸挂国门。

豺狼为伥鸠为媒，万种牢愁到酒杯。
事业已随流水尽，年华可有鲁戈回。
尽夸热釜能煎豆，何必寒炉始作灰。
地老天荒有如此，起看星斗独低回。

拒狼进虎亦何忙，奔走十年此下场。

岂独桑田能变海，似怜蓬鬓已添霜。
死如嫉恶当为厉，生不逢时甘作殇。
偶倚明窗一凝睇，水光山色剧凄凉。

秋兴用草堂韵（癸丑武昌狱中）

秋磷冉冉入空林，牛鬼蛇神画壁森。
自悔危时轻出处，亦知天道有晴阴。
分波终仗灵犀力，填海犹存精卫心。
最是迷离江上月，照人离恨到疏砧。

夕阳归雁数行斜，人渐蹉跎鬓渐华。
竟是潢池惊上座，微闻银汉滞仙槎。
丛祠明灭篝灯火，落月凄凉榆塞笳。
一样不堪回首处，卅年身世似飞花。

百尺围墙对落晖，囚徒生死事轻微。
似闻孤雁伤群尽，都道寒蛾伴火飞。
玩世文章成独往，中年哀乐与人违。
云英待嫁徐娘老，漫抚腰肢问瘦肥。

见说降幡出石头，已伤离乱更伤秋。
安排浊酒消长夜，欲掘青天寄古愁。
世味早知成腐鼠，人情何况逐浮鸥。
茫茫前路无归处，暮雨西风江上舟。

秋兴再叠前韵（选其两首）

不堪雨细又风斜，心绪都如未展华。
汉上惊鸿冰作影，银河彩凤玉为槎。
百年人事观朝槿，万里风烟急暮笳。

独立江城无限意,我来不见落梅花。

萧萧木叶下江头,猿啸天高万里秋。
北国佳人真绝世,南方红豆最牵愁。
竟教异路伤风马,为惜前盟问海鸥。
是果是因谁料得,偶然郭李又同舟。

秋兴三叠前韵(选其三首)

落日孤城万柳斜,江山无复旧繁华。
故宫真有金人泪,银汉频回帝子槎。
一夜微霜飞木叶,数行清泪咽胡笳。
芙蓉生在秋江上,何事开花又落花。

汉家陵阙对西晖,南眺潇湘烟雨微。
眼见红羊成浩劫,若为黄鹄竟高飞。
畏蛇畏药何时了,为雨为霖此愿违。
起视东南生意尽,几人田宅拥高肥。

鸾囚凤锁楚江头,一叶梧桐惊早秋。
云雨已成今昨梦,乾坤不尽古今愁。
汾湖箫管惊神鳄,海岛旌旗殉野鸥。
伐桂锄兰都细事,翻令鱼网漏吞舟。

秋兴四叠前韵(选其两首)

橙子初肥橘满林,武昌杨柳独森森。
蓬蒿遍地横征骨,风雨漫天接晓阴。
龙虎预知天子气,莼鲈忽起故园心。
寒衣未到寒先到,凄绝城头一夜砧。

天气渐凉风打头，囚中经夏又经秋。
云飞远岫原无意，蚁溃长堤自可愁。
忧患那堪闻杜宇，网罗何况到沙鸥。
楚江惊浪吴江雨，欲归不归何处舟。

用东坡狱中遗子由韵寄约真长沙

化工着手竟成春，万死一生未了身。
不分螟蛉争卧榻，徒令鹬蚌饱渔人。
庭前聚鹏都缘命，枕上闻鹃定损神。
从古盛名多坎壈，试凭后果证前因。

水断云沉乡梦冷，天阴雨湿鬼声低。
只今枳棘巢鸾凤，终古神仙有犬鸡。
短气共怜元祐党，长斋偏有太常妻。
几时待得乌头白，弱水东流更向西。

感旧，集定庵句十二首（选其五首）

碧玉门前产丽华，腰身略似海棠斜。
梅魂菊影商量遍，可惜南天无此花。

身世闲商酒半醺，亦狂亦侠亦温文。
绿珠不爱珊瑚树，合配琳琅万轴身。

醒又缠绵感岁华，吟鞭东指即天涯。
难忘槐市街南宅，救得人间薄命花。

小别湖山劫外天，七襄报我定何年。
香兰自判前因误，空损秋闺一夜眠。

倦矣应怜缩手时，卿筹烂熟我筹之。

安排写集三千卷，删尽刘郎本事诗。

冬日杂咏，集杜八首（选其四首）

天时人事自相催，山意冲寒欲放梅。
世代飘零余到此，一生襟抱向谁开。

岁云暮矣增离忧，高视乾坤又可愁。
弟妹萧条各何在，竟非吾土倦登楼。

四海十年不解兵，人今罢病虎纵横。
思家步月清宵立，月傍关山几处明？

社稷苍生计必安，一谈一笑俗相看。
祢衡直恐遭江夏，信有人间行路难。

海上次韵答天梅

去年此日相逢地，可肯年年此地逢。
残雪未销成腊鼓，新元弹指过黄龙。
一壶浊酒从容尽，竟日清谈意态雄。
我向吟坛一低首，诗人今有李空同。

柬蜕庵三什

北瘦南肥各迥然，知非遥想待他年。
繁华渐逐山河尽，誓愿差同铁石坚。
成佛成仙都不易，胡天胡帝镇相怜。
桑干千里东流水，流亦无穷恨亦绵。

兜率分居第几天，相思相忆甚于前。
春花秋月愿难了，黄土青山事可怜。

闲忆宜梅伤岁暮,却疑归梦在人先。
重重烟雾重重树,何处黄昏待月圆?

偶栽红豆便盈枝,仗汝纱笼壁上词。
一水盈盈无奈远,双鳞片片都成辞。
曾因姊妹吟桃叶,若为芳菲惜柳枝。
多谢司勋能薄幸,几回惆怅欲归时。

青玉案·答钝子

关河一带玄黄色,正争战,龙蛇激。夜气冥冥天叵测,人民城郭,大江南北,万种空陈迹。　头颅尚保将三十,竖子成名几千百。恨事如天谁与白。君为侬舞,侬为君泣,迢递风烟隔。

满江红·戊申二五初度（选其一首）

独立苍茫,共千里、月明今夕。正旧恨新愁如絮,重重相积。鸾鸟托身榛与枳,豺狼倚狈胶和漆。枕长戈,夜起问青天,天何极。填沧海,精禽石;开蜀道,五丁力。奈南风不竞,秋虫在壁。人事浮云西没易,年华逝水东归亟。数亲朋,故旧几何存,千难一。

江城子·端阳日牧希荩生约真钝子携酒肴聚饮于此赋此志影

瓠瓜留恋几星霜。渐颓唐,剧堪伤。岁月无情,空为少年忙。佳节良辰抛掷便,堪细数,又端阳。　不消回首故乡望。思茫茫,泪千行。故友还能,樽酒慰凄凉。便抵他年重会聚,提此景,定难忘。

大江东去·酬哀蝉题南幽百绝句

邹阳旧恨,仗湖风八月,吹成霜雪。想是空华迷目孔,万事如今休说。醉也堪怜,睡难成梦,梦也肠堪绝。销凝如此,数声分付啼鴂。　未老便觉先衰，黄粱顷刻，惊过沧桑节。不惜人间交绝尽，留个江南词客。昨日吟笺，写来佳句，有暗香凝结。南幽借重，料难轻与磨灭。

苏幕遮

过清明，还谷雨。杨柳丝丝，化作愁千缕。倚遍阑干天又暮，归梦悠悠，付与归鸿苦。　又莺啼，和燕语。试问阿谁，解道江南句。今日人仍当日处，只是韶光，暗暗偷将去。

忆秦娥·伤别词十阕

黑狱漫漫，见天无望。每忆旧游，生离死别，各成隔世。偶诵清真"沉思前事，似梦里、泪暗滴"之句，不觉有所触感，凄然达旦，泪如零雨。晓起，倚声成《伤别词》十阕，聊以写忧，非敢示外人也。八月初八日午前十二时，仙甫自记。

伤离别，长亭短堠相连接。相连接，怜他今夜，断云残月。此时此恨和谁说，角声吹变江城色。江城色，珠帘慵卷，晓寒侵骨。

伤离别，相思又值清秋节。清秋节，停辛伫苦，几番风月。关河遍地凝霜雪，重重并入须毛白。须毛白，繁华是也，旧情衰歇。

伤离别，风烟漠漠关山隔。关山隔，去时容易，归时难说。芝田暗老甄妃色，江花江草都更迭。都更迭，为君憔悴，年年月月。

伤离别，情愁付与流莺说。流莺说，六朝佳丽，桃根桃叶。临歧握手空更叠，从今一纸书难达。书难达，去程遥望，芦花似雪。

伤离别，黄昏又挂梢头月。梢头月，知他千古，几回圆缺。愁丝绾就同心结，凭风吹入空冥灭。空冥灭，那堪回首，旧欢重说。

伤离别，星河欲转残灯灭。残灯灭，罗衾扪遍，冷魂凄绝。千山万水难飞越，流光又是他时节。他时节，名花零乱，不堪攀折。

伤离别，塞鸿不度音书绝。音书绝，一腔心事，凭谁将说。晨鸡处处都啼彻，疏星未落东方白。东方白，微风吹起，闲愁叠叠。

伤离别，黄莺打起愁难说。愁难说，萍漂梗断，水遥天阔。他乡千里蒹葭色，可怜三五盈盈月。盈盈月，独眠独宿，唾壶敲缺。

伤离别，西风卷地梧桐叶。梧桐叶，哀蛩啼露，孤鸿唳月。居平只苦欢娱歇，沈腰潘鬓堪愁绝。堪愁绝，沉沉梦境，迹痕都灭。

伤离别，秋娘庭院天涯隔。天涯隔，暮蝉续断，夕阳明灭。当时泪与星星血，重来处处棠梨发。棠梨发，从今岁岁，佳期虚设。

清平乐

听残更鼓，诉与谁知苦。惆怅横塘旧时路，惟有落红如雨。年年地角天涯，茫茫后会难猜。晓起不堪临镜，鬓毛零乱千丝。

一剪梅·出狱日作

一瞬年华过眼忙，魂断王昌，肠断秋娘。世情都向苦中尝，更了星霜，换了炎凉。　　多谢和风与旭阳，出也寻常，入也寻常。不消前境细思量，梦是甜乡，醉是仙乡。

明月生南浦

寒气暗侵毛与骨，昨夜西风，落尽梧桐叶。料得此时情更切，从容便是重阳节。　　围绕庭阶千百折，不恋单衾，苦恨余欢歇。万里梦回堪怨别，云山处处伤心色。

河传

今生怎了，奈天儿不黑，夜儿难晓。倦倚蓬窗，万事暗伤怀抱。又微风，吹雨到。　　家乡南望孤鸿杳，一片归情，诉与谁知道。魔障孽缘，总特地来缠绕。渐一庭，秋色老。

醉太平

风横雨狂,销魂断肠。夜阑无奈秋凉,又更长漏长。颓垣断墙,来狼去羊。思量多少兴亡,付愁乡醉乡。

八六子

楚天低,四围凝望,乡关何处都迷。但一抹夕阳如画,遥遥数点秋山,衬湘水西。　蝉声又唱隋堤。怎奈余音凄苦,无端触动愁思。因想念,春阴乍晴天气,海棠初吐。牡丹开处,知他燕燕莺莺几许,花儿围定差池。料归迟,繁华万般那时。

忆少年

怜他泪点,爱他心情,思他心事。霎时尽尝遍,一般般滋味。翠袖单衾俱是泪,通宵辗转不成寐。容光为谁减,问君能知未。

长亭怨慢·落花

正啼彻,千山鶗鴂。绿染川原,红迷巷陌,风景当时。不堪重到都更迭,芳华与汝干甚事。恶作剧,眼见为吹开,又为一枝枝吹折。　凄绝,更随风荡漾,飞向城南城北。忒无情绪,忍轻与,旧游人别。枉负了,一片殷勤,曾几度,培根护叶。算换有,翠罗衫上,泪珠千叠。

满江红·再用前韵答兮稀

雨打风吹,问桃梗,漂流何极。剩一缕情魂不死,断肠今昔。别后书来常半寸,梢头月上刚初十。掷金钱,应替远游人,伤今日。　挽慧海,将愁涤。凭纤手,剖胸臆。奈寒云千里,韶华暗逼。红豆可怜劳梦想,青衫莫更寻痕迹。总百无聊赖对东风,蘼芜碧。

贺新郎·次韵和蜕盦《题红拂墓》，与今稀同作

可有安身处？更谁何，千金市骏，草庐一顾。富贵功名堪弃置，难断情缘一缕。倘后日，重提杨素。红拂有灵应懊悔，惯荒唐，朝暮行云雨。平添我，愁无数。　　于今一律归黄土，待回头，风流尽歇，夕阳如故。纵有英雄能偶辨，对影山鸡自舞。已觉得，身移数主。地下香君如可起，合情航，别向眉楼渡。询佛子，休嗔怒。

蝶恋花·用前韵答哀蝉

似汝何堪长各散，多少交游，今日摧残半。陵谷山河频改换，风波算我曾经惯。　　日暮途穷心意乱，一夜砧声，起向谁家岸。和雨和风敲不断，明朝细把容颜看。

霜天晓角

月明风紧，只盼佳期近。如此恼人天气，便梦也何曾稳。　　情丝抛不尽，腰围频瘦损。纵化无知铁石，还被磁针牵引。

桂枝香

芳春欲暮，正草长莺飞，落红如雨。千里江南一色，佳期又误。欢娱对此肠堪断，更何况。我愁无数。从今只恐，浮萍万点，漂流还苦。　　浑不为，愁人少住。且登山临水，送将归去。灯灺酒阑，莫向无情天诉。场场这样轻离别，问良辰美景何趣。纵然梦里，相逢能彀，也无凭据。

天仙子

庭院深深长日闲，独立东风何限意。一场春梦几时闲，花满地，苔痕细，闲怨闲愁空省记。　　那更堪宵深雨坠，把一片芳心滴碎。

苦侬消受此时情，人不寐，空流泪，孤影年年堪作对。

柳梢青·除夕

一年容易，唯闻更鼓，口声流替。五度除宵，家园客子，断肠各自。　二老料知何似，误一片，倚门心事。天若有情，念侬孤苦，也应回睇。

满江红

黄鹄高飞，待唤取，归来同住。剧劳汝，暮三朝四，狙公赋芧。一曲广陵今夜月，千钟鲁酒黄昏雨。叹炎凉，时节已推移，天如故。惜往日，屈原赋。投五体，要离墓。笑壮怀勃郁，而今老去。灯火险为魑魅灭，山头听惯婴儿语。猛回头，世事几沧桑，心魂怖。

满江红·次韵答钝子见和书感之作

若木难攀，空剩取，岁寒高节。险独立，崇山千仞，云冥天裂。好事忽随春梦短，名花输与秋娘折。绕国门，依旧是青山，金瓯缺。在地作，舟和楫。为天做，喉和舌。把乾坤扭转，千秋不灭。万念已成东逝水，一竿独钓寒江雪。夜何其，独坐已三更，煤还爇。

浪淘沙·次韵答哀蝉

一腹贮千愁，长夜悠悠。自怜要妙美宜修。谣诼忽然来众女，泪洒芳洲。　诗狱苦埋头，时俗昏幽。男儿不虏便为侯。铸得铁锥长尺五，愿子同仇。

桃源忆故人·感怀

夜来辛苦风和雨，零落繁华如许。破碎金瓯谁补，愁肠忘天曙。当时折赠芳馨处，有梦也留难住。有泪也挥难去，耻与屠酤伍。

朝玉阶·为楚狂题小照

故国莺花一梦阑。不堪回首问,旧河山。思量却有泪汍澜。时流千百辈,可儿艰。　　卅年迟暮美人欢。头颅如此好,付谁看。会将携手抵幽燕。明珠珍重些,莫轻弹。

鹊踏枝

走狗功名悲绛灌。鸟尽弓藏,收束从来幻。永夜漫漫何日旦,孤桐又付行厨爨。　　独自思量无限恨,锦瑟年华,忧患消磨半。碌碌依人何足算,男儿好个头颅断。

芳草渡·游侠

屠燕市,宿秦楼。黄金尽,白日幽。酣歌达旦舞吴钩。行迹独,知交绝,奈何秋。　　朝雌伏,夕远游。出入波涛惯也,如风雨,取仇雠。刀光起,革囊血,遍全球。

《南社集》序

诗者,志之所之也。《春秋说题辞》:"在事为诗,未发为谋,故诗之为言志也。"扬子亦言:"说志者莫辨乎诗。"李注:"在心为志,发言为诗。"人各有志,志之卑抗殊,而诗之升降亦于以判。故古有采诗之官,先王所以观民俗、知得失、自考正也。延陵季子聘鲁,请观周乐,自邻以下无讥,诗之为义大矣哉。吾友高子钝剑、柳子亚庐等,既以诗词名海内,复创南社,以网罗当世骚人奇士之作,蔚为巨观。钟仪操南音,不忘本也。

昔启祯之际,太仓二张首唱应社;贵池刘城和之,为广应社;嘉鱼熊开元宰吴江,进诸生讲艺,而复社乃兴。由是云间有几社,浙西有闻社,江北有南社,江西有则社,历亭有序社,昆阳有云簪社，而吴门有羽朋社、匡社，武陵有读书社，山左有大社。流派虽别，大都以诗古文词相砥砺，而统归于复社。山鸣谷应，风起水响，于斯为盛。春木之芘兮，援我手之鹑兮，去之三百载，其人若存兮。有踵接而起者，固可以观、可以群、可以怨也。

虽然，余选古近诗，至宋明尝略而弗录。其持论曰：诗运降庚，爰兹历年几千，代有迁移。温厚以则，宋以前也；纤丽以淫，唐以后也。且五言之际宋梁，犹七律之际晚唐，衰递以渐。学汉魏不能，或犹类唐；学宋明不能，将蔑所似也。然则，斯编何取乎？曰：辑诗非选诗也。于先王之书，《乐记》道之曰："治世之音安以乐，乱世之音怨以怒，亡国之音哀以思。"故哀乐感夫心，而咏叹发于声。斯编何音？斯世何世？海内士夫，庶几晓然喻之，而同声一慨也夫！嗟嗟！《小雅》尽废，四夷交侵。君子生斯时也，于是夫有惧心。子夏序诗，是以君子谓之知言。

自祭文

岁次丁未，月惟中冬。鸿雁代飞，日月于征。宁子生瘗，逼近周年。寒泉夕沸，冤霜昼零。恍兮惚兮，意若有忘。人情冷暖，世道崎岖。四顾歔欷，谁复愿言。乃陈浊醪，暨之牛脯。乃自撰文，乃自祭曰：

在昔初哉，大宇洪荒。抟土为人，实甫娲皇。世运消长，否泰靡常。二离隐曜，四维不张。兽蹄鸟迹，充夫八方。于时人类，沦胥以亡。日居月诸，我之降生。圆颅方趾，与众异形。有手有足，亦妙莫名。茕茕吾影，踽踽吾行。举世大骇，疑怪疑妖。亦有谓我，产于上霄。不羽不毛，不飞不跳。龙章粪壤，百口哓哓。用是群众，张拳挥刃。活活瘗我，墓门千仞。马面牛头，凛不可近。哀哀宁子，丁兹奇运。呜呼噫嘻，梦梦上天。星球大小，其扁其圆。品物附丽，焉知几千。我独何辜，坤舆仆缘。胡不自后，胡不自先，呜呼噫嘻，地之厐洪。纵横其理，竖亥难穷。鸟飞鱼跃，海阔天空。吾其恫夫，奚足莫容，我闻矿物，如恒河沙。重叠亘邈，地角天涯。胡不化身，伦与为佳。绝德弃智，是耶非耶。我闻草木，盘根错节。夕饮其露，朝萌以蘖。华者实者，乐天则哲。吾将与子，载生载灭。我闻鸟兽，蕃于有北。封狐千里，鸱鸮如虿。尔吞我并，弱肉强食。世界相续，曷其有极。胡地能载，胡天不殛。如是我闻，阳九为厄。漫漫长夜，奄奄魂魄。吁气为雾，吐血成珀。我瞻四方，如何可适？乃安斯寝，乃枕斯岗。销声敛迹，潜德幽光。风鸣不已，雨雪其滂。今日之日，一年既将。人亦有言，不如及时。呼形对影，为奠一卮。异类乞灵，不气馁而。真吾不昧，尚其鉴兹。

鸽儿墓碑记

　　鸽儿，未审其世系所自。昔者大皞生咸鸟，金天氏因以鸟纪官。厥后居鞣鞨国者称岛夷，在盐长之国为鸟氏。种姓日繁，遂遍中原有鸟迹，鸽，或其一族也。

　　鸽儿性温易，奇瘦，不畏人，人亦爱之。生十有六日孤，倚寡母独力，叩哺用活。今其母他适矣。适之日，其兄中暴疾亡。又三日，而鸽儿绝粒死。宁子哀其命薄，构石椁瓦棺，瘗之狱西隅。时清宣统己酉四月望日。锡之铭曰：

　　楚有一鸽命奇苦，东方帝国不容汝。赖我瘗汝于囹圄，足视千秋并万古。

朱沃

图1 朱沃像（由朱天相先生提供）

图2 朱沃南社入社书
（图片来源:《南社社友录》）

朱沃（1885.9.18—1929.8.21），字玉生，名忠辅，号继仁，又号懒仙、嬾仙。湖南省醴陵县北乡小水村（今醴陵市官庄镇敖家洲）人。民国五年（1916）9月由傅熊湘、黄钧介绍加入南社，入社证书编号682。南社湘集社员。

清宣统二年（1910）任职成都朱庆澜部。翌年任蔡锷秘书，任云南总督府登庸局二等编修。民国四年（1915）创办长沙首份休闲夜报《潇湘雨》。民国五年程潜授予他湖南护国军总司令部秘书一职，回长沙任《湖南新报》编辑。民国七年（1918）5月任许崇智秘书，随许崇智入福建，任支队军法、福建省同安县知事、军法处长等职。民国十一年（1922）9月赴沈阳，任职黑龙江铁路护国军总司令朱庆澜部。民国十三年（1924）5月，自黑龙江归来，主办《大湖南日报》报余部。民国十八年（1929）仍挂国民政府湖南省府闲职。以疾卒于长沙。

朱沃好写小说、诗词，作品散见于民国时期各报刊和南社湘集。民国二十二年（1933）《长沙新闻记者联合会年刊》载《朱孏仙事略》称："日撰小说四五千言，极陈声色之侈靡，与社会之龌龊，初欲世人引以为戒，不图读之者惑而忘返，一时售出之数常浮于报数，故长沙皆知有朱孏仙，为某伶著一书《人中凤》者，盖其精心结构之作。"其墓志铭称"另有《午梦痕》未尽"。

《醴陵县志（民国版）》有传。

度晒经关

征马声嘶急，羁人意自闲。
鸟鸣春二月，烟锁屋三间。
浅水飞轻艇，孤天接远山。
青阳无限好，塞满晒经关。

赠玲珑馆主

渌水重来访故知，菊篱秋老夕阳支。
舞回杨柳蛮腰活，梦到荼蘼蝶意痴。
推枕漫吟桃叶渡，酌醪细品竹枝词。
一庭花影浑无主，悄上阑干若有思。

报导天孙嫁有期，催妆谁复构新词。

藏娇空愿营金屋，别类无多入玉卮。
鸾镜影双人已换，鹍舟魂只梦来迟。
今生可得重逢否，儿女英雄两不知。

黑龙江留别

冒雪冲寒曳履行，名驹功狗一毛轻。
归情不减陶彭泽，兼味曾餐阮步兵。
过眼春山青未了，关心芳草绿初生。
数声汽笛旗亭远，回首龙江夜色清。

深情压马入雄关，得意东风送我还。
旅梦迷离嗤鹿骇，行踪飘忽羡鸥闲。
千愁待遣归来酒，一笑相逢别后山。
鸿爪廿年穷禹甸，寄身今在岳云间。

南社长沙雅集得"赋"字

春来已二月，天寒尚如故。
雅集趁良辰，高朋喜相遇。
稚子好交游，相随如影附。
诗酒非所习，有愧谢家树。
宴罢携手归，衣襟溅时澍。
惟期篱菊黄，再作登高赋。

斋居杂咏六首

卷帘

虾须一桁映筜苍，翠影玲珑印月光。
半卷斋帘无别故，恐残劲缕负潇湘。

观画

素怀司马想长风,真故面匡迄未逢。
妙笔遽能参造化,云山万里一图中。

醉月

坐花栏外锦江春,琬液香清月到唇。
伴我玉蟾应共醉,酣语一梦证前身。

对镜

玉台拭罢笑无声,相对盈盈一鉴清。
解恨解欢还解语,算来知我独为卿。

观奕

松院丁冬响碧纱,鸿沟割罢断旋花。
大千世界原如此,蓬转沧桑感风华。

热药

抛卷支床夜漏长,药香味杂藕花香。
苁蓉酒饮疾如失,尚有炉烟绕静堂。

秋感步瘦香君韵并质慕美庾侬二君四首(选其二首)

诗思同秋淡,吟成贮锦囊。
霜铺蕉字忆,天破雁书藏。
梦诘南华蝶,劳惊北塞羊。
不平蛩诉影,明镜谪仙狂。

杵急敲寒梦,劳人梦亦劳。
韶光驹隙影,书剑雁霄毛。

血洒龙门史,忧离楚国骚。
飘零身世泪,愁涌广陵涛。

红薇感旧记为钝安作二首

缇骑纷传捉史官,怜才无复意儒冠。
枇杷门巷人如玉,深锁春光宿凤鸾。

美人颜色本如花,斗尽芳菲日又斜。
寄语东风好收拾,莫教江上诉琵琶。

读贾子

贾谊疏陈时事,其词博,其气盛,后世伟之,而君子则为谊惜也。士之患,不患才识之不容,而患学养之不足,才足以通古今,识足以穷事变。学养不足则务为激昂慷慨之谈,流风所及遂成士气,祸乃中于儒林。唐之清流,宋之关闽蜀洛,明之东林,皆此辈阶之厉也。

汉文非不道之主,汉初乃极盛之时,奚用此痛哭流涕为哉?其所敷陈,如三表五饵之策,则翁姬之知也。正朔服色,则粉饰之谈也。惟论教太子,词明义正,足以昭示来兹。若猜忌武臣,削夺宗室,且导人主以刻薄寡恩,传赵宋朱明之心法,乃敢昌言于廷,毫无忌惮,是岂儒者所忍出耶?

微论绛灌逞青蝇之毒,晁错膺佞臣之诛,文帝以一藩之王而入嗣大统,惴惴然,惟尾大之是惧。则文帝王代之日,必早有无将不道之心,帝将何以自处哉?夫帝固好黄老之术者也,约诸将奉迎之初,属亚夫于大行之日,其智虑深远,岂谊所敢望其项背者。谊垂涕以上言,帝且窃笑其肤浅。宣室鬼神之问,直藉以作清谈,岂真无心于治道哉?

呜呼！才智之士，上失其养，乃激为悲愤之言论，丧和平忠厚于楮墨之间，所谓小有才未闻君子之大道者也。明太祖之谢解缙曰将以老其才，不欲启嚣张之士气；奖后生于喜事之途，得育才之道矣。苏子曰：贾生志大而量小，才有余而识不足。苏子者亦谊之流亚耳，恶足发语此哉？

挽刘建藩联

君真三楚健儿，恨浊浪排空，出师未捷身先死；
我是将军揖客，问主人何处，四座无言星欲稀。

朱德龙

图1 朱德龙像
（图片来源：《湖南年鉴》）

图2 朱德龙南社入社书
（图片来源：《南社社友录》）

朱德龙（1873—1944），号侣霞，湖南省醴陵县清水江（今醴陵市船湾镇）人。湖南优级师范毕业。民国元年（1912）12月由傅熊湘、黄钧、郑泽介绍加入南社，入社证书编号330。南社湘集社员。

清光绪末年于赤竹草堂教书，后任教于湖南长郡、明德学校，民国元年任醴陵县议会候补议员，民国元年至民国四年（1915）任《长沙日报》编辑。民国五年（1916）8月任国民政府临湘县县长。

生平与作品之南社部分 | 133

民国十四年（1925）5月任嘉禾县代理县长。民国十六年（1927）调署长沙，数月改调宁乡县，分别于民国十六年和民国十八年（1929）两任宁乡县长。民国十八年至十九年（1929—1930）调岳阳华容县县长并编纂《华容县志》。民国十九年至二十三年（1930—1934）任国民政府湖南省政府秘书处秘书。曾参与《醴陵县志（民国版）》编纂工作。

平生喜好诗文，著有《清江诗词》2卷、《盾鼻墨渖集》2卷等诗集。诗集俱佚。作品散见《南社湘集》。

《醴陵县志（民国版）》有传。

我所思

我所思兮在江曲，凌波仙子颜如玉。娇如秋水出芙蓉，淡如灵池濯芳菊。木兰为舟桂为楫，锦帆延伫波光绿。我欲从之鲦与鲽，迢迢一水隔江渌。

我所思兮在城隅，彼姝之子手明珠。花钿惊鸾匀翡翠，玉搔舞蝶拂珊瑚。枇杷当户柳当门，弱不禁风倩谁扶，我欲从之胶与漆，雕墙遥睇空踟蹰。

我所思兮在庭隩，空堂遮响月徘徊。纨扇偷遮雪衣女，弓鞋轻印玉阶苔。玳瑁为梁琼为槛，徒倚华裙去复来。我欲从之牛与女，银汉无声玉漏催。

我所思兮在帘栊，银釭明灭红豆红。金背镜移防透月，水晶屏澈不通风。雾绡为裙罗为袜，含愁默默理丝桐。我欲从之凰与凤，珠帘不卷曲未终。

中秋无月感赋

去年曾见长沙月，月弄银波湘岸阔。
万里晴天无片云，照见嫦娥年二八。

今年玩月长沙城，置酒高楼待月明。
封姨撼树狂如虎，霓裳舞罢曲无声。
世事盈虚宁似此，搔首问天天不语。
一手掩尽天下目，浮云浮云将终古。

长沙琴庄雅集分韵得"上"字

郁郁衡岳云，森森潇湘浪。
上有苍狗衔，下有蛰龙亢。
驾言事遨游，琴庄啜醪酿。
觥筹乐未央，壁沼红莲涨。
猗嗟此何时，金铁鸣堂上。
涿鹿坂泉间，蚩尤之雾瘴。
天柱触似崩，神州胥沦丧。
豺虎狂噬人，玄黄战血王。
山河碧玉碎，群龙各行行。
邈兹灵均魂，临风空惆怅。

题丙穴摩崖石刻

饮马郴江猎战场，又驰露布赋长杨。
无端来射南山虎，拔臀张弓兴更狂。

释剑归来竟佩牛，此旌草口此句留。
登车揽辔澄清志，付与珠泉万古流。

曾泛楼船出洞庭，又来五岭踏云嶒。
峁江未柢莼湖恨，无限青山佑陆城。

江表孙吴伯众张，两河声鼓动渔阳。
东南半壁留遗子，且卧口城障上湘。

生平与作品之南社部分 | 135

口历郊圻长绿□,闲搜丙穴网嘉鱼。

我来岩石顽如故,惟帐冯欢叫铁□。

编者注:此诗刻于民国十四年(1925),摩崖位于嘉禾县城西丙穴公园内。"□"为字迹不清漫漶处。

先祖妣朱母钟太夫人状

太夫人姓钟氏,其先世不可考。父振谟公,母孺人,生子女几人。太夫人其季也。家饶于资,笄年归上舍朱东阁公。公兄弟四人,伯仲叔皆服畴力穑,公读书,明刑律,兼精勾股开方算术。于时士习于帖括制艺之学,算术能通勾股开方法者,矜为创获,屡踬名场,故纳赀为上舍生,上舍公始富中贫。妇女辈亦负耒莳蔬,以资口腹。太夫人杂姒娌为伍,弛其足缠,以尽地力。然弱不胜耒,辄遭姒娌辈诮让。逮上舍公与兄弟析居,太夫人子女粲然成行,不耕而食,家境益艰。上舍公贫而好客,客至无以应,辄脱簪珥为公款洽。生子男五人,长开绪、次芳春、次寅春、次恒春、季花城。相次成立,前四人命之田,季氏则课之读,上舍公治矿于豆田朱家山,煤苗颇旺,家境小康。不幸季子以瘵疾卒,上舍公相继弃养,太夫人悼伤过甚,恒抑郁寡欢。德龙为季氏遗孤,失怙时才三岁耳。太夫人为季氏一块肉,劬劳憔悴,抚育德龙至于成人,吁亦苦矣。忆儿时善哭,太夫人恒襁负于背。环游后圃,以止儿啼。浴则亲为之浣濯,食则必挈之座隅,未尝须臾离也。稍长,自村塾暮归,阴以枣栗饼饵啖我,且告之曰,若无父无母,不可与常儿斗,斗必受创。若父苦学通经史,不幸早卒,若善继父志,读父书,努力求通显,他日有成,当思量老身之劬悴也。德龙时方稚齿不知其言之惨,有暇或与群儿嬉,或偷惰不事事。太夫人必痛责之曰,若长此不改行,会见若处石岩中,终作窭人子,夫复何望。德龙少好饮,饮必醉。一日,盗酒饮烂醉猱升至阶颠而仆,太夫人延医治疗,得不死。后出赴亲友宴集必再三诫语，遂终身不饮。太夫人崇尚俭约，冬不御裘，夏不衣縠，以为家人表率。家人数十辈，皆大布之衣，无敢御罗绮者。性爱洁，玄裳步履，必濯之使白乃止。御家人宽而严，于子孙妇孺，不常口罚，然皆惮之若严君。盖恐其不怿，有伤老人心也。好周恤宗族乡党之贫乏者，人无不求，求无不与。治梁除道，谕其子捐资为之倡。晚岁多病，妇女辈更番伺侍。德龙先妻淑兰为太夫人钟爱特甚，侍之尤勤。德龙于清光绪戊戌青一衿旋食饩，民国建元以后亦领县符，太夫人皆不及见也。呜呼伤已。太夫人生于清某年正月十二日，卒于光绪某年月日，享寿七十有几。

希夷斋诗存序

往者于役郴阳，侧身戎幕，公余之暇辄邀袍泽数辈，游苏仙岭、骡仙庵、义帝陵、温泉诸名胜。地必数游，游必有诗，因成《盾鼻墨渖集》二卷。同袍多击剑拔弩之雄，无与言诗者。余郴阳杂诗最终句云：纵携谢朓惊人句，问遍郴城不要诗。盖有慨乎其言之也。

既而捧檄嘉禾县事，地当五岭之腰，万山插天，达人辈出。时李俊三将军以团长治兵于郴，蘄然已露头角。雷艾叟先生身列省会议席，撰著等身，群推湖南文献，皆不获时常会晤。所与常会晤而备咨询者，则有廖君仙楼、李君继之，皆工于诗，时出其所作互相唱和。仙楼好为七言（原作年）古近体，饶有唐音；继之则工为五七言近体诗，词气冲淡，不愧作者。地僻俗美，政简刑清，偃室频繁，引为诗友。

余尝榜一联于衙斋云：昼了公事，夜接诗人，自分不如贻上韵；欲治嘉禾，须除稂莠，斯言愿与古人期。盖其出语倾倒，继之与仙楼之不置也。今事隔旬岁，仙楼高卧林泉，间以诗来；继之则因其家君伯玉处长迎养星垣，杖屦追陪，时亲雅令。就询仙楼何似，豪吟犹昔。而继之则出其所著《希夷斋诗存》上下卷，属为序之。受而读之，盖皆德龙官嘉禾时前后所作。仙楼已序而行之，兹则重刊以问世也。然和予篇什故赫然在也。虽然德龙往尝有作必就于继之与仙楼，仙楼亦然，继之则未或必然也。然德龙自郴嘉归来，诗不多作，继之亦然，仙楼则殊不谓然也。盖仙楼笃学，老而不衰；继之则湘上作客，曲高和寡，遂不屑作；德龙则感于江郎才尽，不复能作。今环诵诗存，益凛然有君苗之惧，自焚其笔砚而不敢作矣。是为序。民国二十四年十二月小除夕醴陵朱德龙敬撰。

挽袁家普联

四省开藩，归装琴鹤添诗卷；
一棺旋里，大陆龙蛇正劫灰。

刘谦

图1 刘谦像
（图片来源：《湖南年鉴》）

图2 刘谦南社入社书
（图片来源：《南社社友录》）

刘谦（1883.7.20—1959.5），字约真，号无诤居士，别署无诤，书室名峭嶙吟馆、新生室，湖南省醴陵县大林（今醴陵市沩山镇大林村）人。清光绪二十六年（1900）入读醴陵渌江书院，民国元年（1912）就读于湖南优级师范学校。同年由傅熊湘、龚尔位、黄钧介绍加入南社，入社证书编号332。南社湘集社员。湖南船山学社董事。

清光绪三十三年（1907）三月宁调元在岳阳被捕，在长沙系狱三年，在狱中授意刘谦与李隆建等组织同盟会湘支部，吸收会员。刘谦曾从各图书馆借书2000余册，以供宁调元狱中著述之需。民国元年协助傅熊湘在湖南长沙成立南社长沙分社，同年与同乡文斐、马惕冰、傅熊湘等主编《长沙日报》，后在长沙多所中学担任数学教师。民国二年（1913）宁调元牺牲后，从长沙赶往湖北，护送宁调元的灵柩返回湖南醴陵，葬于醴陵西山。又与傅熊湘一起将宁调元所藏遗著与柳亚子所辑者合刊成《太一遗书》谋求出版。同年，袁世凯派汤芗铭来长沙，《长沙日报》被封，并准备逮捕编辑和记者，刘谦只得回醴陵乡下躲避。民国五年（1916）汤芗铭被逐出长沙，刘谦才回到长沙，继续办《长沙日报》。翌年，兼湖南省财政厅编辑。民国七年（1918），北洋军阀张敬尧占据湖南，《长沙日报》被封，刘谦组织全族人避难江西萍乡。民国八年（1919），在上海与傅熊湘等办《天问周刊》，专事鼓吹驱张。民国九年（1920），张敬尧被赶出湖南，又回到长沙，任湖南省财政厅编辑，后改科员。民国十三年（1924）支持傅熊湘在长沙创立了南社湘集。民国十六年（1927）改任湖南省财政厅秘书，马日事变后，醴陵农运负责人李人祉避逃长沙，得刘谦掩护安置。火车司机、共产党员游采臣被捕关押长沙，刘谦为之多方奔走，营救出狱。民国十九年（1930）傅熊湘逝世，又为傅熊湘编辑《钝安遗集》并筹资出版。民国二十二年至二十三年（1933—1934）与同乡黄钧一同任国民政府湖南省财政厅秘书。逾年转任省民政厅秘书，并协助刘鹏年恢复南社湘集，积极辅助社事。民国二十二年至二十五年（1933—1936）任湖南船山学社董事、长沙妙高峰中学校董。次年七七事变后回醴陵，储存谷物，创办小学。支持王明伟、罗才冈、文家驹等筹办开明中学（醴陵市第二中学前身），并任董事长。刘谦精通医理，为乡民治病，不取分文。著有《助产常识》一书，自费印刷数千本，分赠贫苦人民。民国三十年（1941）冬任醴陵文献委员会委员。民国三十一年（1942）十一月，任醴陵县县志编纂主任，并在县志中为左权将军立传。抗战胜利后仍回长沙居住，曾与程潜、陈明仁密谈易帜之事，并营救被逮的地下共产党员。湖南解放后任湖南省文物保管委员会委员，1949年10月，应聘为湖南省文史馆馆员。1959年卒于上海，享年76岁。

刘谦长期研究佛学，并擅长"国医"，诗文俱佳，著作颇丰，据《湘人著述表》载有《无净诗稿》2卷，存上海图书馆，有《蕉窗忆昔图》（辑）存上海博物馆。身后留下《峭嶙吟馆文存》《峭嶙吟馆诗存》《戊午集》《新生室诗稿》各一卷和《宁调元革命事略》。

哭太一诗

漫漫长夜何时旦，宁戚悲歌梦见之。
死别依依弥一载，伤心追悼不成辞。

兰蕙当门合被锄，非关误食武昌鱼。
生平自有千秋在，为跖为尧尽毁誉。

每于患难见深情，十载论交与弟兄。
肠断当年耦耕约，可能相续到他生。

怕从旧箧检君遗，断楮零缣系我思。
最是舍身先一日，狱中缄寄子由诗。

不与臧洪同日死，负心负友此吞声。
一棺归葬寻常事，忍向人间留令名。

西山一冢倚长空，薜荔惊秋泣鬼雄。
天亦为君留纪念，染枫如血满江红。

生平知己数天梅，我自南幽闻儿回。

赋得招魂长短句,遥知宋玉有余哀。

等身著作今何在,魔劫宁教到简篇。
收拾丛残成一卷,煞劳傅柳损宵眠。
白发高堂黄吻孤,泉台应亦惨啼乌。
只今消息嗟堪告,子读能勤母尚腴。

死生勘破十年前,后死安归却见怜。
愿共有情拼一哭,哭声声震梵王天。

哭太一诗后十首

年年狱里送君归,七字吟成涕两挥。
今日人间又冬至,临风谁更话依依。

贾傅长沙赋鹏余,南幽回忆为停车。
前言戏耳偏成谶,狱到共和不可居。

商量出处话春城,劝作蓬莱万里行。
我自哓哓君默默,此心原不在长生。

江城闻笛更飞霜,槛虎前头吠犬狂。
一白霾音惊海内,搢绅争救蔡中郎。

诗魂合并草堂灵,天醉沉沉唤不醒。
两度间关数千里,包胥空自哭秦庭。

百草不芳鹦鹉洲,狂涛底事覆行舟。
我来探狱君偏阻,谁分今生相见休。

临终呼母不呼天,遗语曾凭狱吏传。
供养更堪无仲博,行縢记与贯青钱。

居然江夏死祢衡,腥血模糊古寺横。

赖有旧人与重殓，佛香漠漠证三生。

阿咸犹及与治丧，曾几何时继作殇。
讲学九原应不禁，愿教长此事吴章。

招君不返奈君何，热泪潺潺逐逝波。
从此空山寒籁苦，英灵可为降岩阿。

题亚子分湖归隐图

吴越兼圻付此君，波光万顷与平分。
名人合向名湖住，郁郁文词张一军。

心事沉沉几万千，厌看沧海变桑田。
碧梧苍石浑无恙，又别词流十七年。

云烟尺幅总凄迷，珍重探微画胜溪。
何限吾徒寥落感，披图不见宁陈题。

莫伤陈迹隶青缃，便赋归来倘未妨。
沅芷澧兰容我采，遗君筑室水中央。

到长沙感赋

生事今拼作老农，偶然闻曳出山筇。
孤城已惯经年别，旧友翻疑隔世逢。
南下胡人争牧马，东归将士怨从龙。
新亭泪尽都成海，应有蓬莱幻作峰。

樽前未许论英雄，大地河山一醉中。
几见楚天晴汤碧，又惊尘劫火飞红。
祢生知己输黄祖，伍子同仇剩白公。
沧海横流感何极，且凭佛智证诸空。

叠韵答天梅见赠

头衔新署大司农，垄上云深稳寄筇。
杜若芳洲谁与寨，足音空谷我初逢。
乍回噩梦惊嘹鹤，平数知心到蛰龙。
等是不胜迟暮感，敢随宫柳斗眉峰。

谷风何似大王雄，万籁匀调断续中。
唱彻邻鸡天未白，敲残廉锷焰犹红。
幸能对月思元度，尽许过墟问阮公。
麟凤只今真负汝，已闻国步到三空。

次韵钝根

谁与骄阳斗暑蒸，几回肠断曲阑凭。
又看瓜架牵新蔓，凭割溪云补断塍。
蚕室竟羁牛马足，蟾宫肯逐犬鸡升。
王乔昨日吹笙过，我欲从之恨未能。

题天梅变雅楼三十年诗征即次其自题原韵

潦倒新亭各自怜，凭教歌哭遣中年。
不堪蛮雾黄遮日，况有胥涛白打天。
屠狗寂寥余击筑，征鸿缥缈倦挥弦。
删诗更擅麟经旨，心史沉霾赖汝传。

送李石年张慕先入京

阵云寥廓雁声遒，两戒凭窥此壮游。
早许秋风教忆鲙，便应仙侣羡同舟。
悲歌自古怜屠狗，板荡何心笑沐猴。

共幸照人秦月在，胆肝千里托吴钩。

中秋过钝根望月不见

秋气平分秋思盈，飞觞拈韵兴纵横。
待探幽抱升明镜，谁遣层云蔽太清。
尽有河山供远照，似闻霓羽换新声。
明年此夕知何地，休共婵娟想别情。

寄友人北京同钝根韵

闻君城阙感寒衣，几度悲歌叹昨非。
长说在山为远志，况曾有母寄当归。
天边雁影摇风下，匣底龙泉入梦飞。
北望黄河肠九曲，苦吟搔首立斜晖。

故乡谁念好湖山，吹老秋风还未还。
压线为人徒自苦，弹冠笑我不如闲。
画兰已觉根无着，说法从知石不顽。
安得相将皈佛去，担经椰栗锡为环。

奉和钝根生日诗

世腊愧余三月长，慧根输汝几生修。
为经尘劫交逾稔，共惜年光去不留。
商岭芝田羞献瑞，洞庭木叶早惊秋。
骚魂不入高唐梦，尽有空山老许由。

题环中集集为钝根与其徒课余游环中作

寂寂旧游处，重来感慨多。
山供狮子座，人唱凤兮歌。

逸响惊猿鹤,幽情寄薜萝。
问天天不语,携句更如何。

雅颂陵夷久,钟还大小鸣。
群龙传法雨,雏凤有清声。
地以王乔重,才应寇准宏。
名山此千载,瞻望若为情。

梯云阁分韵得"春"字

眼底河山梦底身,泪痕更逐岁华新。
稍扬市旆过元旦,忍说王正非我春。
云树隐栖丁令鹤,夕阳斜渡楚王津。
不堪凝睇西山麓,名士佳人互主宾。

读王莽传

广征符命开新室,更办金縢托古贤。
一哄经生供议礼,九重华盖唱登仙。
雨师无奈为军泣,斗柄公然共席旋。
抵死尚传欺世语,奸雄心事亦堪怜。

为石予题近游图并丐石予画梅

会心濠濮不须远,取意庐山便当真。
我相本无游亦偶,直从斯语见斯人。

苏门我亦思依依,曾共孙登啸翠微。
心怯重游还问鹤,满城犹是昔人非。

君停妙笔我高歌,我自笼鹅君谓何。
漫说江南无所有,一枝青胜道经多。

同钝根韵寄醉庵

清标我自怜龚胜,怪腹宁曾谤始皇。
落拓一身谁共语,平交百辈几知乡。
尽教哀乐闻丝竹,况有珠玑拾晋唐。
也抵百城书坐拥,不须南面更称王。

避乱萍乡次酬瑾珊

阵云莽莽楚天低,乌鹊谁怜靡所栖。
剩有亲朋萦梦想,已同劳燕各东西。
浮萍历乱悲身世,大树飘零感鼓鼙。
劫火故园纷未灭,反风默自祷重黎。

幸向蓬蒿识老莱,独标清节耻论财。
尽教萝茑分余荫,况有茱萸弭巨灾。
石室云深棋欲敛,南柯风定梦初回。
安居渐觉忘离乱,可许桃津再问来。

答瑾珊见赠原韵

烽火中原已惯经,自伤身世等浮萍。
如何倦翮归林暂,又见寒磷遍地荧。
渌水一湾波正赤,朔风千里气犹腥。
流民册子屠城记,博得旁观涕雨零。

更向何人策治安,将军未许卸征鞍。
回生待蓄三年艾,纫佩权栽九畹兰。
去国有怀歌麦秀,还山无地着蒲团。
联翩入幕同巢燕,敢向东风怨路漫。

杂诗十首

健儿威怖小儿啼，嘚嘚春山响马蹄。
金印尽夸如斗大，还寻萍实到深溪。

缘山入谷正扬麾，已是鸟栖楚幕时。
为惜昆冈不同毁，纪功何处觅丰碑。

琐尾流离避缴忙，菁林锻羽太郎当。
无端少好成衰丑，不信长生更有方。

负米其如百里遥，隔江吹彻伍员箫。
自来不肯因人热，独上寒山拾堕樵。

竹篱茅舍白云间，孺妇熙熙鸡犬闲。
独立苍茫心事涌，不堪回首是家山。

秦宫毛女可能逢，历劫三千恨总同。
为问咸阳三月火，烧空何似此时红。

南楚诗禅数璆门，竟传衣钵到荒村。
白云茅屋家风在，珍重遗篇与细论。

田园寥落未休兵，东望遥怜白发兄。
谁识芦中有穷士，为摇荛棹一相迎。

阿咸何计避牢搜，东郭韩卢肯便休。
见说荆潭斜照里，有人白祫挽青牛。

鹧鸪声咽雨凄凄，草长王孙归路迷。
我本南人闻已惯，更休苦向北人啼。

戊午中秋对月寄怀友人

角声犹自咽南天,独倚山楼思悄然。
千里几人共明月,十年三见变桑田。
未妨玉露侵衣湿,倘许金瓯照影圆。
一雁横空啼正苦,似惊到处有鸣弦。

戊午除夕

一年颠倒恒沙劫,不分今宵我尚存。
击鼓仗谁驱厉鬼,祭诗犹得办蒸豚。
阵云万里飞都倦,爆竹千家屏不喧。
且拨炉灰候钟动,坐看春气盎乾坤。

题钝安西泠撰杖图

六十皤翁四十儿,西泠桥上立多时。
归来告我斯游乐,笑指奚囊各有诗。

莽收诸胜入新图,肯信家山似此无。
若把章龙比西子,不因装抹始为姝。

日上微教隔曙更,麟经旧署子同生。
不辞共醉延龄酒,倪忆东坡玉糁羹。

自注:①钝安世居幸龙山下,山为七十二福地之一。②钝安以九月十九日生,尊翁生后一日。③张九成诗:只思归去西湖上,饱吃东坡玉糁羹。

甲子重九南社雅集长沙赐闲园分韵得"长"字

木莴轧轧秋空飏,杀机天发不可当,东南东北兵尘扬,避灾此日徒彷徨。去年长沙已重创,今日烽烟远在疆。中洲木兰自在芳,及时行乐庸何伤。矧兹社侣俊且强,扬风扢雅志未荒。已共兰亭被不祥，更期采玉荄满囊。祇怜高丘逢狂攘，升高不如居卑长。霜螯白酒相携将，坐爱园幽媚晴光。谈诗说剑皆能狂，逸兴遄飞接混茫。吾兄须鬓斾斑苍，沧霞诙谐齐东方。揽揆初度咸重阳，举坐忻然寿以觞。辅体延年花正黄，醉歌那用慨以慷。百年世事纷沧桑，蛮触困斗宁能常。会见天弩收寒芒，大地弹指成康庄。芝田寒露何瀼瀼，竹实凤至鸣高冈。太平黼黻宜文章，尽容吾侪长徜徉，年年相见毋相忘，园中松柏参天长。

哭天梅

骇道天梅死，遥怜墓草生。
埋忧今有地，入梦尚疑醒。
黑白余残局，乾坤几正声。
此行逢太一，应共涕纵横。

次韵粤中社友上巳见寄

岭南高会百东坡，寂寞湘累谓我何。
珍重远贻青玉案，独伤刚折紫荆柯。
摇天孤梦山千叠，冷揆生涯饭一箩。
且向兰亭寻韵事，祇惭瓦缶杂云和。

哭钝安十首

忽忽冬徂夏，憧憧系我思。
冲寒千里椟，衔恤九龄儿。
白发空间倚，青箱重世遗。
艰难念来日，肠断述交诗。

歌哭有千载，东南张一军。
岂真干彼怒，而遽丧斯文。

历历当年事,寥寥大雅群。
相将挥涕泪,为报总持勤。

笔削严于钺,邦人有定评。
惊从亡命日,闻诵旧时名。
北海词锋健,都官诗思清。
十年俱地下,回首可胜情。

肝胆轮囷在,相知久愈真。
死生重风谊,患难信情亲。
共钓荆潭月,长歌石室春。
旧游都若梦,东海又扬尘。

蹑屐轻千里,开襟小九州。
得来山水趣,并入地天秋。
渐觉啼痕遍,闲将醉墨留。
临风展遗幅,清绝会稽游。

谁与征文献,湖湘久寂寥。
寒兰怀故宇,磨戟认前朝。
一泄琅环秘,还教玉节调。
秦燔何太酷,旧馆可怜焦。

不枉青毡破,能令法曲传。
相逢在离乱,赓唱有新篇。
晚作淮南客,人疑玉局仙。
一声寒雁过,缄泪下江烟。

久病相如渴,胸犹百怪蟠。
论诗矜律细,并世见才难。
不尽平生感,聊贻知者看。

生平与作品之南社部分 | 151

祗今悲绝响,一为理丛残。

云树西山麓,风光自在妍。
于兹识君始,已是卅年前。
穿冢傍红拂,呼朋有宁仙。
遥怜吾季子,把剑剧凄然。

省识来时路,摩尼信不磨。
因缘闻法早,功德写经多。
有约成虚愿,浮生感逝波。
灵修更何许,奁火共弥陀。

李行我以清明日宴余与黄芥沧王澍芝何浴沂及余侄雪耘于曲园即席有作依韵和之

竹林韵事今重见,结兴还教托混茫。
中散安丰各孤愤,山涛向秀本同乡。
问谁能止刘伶饮,愧我犹输阮籍狂。
却喜阿咸豪气在,酒肠芒角斗诗忙。

江南酒熟燕初飞,江上征鞯马不肥。
未许探春矜谢屐,偶因论画识曹衣。
荒郊宿草迷寒食,旧苑残花恋夕晖。
可肯维摩长说法,法华深处共依归。

访少樵

新正拟过访少樵,因病不果。已而少樵书来,具道盼余甚切,并媵以诗依韵报之。

郁郁江城居,局促甚羁鞅。
念彼素心人,散襟临莽苍。
安得及良辰,驱车共幽赏。

主人有贤妇，斗酒慰馋想。
陶然玉山颓，不见须弥广。
病魔妒我言，濒行偏见枉。
遂使三神山，未许凡夫往。
青鸟传书来，开缄净氛坎。
一如相见欢，翛然出尘纲。
世变自喧纷，那用慨以慷。

蝶恋花·花朝大雨竟日

屈指春光今卅五，才上朝暾，便恼无情雨。不住溜声声更苦，门前况有风如虎。　　寂寞花城谁作主。盼到良辰，却被狂且侮。一任飘零知几许，枝头没个金铃护。

八表蒙蒙烟锁住。喑煞啼莺，偃息催花鼓。剩有池塘蛙两部，喃喃学作公田语。　　片霎浓华消几树。未报春恩，化作春泥补。蜡屐奚囊今且仁，明朝寻向前山去。

与傅钝根书

钝根足下：曩辱手教，并示这什，申吟反覆，淹澹斑衿。生当五浊，亦复胡赖。僭缴充蹊，坑阱塞途，彳亍亡羊，伤足是惧。刓君姓氏，固在刊章，徒倚空山，易云能已。惟世有虎，乃亦有伥。百幻其身，以谍以盅。孰察而觉，孰城而防，猛断尘缘，魔乃消灭。君固大智，于意云何？武子见戕，有情同慨，弗能生拯，仅以骨归。我负敌人、胡言侠义。猥以奖借，只益悲哀。顾世谨传，彼乃未死。生原如幻，死岂必真？为信为疑，庸可思议。投身地狱，救护众生，劫运方长，恶魔为梗。本怀未畅，应复化身，用散华香，祝其示现。生平著作，端恃君传，属共搜罗，敢辞劳琐。惟彼去粤，一物不遗，寘篋申江，行稿所萃。吾兄道沪，觅已无踪。载探家藏，亦罕所觏。

夫何子敬,而并琴亡。埋剑丰城,不韬其曜;灵文所在,宁特无光?大海澄清,或当自见。愿与吾子,拭目俟诸。留守家山,日来粗适。万缘简尽,顶礼空王。维摩楞严,周诵甫竟;若有所悟,或复为迷。且当大心,薪生净土;茫茫末劫,舍此安归?骨肉荆榛,侄科夭折,于今百日,墓草已青。殉学以身,是可怜愍;敢求慈力,文以传之。宠及亡灵,感且不朽。其友汤子,为述生平,言俱足征,另笺钞寄。黄檗山人,约来不来,诳言欺人,于律当谴。倘来君所,乞棒其头。

门外风狂,幽人贞吉,解忧息恼,善护道躬。谦顿首。

亡妻顾孺人事略

亡妻顾氏,以光绪辛丑正月来归,即以是年有身,临蓐三日乃娩。生男炎年,逾周殇。越五年,生女庄年。又六年生女达年。又期,有不育者一人。又二年生男佛年。佛年之生也,难产一如炎年。自是血气寖衰,而妊乃如数。不三年连生二女,逾年又娠,健饭倍往昔,惟手腕龟裂,腿筋中夜激痛。尝黯然谓余曰:"腹中而男也,妾其不免乎。"因言屡梦不祥,意忽忽不自适。余辄温语慰之,且为预制保产无忧散。分娩前二日,会邻里有难产者,余妻立遣达女持药往,移时即下。方以得拯人母子为幸。越日妻妊震,腰腹大痛。仓卒购药近村,则以芦贝充川贝,投之罔效,呻吟彻夜不可忍。侵晨,或言其村稳婆术甚神,因延至,施手术焉。日亭午,呱呱者堕地,视之男也。举家方庆喜。顾胞衣未下,稳婆重搓胸腹,促令强自推送,久之气尽力索,血暴注,肢冷喘且汗。余入视,则紧握余手,谓妾且逝矣。诊其脉已绝,嘱家人急煎参耆和他药。家人惑于稳婆之言,犹夷弗敢进。迟药不至,俄呼心痛,启目视余,欲言且止。已而卒倒,遂瞑。

呜呼痛哉！少女阿涵，生甫逾周，未离乳抱，至是给以母他往。今从其大姊寝，夜分辄掀被起坐，呼号索母，闻者感伤。达、佛童憨，日羼群儿戏，若不知有无母之苦者，然诘以母安在，则默然不答，泪盈盈夺眶出，伤已。余以凉德，遘此闵凶，虚室彷徨，悲风刺骨，追念生平，弥增悼痛，爰和泪濡墨状之如次。

孺人讳峥，字昔，系出醴陵城二圣桥顾氏，大学生培钧之女，故名孝廉文俊铎之甥也。幼慧，遇事能持大体，析疑断难，坐言起行，须眉弗逮。大母胡孺人有淑行，称其类己，特爱怜之。年十七，归于余。时先妣病废，起居需人。孺人从诸姒后，侍疾维谨，历九年如一日。余少耽书史，不谙治生人产。逮父母弃养，兄弟别居，家政日益繁剧。孺人毅然身任，略无难色。环宅有田十亩，佣一人耕之。侵晨炊熟，则课佣以一日之程。尝岁致稻谷百石。豆十斛，薯芋数万斤，牲畜称是。会省垣创设女子蚕业讲习所，请于余，躬往肄业。不数月，尽得其奥，归而姑试所学。缲茧得丝，织绢二十丈，莹泽可鉴，不减吴绫。邑人率弃土法效之，终弗及也。居平烹饪井臼，必躬必亲。衣日一浣，庭除日再洒扫。暇辄造酱制饼，及诸旨蓄，或扫园中落叶，积以充爨。自朝讫暮，蹀躞无停趾。绕膝婴婗，纷纷啼饥索抱，唤嚣聒耳，靡有宁时。夜伺儿寝，乃操女红，夏辟纑，冬治棉，儿女四时冠履衣裳，皆出其制。宵漏三下，犹一灯荧然。既而孳乳日繁，余悯其劳，为屏农桑。则大弗怿。吾家薄有先畴，益以修俸，尚足自给，孺人乃汲汲焉如弗及，终岁节缩，务蕲其赢。常数月不肉食，岁时伏腊，豆羹自劳而已。日中辄率儿辈冷餐，晚或屏膳弗御。

某岁秋霖，土人切薯丝暴之，经雨霉腐，不可食。孺人独以贱值购致百斤，杂脱粟餐之，两月乃罄。人或谓其悭吝，孺人闻而叹曰："我非不知好衣而鲜食也，第念治家之道，由俭入奢易，由奢入俭难。一旦困乏,势不至迫。良人降志辱身,妄希非分不止,贪一时之娱,而陷吾夫于不义,吾不为也。"洎余丁世变家居,每食必问余所欲,辄出甘旨饷余。客至供具丰腆,有逾素封。戚里馈遗,岁时罔缺,其刻苦自厉,人固弗知,知之亦弗尽也。天性坦率,不诳语,不尽怨。子视诸侄,御下以惠,姊娌雍睦,有若同怀。其相余也,一言一动无纤毫矫饰,一本至情。

民国元二年,余与同人主《长沙日报》,倡倒袁。及袁世凯遣汤芗铭督湘,钩党急,名捕《长沙日报》诸人。余窜匿于外,孺人忧甚,食不下、睫不交者旬日,焚香斋戒祷于岳神。既湘军逐芗铭,余鸠同志复设《长沙日报》。明年报馆为忌者所焚,余几死于火。孺人怵于世路险巇,劝余勇退。因拓圃葺庐,将广莳花木,计偕隐焉。

戊午春,醴陵难作,余与孺人避兵萍乡,转徙流离,数月乃定。兵后凋落,寖难支柱。友人或以书相招,辄尼余行,谓妾甘食贫,禄胡为者。顾每见余阅报,必就询时事,忧愤若不自胜。拊诸稚曰:"若曹亦知汝之国之将亡耶?他日当毋负母言,勉求所以立。"

孺人生子二,长炎年,殇。次佛年,女五人。一不育,一抚于伯姬。民国八年,己未十一月二十四日,复生男养年,竟以产后血脱暴卒。距生于光绪癸未正月二十日,春秋三十有七。生平喜周人急,里党有所丐求,无弗应者。临卒之前日,尝以保产药活邻妇命,而己乃不免于厄。

呜呼,尚忍言哉!回忆结缡之夕,孺人语余青庐红烛,先烬右枝,论兆,君寿当高于妾,余谓是曷足凭,特偶然耳。隙驷不留,忽忽遂二十寒暑,此情此景,恍惚如昨。孰谓今日,竟先我而逝耶?

呜呼痛哉,孺人有弟曰嵘,学陆军日本,知名于时。早卒,兄弟二人与孺人同时病殁。一先五月,一三日耳。母文孺人,以前一年卒于余家。老父皤然仅存,其哭女也甚于其子,以其贤且孝也。

悲夫悲夫，绵绵此恨，宁有尽期。当世贤士大夫，倘有哀其遇而赐以一言，俾附不朽者乎！载拜明德，弗敢谖矣。

挽姻亲联

与夫为我佛信徒，善果种人天，历纪相随归净土；
有子皆当时杰士，声华满湖海，显亲即以报慈恩。

刘师陶

图1 刘师陶像

图2 刘师陶南社入社书
（图片来源：《南社社友录》）

刘师陶（1876.9.9—1935.5），字少雄，一字少樵，又字啸樵，晚号沧霞老人，湖南省醴陵县泗汾沧霞里（今醴陵市泗汾镇荷田社区）人。少年肄业渌江书院，清光绪二十四年（1898）郡试第一补博士弟子员。清光绪三十一年（1905）偕学生宁调元一道，留学日本宏文学院。民国元年（1912）10月由傅熊湘、郑泽、黄钧介绍加入南社，入社证书编号 331。南社湘集社员。

　　随着变法维新的浪潮涌进内地，刘师陶思想大开，不再应制举，便在醴陵以教育青少年为职志。著名的革命先烈、南社诗人宁调元是他在这个时期的得意门生。清光绪三十一年偕宁调元等东渡日本进入日本宏文学院，同年，罢学回国，应湘籍著名教育家、曾任湖南大学校长的胡元倓之邀，出任长沙左文襄公祠明德小学堂长（校长）。清宣统三年（1911）10 月 22 日湖南光复成立湖南军政府，刘师陶出任教育司科长。民国元年革命军再起，刘师陶弃职返回醴陵，任教醴泉小学。翌年，军阀谭延闿第二次督湘，聘曾任国民政府云南财政司司长的醴陵人袁家普任湖南省财政厅厅长，袁家普力请刘师陶为总务科长。袁家普离任后，遂由刘师陶代理财政厅厅长职务。民国十八年（1929）袁家普主管山东财政，邀老搭档刘师陶掌管金库。民国十九年（1930）袁家普被调安徽上任，刘师陶乘机告病回醴陵，政府屡请不出仕。民国二十一年（1932）任中国国民党醴陵县党部执行委员，醴陵教育局局长，醴陵民报社长，醴陵救荒事务所主任。

　　刘师陶擅长诗歌和国学辞赋研究，尤喜诗词，平生撰诗 2000 余首，发表于南社诸集及《明湖唱和集》等，曾汇集成《删余吟草》若干卷，但多散失。1989 年其子刘汇湘、刘汇海、刘汇汉保存的其父作品《沧霞老人散稿辑存》，由政协醴陵市文史研究委员会、湖南省渌江诗社出版刊行。

　　《醴陵县志（民国版）》有传。

夜泊株洲

挂席迎流不计程，停舟水驿更忘名。
天风作雪寒侵骨，岸犬惊人吠有声。
半壁河山伤豕突，片时泥爪类鸿征。
宵深愈觉愁无奈，斜倚孤篷数断更。

次韵钝根闻韩事有感

曾闻聂政能尸庑，无复於菟肯毁家。
晋马嘶风尽东首，鲁戈促日竟西斜。
故宫禾黍油油绿，废冢棠梨桦桦华。
共道虢亡虞不腊，谁从覆辙悟前车。

题亚子分湖归隐图

湖外斜阳一些儿，湖边草色绿参差。
几时游处谁能识，想见云郎下笔迟。

云影波光日渺然，东南巨浸本稽天。
此中昔有高人宅，沙鸟风帆满槛前。

小识编存手泽丰，竹枝余韵尚随风。
当年游射知何处，好访齐人李少翁。

绕屋扶疏树影微，田园无尽可能归。
披图应动桓温感，摇落江潭柳十围。

定王台

荒台重过好凭栏，云物凄凄自在看。
墙护春晖添寸草，陛含细雨长丛兰。
汉家陵阙关山暮，贫国君王殿宇寒。
独拂颓垣感今昔，更无余土是长安。

题太一小照乙巳日本作

当代葛苏士，天涯得借观。
向人悬水镜，嫉俗弃儒冠。

宁静师诸葛，糊涂戒吕端。
高堂方白发，对此有余欢。

世事已如此，吾徒敢畏难。
艰危觇识量，患难见心肝。
海峤寒云塞，乡关夕照残。
好留真面目，付与大家看。

哭太一十绝和约真韵

童年书策追随日，此景茫茫尚忆之。
不谓正平偏惨死，怕看鹦鹉呕心辞。

欲效朱虚非种锄，从无归思到鲈鱼。
千秋自有公平在，竖子无知任毁誉。

门衰祚薄若为情，况复形单鲜弟兄。
今日慈闱虽健在，料应思子百忧生。

时难周余靡子遗，嗷鸿中泽系予思。
伤心此事谁尸咎，苦忆当年讽世时。

偶共朋侪话遗事，悲来哽咽不成声。
人亡国瘁躬难阅，寂寞千秋万岁名。

一死从知万事空，放翁忧国晚犹雄。
独怜洒尽满腔血，徒映江城夕照红。

此才何止作盐梅，竟似仙翁去不回。
凄切一棺还醴日，车前抚泣有余哀。

等身著作一时捐，曾向表安觅断编。
记得一囊携到后，夜深检点未成眠。

膝前遗是巍诸孤，况复私情未慰乌。
若使九原念家事，定知容貌少丰腴。

巍巍一冢峙山前，宿草蒙茸剧可怜。
剩有惊人遗句在，会当搔首问青天。

乙卯重九四十初度感赋

又是黄花烂漫天，直将弹指比流年。
敢矜不惑希前圣，已分无闻避后贤。
厕上早惊生髀肉，镜中行且见华颠。
当筵漫进延龄酒，一念蹉跎转惘然。

阅报见筹安会宣言书戏作

海上惊飙动地来，飘摇一室且倾颓。
谁知补屋牵萝日，偏有攀鳞附翼才。
汉殿日高铜匦耀，渐台春暖斗枢回。
野人行慰升平望，翘首燕云笑口开。

题傅钝安红薇感旧记

伯玉耻独为君子，专义如何让阿娇。
遥想望门投止日，惊魂未定又魂销。

入座何须辨主宾，为郎慰藉转酸辛。
那知广柳道中客，翻作迷香洞里人。

枇杷门巷本幽偏，偶作避秦小洞天。
如此温柔肯终老，何妨钩党自年年。

为有狂言忤虎伥，竟救姓字列刊章。
他年雪苑名成日，愿筑高楼号媚香。

书钝安废雅后

忆昔元龙气不除，凤凰楼上共踟蹰。
中年渐似惊秋燕，百岁直如过隙驹。
贾傅忧时余涕泪，楚狂玩世任歌呼。
却怜我亦多愁者，对此频倾酒百壶。

年来政见等参商，旧畛新畦聚讼忙。
几见周官曾误国，漫言论语可兴邦。
乱山残雪豺狼嗥，败瓦颓垣鼠雀荒。
珍重少陵好诗笔，浣花溪上看沧桑。

闻约真有断弦之戚诗以唁之

云气东来辨所居，山中刘季近何如。
庄生旷达缘闻道，虞相穷愁合著书。
避世真成丧家狗，怀人犹痛武昌鱼。
古槐叶落楸梧冷，又是潘郎堕鬓初。

送溟湘两儿入钝安所设醴泉小学

四十始生汝，珍逾掌上珠。饥饱与寒燠，未尝忘斯须。今兹齿方龀，忍令戒长途。惟念民之生，父生斯教俱。为学不及早，时过悲隙驹。在昔韩昌黎，作诗训阿符。谆谆劝力学，取譬龙与猪。矧今时代异，学术固之殊。深造纵难期，知识须渐输。城东有醴泉，养正树宏模。送汝游其中，祥金投洪炉。恩义且相夺，肯作儿女吁。春风扇淑气，百卉方昭苏。良时难再得，行矣勿踟蹰。愿汝发清声，佳誉腾凤雏。愿汝丰毛羽，健翮早南图。吾年虽寖衰，暮景犹堪娱。

南社长沙赐闲园雅集分韵得"霞"字

胜地纷停长者车,开樽闲与醉流霞。
新霜堕圃菊初蕊,斜照穿林枫作花。
执手情深谈契阔,藏钩韵险写尖叉。
酒阑一把茱萸看,自倚阑干感岁华。

登祝融峰观日出

衡岳之高高极天,河汉濯足云摩肩。我来恰值夜将半,手持北斗酌天前。天风飒飒震林薮,神鸡一呼天地剖。千里万里海水赤,半吞半吐盘珠走。初出旸谷明东方,继浴咸池升扶桑。斯时万籁皆寂寞,露华如雨浸衣凉。俯视七二峰,峰峰映朝阳。环观十二州,州州浮青苍。始知身高九千丈,坐使世界成微茫。我闻昔时秦皇观日出,鞭石渡海成浮梁。何不南巡来衡岳,一行绝顶揽八荒。又闻泰山有日观,能见海日发晨光。东南间隔五千里,相对未知谁低昂。须臾羲鞭肆驱策,寰海朝曦正赫赫。昂头一笑下晴空,回首层巅满寒碧。披衣走衡岳,夜见祝融君。祝融爱我狂,持带驱浮云。坐我望日台,使我观朝暾。忽闻天鸡如狮吼,地维破裂天分剖。怒涛山积海水赤,鼋鼍失宅蛟龙走。须臾海水尽朱丹,天风袭衣生微寒。归向祝融述前事,谓于天地穷奇观。祝融闻之笑莞尔,子殆未上泰山耳。他时与子登日观,再从天上看云水。

哭今希

分手江城只月余,浃辰犹得两函书。
腾天忽报骖鸾去,太息人生梦不如。

下笔千言锦资团,老来风骨更珊珊。
可怜赋闲罢园集,竟作麟经绝笔看。

俟得河清寿几何，匆匆裁答欠磋磨。
岂知此日真成谶，一省遗笺涕泪多。

话到同生信凤因，十年长我倍情亲。
伤心此后作重九，遍插茱萸少一人。

送粹劳之京即用其留别韵

万顷明湖入望深，闲携裙屐共追寻。
曾惊倒屣迎文举，且共吟诗咏道林。
南浦春波游子意，巴山夜雨故人心。
骊驹歌罢长安远，杯酒何时更浅斟。

题廖公侠百丈村寄庐图

环堵萧然处士庐，几株古木更扶疏。
窗前无数风帆影，天与渔村作画图。

竟从世外起田园，鸡犬如仙静不喧。
菽水闲时还奏笛，羡君真个住桃源。

柳陌菱坊月上迟，杖藜曾记纳凉时。
板桥陈迹分明在，莫怪文孙涕泗垂。

一亩宫留十亩闲，为君怅触念乡关。
终输百丈村头屋，前带清流后倚山。

株萍车中感赋

磨尽轮蹄未肯休，年华如水逝悠悠。
傍人门户怜春燕，老我江湖羡野鸥。
八口敢云儿女累，一官端为稻粱谋。

他时倘过成都市，愿向君平卜去留。

甲戌上巳南社长沙妙高峰雅集分韵得"天"字

同作重阳十载前，记曾携句问青天。
伤怀早感山阳笛，修禊重开曲水筵。
积雨成晴春乍暖，庭花映日态尤妍。
年来老大浑无似，怕读分湖点将篇。

调笑令·闲情

秋雨，秋雨，镇日廉纤如许。相思无奈情何，睡起恹恹病多。多病，多病。回首旧游如梦。

银汉，银汉，牛女年年隔岸。金风玉露难逢，日日相望涕零。零涕，零涕。往事依稀犹记。

挽袁家普联

直谅为我益友，劝规为我严师，溯论交讲院，刚值童时，潭水比深情，四十年来如骨肉；

理财功在国家，救灾功在桑梓，惜养疴名山，竟辞人世，秋风传噩耗，二千里外摧心肝。

刘泽湘

图1 刘泽湘像

图2 刘泽湘南社入社书

（图片来源：《南社社友录》）

刘泽湘（1867.9.9—1924.10.17），字令希，晚年自号"钓月老人"，室号钓月山房，湖南省醴陵县庄埠栗山（今醴陵市长庆街道办事处黄沙村）人。自幼好学，先后在渌江书院及城南书院、岳麓书院进修，清光绪三十一年（1905）自费留学日本东京宏文学院，习师范及警务。民国三年（1914）由傅熊湘、柳亚子、刘谦介绍加入南社，入社证书编号484。南社湘集社员。

刘泽湘留学日本期间加入中国同盟会，归国后，相继任醴陵县（今醴陵市）警察局长、中小学教师。于清光绪三十三年（1907）与黎树藩、萧镇奎创设树艺局，提倡农事，保护森林。继与王昌桢（醴陵名中医）等设蚕桑讲习所。宁调元因革命被捕，刘泽湘等人具书抗辩请释，为之奔走活动，宁调元终获释出狱。清宣统二年至三年（1910—1911）主教湖南铁路学校、任同盟会湖南支部文书等。民国元年（1912）任国民政府醴陵县议会候补议员，同年宁调元任三佛铁路总办，刘泽湘任三佛铁路总办总文案。民国二年（1913）宁调元武昌就义，刘泽湘继任三佛铁路总办，不久解职归湘。营建钓月山房于所居之荆潭，经常与故人卜世藩、傅熊湘等唱和为乐。民国五年（1916），程潜率护国军驱逐湘督汤芗铭后，他出任秘书。次年秋随护国军入湘，参赞机要，先后任职护国军总司令部、陆军第四师司令部、粤汉铁路湖南局秘书、湘军总司令部参议。

刘泽湘急公好义，直言无忌。书法苏东坡，临摹不间寒暑。诗词、古文辞无体不精，骈文及七古尤工。据《湘人著述表》载有刘泽湘《说文韵语》《舆地韵语》四卷，《钓月山房遗稿》二卷，《骈文》四卷，《浪吟诗草》八卷，其作品大多散弃，有诗作散见于《南社丛刻》。病故后，其子刘鹏年辑《钓月老人遗稿》两卷。与弟刘谦、子刘鹏年世称"南社三刘"，有《南社三刘遗集》行世。

《醴陵县志（民国版）》有传。

玉娇曲为钝根作

秦皇吞并七雄毕，有诏焚书坑儒术。偶语腹诽均弃世，刊章逮捕争告密。侦骑蹴踏东南天，下令搜牢户限穿。望门投宿思张俭，匿市吹箫笑伍员。文伯诗豪今太傅，批鳞曾触祖龙怒。行经渌江困红尘，悔向青天扫黄雾。雾扫重霾不见人，桃源何处避嬴秦。携将荆棘丛中侣，去买枇杷巷里春。春满章台钟窈窕，相如闲把琴心挑。

果然图画下真真,不枉乡亲呼小小。妩媚玲珑瞬目成,感思何物报春城。前身本是骑箕客,天上黄姑旧有盟。金屋只今藏党锢,阿娇恩爱厨中顾。宾朋雅雅复鱼鱼,写集朝朝兼暮暮。子羽牢愁子竟狂,子须笔秃赋催妆。千年几复遗风在,一月蓬莱别梦长。别梦依依三百夕,欲寻故剑情脉脉。桃花人面是耶非,杨柳蛮腰今岂昔。天台路断信茫茫,毕竟仙乡胜故乡。寄语种道前道士,玄都重到待刘郎。

题柳亚子分湖归隐图

君不见吕望当年避商受,尚湖垂钓风云吼,皤皤黄发涸渔樵,奕奕高名争泰斗。又不见秋风张翰忆鲈鱼,莼秋青青满殿湖。人生在世须适意,局促毋为辕下驹。亚庐天下奇男子,浴素陶玄铸经史。大雅扶轮继柳州,奇花入梦辉梨里。梨里栖迟十七年,厌看沧海变桑田。却思旧业分湖畔,遗泽风流今尚传。草绿王孙归未得,分湖烟景空南北。碧梧苍石长莓苔,芳雪疏香窜荆棘。惆怅烟波旧钓徒,故吾仿佛胜今吾。呼将茂苑听莺侣,为写分湖归隐图。泼墨天然泣神鬼,五日画石十日水。探微身后竟有身,风景依稀前度是。图成飙发松林诗,分柬知交缀妙词。散出天花齐喝彩,种来红豆好相思。思君南社主盟久,宁傅搜罗逮老朽。我惯诗坛弃甲逃,那堪笔阵搴旗走。神交千里寸心投,子姓都蒙铁网收。之子纫兰采空谷,美人香草怨芳洲。既今天地玄黄战,漫羡阴阳思虎变。聊反淮南招隐篇,从君泛宅分湖面。

哭太一十首次季弟韵

简尽尘缘拜辟支,兰因絮果渺何之。
焚余幸草今无几,已是千秋幼妇辞。

非种生田合便锄,吞舟讵意有鲸鱼。

拼将身命殉宗国，道路悠悠听毁誉。

患难相依无限情，敢矜融弟更褒兄。
天终未许存张俭，专制共和异死生。

文成生祭读君遗，几度沉吟哀以思。
记得羊城征逐日，白云黄浦一囊诗。

亢龙有悔原无咎，黠犬何知但吠声。
黄鹤矶头吊鹦鹉，祢衡千古擅洲名。

精诚耿耿荡秋空，横槊当歌一世雄。
地下倘逢岳忠武，应还赓唱满江红。

扪心消息震江梅，转瞬蟾圆十六回。
怕听邻家吹玉笛，虞渊日落倍堪哀。

童年文战惊丰采，壮岁南幽索旧编。
何意昙花无几现，掀天奇杰竟长眠。

十年奔走客心孤，击缶曾闻口唤乌。
一死竟干天地变，苍生无复旧时腴。

瓜摘何堪溯以前，即今抄蔓复谁怜。
虞罗更比嬴秦密，肯信桃源别有天。

青囊歌为王君纾青作

　　王郎十五攻词翰，手缀五色云霞灿天半。二十深忧国步颠，欲医老大帝国还少年。当时南楚推三杰，予季翩翩亦齿列。王郎磨剑欲诛天，誓拯苍黔解倒悬。易水风萧虹贯日，樊头拟借豫身漆。收藏亡命数千金，惨淡经营只寸心。义旗一旦隳专制，耻攘功名思利济。日抱青囊事博施，手披灵素法轩岐。抗希仓公与扁鹊，长揖仲景刀去药。伤寒一百十三方，六经病脉言綦详。元化剖解书已烬，西医诬识中医圣。仲和脉经仅大醇，私淑长沙祖越人。隋唐以来斯道替，千金方出外台继。宋时两季异学鸣，雅颂重淆郑卫声。东垣重胃河间火，立论稍偏道亦左。景岳新方诞不经，攻补八阵促人龄。王郎学医如学律，目张纲举条例出。王郎治病如治生，流节源开取舍精。腹中贮书一万卷，出之深深入以显。从来医士骛声名，独卧西林忘世情。从来医士趋势利，独薄南京觊王位。早步提囊欲入秦，中年采药为娱亲。慈亲青年甘苦节，竹翠松苍霜雪洁。寒灯课子纺车前，王郎幼读损餐眠。我读方书爱同调，郎抱青囊向我笑。要我试作青囊歌，我嫌囊小药无多。安得巨囊贮药如山无垠海无岸，王郎化身千百万，渡尽恒河少数人无算。

梯云阁分韵得"梯"字

振衣飞步上天梯，万里河山一望低。
卷地商飙成肃杀，当楼残照有余凄。
中年客感添丝竹，上将筹边正鼓鼙。
何事更挥闲涕泪，为君醉唱白铜鞮。

哀荆南

南风不竞鼓声死，联军勒马还攸水。避敌仇民来健儿，滔天兵祸仓黄起。健儿攘臂初下车，星月无光夜不哗。狠似贪狼狂似虎，揭来舞爪还张牙。张牙舞爪将人攫，初劫市廛后村落。缣帛千箱掠入营，金钱万贯抄充橐。搜牢频数十室空，比户萧条付祝融。烈焰障天三百里，茅檐华屋光争红。王谢堂焦燕巢覆，衔泥从此依林木。琐尾流离道阻长，相逢惟有吞声哭。吞声哭久天不闻，震地枪声响入云。刀光旋逐火光耀，死别生离骨肉分。东邻襁负投亲故，西邻拔宅他乡去。谁省无依南北邻，宿露餐风渺前路。老夫卜筑东茅山，白云明月相往还。朔方健儿好身手。穷追不惮藤萝攀。飞奔直上层峦去，鸟道千盘不盈步。深林密菁且潜藏，蛇行未敢抬头顾。枪声耎然触耳聋，枪弹直射倒村童。血溅老翁襟袖湿，掩袖浪浪泪雨红。晻晻日斜声渐远，老翁收泪负尸返。临行向我长咨嗟，别有伤心语诚恳。自言家在山之南，有媳十五女十三。昨被逼奸都毙命，只今藁葬又中男。长男被掳驮军器，少男年小不更事。禾生陇亩杂蒿莱，嗷嗷行复沟中弃。朝来县示贴墙头，似道军民不再仇。岂料绎骚今倍昔，焚余牲畜绕村搜。老身行年今七十，鸱来取子更毁室。可怜野死骨谁收，分作乌鸢蝼蚁食。行矣自爱盍归欤，人为刀俎子为鱼。国亡种灭浑细事，不见张弧鬼一车。我惨翁言心胆落，重怜翁遇神尤索。蹒跚归卧破山房，两部蛙声争阁阁。噫嘻蛙何痴，阁阁空尔为？南阡北陌间，谁公复谁私。于今弱肉供强食，是非不辨雄与雌。卧不成眠灯焰灭，啾啾新鬼声凄咽，谁绘荆南兵燹图，江山千里猩红血。

题约真戊午集

莫向昆明话劫灰，与君冰蘖互茹来。
余生自分风中絮，九死还留爨下材。
狐火烛天曾未熄，燕云蔽日若为开。
年年惯听鹃啼血，不及王郎斫地哀。

题石予近游图

　　足不着谢公屐，身不登范蠡舟。胡君缩地有新法，尺幅生绡万里收。天下名山大川一一张四壁，万怪千奇五光十色何悠悠。于焉薄富贵，轻王侯；消块垒，遣春秋，但觉此中尘垢泯，坐看纸上烟云浮。奇峰凹凸毫端见，野景参差腕底流。卅六洞天天列席，七二福地地迎眸。高举希鸿鹄，长揖谢许由。圯桥黄石何可堵，女萝山鬼纷相投。烟涛微茫穿户牗，如对海客谈瀛洲。游鱼出听洞庭乐，盘涡起伏凫与鸥。山光水色争缴射，仙乎仙乎何界濠濮之庄周。我闻人生贵适意，安能行叹复坐愁。画中有奇诗有画，似君眼福诚何修。我生好奇走陬澨，箫剑以外无良俦。山虞魃兮水虞蜮，飞虑网兮潜虑钩。荆棘塞路藏封豕，冠带登场尽沐猴。当道攫人吮其血，暴骨成林貉一丘。歧路之中又歧路，一讴才起复一讴。茧足归来守雌伏，寓形俯仰甘山囚。冈陵隐显同卧起，豕鹿来往如居游。剩有梅花旧书屋，恨无荆关妙笔藻绘湖山与唱酬。安得从君乞粉本，鞭驱五岳四渎来我荆潭钓月之高楼。

次哲夫韵一首

海峤归来思渺茫，途穷阮籍尚能狂。
间栽彭泽三眠柳，待种成都八百桑。
鹿走中原喧楚汉，鹤来华表认家乡。
却怀湖海斲碑客，近画双眉更细长。

题十眉鸳湖双桨图集梅村句

鸳鸯湖畔草黏灭，四月江村响杜鹃。
卧疾空床为君起，俄闻秦女遽登仙。

过西山辟支生墓

停车步上西山麓，血痕新染红踯躅。垂阳有眼不胜青，芳草无人随意绿。峰回路转辟支坟，宰树参差乱入云。树上子规啼夜月，山头寡鹄惨离群。忆昔翩翩正年少，绿苈红蘂日初晓。胸有千秋梦日边，目空余子超尘表。峥嵘头角露崭然，玉唾随风落九天。卫氏璧人游市上，谢家琼树立庭前。庭前秋早灵椿萎，国步时颠拳祸起。万里阴霾惨不舒，一腔热血腾无已。此生安肯老蒿莱，出门一啸层云开。黄祸滔天自侬始,青萍斫地为谁哀。男女铝橥安足事,讨虐待随傅介子。南国飙驰倚马才,东瀛耻学屠龙技。一呼振臂莽姚陈,潜结同仇摈暴秦。伐鼓撞钟震天地,洞庭木落波粼粼。逾年萍醴义旗举,海外闻难先起舞。当道明知有虺蛇,归途毕竟逢豺虎。南幽被逮几经秋,揽镜狂呼快断头。留得金刚身不坏,新知旧雨费绸缪。未成信谳旋君赦,李杜高名满天下。北走幽燕访狗屠,于期头在犹堪借。主持清议警神州,唤醒国魂争自由。散尽千金交任侠,拼将一剑报恩仇。睡狮忽地东南吼,响应遥天趋恐后。为断贼粮运六韬,旋参戎幕光九有。九有重光见太平,朔南统一遽休兵。何期削帝称民主,功狗翻先狡兔烹。萧墙顿起干戈衅,错认殊勋成躁进。簪缨弥天因羽翰,鸿离渔网嗟谁信。凤鸾依旧入笯囚,文采周身合便休。营救有心倾海内,挽回无术怅潮流。祢衡有才赋鹦鹉,祢衡不幸遭黄祖。黄鹄矶头血溅天,武昌八月飞红雨。模糊血里旧征衣,予季舁尸千里归。病榻慈乌号欲绝,覆巢鷇鸟恸无依。当年桃李骄春早,今日松楸傍春老。君年不寿寿以名,傅柳高汪刻遗稿。即今黄雾蔽乾坤,剪纸难招国士魂。抉目定能看越寇,刳心谁复拯黎元。一坯长祝山灵护,红拂怜才应一顾。血食纵然馁若敖,尸居莫厌同扬素。我来携酒酹坟前,慨想生平恨倍牵。为罪为功付青史,谁誉谁毁邀黄泉。人生泡影空陈迹,舜跖彭殇都过客。叩角谁赓宁戚歌,飞凫莫辨王乔舄。输君此去脱尘缘,不堕情天色界天。剩有旧遗红豆子,春来花发思年年。

访钝安王仙馆中

二月花红正返枝,君门桃李乍开时。
楼船渤海惊氛恶,经传名山尚论驰。
亡国有哀啼望帝,浮家无术遂鸥夷。
可怜瘐信多愁思,赋罢江南恨不支。

搴芷滋兰续大招，傅岩家世著前朝。
暮云几片乱山蔽，今雨一宵华烛烧。
我赋雄风同宋玉，君酬仙乐奏虞韶。
三狮灵药无能采，莫问黄精新旧苗。

把君诗卷意愀然，如此清才困一毡。
明彻心胸悬霁月，广长舌本灿红莲。
文章仿古疑无敌，书画而今尚有船。
却话祢衡市鹦鹉，年年荒草蔽晴川。

宣尼叹逝隆交谊，狂士歌存狸首斑。
傅柳斯心爆天下，宁陈遗著寿人何。
高名鼎鼎垂青史，异彩盘盘郁翠环。
雅集兰亭添俯仰，可无杯酒醉西山。

十年重到旧玄都，人面桃花入望殊。
阅世有如丁令鹤，宅身须惜费长壶。
书空厚禄证遒迹，鹪寄一枝恳薜枯。
薄醉仰天忽长啸，为君击缶唱呜呜。

次钝根兄赠韵时过王仙馆中

相逢何幸酌金罍，入世才经浩劫来。
欲把沧桑问飞鸟，合将块垒付残杯。
郑虔三绝才无敌，刘向一经心已灰。
旧雨飘零今雨歇，多情柳眼几青回。

长沙赐闲园甲子重九雅集得"色"字

去年九月狼烟逼，岳云惨淡天无色。战垒重重夹渌江，脱身无计废眠食。今年九日赐闲园,社友蹁跹联艺集。有酒不妨白衣送,仰天却笑黄雾塞。诸君险韵斗尖叉,我亦滥竽吹一一。文采风流推介子,论诗说剑雄无敌。其余诸子俱岳岳,修短篇章精格律。持螯细嚼味律律,靡尘清潭风息息。十年以来人事变,江山尽换新人物。沐猴过市竟衣冠,傀儡登场仍粉墨。鄙俚腐儒辟诗派,更张琴瑟诣村笛。伤哉大雅久不作,诗原亡本王迹熄。我生不辰遘阳九,曾与沧霞禳生日。酒阑谁奏鹤南飞,座中不少当时客。世局纷腾苍狗云,家山旋被红羊厄。坛坫东南失主盟,干戈傲扰何时戢。异军特起湘之湄,餐菊搴芳绍正则。嗣音遥续二千年,贾谊相如咸入室。今落盛会讵偶然,后之视今犹视昔。人生踪迹等飘萍,浮沉聚散凭风力。龙蛇起陆年复年,天公不为刍狗惜。但愿年年为此会,旧盟永不寒车笠。莫学嫠妇忧宗周,相对新亭楚囚泣。

水调歌头·次雪儿中秋对月感怀原韵

明月前身认,五十七回秋。俯仰怆怀今昔,屈指数从头。少日凌云作赋,中岁亡羊歧路,借箸总输筹。闷对团圞影,剑啸忽飕飕。传经阁,渡江楫,湖海楼。婵娟笑我,须鬓白尽为谁愁。南亩既嗟螽贼,北鄙又惊杀伐,身世两悠悠。但祝人长寿,万里御风游。

蝶恋花·次雪儿韵

乳燕飞时春又去。梅子才黄,怕听鸠呼雨。莫笑王孙留不住。浓荫绿锁相思树。　何况风流当日绪。柳暗花明,都作奚囊句。知道东风经几度。匆忙忘却来时路。

满江红·有感于临城匪祸,次雪儿韵

上下交征,看朝野云翻雨覆。更谁计养痈遗患,危亡倏忽。赤子何辜罹祸水,鸟鸢到处争人肉。痛神州满地走鲸鲵,闾阎哭。

焚如兆，薪如束。湘妃泪，空留竹。笑衣冠傀儡，登场唐突。烽火塞天齐破胆，棘荆遍地随伤足。待银河决水洗乾坤，频揩目。

望江南·青岛聊居作

其二

聊居好，绕屋碧纱笼。树枳为篱潘岳赋，纫兰做佩屈原风。花笑满园红。

其三

聊居好，退食值公余。郁郁园中辉夕曜，殷殷户外响雷车。雅集夜樗蒲。

其五

聊居好，乐事渺无涯。诗派王杨标艳帜，天台刘阮饭胡麻。窥玉况东家。

其六

聊居好，退食一炉香。跌宕英雄拼痛饮，娇痴儿女捉迷藏。抑塞慰王郎。

钟宝堂先生传

先生讳启铨，字宝堂，系出醴陵剑石钟氏，世居庄埠。大父枝英优廪生，学行冠庠序。父开举，积学未售。生先生兄弟五人，先生其主器也，幼颖异好学，大父课之读，日竟千言。家故贫，年十九即授徒里中，岁恃馆谷供事畜。循循善诱，从游者得其导引，率先后游泮宫以去，而先生名场蹭蹬，垂四十年，嗣亦不复与府道试。治宋儒主敬之学，力求实践。生平无疾言遽色，门以内雍雍如也。剑石钟氏，先生实居大宗。尝与宗人云城先生撰修家乘，订族规家训各若干条，以齐其族。每岁春正，集子侄诸孙宴于堂，酒间则进其素行之乖谬者，温语告之曰："若向者某事为轶轨，某人以我故，不汝校，汝其悛而改之。"其有舍业而嬉者，则又一一诫之曰："若也农，若也工，若也商，不业家且立倾，何以活妻子而延宗祧乎？"至嗜读如其犹子德轩辈，则又奖励之曰："吾家无厚产，门祚之昌，惟汝曹是赖。予无状，弗克负荷，于汝曹有深望焉。"其诲人不倦多类是。以故钟氏子姓居庄埠者，争自淬厉。皆卓然有以自立，温文尔雅，习为礼让。弟启初、庆堂、华田，品谊一如先生，为乡邻排难解纷，罔辞瘠悴。先生历任境董几三十年，十里之内，罕见斗讼，其至诚有以感化之也。先生女弟二，一适萍乡萧梦魁，一适同县潘必升，即余外王母也。德轩释菜之明年，己丑，萧公孙慎五，潘公孙镜渊，与余同入黉宫，先生闻之，喜甚，奖饫有加。余于先生共里居，岁时往来，先生必谆谆诲迪，期以大成。洎余食饩于庠，而先生已赴道山矣。年八十有六，子三人，贤望、贤忠、贤三。先生精岐黄及堪舆术，里人常利赖之。孙思国能承其业。

论曰：世俗之浇漓久矣，耰锄德色，箕帚诟语，庭帏之间，渐同陌路，甚且相尚为逾检荡闲之行。家法国纪，等诸弁髦，一乡之人至畏之如虎狼蛇蝎，毋亦父兄之教未之先耶。若先生者，以道义持躬，以仁慈牖世，使乡党宗族，潜移默化，若风行草偃，顽梗无自而萌。诗云：岂弟君子，其德不回。又云：永言配命，自求多福。呜呼，天下当斯言而无怍者又几人哉？而先生远矣！

与柳亚子书

亚子先生足下：耳子厚才名久矣。前年于役岭南，故人宁太一为言，近今南社，风雅主盟，几于明季几、复，海内词流，半萃珊网，欲介入社。猥以学殖荒落，逊谢未遑。渠于酒后耳热，数生平畏友，因及足下，拟唱刀环，当率踵门趣谒，备瞻雅范。未几，太一假归,去同黄鹤,终以热血横溢,致灾厥躬。政海既波,文网日密,风声旁溢,党祸竟阶,解职道沪,不遑将息,而识荆之愿,遂亦虚悬。

今夏泛桴渌江,邂逅屯艮。屯艮复勖不佞入社,且诵大著,琅琅如珠串,愈益汗悸逡巡。兼以半生述作,已付羊城劫灰,年来健忘,不复省记。亦以覆瓿之顷,俯拾即是,不沾沾于故纸也。

昨新历履端,屯艮登门索酒,诗兴陡发,首倡十余章,并高唱杰构《玉娇》一曲,促巴人应声。击钵以催,文成急就,婢学夫人,终嫌不类。而屯艮录邮签览,以为入社之滕,滋以恧已。其中运用故实,舛谬尤多。如"搜牢"误"牢搜"(《后汉书董卓传》卓纵放兵士剽虏资财,谓之搜牢),亦善忘之一证。希为匡之。屯艮复嘱为足下题《分湖旧隐图》,欲借咏歌,一摅积愫。遂忘谟陋,草草属词,另纸录尘,用博一粲。

小儿雪耘,辱承雅意,介之入社。此儿生当科学萌芽,一时学风,吸新唾旧,自七岁入校,翱翔乎讲义黑板之间,迄未少休。今年十八矣,词章门径,未窥一斑。倘荷裁成,感且不朽。

家居无俚,快雪时晴。呵冻疾书,语无伦次,伏维登照不偶。弟刘泽湘顿首,阴历十二月三日。

刘鹏年

图1 刘鹏年像

图2 刘鹏年南社入社书

（图片来源：《南社社友录》）

刘鹏年（1896.11.20—1963.3.1），字雪耘，号鞭影楼主，室号鞭影楼，湖南省醴陵县庄埠栗山（今醴陵市长庆街道办事处黄沙村）人。刘泽湘之子。早年师从傅熊湘，酷爱中国文学，毕业于上海中国公学大学部政治经济科。民国三年（1914）10月由柳亚子介绍加入南社，时年18岁，是南社当时最年轻的社员。入社书编号472。民国二十三年（1934）继傅熊湘主持南社湘集，出刊《南社湘集》

八期,后因抗战烽烟而被迫中断。新南社社员。湖南船山学社社员。

民国十四年(1925)在国民政府山东省统计处任职,民国十五年(1926)10月任国民政府湖南省祁阳县(今祁阳市)县长,民国十八年(1929)任何健湘赣会剿总部秘书处处长,民国十九年8月至民国三十四年(1930—1945)任长沙长岳两关监督署监督;民国二十年(1931)8月编《长岳关月刊》并撰发刊词。抗战期间在国民重庆政府财政部国定税则委员会任专门委员。民国二十三年(1934)加入湖南船山学社,民国三十六年(1947)应聘醴陵县文献委员会专任委员。民国三十七年(1948)年底告老还乡。1950年随子女旅居北京。1953年春夏之交游五台山,著《清凉游记》。1962年,笃信佛学的刘鹏年不顾年迈体弱去九华山拜地藏菩萨,1963年3月因肺病不治仙游,殁于北京城北寓所,享年67岁。

刘鹏年诗词文各体兼备,长于诗词,据《湘人著述表》载有《袁雪安先生荣哀录》(辑),存湖南省图书馆,《清凉吟稿》一卷存国家图书馆,著有《傅钝安先生年谱》《鞭影楼词》《涉江集》《泰山游记》等;其书法自成一家,曾为名画家及收藏家如黄宾虹、张一尊等的作品题诗或词。他以笔代枪,反对封建专制,追求共和民主,与父亲刘泽湘、叔父刘谦一起被誉为"三湘七泽的隽才"。其夫人张庆云是一位慈善家和教育家,也是南社湘集社友。

雨霁

燕啄香泥鹊弄音,竹摇余滴柳垂荫。
小溪新涨桃花水,流动渔郎遁世心。

有感

相见时难别亦难,相思相望路漫漫。
梧桐枝断晚风恶,芦荻花飞秋水寒。

病里吟诗聊当哭,梦中携手不成欢。
苍茫四顾谁知我,流水高山柱自弹。

雄心侠骨两销磨,善病工愁为我何。
白露凋残衡麓树,西风吹老洞庭波。
当歌对酒欢娱少,吊古伤今感慨多。
顾影低回魂欲冷,前途在在有妖魔。

秋怀

秋怀为雨复为烟,白眼看天欲问天。
顾影每伤身是客,怀人争奈夜如年。
一声旅雁酸难听,半壁秋山瘦可怜。
欲展诗才才已尽,苦吟竟日不成篇。

吴淞秋感四首

寄迹天涯又入秋,无形岁月去悠悠。
双眉牢锁千里恨,杯酒难浇一段愁。
惜别江郎空作赋,思归王粲怯登楼。
凄其最是黄昏后,疏雨浓烟古渡头。

十年尘海几升沉,自抚微生感不禁。
哭世尚余他日泪,悲秋谁识此时心。
苔阶月上啼蛰咽,桐院风来落叶深。
渐觉诗怀同杜宇,读来尽是断肠音。

跋浪摩霄志竟违,故园回首倍依依。
何堪斯世人人浊,太息当年事事非。
败苇满汀征雁落,衰杨夹岸暮鸦飞。
盈眶多少珍珠泪,三度悲歌一度挥。

风风雨雨晚来多，飘尽梧桐落尽荷。
清泪频教襟袖湿，壮怀都为简编磨。
陡惊今昔同飞电，行见江山委逝波。
梦断残宵益凄绝，孤灯照壁影婆娑。

十八岁生日杂感十首

尺璧分阴去不回，虚名贻误十年来。
忧时渐觉雄心减，入世稀逢笑口开。
酒入愁肠都化泪，谁舒青眼解怜才。
苍茫万感何由写，把笔沉吟大可哀。

未必今吾胜故吾，依然泛泛水中凫。
斩蛇毕竟输刘季，骂座何须效灌夫。
肯乞人怜非傲骨，不遭天忌是庸奴。
几时了却平生愿，高隐南阳旧草庐。

用世无能阅世深，岁寒留得后凋心。
春风秋月等闲度，玉宇琼楼何处寻。
待买青山供蛰伏，又防匣剑作龙吟。
销魂怕卷珠帘望，寒日无光万里阴。

扁舟重渡洞庭波，两载光阴一刹那。
世乱空筹贾谊策，日徂谁挽鲁阳戈。
云翻雨覆天难问，酒浅愁深我奈何。
弹指旧游成昨梦，眼前亲故已无多。

拣尽寒枝不肯栖，脚跟无线每东西。
扁舟海角增新咏，孤馆长沙有旧题。
十载光阴愁潦草，一天烟雨助凄迷。

牢愁欲诉偏难诉，赢得哀乌夜夜啼。

瘴雨蛮烟匝地昏，慵将冷眼看中原。
只身谁恤飘零苦，没齿难酬鞠育恩。
底事乾坤偏厄我，无端歌哭总销魂。
何时重取青衫看，多少啼痕间酒痕。

年年客里强为家，归缓空歌陌上花。
长抱残编消岁月，总悭清福老烟霞。
更无远志追黄鹄，偶寄新声和暮鸦。
极目海天魂欲冷，惊涛壁立夕阳斜。

凤逝鸿飞又几年，而今墓草已芊芊。
死归生寄同如梦，影只形单只自怜。
无可奈何惟纵酒，不堪告语但呼天。
招魂犹记当时作，博得高堂泪泫然。

空门遁迹竟何时，呕尽心肝一卷诗。
看透世情心已淡，未忘人事泪偷垂。
交疏自此嵇生懒，秋去徒深宋玉悲。
猿鹤虫沙总同化，穷年矻矻亦胡为。

省识人间万事非，茫茫苦海一身微。
形骸纵在终何用，松菊犹存未得归。
挥泪应斑湘水竹，充饥难觅首阳薇。
新愁化作酸风雨，掀起寒潮十丈飞。

哭太一先生和季父原韵十二首

予生也晚识荆迟，窃幸长沙两遇之。
天上人间成永诀，招魂枉赋断肠辞。

念念惟将非种锄，几回弹铗不缘鱼。
成仁取义安排早，遑计人间毁与誉。

滔滔楚水太无情，临吊先生又哭兄。
恩怨分明三尺剑，肯因儒服了吾生。

眼中人物溯无遗，夜夜丰神入梦思。
苦雨凄风天变色，不堪展诵狱中诗。

欲继文山歌正气，耻为处士盗虚声。
悬知万岁千秋后，青史长留烈士名。

黄鹤楼头浪拍空，一时淘尽几英雄。
迷离满眼苌弘血，剩有斜阳相映红。

落尽寒霜欲放梅，椒浆倾奠首频回。
茫茫天道何堪问，旷世尊荣旷世哀。

名山著述等闲捐，几辈殷勤拾断编。
片羽吉光公不朽，敢将一语慰长眠。

郁郁西山侠冢孤，枫青月黑泣栖乌。
沉冤未雪天应恼，春到潇湘草不腴。

唏嘘凭吊忆从前，水色山光总可怜。
漫道渌江风景好，看来却是奈何天。

先生视死本如归，血泪宁当狱泪挥。
一事伤心忘不得，孤儿老母两无依。

生祭文成恨有余，豺狼当道鬼盈车。
一从高举随黄鹤，更不空山赋索居。

莲花落

雨如绳,风似虎,莽莽江山谁是主。鼠子正扬眉,英雄思用武。我生不幸冠儒冠,纸上空谈何足数。世道日以漓,人心不如古。蝉翼重千钧,雷鸣皆瓦釜。纵有掀天动地文,争如四海皆聋瞽。君不见丘明盲、子长腐,文人遭际一何苦。韩潮苏海总徒然,于国于家意奚补。归来兮!钓月而耕云,目不用见,耳不用闻,纸笔墨砚一齐焚。

有马

有马有马,产自冀北。一顾群空,一嘶群默。逐电追风,千里顷刻。世无伯乐,亦复谁识。虽不尔识,尔固自得。实命不犹,乃踏苦域。上有主人,强移羁勒。犬豕为伦,粗粝为食。既死尔心,爰征尔力。致远任重,莫遑宁息。滔滔大江,深不可测。莽莽云山,高不可陟。朔风苦寒,白日无色。苍苍者天,曷其有极。

送愁曲并序

韩昌黎送穷之作可谓创千古未有之奇,愁之为吾累也久矣。时当岁暮,爰为诗以遣之,非敢上拟昌黎聊以摅吾怀抱云耳。

刘生行年十有九,十三便与愁魔偶。有时莞尔亦低眉,镇日傀然疑白首。明知难与一朝居,屡欲去君君顾否。空拳赤手奈君何,欲断无刀扫无帚。蓦然妙计上心头,一曲清歌一壶酒。昌黎送穷人称奇,我今送愁讵不宜。忆自呱呱堕地始,但知欢喜不知悲。嬉笑舞蹈万态作,见者称我为可儿。我亦睥睨羞当世,自谓天下英雄舍我更有谁。无何大父大母成长逝,一树紫荆更憔悴。心坎难忘骨肉情,眶中初滴珍珠泪。君乃翩然来我前,知我孤苦如相怜。起居坐卧与我共,愿结生生世世缘。滔滔岁月如流水,与君相处六年矣。骨渐支离鬓有霜,形如槁木心如死。春花秋月人所娱,自我观之鬼趣耳。悲欢胡谒竟与人殊,乃知事事君为累。当初固未速君至,君竟腼然贪久留。今也好言送君去,君其谅我无我說。愁曰刘郎尔无怨,郎既屏愁愁自去。愁来愁去亦何常,愁不误郎郎自误。我闻斯语乐不支,昂我之头轩我眉。一时愁魔失所在,疑非海角即天涯。吁嗟乎!事理虽万端,转眼成陈迹。古诗不云乎,人生不满百。我今不乐悔何追,负此昂藏躯七尺。祝君一去不复返,任我陶然永朝夕。诗以写吾愁,酒以荡吾魄。风为友兮月为邻,天为幕兮地为席。

秋柳六首

冷落江潭西照迟,峭风吹断可怜枝。
纵然更有春归日,未必青青似旧时。

千种妖娆万种娇,几回惜别系兰桡。
早知摇落成今日,悔向东风舞细腰。

树今如此我何堪,凄绝长亭笛弄三。
一样伤心天不管,迷离烟雨满江南。

几度临风首尚垂,亭亭瘦影不胜悲。
渔洋已往蜕翁死,知己如今更数谁。

十里笼烟事已非,寒鸦犹绕故枝飞。
闺人怕动登楼感,翻幸阳春不早归。

织雨梳风四月天,只今零落更谁怜。
天涯我亦伤心客,为损西窗一夜眠。

乙卯十月既望为余十九岁生日赋绝十九首自寿

仰天俯地幸无惭,父母俱存兄弟三。

人世沧桑何足问，白云深处有茅庵。

十九年华过眼忙，是真是幻费猜量。
闲来悟得长生法，不读离骚读老庄。

人间宁有是和非，魔力弥张道力微。
不作灯蛾谁见嫉，天空海阔任情飞。

未应日暮怨途穷，起视樽中酒未空。
铁板铜琶豪气在，倚楼高唱大江东。

堕地频歌行路难，一枝栖息几曾安。
安排濯足荆潭去，雨笠烟蓑一钓竿。

青山渌水任遨游，身世原如不系舟。
礼法岂为吾辈设，嵇生一语足千秋。

解识韶光似掷梭，及时不乐待如何。
功名富贵吾何有，击缶呜呜发浩歌。

逐逐车声马足间，一生能得几时闲。
从今但作归田计，不把风尘换醉颜。

子云何必故鸣高，粗解雕虫亦足豪。
我是谪仙今再世，长歌短咏不辞劳。

毕生笑口几回开，一日何妨尽百杯。
人我本来都幻相，菩提非树镜非台。

惜往忧来究可嗤，得开眉处且开眉。
朝来万念齐抛却，是我回头见岸时。

昨年过去又今年，检点前诗意爽然。
无病呻吟疴已甚，何如来往混茫天。

白云出岫亦何心，烦恼由来自我寻。
但得醉乡终日住，管他往古与来今。

江郎彩笔忽归吾，倚马差堪敌万夫。
古调谁弹风雅绝，栖栖吾道未妨孤。

母年三十诞儿身，十九年来白发新。
愿祝椿萱长不老，看儿高举迈群伦。

十年愤懑一时平，甘作寒蝉噤不声。
家有薄田三数亩，尽堪消遣有涯生。

世情凉薄等秋云，知己平生数此君。
差抵闻韶忘肉味，何妨瘦损沈休文。

笑看冠盖满京华，我有荆潭当若耶。
落落孤芳殊自赏，他生愿化水仙花。

岂真东野是诗囚，万事今朝一笑休。
醉墨淋漓盈几纸，只鸣得意不言愁。

感事六首

鸡犬而今尽上天，人间何世世何年。
塞翁失马翻为福，团扇逢秋总见捐。
百战河山供鼠子，十年恩怨负龙泉。
兴亡留与渔樵话，别有伤心笔底传。

杯蛇市虎复奚疑，眼底衣冠异昔时。
始信盗铃多掩耳，何图画饼竟充饥。
罪功不待千秋笔，成败原关一着棋。
漫道恶音从此绝，春风又见草离离。

为问龙颜近若何，中原处处哭声多。
天恩早颂千人口，底事甘操一室戈。
衔石谁填东海水，全躯争避北山罗。
不堪毒雾弥漫日，赢得邻邦奏楚歌。

傀儡登临鼓乐喧，钧天沉醉我何言。
关山再见红羊劫，江汉还留碧血痕。
斑管无端挥泪雨，椒浆何处奠忠魂。
倘余寸土容埋骨，便算汪汪圣主恩。

忍从后果溯前因，举世滔滔媚一人。
狗盗鸡鸣门第客，虎皮羊质宰官身。
燃犀牛渚难穷怪，立马吴山独怆神。
为问疮痍苏也未，一时沧海又扬尘。

文字无灵岁月违，此生不合服儒衣。
抚髀赢得悲今昔，抵掌何堪说是非。
起陆龙蛇方自适，失枝乌鹊复谁依。
中原岂乏奇男子，瓜蔓黄台渐渐稀。

侠

易水歌声亘古留，男儿岂必羡封侯。
仇如可复身何惜，生不能鸣死亦羞。
双剑当襭群丑魄，万金肯赎独夫头。
狂来痛饮无长物，浊酒千升血一瓯。

乙卯除夕二首

俯仰生平只益悲，惊心又是岁阑时。
梦回孤馆衾如铁，酒入枯肠泪满卮。

用世无才宁守拙，入山有日已嫌迟。
悬崖撒手谈何易，能去贪嗔未去痴。

泪眼曾无一日干，向隅顿减座中欢。
诗囊底用千篇富，衣带能经几度宽。
为惜流年思秉烛，怕违庭训勉加餐。
屠龙屠狗都非计，太息人间有万难。

题家叔戊午集四首

痎疾弥年消未消，可堪人事日萧条。
更无净土容肥沃，闲遣巫阳赋大招。
泪雨应随鹃血溅，朔风犹送马蹄骄。
最怜青眼高歌意，人海忙忙知者寥。

一卷临风未忍开，百忧争赴眼前来。
谁教宙合腾兵气，竟使菰芦老霸才。
冉冉修名悲逝水，沉沉心事付寒灰。
应知结习消难尽，几度哀吟掷酒杯。

依稀痛定更回思，白裕青牛失路时。
坐觉江山非故国，剩看画本入新诗。
中年哀乐难胜病，末世文章总费词。
携与渔樵证离乱，豆棚瓜架泪如丝。

桑海重提意惘然，难将沉醉问钧天。
经年龙战波成血，万井鸿嗷突断烟。
蓟北豕蛇纷荐食，淮南鸡犬尽升仙。
当歌我亦吞声哭，如许悲酸笔底传。

寄酬钝安师

　　骄阳六月何熊熊，土山焦敝金石熔。新诗到眼诧奇福，坐觉两腋生清风。一昨芒鞋履城市，劫余谁分犹生逢。伤离悯乱各无奈，含意仓卒言难终。文酒寻闻构嘉会，想见豪气嘘长虹。一书招我意勤恳，惮暑不赴空憧憧。渌水骚坛久沉寂，峨峨石笋当时雄。迩来士子竟自许，居然瓦釜骄黄钟。吾师屹立振衰敝，哀弦独抱何雍容。摩天巨刃发硎试，雷奔电掣惊虬龙。玉玦琼琚万灵集，有如天马行长空。章龙之山毓奇秀，千崖万壑争朝宗。吾翁诗笔老弥健，况有阿叔相追从。苍头特起建旗鼓，相临广武时交锋。并时西河亦劲敌，弯强压骏谁能同。鸿篇脱手不胫走，以之掷地声琤琮。当筵缟纻高一尺，狂来击碎琉璃钟。长安小儿齐拍手，玉山颓矣青莲翁。鲰生生小嗜音律，提撕幸得开痴聋。鹤唳猿吟试一作，粗沙大石宁求工。去年馆居侍朝夕，联吟夜半灯花红。万鼾雷喧月照壁，危楼清话方喁喁。云愁海思笔端走，蟠胸芒角交龙嵷。宁知此乐亦殊暂，辞根便作三秋蓬。人生分合那可必，念此直欲呵天公。百年快意能几日，长绳纵系难为功。读破万卷不果腹，文人何罪偏长穷。阳阿晞发贵及早，安能蹭蹬尘埃中。诗囊酒榼聊自适，矰缴不到冥飞鸿。笙歌仿佛落天半，逝将同觅王乔踪。我献斯篇当芹炙，愿言珍重清明躬。墨花怒舞剑光紫，起闻涛响翻高松。

读骚

　　臣罪知无赦，君恩岂遽忘。
　　秋风惊落木，山鬼泣斜阳。
　　泪溅湘流阔，魂归郢路长。
　　重华韶不作，谁与玩遗芳。

明湖棹歌

历下胜迹首推明湖,美备四时,夏景尤绝,清游既数,吟兴忽浓,因仿竹枝体赋诗十首,藉资点缀,命曰明湖棹歌,未尽之意容暇续为之也。

千佛山头月一弯,大明湖里水回环。
郎如好月侬如水,夜夜清辉照玉颜。

稳放兰舟一叶轻,分明人在镜中行。
软风斜日重杨岸,时有幽禽三两声。

云影天光共蔚蓝,荷花十里似江南。
拏舟莫向花深处,恐有鸳鸯正睡酣。

古历亭边暑气消,闻将兴废说前朝。
问郎忆否西泠景,一样湖心系画桡。

散花妙手有群姝,贴水荷灯昼不如。
若把侬心比红烛,贮郎怀里尽啼珠。

抹过长堤复短堤,萧萧芦荻与人齐。
却登百尺楼头望,依旧环湖到眼低。

梦断华山一发青,晓风吹面酒初醒。
船头一曲渔家傲,引得潜鱼出水听。

鼎峙三贤铁李张,湖山终古荐馨香。
功名自信非吾分,画舫烟波引兴长。

宛转笙歌彻碧霄,衣香鬓影满兰桡。
明湖遍是温柔水,为问郎魂销未销。

暮暮朝朝水上嬉,雨晴雪月一般宜。
头衔便合称渔隐,历尽沧桑总不知。

明湖棹歌后十首

湿云低压佛山腰，澹澹湖光一望遥。
最爱雨丝风片里，扁舟摇出鹊华桥。

捣衣莫近明湖水，月下声声倍断魂。
各有天涯漂泊感，年年芳草怨王孙。

捣衣合近明湖水，做起游人尽忆家。
黄叶莫辞良夜酒，寒梅应着旧时花。

嵯峨北阁瞰平湖，携酒登临兴不孤。
一自新亭歌哭后，河山犹是昔年无。

岂独西湖是美人，明湖亦是女儿身。
淡妆浓抹娇如许，欲倩陈思赋洛神。

明湖信有天然美，或效西湖胜一筹。
窃比当年白司马，山温水软恋杭州。

一泓深碧明湖水，钓罢归舟夕照红。
鱼可作羹蒲菜美，莼鲈且莫忆秋风。

巨舟如屋行迟迟，小舟来去如瓜皮。
郎意如舟有轻重，侬心似石无转移。

一湖明月夜凉多，鸥鹭无声卧碧波。
忽地隔花如打桨，香风吹出采莲歌。

听风听雨明湖住，惭愧飘零又一年。
吟罢竹枝刘梦得，新声忙煞翠楼弦。

长沙天心阁雅集得"上"字

微雨沐湘皋,春风始和畅。夭桃吐繁英,垂柳摇碧浪。良辰及重三,川原足吟望。欢言柬俦侣,胜集倾新酿。杰阁峙城南,巍若千寻嶂。结构信环奇,登临倍豪宕。雉堞泯遗迹,莺簧答高唱。远岫含轻烟,晴澜漾新涨。天心渺难窥,风云日千状。荐食来长蛇,闻辇思猛将。横流靡终极,文敝道亦丧。宴安不可怀,清淡庸有当。子房愤韩仇,夫差宁越忘。相期挽天河,八表消霾瘴。繄予幸俊约,扬舲正东向。迹远情自亲,愁来酒无量。曲水慕右军,停云咏元亮。携句过江南,留春沧海上。

桂林旅次适先太父冥诞怆然赋此

稽首云天奠一觞,应怜游子滞他乡。
惯经磨涅存坚白,无那音尘隔渺茫。
悯乱尚迟招隐赋,承欢犹忆读书堂。
匆匆二十三年事,墓草新添几尺长。

幼日娇憨常索抱,只今儿女竞牵衣。
成材望切言犹在,未报恩多志已违。
寂寂春山鹃血尽,潇潇夜雨雁行稀。
惊心节序逢重午,俯仰人心万事非。

哭碧柳六首

挥手三年别,思君万里遥。
何期松柏性,忽被雪霜凋。
天意高难问,诗魂尚可招。
噩音真也幻,悲绪集今朝。

山水平生癖,飘然独往回。
霜风吹旅鬓,天影落吟杯。
言采湘洲芷,还寻邓尉梅。
凄凉旧游处,应化鹤归来。

吴楚羁栖久,高文迥不群。
直将三寸管,横扫五千军。
天马云端逸,庖牛眼底分。
茂林搜剩稿,残泪染湘君。

云麓看红叶,匆匆十度霜。
短章曾见许,旧梦总难忘。
巴雨鸣残夜,湘波送夕阳。
清愁寄瑶瑟,一曲一回肠。

冷暖看千态,艰虞集一身。
相逢青发日,欣见素心人。
故国悲乔木,高歌动鬼神。
锦江春水阔,西望泪沾巾。

冉冉慈闱暮,哀哀寡鹄吟。
凄凉一分手,辜负百年心。
鹏赋龄何啬,猿啼泪不禁。
题诗犹在箧,岂独动人琴。

拟古

其二

一雨群籁寂,秋水生微波。
扁舟渡江来,言采中州荷。

采荷未盈掬，倚棹聊作歌。
不恨景物非，但感别离多。
持此思贻君，道远将如何。

其四

入夜西风急，蟋蟀鸣何哀？
孤灯暗无光，顾影空徘徊。
开窗望场圃，场圃生蒿莱。
掩户理琴书，琴书积尘埃。
月缺有时圆，花落有时开。
君恩如逝水，一去永不回。
不回可奈何，中心怆以摧。

临江仙

安得身如梁上燕，年年双宿双飞。青青杨柳小桥西。雏鬟能解事，轻把画帘垂。　　几度梦中还执手，堪怜梦也凄迷。传情谁藉笔尖儿，缠绵千万语，临寄尚依依。

卜算子·用忆云词韵

秋老雁声酸，潮落江天静。明月无端入画窗，映着凄凉影。诗自别来多，梦到圆时醒。一尺腰围瘦不支，门外西风冷。

醉太平·养病申江医院二阕

车声马声，魂惊梦惊。危楼灯火凄清，近三更四更。　　怀人恨萦，思亲涕零。披衣盼到天明，又鸡鸣剑鸣。

衣松带松，灯红泪红，吹将檐马丁东，是西风北风。　　银蟾半弓，芦帘一重。浑忘时序匆匆，在愁中病中。

浣溪沙六阕

便得重逢路更迷,无情有恨独怜伊。天涯回首一沾衣。谁遣惊鸿空照影,似闻飞絮已成泥。夕阳红到粉墙西。

信有三生未了缘,自将红泪报缠绵。指尖弹冷七条弦。别酒乍醒杨柳岸,春魂犹带海棠烟。一般憔悴可人怜。

一寸相思一寸灰,珍珠帘卷燕双飞。春风闲煞好楼台。减到腰围还病酒,最难红粉解怜才。玉珰缄札几时来。

小小朱楼曲曲桥,横塘烟雨夜潇潇。倩魂端向此时销。一水红添鲛泪涨,万山青送马蹄骄。闷寻鹦鹉话无聊。

偶落吟鞭偶驻车,红榴西畔是儿家。零欢断梦一些些。任说君恩深到骨,争知侬影瘦如花。频年荒草满天涯。

到此真销不死魂,天寒翠袖倚黄昏。凄迷影事那堪论。一自玉骑嘶别路,枉教明月射啼痕。重重香雾锁朱门。

蝶恋花·欧会闭幕倚此志悲

啮臂前盟深几许,软语商量,转触檀郎怒。谣诼无端来众女,抛人冷冷清清处。 薄命如花侬自主,把定芳心,不嫁瞿塘贾。化作冤禽东海去,人天缺恨从头补。

浣溪沙

三十光阴梦一场,避人无计只佯狂。英雄骏马恨茫茫。直向青天冲怒发,掀翻碧海洗愁肠。墨花如雨剑如霜。

扬州慢·申江夜发依白石韵

黄浦灯骄,素衣尘黯,飚轮远送归程。望大江南北,正一抹天青。怅风景未殊前度,清谈误国,御侮无兵。酿千秋奇耻,降幡高挂长城。　　岳王何在,诵遗词、鬼哭神惊。吊故国山河,中原豪杰,一例伤情。谁共中流击楫,波涛犹作鼓鼙声。抚茫茫身世,凭栏一啸风生。

大江东去·青岛岁暮遣怀

尺波电谢,乍一番风雪,送将春到。二十七年忙底事,回首悲欢多少。沧海尘飞,关山月冷,天与人俱老。搜寻敝箧,苍凉几卷诗草。　　安得立马昆仑,钓鳌溟渤,掣剑蛟龙啸。烛未成灰蚕自缚,负尽男儿怀抱。天问无灵,余怀信洁,翻笑侏儒饱。如何不饮,茫茫来日谁晓。

鹧鸪天

肠断东风又一年,柳绵如雪草如烟。一帘红雨惊蝴蝶,万里青山哭杜鹃。　　流水外,暮云边。葬花时节困人天。江湖已自怜飘泊,更写春愁满锦笺。

清平乐·题钝安师西泠撰杖图

湖光静好,湖外青山笑。如此湖山乘兴到,更喜灵椿未老。　　清游记得前回,巢居阁畔寻梅。尺幅今看杖履,瓣香遥祝台莱。

蝶恋花·感事

塞上秋风吹劲草。壁垒重新,杀气连昏晓。歌舞帐前欢未了,沙场碧血知多少。　　拔剑问天天亦老。恩怨何凭,抵死相缠扰。刀尺深闺怀远道,可怜寒到衣难老。

点绛唇

结习难删,拈来便是伤心句。婆娑此树,怎敌风和雨。 凤泊鸾飘,比翼知何处。秋光暮,零缣断楮,寄向潇湘去。

烛影摇红·咏泪

非露非珠,轻抛暗洒都成串。梨花庭院锁黄昏,落处无人见。曾替君王洗面。更咽断,一声河满。湘妃翠竹,司马青衫,模糊难辨。南浦春归,送君惟有盈盈眼。也同江水向东流,莫问愁深浅。记得昭阳路远。湿遍了,秋风团扇。海棠枝上,杜宇声中,几多哀怨。

水调歌头·甲子客济南中秋对月感怀

人生如过客,一岁一中秋。又是异乡佳节,明月正当头。望断南天烽火,唱罢东坡水调,故坐数更筹。庭树不解语,繁响自飕飕。贾生策,冯驩铗,仲宣楼。飘零江海,吟肩担尽古今愁。把酒惯邀清影,闻笛倍添归思,圆缺两悠悠。安得凌风翼,飞上广寒游。

转应曲三阕

惆怅。惆怅。回首灯昏罗帐。春娇过雨无痕。剩有依依梦魂。魂梦。魂梦。临去一声珍重。

风雨。风雨。翠袖单寒如许。闲中细数流光。一曲哀弦断肠。肠断。肠断。人在银河西岸。

寻觅。寻觅。青鸟更无消息。雕栏玉砌依稀。镜里星星鬓丝。丝鬓。丝鬓。禁得几番愁病。

八声甘州·和碧湘词人重九社集韵

剪清愁一半付黄花,衔杯数华年。看丹枫红蓼,寒潮乍歇,雁字横天。一自灵椿荫渺，佳节转凄然。十载江潭柳，摇落堪怜。闻道海涯觞咏，有西风帘卷，珠玉当前。更碧湘高阁，鸳侣比神仙。只中原、羽书飞骤，莽关山、千里暮云连。登临处、且珍茱佩，休问桑田。

迈陂塘

漾湘天、一篙新碧，春寒二月犹重。东风遥带丝丝雨，吹入小楼帘缝。幽鸟弄。渐唤醒花魂，啼破杨枝梦。登临目纵。看拂岸风帆，隔江烟嶂，无语互迎送。　　凭栏久，勾起闲情万种。良时清赏谁共。天涯芳草无消息，况是风尘颒洞。怀屈宋。写岳色江声，腕底龙蛇动。浮名安用。算适意为佳，榆枋莺舞，翻笑入筱凤。

水龙吟·自题鞭影楼图，长沙李行我先生绘

江湖已倦游踪，扁舟回系荆潭树。风篁引籁，岩花闲落，奇松当户。扫叶烹茶，举杯邀月，登高能赋。拥书城万卷，琴楼一角，堪南面，聊容与。　　凭遣中年情绪。夜萧疏、放翁听雨。祖生先著，陶家妙咏，韶光休误。自比元龙，非同王粲，纵观今古。展云烟尺幅，携将画意，入新词句。

湘月·题李洞庭先生所藏康南海遗札墨迹

岭南崛起，建苍头旗鼓，纵横潭坫。破浪西行三万里，奕奕豪情如见。腕底龙蛇，胸中海岳，到处题痕遍。一朝兴废，沧桑转眼三变。　　载将一舸图书，六桥风月，飞羽应知倦。留得高文光焰在，宝剑丰城难掩。卷写黄庭，纱笼翠墨，白也吟毫健。天游无际，岛云犹动遐恋。

庆春泽·雨夜

万瓦琮琤,千柯淅沥,横飞势挟秋潮。电掣雷轰,翻疑海岳倾摇。天风撼阔狂如虎,掩书帏、绛蜡高烧。夜迢遥。炉火无温,更鼓频敲。　　年来听惯潇湘雨,在孤舟芦荻,客馆芭蕉。坠玉跳珠,声声叶叶魂销。填词且作惊人语,对金樽、击剑吹箫。共谁豪。唤起湘灵,叱起潜蛟。

疏影

霜风射眼。渐一林黄叶,零乱吹遍。斜照归鸦,犹绕寒枝,芳菲那许重恋。残山剩水无人管。听画角、声声凄怨。待新来、莺燕商量,田海已怜三变。　　回首年时初见。微波通款曲,盟坚金钿。雨覆云翻,乍合还离,恩怨模糊难辨。相看一例惊憔悴,又几处、怒潮高卷。望江南、渺渺予怀,化作冷云千片。

雨霖铃·感事用屯田韵

商凄飙绝。卷东流水,好景都歇。湖山眼底如许,刚惆怅处,楼船西发。入夜征笳戍鼓,共霜雁哀咽。更指点、铜狄荆驼,画栋灰飞血痕阔。　　疮痍百万无家别。抗强秦、几见相如节。惊残锦城丝管,犹梦忆、旧时风月。霸气消沉,谁信长城万里虚设。纵奋起、填海心情,剩与冤禽说。

水调歌头·题洞庭先生未晚楼图

志士惜日短,常恐等闲过。记取挥戈运甓,逸事耐观摩。管领平湖万顷,相对天光云影,风景一楼多。俯仰发幽兴,把卷自吟哦。斜阳外,君山涌,碧如螺。凭栏小立,时见鸥鹭浴清波。为嘱羲轮稳驻,莫辨湖天朝暮,青鬓几曾皤。写集三千卷,才略未消磨。

望江南·题长沙临湘八景图

临湘好，狮岭峭摩空。未许蛟龙扬海水，好招鸾鹤下天风。仙语碧云中（狮岭仙踪）。

临湘好，春水泛时鱼。比户农忙看畲亩，养鹅人去尚名湖。斜日澹菰蒲（鹅湖夕照）。

临湘好，双埠傍梨江。红日浴波衔殿宇，青山飞影过船窗。渔笛谱新腔（梨江双渡）。

临湘好，孤艇浪三篙。虹卧影横茆港月，鸦林迹着柳家桥。嘉话说前朝（孤港茆舟）。

临湘好，石笋插天南。代育奇英铭在玺，春回野草碧如蓝。胜绝白衣庵（撑云石笋）。

临湘好，夹岸蔚成村。锦浪一江迎客棹，朱霞万树写春痕。疑是武陵源（夹岸桃花）。

临湘好，书院倚东岗。千载流风怀往哲，四时奇卉吐幽芳。残碣冷斜阳（东岗晚眺）。

临湘好，古刹白云封。度世佛超无量劫，肇基人忆尉迟公。隐隐听疏钟（古寺疏钟）。

卜算子二阕

玉漏近三更，蛩语喧还定。残梦如烟越户飞，澹澹秋灯影。豪气病中消，旧恨心头省。黄菊西风怒作花，乍觉江城冷。

离是暮云飞，会是浮萍聚。红醉霜林几度秋，天末人何处。月上画栏来，魂逐江潮去。争似墙东蛱蝶双，长抱幽香住。

菩萨蛮·五阕录三

夕阳红送东流水,翻江注海苍生泪。何处是长安,愁云千万山。黄巾看电扫,筴凤生还早。鞭马出长城,重扬天汉声。

章台杨柳初飞絮,黄回绿转无凭据。莫漫炫新妆,东风吹正狂。倡条难再折,但惜流芳歇。飘荡落谁家,凄凉啼暮鸦。

琵琶换得和亲辱,长城万里冤魂哭。铁甲犯风沙,胡天飞雪花。关山方苦战,肠断萧墙变。慷慨听悲歌,齐声呼渡河。

金缕曲·闻卢沟桥战讯

怒竖冲冠发。最伤心、边疆万里,等闲沦没。射眼惊沙东北望,一片青磷碧血。又云掩、芦沟斜月。鼙鼓秋风嘶战马,赋无衣、朝野精诚结。桑乾水,正呜咽。　顶天立地男儿节。报韩仇、沉舟破釜,死中求活。振旅长驱寒贼胆,铁骑三千雄绝。看旦暮、捷书层叠。收复河山初发轫,算亡秦、三户非虚说。歌破阵,宝刀缺。

水龙吟·悼佟副军长麟阁赵师长登禹

哀笳夜动边关,无端鳄浪排空起。毒龙砺角,饥鹰奋爪,舳舻千里。毁室何堪,戴天难共,及锋当试。率幽燕子弟,突围陷阵,期少吐,胸中气。　飒爽英姿争视。剪凶顽、指麾如意。庸奴叛国,降幡暗竖,大功全弃。五丈沉星,三军浴血,伤心遗志。望云车风马,忠魂万古,洒英雄泪。

满江红·用岳王韵

极目神州,看霸气、绵绵未歇。重整顿、健儿百万,迅雷风烈。龙战突掀黄浦浪,鸢飞紧掠秦淮月。请长缨、到处有终军,丹忱切。　横胸恨,从头雪。棋一着,争存灭。似娲皇炼石,竟填天缺。秋雨秋风关塞梦，江花江草英雄血。待屠鲸、东海醉千觞，蓬莱阙。

水龙吟·麓山红叶

西风吹瘦黄花，斜阳更染胭脂树。绚如蜀锦，澄如海日，灿如莲炷。错认玄都，刘郎重到，繁英迷户。想赤城霞起，江南豆发，应难拟，停车处。　　眼底清湘犹故。把秋光、尽情笼护。闲云弄影，疏钟引籁，登高宜赋。珍重朱颜，肯随沟水，羞同泥絮。望关山万里，啼痕反映，入新词句。

水调歌头·丙辰孟冬月五十自寿作于金陵

昨日去如驶，明日逐踪来。今朝百岁刚半，春入岭头梅。本是寥天仙鹤，飞下人间栖托，鸥鹭漫相猜。冉冉近迟暮，怀抱郁风雷。地三弓，楼百尺，劫余灰。几年浪迹，又携词笔到秦淮。长共鹿车贤侣，领略湖山清趣，未许鬓霜催。一笑呼儿女，齐进菊花杯。

水龙吟·辛亥海上作

西风蓦地惊秋，天涯乍觉羁愁起。高楼一角，疏帘半卷，阑干倦倚。月堕江空，云垂海立，夜凉如水。算王粲登楼，悲秋宋玉，都未省，心中意。　　极目长空万里。望乡关、白云无际。头颅大好，江山如此。人间何世。肯信元龙，飘零湖海，未除豪气。只情怀万种，年来尽遣，作征衫泪。

南浦·题钝安先生遗墨

残梦隔湖山，吊遗踪、重展零笺断楮。春草墓门深，千秋恨、付与林鸟哀诉。江声日夜，荷衣蕙带频来去。萧瑟当年开府泪，红遍杜鹃千树。　　忍思湘上危楼，惯晴窗侍饮，秋灯话雨。才笔九州横，题痕在、依约龙蛇飞舞。神呵鬼护。奇珍合并兰亭序。惆怅劫灰仍满眼，盼到鹤归难驻。

祭蚕文

岁庚申，朔骑南牧，湘乱方滋。地余秦火之灰，瓜剩黄台之蔓。侧身无所，搔首问天。季父新有鼓盆之戚，驾言出游，命侍车辙。余以性耽静逸，临发而止。寻内子自省校毕业归，翛然为偕隐计。绿窗坐月，碧岫招云。山中日夕，疑非尘世，因以暇日事蚕桑。候宜而育蕃，伺叶之顷，声杂然起于箔，如幽泉潋石，密雨骤坠。顾而乐之，执役维谨。夜辄数起察动静。食有不继者，为增益之。如是者弥月，三眠既过，丝已成熟。束草为丛，俾作茧焉。会天旱，养蚕之室，凉燠失度，疠疫大作，重以鼠患，死伤过半。其发育稍后者，以叶焦不可食，均宛转饿毙，为状至惨。遂使经纬之才死于非命，意甚悲之，葬其遗蜕于宅后山塘。塘水沦涟，岚翠欲滴，慰情全洁，庶几无憾。旋内子设学于邑，予亦栖栖人事，远离田里，不复务蚕桑者三年于兹矣，而当日惨毙之蚕，时时入余魂梦，意者其尚有遗憾与？是宜祭以文词，安其魂魄，其辞曰：

嗟尔微虫，生与众殊。非鳞非羽，破卵蠕蠕。孰为糇粮，青青者桑。食而不饮，无取水浆。眠起以时，匪贪燕息。雪白之丝，蕴乎胸臆。将以所蓄，敷为经纶。厥功未就，奄辞主人。呜呼哀哉，主人于汝，营营昏晨，聊用自娱，未敢言恩。胡天不仁，赤熛为厉，黠鼠乘机，磨牙而试。扶伤救死，吾术告穷。一泓之水，遽葬汝躬。怀才未展，有恨绵绵。入吾魂梦，于今三年。呜呼哀哉，汝当自解。生谁无死，引丝自缚。亦云劳止，皓皓之质，历劫永存。春梦一觉，无事烦冤。何况人间，危机倚伏，歧路亡羊，梦蕉失鹿。膏明易竭，兰薰而摧。理无或爽，今古同悲。我佛有言，露电泡影。小年大年，同归于尽。主人情重，文以述哀。风清月白，魂兮归来。呜呼！哀哉！

殇女楚兰圹铭

呜呼，难明者，彭殇之理。难遗者，骨肉之情。自吾楚兰之殇，吾悲未尝释也。楚兰生而啼声洪朗，双瞳炯然，躯修伟类数月婴。吾妻方婴疾，不克自哺，则雇乳母抚之，而楚兰健啖，乳母窘于哺，至数易人。

明年夏，青年会为婴儿健康集赛，楚兰已牙牙学语，粗解物事。将与赛，以后时见遗，然主事者惊其健硕，深赞美之。未几，其乳母之二子一殇一病，坚请解雇归。妻顾予而叹曰："彼独非人母耶？宁能以吾子故，而废其私。"遂许之。临行持楚兰泣，楚兰亦哭失声。闻者心恻。先是诸子女哺乳例止周岁，而楚看是时已试尝薄饘，因舍乳，渐亦习之，无喧状。已忽病疫，绝粒而殇。入世才十余月耳，瘗城南妙高峰麓。

伤哉！始楚兰之生，庭茶怒开如霞绮，及其殇也，一株萎蔫。荣悴之征系于草木，亦足异矣。庭户犹昨，而吾楚兰丰腴之貌、笑咷之声不可复闻见，悲夫！楚兰，醴陵刘鹏年雪耘之第六女，铭曰：

挚于掌、归于幻，孰予夺之难，迹象山灵有知，护兹坏壤。

挽傅熊湘联

阐革命维新之旨，鼓吹早树先声。记经传石室，正义曾激；波涌洞庭，横流独障。挥翰似龙跳虎掷，持躬若玉洁冰清，禄不及乎介推，窘或甚乎张俭。爱东临吴越，西溯沅江，北渡居庸，南瞻大庾，揽取山川形胜，尽入奚囊。直教井水人家，争歌法曲。只赢得等身著述，惊世才名。典籍理丝棻，剧怜惨淡编删，一炬咸阳沦浩劫。

自姜斋壬父而还，坛坫合遵巨擘。更词迈苏辛，峡猿啸月；文追汉魏，天马行空。育才以继往开来，坐我于春风化雨，社遥蹖夫九夏,绪丕振夫荆湘。况柳种陶潜,花栽潘岳,图描郑侠,赋续兰成。虽云出处无心,动关忧乐;回忆灯楼联句,顿易沧桑。到今日手泽犹存,遗型安仰?羁魂招楚些,忍听霜孤哽咽,三年端木有余哀。

挽袁家普联

半生游宦,以恤民裕国为心,匡济展经猷,是师承佛氏慈悲武侯谨慎;

一卧沉疴,竟驭鹤骖鸾以去,江山护灵爽,应眷念洞庭秋月胶海春潮。

阳兆鲲

图1　阳兆鲲像

图2　阳兆鲲南社入社书
（图片来源:《南社社友录》）

阳兆鲲（1874.4.22—？），字伯篯、惕生，号铁生、铁禅，湖南省醴陵县枧头洲乡石鲤铺（今醴陵市阳三街道办事处石鲤铺村）人。清朝附生，毕业于日本明治大学。清宣统二年（1910）由雷铁崖（即雷昭性）介绍加入南社，入社证书编号72。民国二十四年（1935）加入华林诗社。

清光绪二十九年（1903）留学日本，受业于黄兴，次年10月由

生平与作品之南社部分 | 209

黄兴主盟加入中国同盟会，奔走革命，始终不渝，为陈其美、钮永建等所推重。清光绪三十一年（1905）受黄兴委托赴江苏招纳各处革命同志，协助开展革命工作，筹划武装起义。民国元年（1912）5月赴北京，参与创办《东亚日报》（后改《民主报》），同年9月在长沙协同傅熊湘主持成立南社长沙分社。曾任国民政府铨叙部（国民政府考试院下设的机构，掌理各机关人事机构的管理事项）主任科员和国民政府江西省分宜县长。曾参与《醴陵县志（民国版）》编纂工作。

诗文散见《南社丛刻》各期，现存《蓄髭后自题小影》等律诗54首。

《醴陵县志（民国版）》有传。

蓄髭后自题小影

丈夫何必定须眉，我具须眉未见奇。
壮不封侯嗟已矣，世无净土欲何之。
拊髀空下豫州泪，吊影愁吟工部诗。
昨夜梦魂还故里，儿童惊问阿侬谁。

茹荼

菇荼非苦桂非辛，客气浮情两伏驯。
却怪庸流太无识，长沙强认作词人。

天教奇骨试艰辛，百败归来气未驯。
日落旌头戈在手，敢云臣壮不如人。

感事

无多客泪洒新亭，又报前原损大星。
东下江河涛夜吼，南来风雨气朝腥。

野围未合狼生逸,蕉梦方酣蝶唤醒。
翻感荆卿孤剑壮,不成犹得死秦庭。

郑室妖惊内外蛇,莫愁依旧侈卢家。
梦中逐鹿人谁健,濠上观鱼日易斜。
屈子痴情捐玦佩,明妃幽怨指琵琶。
投荒万里浑闲事,惆怅潘郎两鬓华。

南都感怀

莫将王气重提起,建业萧条历几霜。
吴主有宫沉蔓草,孝陵无石障斜阳。
沧桑变幻天难问,乌鹊飞鸣夜未央。
我已廿年赋焦尾,知音谁是蔡中郎。

不为功名不为钱,辞家十载事征鞭。
匹夫那许忧天下,秋色无端上鬓边。
毕竟多愁缘识字,商量上策独逃禅。
吴中今又羁张翰,一忆莼鲈一惘然。

辛亥生日感赋

潦倒天涯烛武身,臣之壮也不如人。
儒冠莫补危棋局,仙药难回大地春。
忍死贪观吴入楚,捐生争似卫如秦。
申江箫管喧阗夜,一个凄然梦获麟。

卅年身世类蓬轻,未醒华胥记得清。
运甓朝朝磨虎臂,枕戈夜夜数鸡声。
天无大乙随刘向,地有长沙谪贾生。
此日漫歌将进酒,范文先遣祝宗行。

夏日闲居

四围浅碧与深青,齐被柔萝引上亭。
读罢南华秋水赋,蝶飞鱼戏梦初醒。

厌听笙歌懒弈棋,昼长惟与睡相宜。
此身旧是忘机鸟,误向风前借一枝。

长安市上隐韩康,不管滔滔岁月忙。
瞥见千门蹲艾虎,始知明日又端阳。

读史杂咏

遽伯耻为君子独,安民传自党人先。
如何吕氏钟家贼,梁栋拼将一炬然。

笑请先生入瓮中,自煎祸水自浇躬。
崖州生走卢多逊,老妪无端伏盾攻。

一夕何须屡徙床,京攸门户且分张。
从知怙恶非天意,三窟徒劳狡兔忙。

侍郎伏猎诮空疏,故事犹堪附鲁鱼。
却怪韩家觞寿节,公然由寔有尚书。

一啖私怀出告君,人中蟊贼万人嗔。
若论公法难挠屈,不见苏章待故人。

五奸十罪章虚上,遗恨椒山鬼夜啾。
不是梦中邹御史,凭谁一矢倒东楼。

华林园中蛙不辨,新安寺内狗能偷。
两朝天子分优劣,毕竟苍梧胜一筹。

六君历事无匿白,两字中庸有定评。
生性第如胡白始,掀天波浪一舟横。

拂须尝粪两无伤,彼自葵心媚太阳。
偏是元衡不解事,青蝇促取扇头忙。

不能

不能饮酒会狂吟,流水高山自赏音。
落魄尚余一身胆,壮年空抱千载心。
青天厄我难通表,白眼观人欲碎琴。
十载栖栖缘底事,要填东海返冤禽。

戏作

一首诗成一寄笺,客穷重累印花钱。
玄文覆瓿千行泪,论语烧薪半缕烟。
丝上螺筐蚕亦化,花飞江管蝶空怜。
何如种树东邻叟,没字碑中过百年。

客景

晴云乍卷雨丝牵,无定炎凉五月天。
上市黄梅初裹蜜,平堤绿柳欲浮烟。
江南做客春还夏,渭北怀人诗当笺。
计走酒家谋一醉,满街泥滑不能前。

感近事赠亚子

只管酬恩不报仇,君谋转胜自家谋。
诗名海内归梨里,交谊唐还又柳州。

霁月一轮光皎洁，停云千里径清幽。
何时载取醇醪至，重醉春申旧酒楼。

万矢攒心命苦丝，苦商死法与归期。
此身不合投人界，到此良难觅国医。
末世乾坤都局促，故山桑梓断怀思。
他年屈子招魂夜，祝向风前酒一卮。

剑华见赠醉吟梦作二首次韵酬之

非关平子最工愁，振触惊鸿倦未休。
两次恩仇三尺剑，卅年身世一缧囚。
买文尚尔悭鸡肋，食肉遑论到虎头。
输与吴中俞秀老，陶陶镇日醉乡游。

我是长沙放逐臣，君如鹰隼暂羁尘。
亮瑜并世虽非偶，李杜论交却以神。
路识梦中根器异，诗吟醉后性情真。
似闻天上黄龟降，道与君宗有宿因。

次韵酬剑华

出山泉隔在山泉，尘海还留不断缘。
蒙叟口倾齐物论，陶公心醉义熙年。
赠人肝胆坚如铁，顾我泥涂惯问天。
只惜颓唐刘越石，中原输与祖生鞭。

相随亡命一龙泉，未报恩仇未了缘。
铸错难招林下月，登楼易感客中年。
断鳌心事翻成梦，屠狗生涯不属天。
惭对故人无地伏，春风迟指岭南边。

亚子以哭赵伯先诗见示读之益触予隐痛依韵补赋二首

博得英雄失败名，似公今世未虚生。
一呼足破亡秦胆，薄海知尊牧野盟。
龙种只今思汴水，鸟飞终古避佗城。
春雷堕地不成响，化作江头涛吼声。

走生仲达恨如何，肠断军中薤露歌。
故垒森然惊伟略，修矛如许忍重摩。
醇醪味失周公瑾，薏苡求虚马伏波。
他日一杯倾奠处，可堪宿草暮烟拖。

叠韵二首

布衣谁右旧知名，方道真人应运生。
九死誓清狐兔窟，五洲期破犬羊盟。
天亡项羽军垓下，地阻成功死海城。
见说身骑箕尾去，英风不坠旧家声。

弥留数问夜如何，端盼前军奏凯歌。
十道旌旗征石勒，三春风雨病维摩。
星摧诸葛天无色，冢护田横海不波。
我愧南州徐孺子，柩车过市未亲拖。

养生

养生且拙况治生，不学庄周与许衡。
贱骨便教埋海畔，穷途未减是风情。
九徵十辟身安用，五乱三分局已成。
难忘故人一杯酒，春风穷倒沪江城。

哭杨笃生

哭罢陈姚更哭公，千年不兢是南风。
故知士燮忧先众，岂是长沙量未洪。
大地英雄浪淘尽，小朝棋局水流东。
伤心三户同秦覆，辜负啼鹃血泪红。

盖世襟期旷世才，万夫翘首祝归来。
一从彼岸通仙筏，再不人间问劫灰。
檄草宾王池未冷，骚余屈子水同哀。
眼中人又悲公去，莽莽中原势殆哉。

秋夜叹

楚客羁吴中，阿堵辞行囊。布衾连絮衣，库质长生长。秋风从何来，秋气飒然凉。宵眠耐未惯，起坐增感伤。忆昔堕地日，吾家号小康。大母爱家孙，调护逾寻常。虑寒裂文襟，虑饥哺新粱。五岁入家塾，十三游党庠。膏火劳童足，琳琅购远方。二十婴痹疾，徒走苦弗良。畜马僭三事，摇鞭陇稻香。春水涨前溪，结网千家忙。吾亦理吾纶，镇日蹲浮梁。雉兔入冬肥，纵犬驰高冈。归来每日暮，烹鲜尽散觞。此际生涯乐，此时意气狂。谓可敌南面，岂但傲侯王。无何及壮年，世变复沧桑。伥鬼导群虎，搏人势披猖。神州陷荆棘，不祀嗟炎黄。杞人烦忧深，中夜泪泗滂。奋志杖宝剑，再拜别高堂。男儿誓杀贼，万里死沙场。西过鱼凫栈，东泛弱水航。北走榆关道，南入交趾疆。杜甫食屡断，晋文险备尝。光阴若流星，时事类溃疡。壮怀未一遂，鬓毛间苍苍。昨日家书报，慈母病在床。游子归未得，念之摧中肠。懊恨复懊恨，人苦不自量。卅年怀葛民，何事轻离乡。

题钝剑花前说剑图

高生高生荆轲徒，天铸七尺生铁躯。气凌崧岳吞太湖，酒酣斫地骂竖儒。猿臂独令红袖扶，英雄自古起钓屠。丰城之气何时无，但恨俗眼非风胡。知宝铝刀弃湛卢，美人迟暮空叹吁。壮心写作丹青图，龙泉三尺花千株。柔肠侠骨并为吾，胭脂山向洞庭趋。英风岳岳惊彼姝，只今豺虎食驺虞。洛阳荆棘广陵芜，上方莫斩贼头颅。浣纱少艾忘沼吴，安得君行剑与俱。右手按剑左援枪，天花乱坠血模糊。百年重涤腥膻污，君闻我歌愁亦纡。大雄那惧吾道孤，有时壁上吼且呼，木兰怒开神色殊。

亚子近来海上见示别内室中有七日为期之句而予离家且十稔矣劳燕天涯日归未得孤灯风雨益触愁肠因次其韵赋此以遣之

无端沧海浸稽天，身世翻成不系船。
南国拼将红豆种，北山只剩白云怜。
恨牵秋夜机中锦，愁锁莲门雨后烟。
何似鸳鸯飞未远，今生消受并头眠。

犹记湘江桃浪天，盈盈斗酒压行船。
归期只信新秋确，别泪新增弱女怜。
飘到萍蓬难并蒂，助无桴鼓敢凌烟。
遥知刀剪宵未急，不到成衣未忍眠。

中秋前一夕同钝安梦蓬海上作

十二年中今夜月，都从客枕带愁看。
风高不信团峦易，露重悬知去住难。
白傅弟兄千里影，杜陵身世九秋叹。
一杯便尔颓然醉，梦见箫声奏广寒。

中秋

予羽谯谯予尾翛,千年吴市一支箫。
下帘不纳中秋月,恐照心旌影动摇。

图南久负鲲鹏志,投北难餍豺虎心。
毕竟天公长梦梦,济人从不雨黄金。

留原非计去何之,无定心猿是此时。
太息乾坤何局促,侧身容不一男儿。

他生未负负今生,潦倒词场阮步兵。
悔不竟捞明月去,升天行地跨长鲸。

次韵和石子留溪雅集图题句

西风黄浦雁声酸,似诉迢迢客路难。
羡煞云间旧居士,著书灯芯剪更残。

吴楚新知与旧知,并留鸿爪证他时。
只愁画壁旗亭会,未共狂奴杜牧之。

海上放歌与钝剑联句

君持快剑我生铁,一样雄心誓杀贼。酒酣放眼正风云,万怪千奇呈异色。东南半壁告成功,还期痛饮到黄龙。岂真竖子成名后,便说当世无英雄。屠狗樊哙羞为伍,余子碌碌不足数。春陵何必问故人,钓竿拼掷长淮水。乾坤大任谁担当,安得猛士守八方。龙愁虎叹复奚益,忍见大夏重沧桑。巨疮十年原未合,那堪元气更脧削。小东杼轴今已空,半山理财无与匹。吁嗟呼,风风雨雨何其多,迟回不进将奈何。壮士弯弓仰天泣。坐令胡骑凭黄河。

有感

风风雨雨奈何天,有客端居涕泗涟。
已觉东南元气尽,那堪西北战云连。
引狼恨事循前辙,屠狗勋名值甚钱。
大局重为和议误,乾坤无处托枯禅。

步可生剑华挥孙道非楼外联句韵

伤时王粲怕登楼,况复萧疏两鬓秋。
回首平生都是恨,且欢今日漫言愁。
阋墙只益渔人利,掘井羞参竖子谋。
争得身随归雁去,洞庭明月棹孤舟。

归自岭南留别醒公

昙云隐现水云边,若个浮槎作半仙。
无限虫沙污白地,何当鹃血染青天。
深山大泽龙蛇吼,颓社荒城狐鼠穿。
莫便艰难问金粉,六朝王气久萧然。

寥天一雁又东飞,忍说风前气力微。
不死定应重把袂,相关端为赋无衣。
暮云春树无新旧,城郭人民有是非。
我惜年华公努力,莫教成算与心违。

剑华叠前韵见赠倍数酬之

恒舞酣歌竟莫愁,不堪同戚第同休。
五千年壤任分割,四百兆人成大囚。

渍地玄黄冤鸟血，盈庭朱紫烂羊头。
扁舟许访范蠡宅，巨浸稽天未可游。

自题小影示同社诸子索和

十易沧桑胜此身，还从海上作天民。
莫惊绛叟泥涂久，未改庐山面目真。
傲骨固应招世忌，孤心哪屑效时颦。
祖龙杀气催人急，何处桃源好避秦。

挽周实、阮式烈士联

伸汉家法，正民贼刑，烈日开云烟，精诚同拜岳忠武；
生南社辉，洗东吴耻，怒涛挟风雨，浩气常留伍大夫。

李隆建

图 1　李隆建像

图 2　李隆建南社入社书
（图片来源：《南社社友录》）

　　李隆建（有资料误为李建隆）（1888—1934.2.27），字仲庄，湖南省醴陵县北城人，毕业于岳麓高等学堂。民国五年（1916）8月由刘泽湘、黄钧介绍加入南社，入社证书编号675。

　　清光绪三十二年（1906）萍浏醴起义，同乡宁调元由孙中山派遣自海外秘密归国领导民军，在长沙被捕。宁调元在狱中授意李隆建等成立同盟会湖南支部，李隆建任文书。清光绪三十三年（1907）

生平与作品之南社部分 | 221

与刘谦等重建同盟会湖南支部。辛亥革命后，任国民政府施鹤道（今湖北宣恩）宣抚署秘书，袁世凯称帝时与仇鳌、易象等主办湖南《国民日报》。民国二年（1913）二次革命时李隆建担任护国军司令部（程潜任司令）秘书长，事败，回醴陵任渌江中学教员。民国十二年（1923）3月，孙中山在第二次护法后，在中国共产党和共产国际的帮助下，成立陆海军大元帅大本营，李隆建任大本营军政部秘书，大本营讲武学校政治教官。民国十五年（1926）国民革命军北伐，任第六军第十八师党代表，兼任国民政府监察院委员、金陵关监督、湘鄂临时政务委员会委员兼秘书长。民国十七年（1928）国民党武汉政治分会成立，复任委员兼两湖省政府委员，暨国民政府湖南省财政厅厅长。参与恢复湖南大学，增设湖南银行基金。生平历居要职，廉洁自律。民国二十三年（1934）病逝于长沙。

暂未搜集到其诗文著作。

湖南省地方志编纂委员会编《湖南名人志》《湖南大学校史》、《醴陵县志（民国版）》均有传。

挽傅熊湘联

交谊忍重论，司马文章麟史志；
客怀更愁绝，洛阳旧事鹅原心。

张汉英

图1 张汉英像

图2 张汉英南社入社书
（图片来源：《南社社友录》）

张汉英（1872—1916.7.19），女，字惠芬，一字惠风，湖南省醴陵县丁家坊（今醴陵市来龙门街道办事处丁家坊村）人。少年时就读于长沙女子中学堂，清光绪三十年（1904）公费进入日本东京实践女校学习。清宣统三年（1911）8月由傅熊湘、黄钧、阳兆鲲介绍加入南社，入社证书编号194。

张汉英于清光绪三十一年（1905）留学日本期间加入中国同盟

生平与作品之南社部分 | 223

会。清宣统二年（1910）8月与丈夫李发群一起在上海追随黄兴从事革命工作。清宣统三年（1911）10月辛亥革命爆发，11月张汉英和唐群英、张昭汉成立了"女子后援会"，同月，张汉英组织成立"女子尚武会"。民国元年（1912）2月又与唐群英组织成立"女子救援会北伐军救援队"。民国元年（1912）中华民国南京临时政府成立，临时参议院制定《中华民国临时约法》，张汉英提议将"女子参政权"载入，遭参议员中守旧人士反对。张汉英据理力争，议案得以通过。不久，与留日同学唐群英回湘创立"湖南女子参政同盟会"，创办《女权日报》，宣传女子参政。民国二年（1913）2月张汉英、唐群英等共同创办《女权日报》，成为湖南第一份女性报纸，继续宣传"男女平权，并参国政"的政治主张。4月，张汉英在上海创办《万国女子参政会旬刊》，自任会长和主编。同年8月，丈夫李发群殉国，给张汉英的精神和身体带来了沉重的打击，民国三年（1914）回醴陵，自筹经费，创醴陵女子学堂，自任校长兼教员。因积劳成疾于民国五年（1916）7月19日卒于醴陵，年仅44岁。

张汉英虽然写诗不多，流传下来的更少，但是张汉英的诗作描写现实，直抒胸臆，雄丽豪放，具有浓重的忧国忧民色彩。诗文散佚，《南社丛刻》存其日本纪胜绝句等律诗15首。

湖南省革命烈士传编纂委员会编《三湘英烈传》第三卷、湖南省地方志编纂委员会编《湖南名人志》《湖南省志·人物志》、《醴陵县志（民国版）》等志书均有传。

日本纪胜绝句四首（选其三首）

咏陇川

樱花明媚陇川西，草色如茵一抹齐。
最好风光无限处，泉声不断五云溪。

咏厬头

万里长江一望明,归舟无数自纵横。
何时一击中流楫,顿息遥天巨浪生。

咏夫妇岩

不信人间有望夫,双双对影在蓬壶。
说来痛哭贾生策,不识此君点头无。

过小姑山

癸丑秋,偕希陶诸子由沪返湘,舟中阅《参政报》得陈蜕翁诗三复不忍释手,适同伴喧呼将近小姑山矣因起视徘徊,口占三绝以志意。

正读陈诗兴味酣,同侪呼看小姑山。
波涛万顷风千折,鹄立中流独自闲。

撼触波涛年复年,发光眉黛总嫣然。
群山大陆多尘垢,秋水江心别有天。

四面玲珑水作屏,夜间风雨不胜情。
输他夫妇蓬壶里,潮出潮来醒未醒。

哀江南八首

万里光寒白刃林,鲸鲵满地气萧森。
城头碧血如泉涌,江上红旗蔽日阴。
衔石徒劳精卫力,补天不遂女娲心。
而今刀尺催应急,怕听同人说藁砧。

巍巍城郭尽欹斜,触即凄人两鬓华。
徒事干戈斗同室,岂知国柄似浮槎。
天阴若泣寒沙鬼,风急愁闻薄暮笳。

试问头颅抛几许,可能换得自由花。

阴霾叠叠障清辉,忍使英雄赋式微。
民气不随王气长,血花空逐雨花飞。
我疆我土嗟何益,平等平权愿已违。
遍野哀鸿竟谁恤,当途豺虎自丰肥。

角声凄绝紫金山,人事沧桑旦夕间。
信是金钱能夺气,敢云哀乐不相关。
慨歌壮士徒遗憾,始祸将军应汗颜。
猛虎依然困平野,沐猴今已遍朝班。

世事原如黑白棋,每从一着寄欢悲。
徒喧煮豆燃萁日,谁解开门揖盗时。
辟草固宜毋待蔓,移山有志不妨迟。
繁华胜地今佳土,遥望孟津有所思。

无端百感到心头,风雨凄凄满目秋。
纵有回文难寄意,更非化石可消愁。
愿移残骨填沧海,安得乘桴伴白鸥。
肠断不堪何处是,卢妃巷口甚扬州。

大好山亏一篑功,匪伊信誓不由衷。
鹰鹯肆逐原天性,草木翻飞自有风。
山岳崩颓云气黑,干戈掩映血痕红。
头颅愧煞余还在,何处寻师黄石公。

劫灰满地且逶迤,南望长沙处处陂。
四海沸腾鱼欲跃,万山摇落木无枝。
如虹厉气终将贯,匪石民心总不移。
寄语苍生暂容忍,恢恢天眼自关垂。

上参议院书(摘录)

自腐儒倡三纲之说,以女子隶属诸男子,于是男子以豢养女子为天职,女子亦以顺承男子为天职;故女子嫁于男子,不曰谐伉俪,宜室家,而曰执箕帚,奉巾栉;谬说流传,数千余载。女子之智识日劣,能力日薄,人格日卑,而权力悉堕于男子之手。闺阃以外,礼乐刑政,食货兵农诸事,罕得闻焉。于是庙堂之上,谋谟筹划,咸资男子,女子不能侧足于其间。嘻嘻!同是人类,何不平等若是之甚欤?兹幸神州光复,专制变为共和。政治革命既举于前,社会革命将踵于后。欲弭社会革命之惨剧,必先求社会之平等;欲求社会之平等,必先求男女之平权;欲求男女之平权,非先与女子以参政权不可。

编者注:1912年2月,女界代表以张汉英为首,有唐群英、张昭汉、吴芝瑛等20人联名上书中华民国参议院,要求妇女有参政权。

罗剑仇

图 1　罗剑仇像
（图片来源：《南社社友录》）

罗剑仇，字剑仇。加入南社编号 62。

据柳亚子先生《南社纪略》记载：民国八年（1919）举行了南社第十七次雅集，地点仍在徐园，到者 26 人。醴陵有傅熊湘、文斐、文启矗、钟爱琴、罗剑仇 5 人到会，其中罗剑仇列第 24 位，名下注明"罗剑仇，名剑仇，湖南醴陵人"（见首版《南社纪略》第 107 页）。同在此书附录《南社社友姓氏录》第 255 页载"罗剑仇，字剑仇，湖南人"。

另：张夷教授主编的《南社人物名号录》第 255 页沿用《南社纪略》记载，将罗剑仇列入《入社证书缺失、信息不详》篇章。

同时，上海金山区博物馆编写的《说剑描兰：金山与南社》一书附录中也记载了民国八年（1919）4 月 6 日在上海徐园的南社第十七次雅集，到者有余天遂、姚光、王德钟、朱翱、姚肖尧、汪文溥、宋一鸿、朱少屏、朱宗良、张一鸣、刘筠、邵力子、胡朴安、汪洋、傅熊湘、何震生、顾澄、朱凤蔚、刘远、文斐、文启矗、钟藻、罗剑仇、田桐、吴少薇等 26 人。

金建陵、张末梅二位的《南社与驱张运动——从〈天问〉说开去》一文中也提到：傅熊湘居沪期间，与"南社故旧游宴甚欢"。1919 年 4 月 6 日，傅熊湘、文斐、文湘芷、钟藻、罗剑仇等醴陵籍社员出席在上海徐园举行的南社第十七次雅集。

其他资料不详，有待进一步搜集考证。

感春

三春日夕佳，东皇助吹嘘。
起览园林秀，中心自和舒。
万壑青且芜，千山红欲酥。
群凫浴绿波，轻燕飞天衢。
欣欣物向荣，德化当与俱。

南社雅集长沙枣园用壁间
黄山谷《松风阁》诗分韵得"之"字

大劫茫茫无尽期，此身若寄更何之。
闭门种菜英雄事，去国亡家丧乱时。
旗鼓中原销霸气，乾坤战垒逼秋思。
相逢有恨凭谁诉，匣剑如龙尔自知。

挽陈其美联

识公在黄海舟次，定策在扶桑都门，永别犹记春申江分袂，叮嘱机谨将事，勿从死以丧真元，何期事军方张，大星陨落昊天暗；
被害非来歆帐中，遇刺非费祎府邸，惨祸竟与宋渔父同雁，大息奸邪当道，岂幸生而有俊杰，于今国葬不及，孤剑无灵楚客悲。

挽黄兴联

勋名在中山伯仲之间，二千年专制铲除，顿使华夏生特色；
脱化与松坡后先而去，三万里重洋缥缈，遥从蓬岛拜神仙。

钟藻

图1 钟藻像

图2 钟藻南社入社书
（图片来源：《南社社友录》）

钟藻（1893—?），字爱琴，一字耐勤，又字琴盦，号焦桐馆主，湖南省醴陵县东堡（今醴陵市沩山镇）人。民国八年（1919）4月由傅熊湘介绍加入南社，入社证书编号1067。南社湘集社员，荑江吟社社员。

民国二十八年（1939）任国民政府湖南省武冈县财税局长，酷爱丝弦，善操扬琴，是都梁丝弦委员会会长（武冈古称都梁），主编

生平与作品之南社部分 | 231

《都梁唱和集》一册。

诗文散见《南社丛刻》。

戊寅中秋日夕警报三作感赋排律廿一韵

干戈纷扰攘，节序又中秋。骨肉悲星散，流光逐水流。鼓鼙喧鄂渚，风鹤遍潭州。东壁沦秦火，南冠窘楚囚。无枝巢越鸟，有志托吴钩。明月饶今夕，繁华忆旧游。铜驼委荆棘，铁鹞恣虔刘。碧血膏馋吻，青磷灿古邱。祸从天上落，生向死中求。知剑跨驰马，长歌笑饭牛。上书徒偾事，投笔卒封侯。叔世怀羊祜，何人识马周。不须怨徭役，伫待僇夷酋天上蟾娟影，人间离乱忧。爱倾三斗酒，期扫万重愁。纵取及时乐，终当为国谋。崇朝歼突厥，指愿灭蚩尤。痛饮黄龙府，稽勋五凤楼。金瓯完禹甸，玉帛化寰球。伉爽哀时客，茫然诗思悠。

次韵和粹劳游红拂墓

千载埋香众绿丛，几经猿鹤与沙虫。
只缘情海波千叠，不美侯门禄万钟。
荒冢独留偎水渌，野花争艳映山红。
飘零久负登临约，极目乡关夕照中。

四十初度时客汉皋

江湖瓠落意多违，四十应知卅九非。
强仕无闻伤老大，凌云空自看腾飞。
高山流水知音少，断简残编探讨微。
倦鸟思归巢已覆，侧身天地我安归。

宜城杂感次泣歧韵

夜雨敲窗梦不成，驹光如驶又清明。
怀人已负游山约，感旧难忘啮臂盟。
触目青青杨柳色，惊心处处杜鹃声。
南山雾豹看腾达，枕上闻鸡忆祖生。

何处归程长短亭，凭栏怕见乱帆经。
一江水涨春潮急，万柳丝垂客舍青。
羁旅不堪闻王笛，护花空自有金铃。
坐看蜡炬成灰烬，鼓角声喧漏已停。

题红薇感旧记集义山句

濩落生涯独酒知，收将凤纸写相思。
由来碧落银河畔，分隔休灯灭烛时。
浮世本来多聚散，残宵犹得梦依稀。
洞庭湖阔蛟龙恶，天意何曾忌险巇。

满江红·送春海上避地作

又是春归，浑不管、江南羁客。更一夜、东风扫径，落红无迹。斜日帘栊天欲暮，小楼灯火人初息。怅旅愁乡梦两茫茫、难抛掷。刘伶锸，阮咸屐，祢衡鼓，王猛虱。叹年来湖海，一时都寂。世事无常黄转绿，流光易老朱成碧。黯销魂、拔剑倚长天，情何极。

如梦令·秋闺三首

尽日金闺悄悄，愁压双蛾低小。和泪理罗衣，细认新痕多少。秋到，秋到，落叶满阶慵扫。

凉夜月华如练，井字栏干凭遍。屈指又西风，怕听寒蛩凄转。人远，人远，瘦损纤腰谁管。

秋澹银河无际，万里碧天如水。斜月透帘栊，空向玉毗凝睇。无寐，无寐，遥夜漏声迢递。

联一副

药能生人，能死人，能死生人，不能生死人，希望医家病家，休借口生死有命；（武冈彭子兴出句）

兵可败事，可成事，可成败事，亦可败成事，普告强国弱国，莫安心成败由天。

袁家普

图1 袁家普像

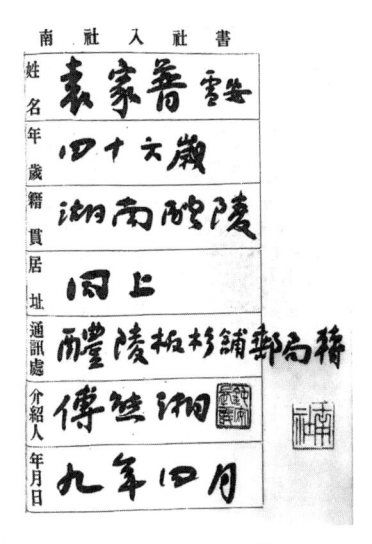

图2 袁家普南社入社书
（图片来源：《南社社友录》）

袁家普（1873.10.22—1933.9.29），字雪安，一字雪庵，湖南省醴陵县八步桥（今醴陵市板杉镇）人，后迁居转步枫树塘（今醴陵市茶山镇）。少入渌江书院，23岁补博士弟子员，后留学东京早稻田大学，毕业后依例授法政科举人。民国九年（1920）由傅熊湘介绍加入南社，入社证书编号1081。南社湘集社员。

民国元年（1912）3月任南军政府军政部参事，军政府文官考试考试员；4月，与蔡锷共同发起成立统一共和党，任滇支部副支部长。后合并于中国国民党，于中国国民党成立大会当选备补参议。5月至7月任云南军政府财政司司长。民国二年（1913）2月至民国三年（1914）8月任云南民政长行政公署国税厅筹备处处长，同年3月至9月任云南民政长行政公署财政厅厅长。民国四年（1915）充经界评议委员会委员。其间，民国二年（1913）7月任北京国民大学（中国大学）校董、教务理事兼代理校长；国立法政学校教务长。护国讨袁时离京至沪。民国五年至六年（1916—1917）任职湖南省省长公署财政厅厅长兼湖南银行督办，创设稽征讲习所，训练稽征人员，扫除衙署积弊。民国六年（1917）谭延闿督湘时，总理经华纱厂（后改湖南省第一纱厂、第一纺织厂），民国七年（1918）为声讨湘督张敬尧祸湘罪行，偕文启蠡走上海，与傅熊湘、彭兆璜等组织湖南善后协会，编撰《湖南月报》《天问周刊》大兴"驱张"之师，张敬尧竟因之震怖弃职。民国九年（1920）任湖南工业总会会董。民国十年（1921）任湖南省公路局长，募款得数十万元，修建湘潭至宝庆公路。民国十三年（1924）冬，任京兆尹公署永清县知事。民国十四年（1925）回湘，值连年水旱灾害，亲赴北平华洋义赈救灾总会借款五万元，兴办宁乡、汉寿、益阳（今益阳市）、沅江（今沅江市）、湘阴、临湘（今临湘市）六县农贷，帮助灾区恢复生产。同年任国民政府教育部秘书。民国十五年（1926）国民革命军入湘，任湖南军资处委员长。后历任三十五军秘书长、武汉铁路运输司令、湖北省政府委员兼秘书长。民国十六年（1927）任山东济案调查委员会中国委员。民国十八年（1929）任财政部湖南特派员，民国十八年5月至民国十九年（1930）9月，任山东省政府委员、财政厅厅长，同年6月受国民政府教育部委托与蔡元培、傅斯年等9人组成国立青岛大学（山东大学）筹委会参与筹建国立青岛大学。民国十九年至民国二十年（1931）任国民政府安徽省政府委员、财政厅厅长。同年醴陵县立图书馆创立，捐献《万有文库》。民国二十二年（1933）病逝于江西庐山。

其女袁昌英，中国知名女作家、教育家，"珞珈三女杰"之一，1973年卒于醴陵，与其父同葬于故乡骆家坳。

袁家普有《雪安遗稿》存世。

湖南省地方志编纂委员会编《湖南名人志》、《醴陵县志（民国版）》均有传。

过刘其营马上踏青

马蹄步步踏春风，身在长林万树中。
极目一行三十里，梨花雪白杏花红。

和何浴沂五十生日

两鬓如丝咸岁华，不由豪士不兴嗟。
良朋几见披肝胆，寰海何人护国家。
尘土功名醒旧梦，糟粕文字喜新加。
再过十五年间后，退种袁园万本花。

寄题渌江桥即赠陈君盛芳

渌江桥上好风光，但愿人人陈盛芳。
八十万人皆好善，匹夫有责负兴亡。

游金蕉山

洗净胸中万斛愁，负人负我付东流。
而今且学陶朱法，不向权门拜五侯。

明妃墓

国耻当年事可伤,和亲休得怨君王。
提兵百万狼烟地,不及明妃一笑强。

汤山温泉

绿树阴浓坐小池,荷花红白两三枝。
静观止水明如镜,闲听莺歌啭若丝。
半世浮名成幻梦,偶逢佳兴有新诗。
故园一段金刚论,悟到平生是此时。

秦淮父女重逢喜赋

四月二十二日乘津浦特别快车出都,二十三日午后二时半抵金陵。少顷兰子、端六亦到。父女长年隔别,喜极而泣,至性至情,不能自已也。二十四日聚秦淮河金陵春酒楼,表现一种天伦至乐,偶成二绝,以为纪念。录寄亦诗世界主人,倘蒙中个骚人赐和,则欢感不置。

一别长沙已六年,梦魂想见剧堪怜。
学成万里归来日,把酒秦淮四月天。

好将艰苦付东流,走马湖边看莫愁。
杨柳依依人得意,慈亲爱婿一同游。

登泰山

名山千古共推宗,仰视岩岩万丈峰。
直上冲霄最高处,有如身化在天龙。

题记泰山石刻

愿同胞努力前进,上达极峰,独立南天门。高瞻远瞩,捧日孥云。可以张志气，拓胸襟，油然生爱群救世之心。感斯山之永固兮，国家柱石日严日峻，巍然吾民族之威棱。

高公纪念碑

乙丑春，解梁薛公笃弼，为京兆尹，檄余宰永清，除旧布新，既有日矣。父老多谈高谦甫遗事，且颂其功德不置云。公名绍陈，西蜀渝人也。逊清庚子之变，适今永，时则教堂毁，教士戕，地方骚扰。七月，吕军至双营，匪阻于河，诳奉高命，吕怒欲杀高。墟城以逞，高冒险谒吕，白其诬，吕围解。八月，义和拳数千人围城，逼高索粮械，高诡称有大兵自东安来，匪惧而逃。九月，英兵万人来驻南关，决屠城以复仇。高见英帅，慷慨陈词，辨良莠，卒罚锾四万两议和，而屠戮之惨以免。十月德兵千余屯西门，枪杀防兵二百人，且囚系居民四百余，将尽歼之。高与游击陈长青长跪雪中，愿以身代，留此孑遗。外兵殴辱高万端，气存一息，体无完肤，卒感于诚，生数百人，高亦以此病濒于危也。自时厥后，传家场望河楼皆有匪戕外人事，高周旋于英德将士之间，疲于奔命。斯役也，筹措赔款十万有奇，供应联军四十余次，擒斩拳匪百数十人，以惩首恶。焚毁拳册万数千户，以释胁从。当时之忧勤，盖可知矣。而其义侠艰贞，亦可谓至矣尽矣。出万死不顾，一生之计以拯斯民，抑何勇忍至此哉，近世有守土之责者，临难苟免，皆是也。如高公者可以风矣。

永清县署进思堂联

及时惟有向前进；
作事当留去后思。

挽傅熊湘联

去世有何伤，只留诗料酒怀豪情未已；
归灵诚可痛，忍看孤儿寡妇血泪为枯。

挽黄兴联

徒手造共和。记日前惠我音书，尚说闲云留小住；
英灵满天地。倘念此阽危家国，长教海水息群飞。

黄钧

图1 黄钧像

图2 黄钧南社入社书

（图片来源：《南社社友录》）

黄钧（1889—1943），字梦蘧，号栩园，别署三谁，又号双修主人，书室号双修堂。湖南省醴陵县黄獭嘴（今醴陵市枫林镇）人。毕业于湖南高等实业学堂。清宣统三年（1911）5月由傅熊湘介绍加入南社，入社证书编号149。南社湘集社员。湖南船山学社社员。

民国二年（1913）曾任上海《铁笔报》《长沙日报》及南洋巴达维亚《天声日报》编辑、总编等。在程潜任护法军湖南总司令时参与军旅。民国九年（1920）任湖南护国军秘书，不久又担任国民政府临武县县长。民国十一年（1922），赴南洋荷属爪哇巴达维亚，当地的《天声日报》为中国国民党巴达维支部所办，黄钧任总编。民国十四年（1925）回国，任长郡中学教员。民国十七年（1928）任湖南《国民日报》编辑，后历任国民政府湖南省政府禁烟委员会秘书、第八军第十一师政治部主任。民国二十二年至二十三年（1933—1934）与同乡刘谦一同任国民政府湖南省财政厅秘书。民国二十七年（1938）任第二十八军司令部主任秘书。民国三十一年（1942）去职回乡，任国民政府醴陵县志局编纂，参与《醴陵县志（民国版）》编纂工作。民国三十二年（1943）4月去世。

黄钧著有《一昔词》《栩园遗集》《南洋》等著作。《南洋》由中华书局出版。诗文散见《南社集》及各杂志。

《湖南大学校史》《醴陵县志（民国版）》均有传。

落梅

三十六宫春意满，梅花处处寄行踪。
半帘疏影三更雨，二月江城一笛风。
阁部衣冠温玉骨，寿阳粉黛艳残红。
清华不受东皇宠，飞入春山春雨中。

次韵和钝根《闻韩事有感》

旧臣箕子今何在？故国萧萧靡所家。
枫落牙山秋色冷，璧衔汉水夕阳斜。
晓霜欲作漫天霰，蔓草翻滋遍地华。
休道鸥夷甘乐国，须知螳臂不胜车。

乙酉长沙寿钝根

钝根我良友,十龄即识之。一朝复一暮,日月如电驰。相识已十年,聚首曾几时。年年逢九月,各在天一涯。秋风起空谷,远道多悲思。悲思日以极,相见日以迟。今年相聚久,喜是重阳后。细雨渡江来,饮我黄花酒。座中更有谁,方君与蜕叟。斯乐其陶然,年来亦何有。明年当此时,知复如今否。一杯复一杯,聊以为公寿。且饮今日欢,何用祈黄耆。人生贵达观,世情任翻复。昔人曾有言,头白黄粱熟。百年如一日,久矣何云速。一日如一年,羲轮缓其毂。公元约以日,九千三百六。茫茫来日多,鬓丝未易秃。感此意良慰,奚论千秋祝。

生日自寿并寿旭芝

生平好花兼好酒,更喜风雪满林阜。余生十月岭梅开,大雪纷纷叩窗牖。年年有雪也有花,对此每倾三大斗。方子旭芝字艮崖,为余四五年前友。余之所好与君同,余生又在君之后。今年同学麓山巅,共持杯酒相为寿。岭梅未开篱菊残,无花无雪亦何有。既无花雪又无诗,两情脉脉空搔首。自寿寿君皆无词,延及仲冬月十九。吹葭六琯动飞灰,山意冲寒欲放梅。云黯暮寒天欲雪,红炉银烛倾金罍。主人颓然客亦醉,一杯一杯复一杯。梅含笑屑雪堆砌,击破铜壶诗句催。酒酣上笔无一语,爬耳搔首空徘徊。梅云我将竭姑射,为君助兴题诗席。雪曰天公命我来,重助寒威添一尺。惟酒不笑也不言,闭眼低头双颊赤。对此不觉两忘机,新诗缕缕生胸膈。拈来写作祝寿歌,纵横颠倒书于册。人生欢乐几何时,百年速如驹过隙。美恶当时之所为,转瞬便已成陈迹。古今谁寿亦谁夭,世事谁宽亦谁窄。秦皇汉武称英雄,依然骨冷荒郊陌。不如兴至为所为,何必求仙问龟策。我歌至此心怡然,梅花冷颤雪花积。酒醒相对各无言,灯影沉沉四厢白。

舟入洞庭有怀

行舟故国烟云外,思入平湖浩荡中。
别恨满江春水绿,相思一夜豆花红。
牵人情绪有芳草,涤我襟怀多好风。
万里河山此清绝,武昌南岸洞庭东。

望君山

三春岳阳树,千古洞庭波。
胜有君山在,望中佳景多。
远游殊寂寞,为汝发吟哦。
去去频回首,烟云障泪罗。

过黄牛峡

扁舟晓过黄牛峡,冉冉浮云四面开。
莫怨片帆飞不过,如花流水上船来。

夜泊青滩

滩前残月寒复寒,滩下涛声湍复湍。
夜来青滩滩上客,料应无梦到家山。

峡中遇风欣然有作

峡中水势来天上,万壑群山眼底排。
帆饱东风健如马,乱云无绪落悬崖。

锦城纪游九首

小雅沦亡孰嗣音？空山迢递费追寻。
杜公祠宇春容老,堂上槐阴一尺深。（工部草堂）

百卷诗成公倦矣,精神耿耿塞洪荒。
时人亦有惊人句,不敢题诗向草堂。(拜少陵像)

六十年间万首诗,划除柔靡育雄奇。
诗人老去音容在,团扇纷纷觅画师。(拜放翁像)

名山终老复何求?傲骨嶙峋世所羞。
读罢士甘燔死句,人间何处觅公侯?(拜涪翁像)

重整吟鞭一驻车,春魂颠簸夕阳斜。
城南十万金铃解,流水声声唤卖花。(百花潭)

将军雄武气纵横,宝马雕弓出锦城。
万里摇鞭一挥泪,东南云气满长缨。(万里桥)

武侯祠畔春归晚,隔叶黄鹂又一声。
策马南来增叹息,凭栏一吊为苍生。(武侯祠)

天下英雄数使君,曾凭龙虎弄风云。
难堪锦水春归日,桃李无言对古坟。(谒昭烈惠陵)

历劫丹成道万千,飞升鸡犬亦神仙。
补牢解识人间苦,故使青羊不上天。(青羊宫)

夜泊嘉定望东坡读书楼有感

肠断当年水调歌,余音犹自泣蛟鼍。
乘风我亦欲归去,天上寒温近若何?

涂山咏怀

破碎河山不可支,渝城险峻至今夷。
鼓鼙江上声悲壮,万国衣冠异昔时。

生平与作品之南社部分 | 245

题钝剑花前说剑图

高子钝剑人中龙，绮情豪气夙所钟。万梅绕屋花正浓，酒酣斫地剑如虹。奇气一发不可穷，对花说剑情醇酞。我闻古有虬髯公，袖花挟剑行天空。龙泉闪烁花影红，掀髯一笑天生风。又闻公孙饶丽容，横波回眸娇芙蓉。鸳鸯绦系凤头骢，翩魅妙舞飞霜锋。高谈俊辩开心胸，花耶剑耶将毋同。阿谁渲染夺天工，着我风流雄武中。倚天问剑谁雌雄，大声叱咤惊鸿蒙。直扫胡貉吞羌戎，奠西海西东海东，还剑匣裹告成功。

生日感事

二十三年事可悲，茫茫来日死无期。
东西南北难为我，龙虎风云会有时。
不为功名定哀乐，且随人世笑顽痴。
纷纷余子何堪数，书剑飘零欲语谁。

金陵访杨烈士卓霖墓阻雪不果

风雪江南路，干戈大地愁。
客乡骭肉感，世有凤麟忧。
故鬼嗟何及，新人笑未休。
呜呼季子墓，千载与谁俦。

题痴萍庚戌菊隐图

义熙以后成何世，忍向云天振羽翰。
抱得秋英寒不落，西风底事劝加餐。

漫道人痴我亦痴，天花片片着身迟。
披图对立无言说，等是当年未见时。

新年感事

重理屠苏旧酒杯,心情历乱百堪哀。
雨余草木饶新泪,劫后英雄半死灰。
傀儡登场真是戏,珊瑚树海不成材。
试看歌舞欢腾地,又见胡儿策马来。

残灯明灭动星辰,夜气沉沉集此身。
万窍风生闻鬼语,一山松老作龙鳞。
渐知世运多磨蝎,颇觉胸怀贮古青。
桃梗土人原一例,江湖十载孰为亲?

落梅二首

东风一夜吐繁芳,万树官梅尽解妆。
春暖绣闱人弄笛,月铺疏影土眠香。
未随云雨沉巫峡,应有仙魂返帝乡。
此日花开复花落,江南江北马蹄忙。

风雨潇潇满玉堂,诗吟东阁倍神伤。
冰心懒与争春色,素手曾经点晓妆。
梦断罗浮空有月,歌成艳曲不闻香。
此身好向瑶台去,休伴红泥护众芳。

题钝根红薇感旧记

严霜凛凛飞清秋,潇湘九月啼猿猴。风尘满目歌行路,惆怅何人识马周。溧阳不作漂母死,谁怜千里更万里。人生漂泊本寻常,千金一饭难为尔。渌江有女擅芳华,自怜薄命长咨嗟。愿将两字同心结,编就南天并蒂花。十年结客徒奔走,如此温柔足消受。水尽山穷一驻车,天荒地老重回首。回首章台走马时,春风人面曾相知。

怜他复壁营金屋，好梦重重不自持。一时珠履如云集，菊影梅魂待搜辑。不知门外有风波，酒痕犹自青衫湿。昨夜风闻市虎来，张牙舞爪声如雷。纷纷鸟鹊惊飞去，别鹄离鸾大可哀。相逢苦恨欢娱乍，相思两地无闲暇。楚国羁臣日暮时，汉宫佳丽清秋夜。影事如烟不久留，沉沉香锁媚香楼。伤心岂独候公子，一例芦花叹白头。蛾眉自古人尊重，明妃已得单于宠。谁向天涯觅押衙，万千心事如潮涌。学道微之未忘情，金钗钿盒忍寒盟。抽思为赋玲珑记，感旧留题琬琰名。吁嗟夫！从来销骨原积毁，天壤茫茫几知己。红袖红薇郑重传，未应轻相东山妓。

怀海上诸友

海上争传陆子美，词场忙煞柳屯田。
文人自古多哀怨，一曲歌成一黯然。（柳亚子）

三年不见高钝剑，一纸难言此别离。
寄我双鱼未曾振，花前把剑立多时。（高钝剑）

帘幕沉沉掩画楼，也曾大醉唱梁州。
匆匆相见匆匆去，载得潇湘一舸秋。（陈佩忍）

与君相聚日稍久，一别行踪两不知。
往事如云姑莫论，何时重与订来期。（宋痴萍）

旧交零落几人存，各有愁怀未忍言。
剩水残山倘撑住，会当樽酒与重论。（朱少屏）

时局如斯感不禁，天涯把笔费沉吟。
等身著述肝肠热，总有难言一片心。（胡寄尘）

掇拾丛残为阐幽，著书岂必稻粱谋。
风狂雨横天如晦，一卷披吟郁百忧。（姚石子）

问字玄亭已十年，浮生踪迹渺如烟。
洞庭衡岳堪行脚，尽有人间未了缘。（苏曼殊）

时事只今不可说，如君默默已难能。
车尘马迹人间世，覆雨翻云已不胜。（陈布雷）

大汉天声久寂寥，沧浪亭畔忆前朝。
精禽有恨偏难诉，大海茫茫激怒潮。（张默君）

羁栖海上一逢君，时听江涛卷楚氛。
绮思豪情消不得，商量出处到红裙。（俞剑华）

题亚子分湖归隐图

胜秀桥头忆故居，披图应似廿年初。
碧梧苍石遥相映，五百年来续旧书。

坠欢重拾本来难，郁郁心情感万端。
湖水湖烟浑莫辨，输君收入画图看。

似闻越女传金粟，几见吴娃唱竹枝。
大好河山谁管得，恼人毕竟是相思。

年来我亦飘零惯，闲却家园未有图。
所至已无干净土，湖光客我一分无。

于临武县署营栩园成寄钝安并报荽兰著花之喜

幽居僻县无多事，刈却榛芜见此园。
犷草蛮花皆不碍，野池荒榭一时尊。
新来乳燕犹将子，老去疏筐已有孙。
莫讶盆兰凋谢尽，昨宵一蕊出灵根。

堂上风清鸟雀喧,飞花时复隐芳尊。
一春多雨万事足,六月无霜百不冤。
尘世茫茫甘吏隐,青天荡荡看鹏骞。
澧兰寄赠伤迢递,海角相思忍更论。

南岳八首

盛夏炽骄阳,晴空荫尘浊。
相与觅幽栖,行行至南岳。
小憩三元宫,披图共商榷。
峨峨朱明峰,青翠出檐角。
陟降敢辞劳,此志在胜踔。

山头七二峰,殿前七二柱。
峰峰自攒簇,柱柱相依辅。
宝鼎热龙涎,缥缈通天宇。
盛德望崔巍,覃恩自周溥。
瞻拜历庭阶,仿佛明神觌。

世运有推移,宇宙无始终。
大地一撮土,万古凭空蒙。
畴言帝王姿,由于地脉钟。
劳民非所顾,直欲回天工。
遂合九仞山,锤凿成奔骐。
岂知径路绝,上有风云通。
断者固已拙,接之将毋同。
漫嗟只废事,一笑跨长虹。

涧水自天来,涓涓流不已。
屈折下崖阿,错综成文理。

鲛绡乙乙抽，锦浪差参起。
山色荫前葱，波光漾红紫。
观水必观澜，世人宁解此。

造化孕神奇，锻石作狮子。
狂风日夜吹，势欲擎云起。
极张奋迅威，似解啴呻理。
语彼山中人，莫作寻闲视。
拥座百宝生，天人共加被。

才过石板桥，白云生翠巘。
暑气黯然收，峰云自扃键。
天风一线来，皓日当前暄。
云开何足奇，安用夸忠恳。
兹游迈古人，余生未为晚。
新城垣道宽，益觉篦舆稳。
休言已半程，登高不计远。

邺侯读书台，一椽大如舸。
何处懒残崖，四壁烟云锁。
当年夜话时，抵掌谈因果。
宰相十年心，牛粪三更火。
此意知者稀，寒涕垂膺坠。
万卷苦研求，何似山中坐。

未至南天门，祝融不可见。
赤帝睨诸天，芙蓉散银霰。
天柱尤昂然，祥光骇流电。
矫首胜青室，峙列互雄擅。
祝融出其巅，群峰咸仰眄。

寄语登山人，慎毋自矜炫。
一朝跻昆仑，祝融亦平衍。

长沙琴庄雅集分韵得"世"字

沧海泛仙槎，幽燕事游憩。
春风送我归，重与麓云契。
喜兹城郭存，遂忘白日逝。
往岁遘重阴，权奸恣睥睨。
伥虎而教猱，盗国师秦帝。
大陆起龙蛇，朔风摧兰蕙。
搔首看中原，欲挥已无涕。
岂知劫后身，睹此风景丽。
今夕是何年，今世为何世。
且尽杯中物，休问人间岁。
太平会有期，安用争权势。
与为鸡犬先，宁学鱼尾曳。
一笑看陈抟，相与揭其谛。

西湖杂咏之登宝石山

究竟南高抑北高？双峰各自逞岧峣。
岳云倘有飞来日，蚁垤相看未是骄。

西湖杂咏之法相寺瞻

因缘生法本来空，色相排出亦未中。
留得一龛遗蜕在，化身应与法身同。

水龙吟·夜游哈同花园筹赈游览会

晚风吹度帘栊,玉楼倒影银河净。雷车十里,电龙双扇,珠光掩映。倚遍栏干,罗襦冰透,秋宵漏永。望天边一角,愁云黯淡,浑不似、承平景。　　江北江南万顷,莽荒烟、断垣颓井。西风日暮,倚门长叹,秋尘生甑。几度回肠,几番搔首,吴江萧冷。问胭脂队里,王孙能否、解千金赠。

点绛唇

生小娇憨,画楼爱听风和雨。春光无主,花落知何处。　　解识侬欢,不识侬心苦。天涯路,多情似汝,拼把浮名误。

眼儿媚

山桃带雨不胜娇,红锁木兰桡。一春心事,万重哀怨,几度魂销。　　风狂雨横何时歇,客路总迢遥。金铃谁护,绿腰谁奏,红烛谁烧?

如梦令

眉眼盈盈秋水,那禁娇羞如许。倚笛按歌清,吹落梅花无数。三五。三五。人在广寒深处。

醉太平

楼高月明,风微笛清。红灯绿蚁盈盈,问何人醉醒。　　三更两更,乌啼雁鸣。一时并入银筝,似渐离筑声。

菩萨蛮

红楼几度曾相识,春风秋月多萧瑟。门巷认依稀,垂杨鸦乱栖。

落花风正急，莫向花前立。何处是红颜，夕阳山外山。

邹砚农遗稿序

砚农沉默寡言笑，貌渊然有度。顾其为文，辄雄奇峭拔，下笔千言。始余应童子试，识之于长沙，其诗文即独异于众。越四年，余主邑高等小校，砚农始入渌江中学。淬掌自励，不常渡江，闻其文则骤进于古。旋改入长郡中校。校固多醴人，余居麓山，时有携榼访胜、来相过从者。而砚农则寂寞自守，左图右书，覃思靡剧。未几，余自蜀归，询之，卒矣。可悲也夫！

夫夷狄见侵，斯文沦丧，趋时之士，鲜不沉醉伥庐，土苴国学。即间有一二治文学者，大都捃搪倭奴唾馀，冗琐贻诮。求欲如砚农之寝馈于古，不肯以俗学自敝者，诚空谷之足音也。

砚农姓邹氏，名宜柱，卒于清宣统某年，年二十有几。卒后三年，余与尊甫达臣先生同主乡校，出砚农遗稿一编，凡诗若干首，论议序跋之文若干首。余读之，才气纵迈，而不流于冗，博而要，言大而非夸，大有类乎古人之作。昔梅伯言叙舒焘遗集曰："伯鲁之文，未至于古人夐绝之境。若假之年，非古人复绝之境，无以位之。"呜呼！以砚农之才，而不幸短命以死，则伯鲁之境也。余为之序，有余痛焉。

傅道博

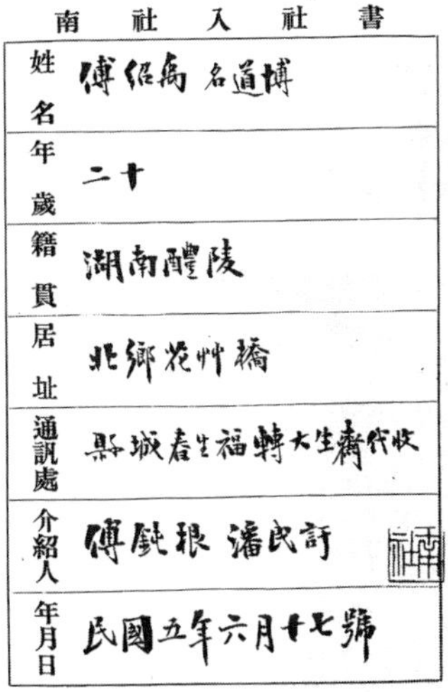

南社入社書

姓名	傅紹禹 名道博
年歲	二十
籍貫	湖南醴陵
居址	北鄉花艸橋
通訊處	縣城春生福轉大生齋代收
介紹人	傅鈍根 潘民訏
年月日	民國五年六月十七號

图 1　傅道博南社入社书
（图片来源:《南社社友录》）

傅道博（1896—1951），字绍禹，号沼采，书室名蘼芜阁。湖南省醴陵县黄獭嘴（今醴陵市枫林镇花草桥村）人，湖南公立法政学校毕业。民国五年（1916）6 月 17 日由傅熊湘（即傅钝根）、潘世谟（即潘民訏）介绍加入南社，入社证书编号 632。南社湘集社员。

民国十六年（1927）1 月至 3 月任国民政府江西省广丰县县长，同年 5 月至 6 月任国民政府江西省浮梁县县长，民国二十三年（1934）任国民政府湖南省政府秘书处第一科科员，民国二十四年（1935）至民国二十六年（1937）任国民政府湖南省沅江县县长，民国三十六年（1947）应聘醴陵县文献委员会专任委员。

诗文散见《南社湘集》各期。

甲戌残冬有沅陵之行将别长沙书示内子滁霓

六年蛰处悲寥落，此日情怀倍惘然。
寒暖漫劳频嘱咐，别离尝试转新鲜。
霜风拂面冷如水，俭岁持家汝自贤。
少已蹉跎行老去，出门何意笑堪怜。

沅陵除夕

残年爆竹声中尽，独坐危楼无限思。
廿载韶华同水逝，一腔孤愤有谁知。
五溪蛮古为边患，马伏波功记汉时。
竟日侈谈安远略，梦回清夜自矜持。

一冬无雨如春暖，天恫斯方苦乱离。
朴茂民风传上古，崔嵬山势阻蛮夷。
从来流寇误姑息，今日诸侯竟老师。
千载兴亡同一辙，茫茫大地更何之。

乙亥九月四十初度

十年不睹斯民苦，浩渺烟波江上愁。
抱蔓已无瓜可摘，感时空有泪双流。
敢矜忧乐关天下，漫把心期付海鸥。
醉罢歌声出金石，苍茫日色看吴钩。

题沅江县署子民堂壁有序四首

宋沅江令唐介，字子方，江陵人，治沅有循声，曾建有子民堂，久圮，先钝安师十七年，宰沅时循览方志，慕其为人为复旧额，予于乙亥六月来沅，距先师在沅时已八年矣，感事怀人，怆然有作。

重题旧额子民堂，循吏争传唐子方。

千载名言仗忠信,十年人事感沧桑。
前贤风骨有谁继,此日流亡转自伤。
记取当时同立雪,即今多已鬓毛苍。

一卷琼湖唱和诗,至今遗老苦相思。
况当百孔千疮日,更念甘棠召伯时。
政教平敷劳抚字,桑麻取次见葳蕤。
薪传富国安民策,终竟如何不自持。

端居感想意如何?师友平生历历过。
一自红羊成浩劫,独留荒冢伴姮娥。
传经石室悲前事,骂座王仙记醉歌。
回首廿年如隔日,无端情景更蹉跎。

当年影事记依稀,一夕匆匆驻马蹄。
今日重来寻往迹,空余手迹寄相思。
奇才朴学世所重,文采风流信有之。
惭愧未能绵既往,十分期许负吾师。

丁丑上巳南社同人雅集长沙妙高峰南轩图书馆以朱晦庵张南轩两先生卷云亭诗分韵得"君"字

年来婴世网,尘俗累纷纭。
喜兹修禊日,得结鸾鹤群。
南园信高敞,胜迹旷代闻。
风和白日丽,树老绿叶新。
城居苦湫隘,方知大地春。
煮酒论当世,英雄操使君。
兴尽各归去,陶然醉颜醺。
即此是真乐,何为忧屈伸。

水龙吟·长沙曲园甲戌重九雅集以陶诗采敬东篱下三十字分韵得"见"字

年年秋到重阳,登临高会招群彦。红羊劫后,旧时复社,风流云散。字怯题糕,山嫌落帽,壮游都倦。算闲来只有,就荒三径,花依旧,时相见。　　不是登楼王粲,蓦西风、无端幽怨。草凝露冷,霜侵叶老,梧桐庭院。故国山河,南朝旧事,可堪长叹。怕凭栏极目,芜城冷落,剩双飞燕。

浣溪沙(集句)

马邑龙堆路几千,春愁暗暗独成眠。一弦一柱思华年。明月好同三径夜,绿杨花扑一溪烟。月光如水水如天。

侍女新添五夜香,望仙楼上望君王。蓬莱宫在水中央。同穴窅冥何所望,小姑居住本无郎。可怜飞燕倚新妆。

来是空言去绝踪,画楼西畔桂堂东。眼看春尽不相逢。二女庙荒汀树老,东山事往妓楼空。辞根散作九秋蓬。

菩萨蛮

芙蓉帐里鸳鸯枕,红罗被上同心锦。往事杳如烟,恼人轻暝天。离愁知不浅,麻乱浑难剪。双颊透轻红,高楼花信风。

宫妆新抹梅花额,琵琶斜抱频教隔。长忆见伊时,那应成别离。凤钗留一股,莫忘樽前舞。此意仗郎知,应为连理枝。

忆江南·题亚子分湖归隐图

分湖好,最好正芳春。风送柳堤莺语暖,晴喧翠陌燕泥新,分咐理丝纶。

分湖好，最好麦秋天。野敞天陲迷远树，风低水面走轻烟。人在酒家眠。

分湖好，最好是清秋。烟澹笛吹疏柳岸，月明人倚小江楼。洲渚散群鸥。

分湖好，最好是初冬。枫叶萧萧天瑟瑟，霜风猎猎雾蒙蒙。天地一渔翁。

分湖好，最好集群贤。芳雪疏香吟往日，碧梧苍石画当年。粥粥柳枝传。

分湖好，最好画图中。澹荡烟波湖水绿，参差楼阁夕阳红。风物往年同。

误佳期

庭院深深几许，杨柳青青无语。斜阳只管做黄昏，不管侬心苦。燕舞石尤风，花落清明雨。杜鹃枝上遍啼红，依旧春无主。

绿意·自题麋芜阁

溪山胜处，有竹篱茅舍，留人小住。绿润窗纱，红暖帘栊，清绝一庭幽趣。朱栏曲折梧桐院，更别有，斜阳千树。试登楼，一晌徘徊，四壁青山无语。　　最好春秋佳日，任临水登山，翱翔容与。浪迹风尘，结客江湖，回首当年都误。英雄百辈风流尽，总付与，大江东去。惜芳菲，写入离骚，不管悲秋风雨。

菩萨蛮

笙歌起处光明灭，梨花庭院飘香雪。独自蹙双眉，月来深院迟。不堪频对镜，泪脸红相映。湿透绛衫襦，春山啼鹧鸪。

菩萨蛮

一双翠羽金鹔鹴，小池细皱春波碧。隔院种红梨，新来开几枝。镜中轻粉靥，头上花蝴蝶。原草长菲菲，莫教欢乐稀。

菩萨蛮

妾心已作沾泥絮，飞飞不惯随风雨。醒后味偏长，无言怆晚妆。韶华真可惜，过后空追忆。花好会当残，应怜孤馆寒。

高阳台·自题万木楼

古木千章，危楼一角，晓来好听流莺。雨足春肥，小桥溪水泠泠。牧童短笛横牛背，更前村野寺钟声。弄新晴，江燕双双，无限闲情。　　人生自古浑如梦，叹隙驹易过，蕉鹿难醒。往事如烟，韶华误尽浮名。元龙高卧，雄心减，倩何人写入丹青。伴清吟，落絮飞花，香满衣襟。

陂塘柳·题哲夫画赠《高柳水堂图》

问佳人、是何身世，水堂山馆留滞。烟波潋荡喧鸥鹭，碧柳弄风摇曳。还更喜。有绕屋山花、簌簌红无比。朱栏俊倚。尽肌骨阑珊，风姿绰约，正自饱情味。　　人间世。何处销魂有是。飘零那得来此。他生万一重来也，定向个中投止。浑不似。怕渔者桃源、往迹迷前地。画图纵纪。但恨海情天，几时了断，即此也痴意。

醴东傅氏二修族谱序

傅氏在醴陵者有三支，一为东乡尚宝，一为渌口凤凰冲，一即我北乡崂山也。类皆聚族而居，孙支蕃衍，代有贤达。幼时尝闻族父言先人曾有倡修合谱者，惜未果行。先师钝安师生前亦数言之。

徒以世变纷纭，迄未宁处，致盛举久稽，殊可慨也。甪今科长博学多能，勇于任事，尚宝支之贤者也。与予共事于省府有年，亦有志于修总谱事者。顷以其尚宝支二修族谱索序。予窃维谱牒之学，至唐宋而大备，后世所赖以维系国家社会人心于不愈者，其功实非渺小。近世邪说奋兴，社会鼎沸，其来固非一端。然族约之不严，谱牒之不修，父兄失教，伦常不立，亦未始非致乱原因之一。尚宝支族人竟能于世衰道微之日，毅然以续修族谱为重，其识见宏远，非常人所可几及。岂仅合乎敬宗收族之谊？其有功于世道人心，盖非浅鲜也。是为序。甲戌孟冬同邑崂山支嗣孙绍禹谨序。

傅熊湘

图1 傅熊湘像

图2 傅熊湘南社入社书
（图片来源：《南社社友录》）

傅熊湘（1883.9.19—1930.12.15），又名傅尃（又作勇），字文渠，一字钝根，改号屯根，一作屯艮，号君剑，别号钝安，亦作屯安、屯庵、屯庐、倦还、倦翁。别署干将、无闷、文殊、尹金、红薇生、红薇、红薇馆主、红薇居士、声焕、更生、青苹、金屯、孤萍、孤萍客、钝剑、觉夫、莫邪、湘君、湘累、湘纍、德巍。室号太山石室、红薇馆、废雅楼、尚友草庐、南山石室、息影阿、梦甜室、梅笑轩、鹪借居、繁霜林。湖南省醴陵县黄獭嘴乡崂山（今醴陵市枫林镇双井村）人。幼随父就读。继入渌江书院、岳麓书院，师事长沙王先谦、同邑吴德襄。清宣统元年（1909）由江苏金山（今上海金山）高旭（即高钝剑）介绍加入南社，入社书编号35号。民国元年（1912）在长沙主持成立南社长沙分社，民国十一年（1922）新南社成立，傅熊湘加入新南社。民国十二年（1923）1月，傅熊湘与南社社友陈去病、刘谦等人以"保存南社旧观"为宗旨，创南社湘集于长沙。4月6日，南社湘集举行第一次雅集，傅熊湘选为社长。除定期召集雅集外，并编辑出版《南社湘集》。同年11月，《南社湘集》第一期出版。

清光绪三十一年（1905）傅熊湘与宁调元等一起从事反清革命，加入中国同盟会。清光绪三十二年（1906）与宁调元、陈家鼎、仇亮等在上海创办《洞庭波》杂志，因反清色彩甚浓，被清政府查禁。同年在上海创刊《兢业旬报》，宣传革命，傅熊湘、张丹斧、胡适先后任主编。萍浏醴起义失败后回醴陵，先后在醴陵渌江中学、江西萍乡中学、江西萍乡正本女校、湖南长沙明德学堂任教五年。清宣统二年（1910）至苏州与张默君编辑江苏《大汉报》。清宣统三年（1911）赴上海参加《南社丛刻》的编辑工作。同年，返湘，主编《长沙日报》。辛亥革命后，袁世凯窃取政权，傅熊湘常在报刊著文反袁。民国二年（1913），汤芗铭督湘时被通缉，幸友人刘镜心掩护脱险归醴，重在王仙教学，并著有《环中集》。民国五年（1916），袁世凯毙命，程潜督师入湘。傅熊湘出主《长沙日报》，因抨击北洋军阀，报馆被毁。民国八年（1919）五四运动后，湖南发起驱逐反动军阀张敬尧的运动。民国九年（1920）2月，湖南驱张代表团到达上海，创办了《天问》周刊，并在霞飞路277E号（今淮海中路523号），设立编辑兼发行所，编辑者是傅熊湘和彭璜等人。同年，张敬尧被逐出湖南，傅熊湘回醴陵。民国十年（1921）在县城创办醴泉小学，主编《醴陵旬报》《通俗报》。后历任国民政府湖南省参议员、省长署秘书、湖南通俗教育馆馆长、国民党第三十五军参议、国民政府沅江县县长（1927）、国民政府安徽省民政厅秘书、省棉税局局长等职。民国十三年（1924）任醴陵模范窑业工场总经理，参与倡修渌江石拱桥，被推为主修，并撰写渌江桥碑文。民国十七年（1928）8月，傅熊湘任湖南省立中山图书馆馆长。民国十八年（1929），主持编制的《湖南省立中山图书馆图书分类目录》十卷正式出版，分上下2册，共收书95724册。这部目录是民国时期湖南省最高目录学成就。民国十九年（1930）12月病逝于安庆，后归葬于醴陵西山。湘中五子之一，南社社员岳阳李澄宇撰写了碑文。

傅熊湘是革命志士，他加入南社，反抗清朝政府的封建统治；民国成立后，又先后投入反袁、驱张的运动中，追求民主；他也是普及教育、开启民智的倡导者，创办学校，编纂教材；他是报人，同时也勤勉于政事与实业。他作为传统文人和进步知识分子的代表，以多种身份和姿态活跃于近代中国的舞台。

傅熊湘诗、文、词兼工，而尤以诗成就为高，民国十三年胡朴安编《南社丛选》，选其诗102首，仅次于陈去病，还在柳亚子之上。其诗、其词、其文有才有情，有势有力，总非凡响，与南社湘籍社员姚大慈、姚大愿、谢晋、李澄宇并称湘中五子。遗著有《钝安词》《废雅楼说诗》《废雅楼闲话》《离骚章义》《段注说文部首》《更生日记》《国学概略》《文字学大意》《新闻学讲义》《琼湖唱和集》《红薇感旧集》《醴陵乡土志》和《湘灾记略》等。编辑有《南社湘集》、《湖南省立中山图书馆图书分类目录》十卷。参与编辑的有《醴陵兵燹记略》。

刘谦编辑《钝安遗集》23卷。

2010年，湖湘文库编辑出版《傅熊湘集》一卷。

湖南省地方志编纂委员会编《湖南名人志》《醴陵县志（民国版）》均有传。

夜吟寄钝剑

霜华两鬓渐相侵，知句驱愁苦自吟。
九死尚生难化骨，万缘俱寂静观心。
风云双手开天地，道义一肩并古今。
写寄东南旧常侍，应知情竭为知音。

过汨罗

灵均怀石去不返，过客千年吊汨罗。
我亦铺糟啜醨者，独醒终古奈君何。

题自书《精神一到何事不成》横卷

我闻阿尔魄山高于天，鸟垂双翼飞不前。壮士一呼万军振，汉尼拔与拿破仑今相后先。地绝东西限南北，航绕阿非与阿墨。苏伊士河巴拿马峡一朝齐洞开，造物无功天失色。思之思之思无穷，精气之极鬼神通。至诚不动未是有，孟王管霸斯语将毋同。豪杰能兴可作圣，惟志帅气气生性。不然六极弱居终，心死大哀风不兢。千年士气溯中摧，秦皇汉武罪之魁。销兵锄强风所被，直使生灵终古形如槁木心如灰。东汉诸公颇奋迅，清谈一误止于晋。北宋复起继以明，东林更自颜黄顾王以后存无厪。精神兮精神，精神系国魂。疾则速兮行则至，一脉暖兮宙合皆为春。精神兮无死，国魂兮归只。愚公之力可使山为移，纵然我身未竟厥功还更付之孙与子。天有日月星，惟精神之健兮运不停；地有河海狱，匪精神之固兮奚以托。君不闻死诸葛能走生仲达，千古奇事真堪诧。适生适死何足论，精神长在无时灭。懿夫伊川道学世无双，一言实践可兴邦。毕士马克惕然悟，译词偶合言无厌。只今故国山河改，造时应有英雄在。百丈滩头挽急流，狂澜既倒安能待。吁嗟乎，精神一到何事不可成，人定胜天天亦谁与争。读吾诗者可以勃然兴，闻斯言者可以终身行。

今古

今古牢骚一腹收，闲来把酒看吴钩。
眼中所见都如我，人世徒闻有莫愁。
作赋贾生休问鵩，伤时王粲强登楼。
漫惊柳絮随风舞，未抵儿童笑白头。

吴门作

悔向人间赋七哀，忽看尘海长莓苔。
百年弹指真容易，万感填胸倏去来。
老骥未能忘竭蹶，蛰龙终竟起风雷。
仰天一笑殊痴绝，斗大明星落酒杯。

是谁猿鹤与虫沙，用大无妨且系瓜。
腾达眼中几麟凤，飞沉吾道一龙蛇。
青灯照梦不忧世，红豆缄情已忘家。
闲上沧浪亭子望，海天寥阔愿无涯。

赠柳亚子

尊前屈指数词流，风谊文章让柳州。
直以豪情凌莽浪，遂携仙侣住沧州。
穷愁不信长卿病，歌哭难消阮籍忧。
我亦风尘久漂泊，酒酣得句为昂头。

为亡友宁太一辑武昌狱中诗竟因题其后述哀

如君已死更安归，风景河山举目非。
传志未成应有待，母妻何托竟无依。
并时功罪千秋在，惊世文章知者稀。
从此西山一抔土，年年凭吊泪沾衣。

生同里闬业同门，卢后王前有旧恩。
十载忧患两囹圄，一时师友各邗原。
茂陵遗草伤零落，叔夜诸孤重抚存。
高义我输刘季子，丛残收拾恨难论。

编者注：首二句一作：名山风雨溯同门，王后卢前有旧恩。

检陈蜕庵旧作赋此述哀

蜕庵乃以穷愁死，天道茫茫讵可论。
革命首膺文字狱，毁家晚哭弱令孙。
功名百辈谁知愧，词赋千秋此仅存。
至竟吾言出悲愤，似君原不羡侯门。

乡关久住转羁栖，红袖殷勤记旧题。
老去行歌沧海上，死应埋首渌江西。
谢安丝竹哀踰乐，庾信文章怨似凄。
难得名山属梨里，重将梵观与钩稽。

次韵答今希见过王仙馆中留别八首

渺渺春魂不可招，送君归去又花朝。
荼䕷一夜香如海，踯躅满山红欲烧。
载酒有人来问字，传餐无肉笑闻韶。
却怜未解求仙意，新待东风长药苗。

惊世才名亦枉然，闲来坐破广文毡。
华年逝水抛红豆，尘劫空花忏白莲。
歌泣尽乖屠狗计，风波稳放钓鱼船。
只赢心意明如月，分与馀光印万川。

春光渐减见花飞，远去王孙归未归。
宿诺尚虚吴剑挂，斜阳空付鲁戈挥。
化猿化鹤朋游尽，一死一生交好希。
衣带日宽人欲老，此身虽遁亦无肥。

罪言横议总骈枝，文字由来不疗时。
诸葛苟全倦闻达，东方大隐且栖迟。
秦人避地何知汉，国教沉幽学在夷。
便欲矜狂返淳朴，蹉跎臣壮悔难支。

幽情一往未能删，仰止弥高不可攀。
息息精灵周孔外，区区敝废汉唐间。
文章司马称高足，词赋扬雄当小鬟。
即此苋裘可吾老，著书何必定名山。

昆季峥嵘美且都，酸碱嗜与世人殊。
荆潭钓月诗成帙，蓼阁延宾酒满壶。
邻笛那堪重感旧，春风犹自与嘘枯。
空桑三宿增惆怅，此意难忘绕树乌。

与君便合筑诗城，广武相临各斗兵。
避世已看同豹隐，忘机应许作鸥盟。
长吟且遣英雄气，旦饮何须贾竖名。
笔健纸长吾道在，安排虫篆了馀生。

重到玄都未可期，相望何以慰吾私。
扶风授学方悬帐，繁露传经勉下帷。
尚喜武城无越寇，独怜鲁国有原茨。
西山剪烛如追忆，哗梦应烦更论诗。

梯云阁同万里今希约真芸庵分韵得"台"字

已拼人海劫余灰，为逐登临倦眼开。
古寺夕阳红拂墓，秋山木落凤凰台。
芳洲莽莽成今古，剑气沉沉付草莱。
一样河山无限感，新亭挥泪有余哀。

雪中行

大山雪压避不出，小山寒落鞔皮骨。枯枝负冻不敢伸，拗风吹折鸟巢哭。道旁乞食谁妇姑，儿担束薰母将雏。肠鸣眼花战飞雪，饿腹那顾寒肌肤。城中高牙纷走趋，新税百出催皇租。小民一饱不得易，可怜贯朽官家奴。

南北议和将始与湘芷赴沪为醴告灾发长沙次湘芷韵

干戈傲扰动经岁，风雪宁辞此一行。
勉为黎元抒隐痛，苦劳父老饯离程。
保民事岂殊王伯，御侮终难阋弟兄。
倘念孑遗生靡托，诸公愤懑尽堪平。

撰醴陵兵燹纪略缀以一绝

到耳一城余鬼哭，伤心四野尽鸿嗷。
茫茫天道何堪问，拼把生灵付此曹。

癸亥元旦

炮竹声中乍解酲,隔年残抱可能平。
客情媚俗多温语,天意怜春放嫩情。
吾道获麟犹把笔,中原逐鹿未收兵。
澄清早负匡时略,那惜微名与世争。

长沙琴庄雅集分韵得"中"字

一笑琉璃酒盏红,英雄不尽浪淘中。
诸君痛饮何妨醉,竖子贪天未当功。
文字几人张弩末,死生今日聚飘蓬。
无端歌泣寻常事,拔鞘还防剑起风。

酒杯一别记西风,吹落长空万丈虹。
张俭有人营复壁,伍员亡命止芦中。
求痊为蓄三年艾,窃国争夸一世雄。
毕竟钧天成梦幻,可怜帝驭苦途穷。

南社词人已半空,风流都付大江东。
桃源迹久迷秦洞,牛角歌难续楚风。
高鸟未搏飞缴外,群山长蔽乱云中。
只今贾屈招魂地,憔悴行吟谁与同。

操弦偶为谱南风,诗垒高张酒阵雄。
自顾余生大无用,勉能后死一相逢。
河山万劫留危涕,生死深悲感旧踪。
便合王乔山上隐,吾衰滋欲老环中。

瓷经

醴陵有瓷，始雍正间。爰自观口，以迄㳦山。曰作画泥，旧分三帮。逮于清季，土瓷改良。工作分途，制坯第一。其次烧窑，陶画已毕。请述其略，先言制坯。制坯次第，一曰练泥。练泥之法，并置两缸。一缸浸洗，一缸中空。翻淘既久，乃挹浮汁。注于空缸，筛沥渣滓。另桶盛汁，俟其水干。用锄翻扑，熟练成团。二曰拉坯，拉坯之法，据地安轮。轮下有轴，旋转不停。人坐轮旁，两跨弓张。拨轮急转，敷泥中央。因其转圈，按泥上拉。手到坯成，无不如法。此谓圆器，碗盏是也。至于琢器，若壶瓶者。或圆或方，其形各异。一坯一拉，分口腹底。各具本形，黏合成器。或用轮拉，或用手抟。各极其巧，靡不精研。其或多边，或为多角。压泥成片，随量黏合。别有一法，名曰模型。模本石膏，纳泥其中。且压且捻，随手器成。三曰印坯，圆器拉就。曝以日光，防其坼裂。但令半干，移度室内。置于旋轮，按模印合，大小乃匀。四曰利坯，坯既印矣，必削使平。利坯之法，亦用旋轮。于轮中心，立一木桩。柱顶浑圆，名曰顶钟。坯冒其颠，前当人胸。轮转不停，刀快如风。厚者使薄，重者使轻。五曰刷坯，刷坯之法，一曰打磨。毛笔蘸水，于坯刷过。经此一刷，略无隙尘，如玉之洁，比冰之清。六曰上釉，坯为瓷骨，釉为瓷肉。上釉则光，其容乃泽。白釉之制，合土与灰。其他色釉，颜料所为。釉之配合，各本经验。严守秘传，不轻示现。三分人才，七分打扮。瓷之良否，视釉明暗。其次烧窑，烧窑之工，别于制坯。非有经验，信莫能为。坯在窑中，成瓷与否。视其软硬，以及窑手。次则匣钵，次则柴枝。火里取宝，固有难时。所以每窑，货分三色。成器完全，十只七八。窑中火力，后弱前强。欲得佳瓷，中间最良。每窑火度，三十六钟。火色纯白，热度乃隆。如用表测，摄氏可据。约千六百，至二千度。所谓窑工，不知科学。但恃运气，可为笑谑。其次陶画，瓷既出窑，是为白胎。加以彩画，谓之彩瓷。醴瓷特色，有釉下花。
先画后釉，明洁无瑕。画手甚精，写生为主。其次图案，或画山水。
镇瓷虽精，无釉下花。赛会南京，居醴之下。汭山土瓷，亦画于坯。
花纹粗率，改进乃佳。彩瓷之法，画于瓷面。画后再煴，其法亦便。
煴炉之制，略如小窑。稍煴即出，颜色不调。醴城瓷店，业此者夥。
各有彩工，以及炉火。瓷制工作，大概如斯。欲语其详，非可尽词。
凡我醴人，要知瓷土，是我富源，亦吾独有。山山有泥，人人可作。
一县皆瓷，无人不乐。仿景德镇，设立工场。工作自由，出品改良。
进之进之，勿怠勿倦，我述瓷经，为县人勉。

虾夷字

读《民立报》《文学报》《国论》有云：英法诸国，文字同源，本于拉丁，犹之兄弟。故有事可以通融。中国文与日本文犹之祖孙，故决不可互相袭用。感于其言，而有是作。

蝌蚪献灵文，滋乳多孙子。
一孙浮居夷，跳掷狂未已。
屚杂失其真，诘屈悖其理。
蝌蚪上告变，吾孙覆我祀。
纷纷贩海往，逐臭何无耻？
不图五千年，国魂今日死。
不丧蟹行书，反丧虾夷字。

喜汉元至

五年不见子犹存，重抚余生各断魂。
两鬓萧疏人渐老，一身濩落道弥尊。
心光照眼皈禅定，海气吹裾湿泪痕。
便欲相期到平昔，忍携孤愤看中原。

二年元日自题《长沙日报》

周正复见新民国，汗腊重逢旧纪元。
已分余生干涕泪，更何噩梦讼烦冤。
奇忧尚堕尘尘劫，孤愤犹为察察言。
颇惜深杯浇未尽，起摩醉眼望中原。

春雨谣

春雨三月留难住，东风又送连宵雨。恰似看花肠断人，花前洒泪无干处。词客伤春可奈何？看花几度落花多。为君一醉金叵罗，君为楚舞侬楚歌。楚歌声激连天远，欲抉浮云洗天眼。愁思忽而至，怀我少年时。斩蛟射虎不足数，补天杀龙聊尔嬉。朝来击明镜，霜雪欺青丝。功名富贵何须道，原上秋风吹野草。君不见，虎溪山上家累累，百年死骨无人哀。人生奚苦自缚束，但用日日倾金罍。一春花事匆匆了，一春好梦惊啼鸟。天翻海倒白日昏，吴宫黯淡成荒沼。西望长沙连洞庭，极视沧溟何渺渺。国方事征战，从军悔不早。去年大小浸稽天，今年没尽平原田。老农卖犊买渔网，秧烂不种栽红莲。君不见，洛阳名都豪贵子，一掷千金骄倚市。尧时十日出，草木尽枯焦。穷羿弯弓弹其九，乌鸢之肉不足饱。昔人枉起盘古坟，葬魂不肯埋其身。乃使复出为喜怒，重阴闲断江南春。噫吁嚱，人寿河清能几时？悲风摇摇生青枝。重瞳力拔山，乃有东城败。平时叱咤废千人，至死竟为田父卖。江东尚足王，地小亦何害？无乃恋虞姬，佳人不可再。夺气为红颜，悲歌徒慷慨。坐令千载人，吊古嗟兴废。君不见，隆准当年嬖吕雉，微勃几危汉家祀。长歌声激昂，短歌正凄怆。人生在世不称意，安用鸿鹄参翱翔。燕雀掀天飞，所资足稻粱。自用贵知希，歧路悲亡羊。丈夫三十平平过，不如竖子羞穷饿。眼前得失未足论，闭门且索垂头卧。

后醉歌行戏赠约真

无铮居士耽玄寂,万千经纶填胸臆。偶作新诗便出人,擅工草隶浑无敌。迩来长被冯夷苦,翻田作海频相侮。可怜叩尽窭人门,唱筹无计量沙土。钝安先生人更嗤,挟书抗席为人师。日殖皇古齝秦汉,灵文不疗雷肠饥。居士三皈发大愿,愿宴先生钱一万。坡妻斗酒尚堪谋,奚妇伏雌犹可献。先生既来多笑言,竟以大嚼酬清樽。醉可二参千八斗,啖尽五碗倾四盆。笑谓先生腹云梦,何止八九吞先生。食遍大千三千恒河沙数无量之世界,廉颇斗米十斤之肉,樊哙卮酒一生麤肩何足论?少日读书慕周孔,累累二十二史名姓罗祖孙。壮岁著书网文献,九流诸子百家杂说餐鸡豚。幺麽鼠辈不劳数,如兔斯首焦以燔。稍起便旋未遗矢,须臾此中空洞不可扪。以此芒角槎枒出肝肺,扛起食尽一石之馋口,撑着不合时宜之肚皮,四方乞食叩无门。志心皈命礼居士,愿君多买田宅连千村,多积金银遗后昆。多畜母鸡母豕蔬菜园,饥来都可供饕餮。既不须效陶渊明,冥报因人一饭恩;又不须如汉淮阴,手中博得千金存;更不须残杯冷炙墦间骄富贵,累他娇妻美妾流涕痕。大雄大悲大愿力,狮子一吼如霹雳。十方三世尽皈依,八宝布施何的铄。鬼来推磨神可通,横行世界乐无极。君不见,当年一双孤竹子,不肯宗周终饿死。诸侯八百堂哉皇,各各从龙西去矣,孔夫子是穷苦人,故推饿鬼遮其身。仰天大笑复大笑,才如尔我岂长贫?

登石笋山作

星精堕地幻作笋,虎气掀天日出云。
瞰尽中原一千里,眼前丘垤任纷纷。

难得高冈与振衣,吾情莽苍澹忘归。
相期五百余年后,更长龙孙大十围。

寒夜被酒,归走林薄间,长歌破寂,因及亚子所为酒社诗。
既归,篝灯倚醉,走笔和之,次原韵尽六首

大盗千年窥圣法,神州万变负蚩氓。
莫言应运无王气,差喜攻愁有酒兵。
肝胆几人天下重,头颅一笑镜中横。
醉乡吾亦自兹去,安用纤儿识姓名。

独携危涕对深杯,万感沉冥劫后灰。
陵谷一时都换稿,乾坤从此不须才。
尚余孤愤悲亡国,谁续招魂赋大哀?
几度欲抛抛未忍,酒愁历历上心来。

与君仗剑独来往,朝暮行游只酒家。
歌哭无端动哀乐,肺旺匆地吐槎枒。
心犹未老身先老,恩与尤涯世有涯。
人海沉沉试回首,欲凭一瞑息千哗。

高歌为忆大风台,相属诸君快把杯。
何日世间了恩怨,有人众里独徘徊。
平亭风月无多事,管领湖山要此才。
醉倚阑干看星斗,东南佳气万千来。

愁从地辟天开种,恨岂山飞海倒消。
坐见杀机腾大陆,起看剑气耿中宵。
吾侪肯以酒人老,当世宁伤知者寥。
会向幽燕访屠狗,渠侬击筑我吹箫。

不堪重纪义熙年,乞食渊明只自怜。
满目清流千日酒,一朝汉业五铢钱。

江山文藻移新国,裙屐风流怅旧缘。
为讯寒梅近消息,横枝可似昔时妍?

雨望大屏

春色验于小桃树,暮云失却大屏山。
天公多少伤心泪,洒到清明未肯闲。

乡谈小乐府四首

传兵符

阿翁种稻儿艺麻,小姑绩欲妇纺纱。绩亦不容织,纺亦不停车。纺绩不可图,终年妇无襦。莫叹妇无襦,儿曾为卒今闲居。君不闻将军有令传兵符?

税烟酒

印花忙,吏如狼,莫怪吏如狼,派销令煌煌。印花未去烟酒来,村中酒甑烧如柴,烧如柴,仍勒卖十家缴洋三百块。小县包抽税两千,岁得二万干赚钱。官赚钱,民拼死。传闻独立军免税先从烟酒始。

制民意

皇帝制民意,民意产皇帝。有鸡有卵孰后先,即帝即民无别异。谁家捧出万岁牌,但闻日日搜民财。民财搜不了,皇帝连根倒。谁代表侬?侬不晓。

改账簿

民国五,洪宪元。改账簿,贴红笺。洪宪元,民国五。揭红笺,改账簿。红笺升沉大可怜,悔随短命新元年。元年者何帝之始,谁知徒改账簿耳。

稿人行

麦田乌雀翩翩飞，稿人稿人何能为？手持长竿不敢逐，腹如大瓠空尔肥。稿人有罪夫奚辞，稿人有罪诚无辞，虽然稿人安足讥。君不见大使已逃大尹走，何似稿人终不移。

半淞园见玉兰盛开

明肌艳骨绝埃尘，二月园林正好春。
寄语东风莫吹落，天涯犹有未归人。

夭桃秾李生原薄，菊傲梅寒不人时。
何似此花兼众妙？故应开在最高枝。

书事四首选二五月十四日和议再停

傀儡登场又一回，后台掣线舞前台。
等闲戏罢收将去，枉用旁人说怨哀。

哀弦独柱不成弹，忍说人间有凤鸾。
终赖此公存正气，群儿碌碌但求官。

闰五月九日西山看雨

雷公怒吼声喧薄，千山万山云气作。倏无疾雨喷如烟，大惊洪涛万丈从天落。初看云际起遂奔，迅如万马随飞轮。健儿千人齐鼓勇，一一直赴沙场争长雄。忽看云外攒而密，腾如飞飞矢东风急。七十万人齐放弦，大向玉门关前射回纥。将军豪气不肯收，倏而惊散倏而稠。振臂一呼林气黑，但见枯枝野鸟声啁啾。君不见城南白塔高插天，避雨不出含云烟。河伯夜逃老龙泣，惊说天海倒悬。

和适之赠别一首

皖江湖子与相识,聚不多时忽又离。
天下英雄君与我,文章知己友兼师。
龙蛇起陆风生浪,乌鹊巢南树有枝。
相见太难相别苦,茫茫后会更何期。

送黄兴蔡锷殡归麓山

谁与重挥落日戈,江山憔悴泪痕多。
一时龙虎都消歇,凄绝临歧薤露歌。

高阳台·登长沙城

瓜苦秋华,莲红夜落,能消几度清游。孤雁归迟,断云飞向南楼。当年词客伤怀地,到今时、一例悲秋。更凄凉、眺尽平芜,惹尽闲愁。　　登临不忍重回首,但苔封古堞,草没荒丘。蚁斗蛮争,等闲付入东流。西风渐觉芳菲尽,只获花枫叶飕飕。倚斜阳、一片孤城,一片汀洲。

桂枝香·中秋感怀示觉子

曲阑微步,看皓魄凄凉,欲归还伫。望断遥空,玉宇琼楼何处。嫦娥肯任圆时误。只浮云、无端遮住。晚风吹乱,南飞乌鹊,纷纷绕树。　　把酒问天天不语。更愁梦模糊,风凄月苦。三五良宵,不似旧时眉妩。云鬟解识相怜意,渺悠悠满天香雾。闲愁莫遣,举杯同醉,若歌侬舞。

浣溪纱·山庄晚眺

远树微茫一剪平。夕阳斜衬断霞明。晚来天色界红青。　　溪涨一泓浇菜雨,村喧十里打禾声。歇凉人爱坐瓜棚。

蝶恋花·感事次利贞韵

好梦依稀留不住。午枕醒回,一晌愁无语。独自思量情更苦,为伊悔把年华误。　抛尽离肠千万绪。莫更相寻,重认分携处。清泪两行难寄与,化为一夜潇湘雨。

贺新凉

笑指天边月。曾照人、几回欢聚,几回离别。依旧清辉池上满,望处凉生毛发。怎奈是闲愁未歇。忆得去年相伴久,爱窥帘一点长孤洁。满地醉,铺香雪。　今年对月情怀切。怕匆匆、风狂雨横,易伤圆缺。谁解南飞乌鹊意,绕树悲鸣凄咽。早搅断、愁肠千结。行见盈盈三五夜,又桂华两地成虚设。尽此际,叹清绝。

南浦月·怀绩溪胡适之洪骍

相见何时,长言共保能终始。断鸿沉鲤。尺素书难寄。　剑气箫心,一例销磨矣。雕虫技。壮怀无俚。未改当年耳。

浣溪纱

小步空庭夜色凉。迢迢银汉挂天长。儿童爱唱月光光。　几点流萤飞野草,数声啼蟋出东墙。西风消息费思量。

踏莎行·新中秋时方有日俄新约之耗

好月难圆。佳期易误。相逢只在堪悲处。学人眉样不成庄,窥帘笑煞东邻女。　斫断桂轮,推翻日驭,星球重造非前度。放开明月照河山,人间旧历从新注。

醉花阴

过尽斜阳天欲暮,风紧摇山树。黄菊可怜秋,独抱幽芳,未省霜枝苦。　　重来莫问消魂处,早被前番误。苦恨夜来风,吹雨吹寒,不解吹愁去。

满江红·海上同痴萍阿琴作

又是春归,浑不管、江南羁客。更一夜、东风扫径,落红无迹。斜日帘枕天欲暮,小楼灯火人初息。怅旅愁乡梦雨茫茫,难抛掷。刘伶钟、阮咸屐,祢衡鼓,王猛虱。叹年来湖海,壮怀都寂。世事无常黄转绿,流光易老朱成碧。黯销凝、拔剑倚长空。情何极。

踏莎行·壬子又新秋

好月难圆,佳期易误。相逢只在堪悲处。学人眉样不成妆,窥帘笑煞东邻女。　　斫断桂轮,推翻日驭。星球重造非前度。放开明月照河山,人间旧历从新注。

水调歌头·痴萍邀饮赋赠

且莫悲秋去,尝试踏歌来。眼前屈子余子,坛坫几骚才。都付大江东去,剩有青山无语,劫换六朝灰。楚泽尚今古,谁上问天台。烹肥羜,沽美酒,酌金罍。浮云人世富贵,春梦一场回。未若登山临水,还与唱予和汝,笑口向人开。我语惟卿解,欢饮快吾杯。

卜算子·次雪耘韵

寒月转三更,渐觉蛩声静。砌竹摇风三两枝,描上纱窗影。本自不成眠,梦断翻疑醒。一夜西风满地霜,作就离人冷。

点绛唇

翠歇红销,高楼尽日伤凝睇。云山无际,天远迷烟水。　屠狗无惊,谁识英雄意。成何计,宝刀空厉,掷向西风里。

江城子·己酉五月五日与牧希茝生约真携酒饮太一狱中太一赋词见示次韵酬之

南幽沈怨夏飞霜,梦荒唐,最堪伤。偏是愁时、岁月逐人忙。细柳新蒲绕节物,听叠鼓,闹端阳。　且图欢聚慰相望,意茫茫,酒行行。漫写填胸、万恨唱伊凉。此会此时今世少,人五个,愿无忘。

水龙吟·海上旅怀

西风蓦地惊秋,天涯乍觉羁愁起。高楼一角。疏帘半卷,阑干倦倚。月堕江空,云垂海立,夜凉如水。算登楼王粲,悲秋宋玉,都未省、心中意。　极目长空万里,望乡关、白云无际。头颅大好,江山如此,人间何世。肯信元龙,飘零湖海,未除豪气。只情怀万种,年来尽进,作征衫泪。

水龙吟·乙未海上作

一番冷雨重阳,黄花憔悴秋客淡。才敲欲碎,将零似断,作成凄怨。雷碾飙风轮,霜喷机笛,寒夜相间。又海上吹梦,沧波阻信,天涯近,屏山远。　病骨经秋愁颤。甚心情、更萦欢恋。思量怎遣。今生纵隔,他生也愿。况有多情,钗盟深约,锦书长篆。待何时兰渚,移舟纫佩,结同心伴。

点绛唇·途中所见

绕屋夭桃,此中好个田家住。乱红生树,一夜春如雨。　叱犊声初,农事忙如许。携筐去,夕阳西路,十五盈盈如。

误佳期·闲情用旧韵和雪耘其二

闲共檀郎笑语。倘沐莲邦花雨。便当修到再生缘,不作笼中鹉。愿化燕双飞,旧屋衔泥补。春来秋去总随君,休唱离鸾谱。

罗敷媚

一天秋色难描画,况是秋声。道是秋声,纵有欧阳赋不成。西风碎撼芭蕉雨,此夜曾听。那忍重听,多恐宵深剑欲鸣。

菩萨蛮

春来不到高楼上。伤春人倚高楼望。春若肯相偎。高楼尽日开。春来无意绪。春去增迟暮。等是不逢春。逢春更恼人。

蝶恋花

偏是花开风又雨,一霎相逢,霎霎相思苦。覆去翻来千万绪,销魂那得魂如许。　花外漏声花底语,花底迷楼,花外来时路。路到尽头难觅处。多情悔被无情误。

蝶恋花

才有梅花春未及。九十韶光,莫道无多日。费尽东君闲气力。芳心待与殷勤觅。　玉骨纤纤应自惜。休倚风前,听彻楼头笛。遥夜孤山寒恻恻。断肠有个人忆。

纸帐低笼香乍透。占得春光,却恨开还后。但祝年年花似旧。不辞人与花同瘦。　金屋安排随处有。放尽南枝,羞伴东风柳。梦到小桥香满袖。暗香自下亲携手。

水调歌头·游虎丘

莽苍一帆去,游兴惬奇怀。生公石上,高踞说法讲台开。谁问当年霸业,剑气而今消歇,遗恨满蒿莱。顽石作人语,吾亦待君来。平生愿,供布袜,与青鞋。林泉千古风月,终究属吾侪。一例英雄儿女,付与仙邱尘土,短碣共长埋,欲绊飞仙住,江月酹五杯。

水调歌头·九月十一日邀蜕盦登麓山

朝起望天际,晴色荡微波。黄花应未开遍,九日昨才过。爱晚亭边枫叶,知有山灵为我,早放醉颜酡。转眼便秋老,不往待如何。人间事,供一笑,总由他。一生当著几两,游屐过山坡。屈指旧交余几,只有青山长在,向我好情多。湖海元龙倦,试听楚狂歌。

水调歌头·题画《杨柳依依人访船》

天末渺何许,江海思悠哉。垂杨又见春碧,归梦入奇怀。为问渡头老子,可借一帆风利,舟楫待君才。我是忘机侣,鸥鹭不须猜。临河叹,乘桴意,逝川哀。栖栖丘为何事,沮溺尽吾侪。莫便中流击楫,且与赋诗横槊,慷慨尽余杯。相慰芦中客,宝剑未沈薶。

浣溪纱

尘劫成尘感不销,神魂十丈为飘摇。珠帘揭处佩环摇。　一寸春心红到死,四厢花影怒于潮。万千哀乐集今朝。

蝶恋花·七夕

银汉迢迢横不渡,盼到佳期,却被罡风误。第一难禁天上苦,人间那得愁如许。　便縠相逢时已遽,未了新欢,又听天街鼓。修到神仙原独处,不如小谪携家住。

疏影·题高天梅红楼梦影图

醉春未醒。记朱楼几夜,月高人静。熨玉初温,半展眉峰,依约轻颦不定。角珠艳照芙蓉暖,细认取、晚妆凝靓。费深深、贴意温存,刚透相思一寸。　　春梦如今怕省。绮情都忏后,欢意留影。十二阑干,三五佳期,消然短吟孤哽。疏帘莫放红灯过,又仿佛、茜纱重认。只江郎、老去填词,画里旧颜愁损。

崂山四景词

水龙吟

章壁撑晴、云山佳丽、风日清和、琳宫贝阙,见神居焉明统志引第四十四福地,章龙山即此。

晓瞰初上青苍,故山葱郁多佳气。雄区坐镇,揽吴吞楚,下临无际。乍敛烟霏,豁呈神秀,一轮高寄。向真仙住处,旧游曾到,天不漏,春如荠。　　名胜居然福地。荞龙蛇、联娟千里。山南山北,吾庐宛在,夕阳明媚。古寺穿云,疏钟间月,别饶清思。问鲁戈在否,倩谁更与,缓羲和辔。

高阳台

崂冈带雨。石气朝隮,近山宜雨,浅红深翠,固妙在有无明灭中也。崂音崩,字见玉篇,盖名山者取其旁溥。

草脚泥肥,梢头绿嫩,淡妆宜抹轻烟。屏障天开,一冈迤近门前。年时笠屐寻常过,乍几番、新沐堪怜。洗春醒,万树飞花,一晌啼鹃。　　苍松翠竹浑无恙,便溪山归去,不碍龙眠。霖雨苍生,输他哀乐中年。行云莫向高唐驻,已飞埃、雾遍长天。漫消凝,故宇春深,渐长芳荃。

瑞鹤仙

岱松横翠。长松数十,大逾十围,掩映平畴间,弥望老苍如挂素壁,故山乔木也。其他曰岱子山,先人丘墓所在。

四山沈绀碧。剩一带郊原,水田萦白。斜阳弄寒色,映髯龙葱茜,翠屏凝立。凌霜旧质,更新长、青条几尺。记曾听、万马归来,吹彻一枝风笛。　　堪忆。徂徕移种,岱亩敷荣,几成今昔,枝柯自惜。苍烟淡,裛晴日。料千年相待,云深鹤老,已是多时化珀。尽人间、万木凋零,岁寒未识。

大江东去

藤塔摇青。塔砌石为之,蔓藤缘壁,天衣无缝,风动若万鳞涌波,穷极幽诡。在崿冈之阳,与岱松相望,盖数百年物也。

撑空何物,竦苍苍翠翠,凌波欲渡。过客低徊迷望眼,解道非花非树。疑是孤山,不然笋峤,或者将军虎。天寒风急,牵萝翠袖谁补。　　相逢飘絮春残,落枫秋晚,岁晏还愁予。蓦地生天鳞甲动,走壁龙蛇飞舞。闲御青鸾,笑招黄鹤,我欲乘风去。庄严一片,可怜阅尽今古。

《南社丛选》序

岁戊申,松陵陈佩忍、柳亚庐倡南社于海上,余与宁太一自长沙应之,初不过数十人。洎辛亥光复,海上之会,号称极盛,社籍所录亦才及二百人耳。先是,社中方以激励国人为帜志,又尝胁于清吏之罗织,则廋其词、隐其旨,以求抒其志之所郁结,而一通其道于述往思来之旨,容有当焉。昧者不察,至有以明季遗老相讥者,盖未审作者之志,无足怪也。

清社既屋,海内之士,飙发云起,人奋笔,家振响,通都大邑,率有日报以相鼓吹,则又多为南社人士所萃,互引并进,声应气求,不二年间，而社籍几及千人。其文辞务为蹈厉奋发，不可一世，如日初出，震金炫采，然于忧深虑微之旨，未尝不三致意也。属大盗当国，欺时窃帝，威暴陵轹，士或以鸳，而吾社断躯瘐狱，逃名遁迹，不为威屈利疲者，盖顶趾相望，而刘歆、扬雄之伦不与焉，则数年来砥砺气节之效也。顾征应既广，其来无方，华士惊名，习为标榜，杂萧艾于兰荃，荐申椒以粪壤，遂至门户相轧，意气相倾，始以龃龉，终之离异。推厥本始，其失也滥，滋世诟病，亦有由已。

迩年以还，白浪西来，士不悦学，轻去其故而新是谋，环顾旧人，虑皆哀乐中年，易生厌倦，社事不斩，盖亦几希。佛说因缘，生住异灭。例之社事，已庚甫生，元二则住，丁戊渐异，今乃灭之是忧。中兴之图，抑其有待。盖通国之忧，而非徒吾社之忧也。

安吴胡子朴安，瘁学鞠教，甄文综献，感故旧之凋落，绵往迹于未湮，乃就社集所刻，综之别之，为南社诗、文、词选若干卷。仆昔有斯志，顾以荒学，未能而废，今犹耿耿。集社刻者，柳子亚庐之力为多。尝见其每集稿成，皆朱丝阑，亲端书偏左，其右逐字圆规，光黑万珠，曾不少苟。岁已未，云间姚石子主社，余寓居海上，与编二十一集，但取草稿参错付印而已。胡之勤，不必如柳，而甄综芟削之功则过之。是南社得柳而大，得胡而长也。

荡襟西泠，归次沪渎，文燕从容，出此索序。展卷见宁生，为之涕陨。其继宁为鬼者，又不知几何人也。至如仆者，少作雕虫，已成凤悔，恶札盈帙，一无可忻，而胡子且过存之，则适贻斯集之玷而已。

中华民国十二年初秋三日
醴陵傅熊湘序于长沙寓庐之古蔷薇下

红薇感旧记

　　红薇生,既自贾傅故藩,适江淹侯国,因识少君于玲珑之馆,妩媚之轩。子须从焉,子羽执辔,子竟为右。于时,秦焰尤张,楚氛甚恶,清湘百里,动成赤流;芳兰九畹,并伤黄落。生人骨肉,痛枕藉于砧斧;大好头颅,对欹歔于明镜。飞章朝播,志士魂惊;警电夕传,壮夫胆碎。望门乃投张俭,临渡谁期子胥?静言思之,慨其叹矣。

　　则有倾城艳质,施弱腕以扶将;绝世佳人,矢素心而熏沐。斫断枇杷之树,门闭车迷;歌残杨柳之枝,泥沾絮定。春风鬓影,茂陵何恤无家;细雨檐花,杜老于焉有咏。并以子须澹冶,竟羽清狂;莫不艺苑蜚声,文林撷实。拈毫擅赋,撅笛能歌。斗酒百篇,仙乎醉矣;弹棋六博,夜如何其。此则丝竹中年,哀乐谁知?太傅江关岁晚,生平窃比兰成者矣。而君也环佩其间,婀娜人抱,色授令千日醉,眉语作九连环。有酒如渑,既浅斟而低唱;爱才若命,亦痛惜而温存。虽宋玉未许东墙,而香君已连复社。于兹屡日,遂尽浃旬。

　　嗟嗟,昨夜星辰昨夜风,相逢何必曾相识。花开堪折直须折,君问归期未有期。昔也曾以为言,今也宁能无感。况复穆王东返,三年无骏复之时;望帝西徂,二月有鹃啼之痛。伯夷避世,乃遁首阳;张禄变名,未逾函谷。征衫渍泪,是平生未报之恩;倦鸟投林,动乌鹊无枝之叹者乎?又况青春易尽,絮飞知向谁家;绿阴将成,子结便应枝满。飘茵堕溷,伤造物者无知;荡气回肠,怅所思兮不见。卿诚知我,当有同情;仆本恨人,谁堪遣此。

　　曾记丁娘十索,独耽蝌蚪之书;无如子夜四歌,未篆鸳鸯之字。不有佳作,何伸雅怀?用托庾词,传诸好事。庶几伍君濑水,犹表青莲之碑;卫公西山,长留红拂之咏。凡诸朋好,咸可观焉。报以琼琚,固所愿也。

答公侠书

惠书辱承下问,既喜且愧。世方扰乱,人竞于货,而吾子尚欲急所不急,甚矣吾子之异人也。治学之道,先审于己。汉宋之见,固可无庸。然说经在能识字,治许固一要津,通其诂以理其文,失之者鲜。古人经注,特为吾备一说耳。即彼述作之本意,初未尝强吾以必从。要能自明,否则终身死煞句下,至死不悟,宁不可哀。此庄生所以讥姝姝媛媛也。至于古今异变,人事异宜,是又在能观其通以穷其数耳!此其一。九流诸子,学术异途,其所以致诸道以求治则一,特处境有异、时有不同耳。齐秦地殊,管商时易,皆以致霸,各不相因。然则居中土而法欧西,处共和而谈王制,亦渺乎,其不相入矣。政教之术,皆以补偏救弊,尚文尚质,各有不侔。五帝三王不相沿袭,采百花以为蜜,齐百末以为酿,是则通才之事。知古今之宜,纯俭从众,拜下违众。夏时殷辂,不必尽时王之制是也。此其二。为文之道,在积理以遣词,体无定也。然头目四肢,缺一不可,正不必同时用之。体者其常,用则其变也。骈散以用而殊,文话以施而别,之的同出于舌乎。么同出于唇舌上舌头,唇轻唇重,今古移易,语原则同。必欲取目治之律,则之乎大同也。必欲取耳治之条,则的么口语也。用字之变,古有其科,论语言斯,大学言此,屈原用"兮",宋玉用"些",景差用"只",同时固异字矣。文话之争,庸人自扰耳。此其三。

来问至殷,而所答止此,得毋有捆载而往,垂橐而归之叹。然书不尽言,固有待于言;言不尽意,尤有待于意矣。吾子惠敏,他日当更为言之,幸吾子能意之耳。朴学待尽,有王充陆沈之悲,吾子勉之。醴阳一隅,幸毋陆沈,则来者有所托足矣,不一。

无题联

无分忧天，且待苍生一挥泪；
大家祈死，可怜白日我空过。

赠柳亚子对联（现存柳亚子纪念馆磨剑室）

青兕后身辛弃疾；
红牙今世柳屯田。

挽浏阳刘蔚庐人熙联

政论烛先机，原盗三篇曾惠我；
遗书绵绝学，而农一辈独推公。

挽邓云鹏妻联

有客悼亡，年年白雁黄花节；
招魂何处，夜夜青天碧海心。

贺吴恭亨六十寿联

太上次立言，藏之名山，此谓不朽；
大德必得寿，万有千岁，申锡无疆。

题醴陵望章楼联

此山如龙，曰唯县望；
凡士附骥，因益名章。

世界八星入楼望；
云间十子擅文章。

题醴陵石笋山雨母庙联

天风云表；
霖雨苍山。

题醴泉小学联

大处着眼，小处着手；
行之以渐，持之以恒。

谭觉民

图1 谭觉民像

图2 谭觉民南社入社书
（图片来源：《南社社友录》）

谭觉民（1886—1919.11），字艺圃、毅圃（又作艺甫、毅甫），一字艺夫，湘乡人氏（今湖南省涟源市）。书室名吁斋。民国元年（1912）9月由傅熊湘、龚尔位、宋痴萍介绍加入南社，入社证书编号333。

曾与傅熊湘、文斐、黄钧、李隆建、朱德龙等醴陵籍报人（后同为南社社友）共事于《长沙日报》，在《长沙日报》任编译，是

生平与作品之南社部分 | 291

《湖南教育》杂志主要撰稿人之一。有众多译介作品刊登于《湖南教育》杂志及《教育周报（杭州）》《小说海》等期刊。

现很多资料在介绍南社成员时，谭觉民多被记载为醴陵籍诗人，包括多家醴陵发行的书籍和发表的文章。

据柳亚子《南社纪略》记载谭觉民为湖南醴陵人；张明观、张慎行、张世光编著《南社社友图像集》上记载是湘乡人。据汪梦川先生在其《南社词人研究》一书中载：又如谭作民、谭觉民为同胞兄弟，但是籍贯却不同——作民为湖南湘乡人，而觉民则记为醴陵人（按：当以湘乡人为是）(《南社词人研究》第24页）。

经本卷编者搜集资料证明，可以确认谭觉民为湖南省湘乡籍（今涟源市龙塘乡洞冲）南社诗人，系湘乡籍南社诗人谭作民同胞第五兄，于民国八年（1919）11月过世。

谭作民（戒甫）先生在其《墨辩发微》一书中第494页，附录了其五兄谭觉民先生于民国八年8月为其所撰写的序言《墨经长笺序》，序言后署：公元一九一九年秋节前五日，同胞第五兄觉民序于扶南山村之吁斋。

谭作民（戒甫）先生并在其五兄序后附文：

公元一九一九年春正月，余将有粤西之行，适触暴政，道梗，奉两亲命间关抵长沙，省先兄毅甫。时兄咯血略瘳，商定摒挡归里。念久别不知见时，因授墨笺稿本，乞其一序。夏尽兄归，余亦遵海而南，书间往返仅三四，兄竟于仲冬溘然长逝矣。明年夏返长沙，大病几不起。越二年始归里第，此序得诸旧箧中，盖绝笔也。缄封甚固，意当时欲寄苍梧而又中止者，读之痛绝！自兹以后，益发推广前笺，将及三倍，因易名曰《墨辩发微》，心稍慰帖，则先兄之贶我，岂少也哉？志兹崖略，一抚遗言，不知涕泪之何从矣。公元一九二三年癸亥季春望日六弟作民敬识。

又谭作民（戒甫）先生在其《公孙龙子形名发微》后记中写道：

1919年1月，先兄毅甫卧病长沙，我往省视，即住其寓。时兄咯血班班，呼吸不匀，我感忧虑。夜深略定，我坐火旁，忽入遐想。顷刻若醒，随手取身边《墨笺》稿本一看，得读《经说下》"若敷与美"一节（今本第四条），展转推究，颇悟人形名之理，不觉大叫一声。兄忽惊问，我乱以他词，因即就寝。明日，以实告，兄亦首肯，病渐略佳。过数日，怡怡如常，对我说："你用心至此，书必有成，但不要蹈我的覆辙波！"我听罢一惊。

不久，兄雇木船回乡，因交《墨笺》稿本请其作《序》。7月，我往梧州任教，遂于暇时再攻《说文》《尔雅》，亦兄所命。11月，兄竟去世。

由谭觉民先生序后署名和谭作民先生《墨经长笺序》附文及《公孙龙子形名发微》后序可知谭作民与谭觉民是同胞兄弟，谭觉民先生于民国八年11月因病于老家湘乡过世。

谭觉民先生序后署扶南山村之扶南山在现涟源市龙塘乡洞冲村附近，谭觉民先生家乡有书馆名扶南山馆。抗战前夕，谭作民先生得知有人从李鸿章家遗产中盗卖《四库全书》，他花费一千块大洋作劳资，托人以六百块大洋成本购得此书后，怕毁于战火，将全套书送回老家扶南山馆收藏。

所以，谭觉民先生籍贯应为湖南湘乡县。

生平与作品之南社部分 | 293

南社雅集长沙枣园用壁间黄山谷《松风阁》诗分韵得"今"字

万年一作灵山会，变态匆匆到现今。
幸与诸君同醉眼，宁知此处有秋心。
栏边细响沉空雁，筵外新诗接好音。
笑语黄花吾负尔，消磨如许愧明簪。

墨经长笺序

戒甫才性坦易，与人交，淡如也。及治周秦《诸子》，尖刻非常，好析疑，求甚解。虽一字不莹不止。尝慕墨翟之行，狂奔足蔺，以冀救世之急。离父兄，弃妻子，冒危难而万死不辞。其静也，枯坐室中，案头书物狼藉，目治手营，注心微渺。儿女子杂沓喧器于其侧，未尝烦其思致也。其卓荦奇异如此。自成童酷嗜《墨子》《庄子》《史记》诸书，常以自随；后犹勤于《墨子经说》，谓有光力诸学，足与西说相会也。清之季世，吾湘治墨书者，前有王壬父，后有曹镜初，而曹笺为尤胜。戒甫尝即曹《笺》综合近著，成《墨经长笺》。顷取观之，觉在在探其微旨，精辟之处，动能惊人。然戒甫冥思玄索，废寝忘餐，因而屡病，盖其孤愤有所为而为之也。予癖其所为，谓将敝精力于无用，婉劝罢，及病已，亦复如故。又未尝从名师指授，综其所得，纯出苦悟。平日秘不示人，无由质其得失，予虽略知之，亦未见其造诣能若斯也。尝谓治古书每与神会，其不能通者，如千军万马相与争一日之胜，伏尸满野，流血成渠，无如何也。及由问道入，用力无多，而取之若拾芥之易，其乐也可胜计邪。乌乎！予今无复与戒甫同此乐矣。予咯血久且殆，戒甫曾犯危省予长沙，亦闲谈送日怡怡焉耳，讵能及此高深宏大之业也哉？今戒甫寓苍梧，郁郁未能畅所志，望姑安之。予尤望戒甫勿再从戎，效墨子从宋之所为,天雨归间,守者将不内也。此笺亦且勿亟亟问世,尤宜发扬之,光大之,以竟其所学。则将来之有益于人群,必在此而不在彼矣。戒甫其勉之!公元一九一九年秋节前五日,同胞第五兄觉民序于扶南山村之吁斋。

潘昭

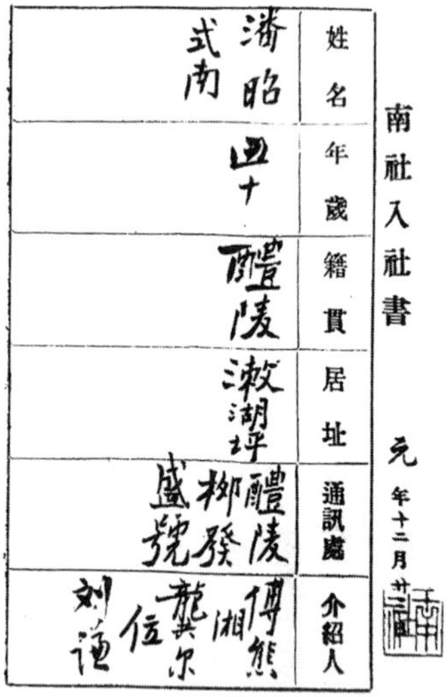

南社入社書

姓名	潘昭 式南
年歲	四十
籍貫	醴陵
居址	漱湖坪
通訊處	醴陵柳發盛號
介紹人	傅熊湘 龔爾位 刘谦

元年十二月廿

图 1　潘昭南社入社书

（图片来源：《南社社友录》）

潘昭（1869.12.21—1917.3.8），字式南，湖南省醴陵县漱湖坪（今醴陵市大林）人。清附生。毕业于日本早稻田大学，民国元年（1912）由傅熊湘、龚尔位、刘谦介绍加入南社，入社证书编号 363。

清朝末期潘昭与弟潘昉同入醴陵县学。清光绪三十一年（1905）废科举，潘昭随即与何陶、肖翼鲲等社会贤达，将渌江书院改造为以培养新人才为目标，以灌输民主革命思想为主要内容的新式学堂——高等小学堂。后又改渌江小学堂又为渌江中学（醴陵一中前身）。于留学日本期间，加入中国同盟会。宣统三年（1911）湖南光复任参议员，次年南北议和，孙中山辞去中华民国临时大总统职务，政府北迁，黄兴留守南京，潘昭掌管军中粮饷，后南京留守府裁撤，回到醴陵。同年 12 月当选国民政府醴陵县议会副议长（未到任），在醴陵王仙创办群治小学。民国二年（1913），醴陵成立县参事会，县议会推选潘昭为参事。民国六年（1917）任国民政府湖南省勘矿委员。同年卒于石门县县署。

另据王仙潘氏族谱载潘昭曾任江西萍邑中学校长，长沙高等学校监学等职。

潘昭和潘世谟父子同为南社社员。

《醴陵县志（民国版）》有传。

暂未搜集到其诗文作品。

潘世谟

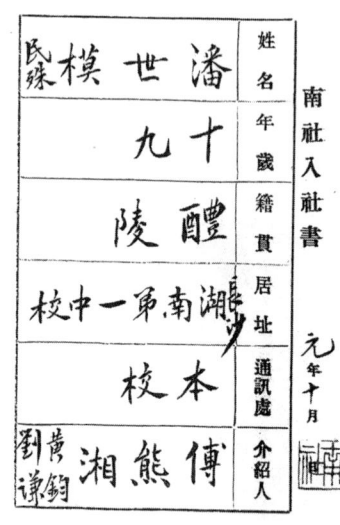

图1 潘世谟南社入社书
（图片来源：《南社社友录》）

潘世谟（1893.10.10—1966.5）又名世模，（有资料误为潘世汉）字民殊，号民訐，聊居士，室号聊居。湖南省醴陵县王仙镇（今醴陵市王仙镇）人。湖南公立法政学校毕业。民国元年（1912）10月由傅熊湘、黄钧、刘谦介绍加入南社，入社证书编号350。南社湘集社员。

潘世谟曾任醴陵县县立女学校校长，任校长期间聘中国共产党党员李石溪、罗学瓒、张程筹等为教师（李、罗二人先后兼任中共醴陵县委书记）。民国十七年（1928）任国民党湖南党校指导员。后先后任长沙多所中学教师，民国二十八年至民国三十年任国军第七军军长张淦部上校秘书，驻湖北省罗田县滕家堡（胜利镇）时题咏《滕家堡偶占》诗，刻记于山中岩石壁上，保留至今，成为泗洲山抗日石刻的主体内容之一，"泗洲山石刻"已申报为国家级文物保护单位。民国三十六年（1947）应聘醴陵县文献委员会专任委员。次年2月接任湖南私立妙高峰中学校长（现长沙市第十一中学；当时教师余志宏在校设置中国共产党的联络站，并成立妙高峰中学地下党支部，余志宏任书记）。中华人民共和国成立后任湖南文史馆馆员。

另据王仙潘氏族谱载，潘世谟曾任国立劳动大学事务主任、国民革命军第八军秘书长、国民政府湖北江陵县县长和英山县县长、广西省立第三高级中学教员。

诗文散见《南社丛刻》各期。

潘世谟的生父是潘昭，出抚给叔父潘昉为嗣，父子同为南社社员。其长女潘代青曾参加红军二万五千里长征，中华人民共和国成立后曾任二机部三局党委书记；其女婿刘野亮曾任中央军委办公室副主任。

王仙学舍呈钝安先生

无端盼得春光到，满树桃花映眼红。
天地悠悠人自在，更谁与共拾残存。
十年历历沧桑劫，无恙程门今又来。
回首溪山一欢笑，几多杨柳傍楼台。

读项羽本纪

锦衣已分空余子，三户亡秦第一家。
假使项王今尚在，不教胡虏满吾华。
虞兮无奈斑骓逝，叱咤风云亦枉然。
幸有灵文托知己，霸王本纪至今传。

燕

一声长寄万红天，感慨应知弦外弦。
重到乌衣青寂寞，不堪王谢忆当年。

蚕

无奈春寒日日长，万端忧思集中肠。
臣心蛰处臣心瘁，留得经纶补八荒。

孤愤六首

安能事事托琵琶，歌哭无端徒自嗟。
我有宝刀堪利市，头颅大好价无涯。

韶华那得金轮驻，瑟瑟西风几阵狂。
鬓影渐霜心渐冷，酒徒无奈是高阳。

几曾梦里到欢场，涕泪余情枉自伤。
闻说玉人谢天半，琼楼多恐是同乡。

痛哭无如浊世何，天生慧侠竟消磨。
尔来怕听西风起，吹得中原感慨多。

潇湘不合贾生游，明月关心江上楼。
云是飞鸿今折一，更何世事足勾留。

奋死不妨身万断，浇愁空倒酒千壶。
胸中自有吾丘壑，忍说人间刘寄奴。

题亚子分湖归隐图

森森烟波瑟瑟秋，湖光十里幅中收。
伊人宛在堪回溯，古徽当前旧钓游。

一自灵芬别没思，耆卿移宅竟同之。
山光水色应争胜，唱彻分湖粥粥词。

滕家堡偶占

高树撑云若剑排,参差村舍此中佳。
长河宛窈抒新策,群岫峥嵘尺壮怀。
君子六千堪作教,出车三百信无乖。
川源相缪滕家堡,应与田单即墨偕。

题哲夫画途中野屋图

天一角,秋漠漠,石垣茅屋谁家郭。山浸斜阳溪水流,长风翻浪藤萝幕。莫是南阳店,不然子云阁。翻云覆雨世茫茫,谁识诗人考盘乐。噫吁嚱,蕲王驴,林逋鹤,斯事如今成寂寞。此画千秋竞属余,他年好结名山约。

题哲夫画洞天福地美人图

世间何事须丈夫,五岳欲堕四渎淤。人生何处得清净,胡沙漫天白日暝。君不见琼思玉想蔡中郎,目无今古空皇王。纵揽欧亚何茫茫,归携美人登玉堂。谢绝人间千万事,有时图画意轩昂。谁得似冬心笔、渐江志,洞庭福地开鸿荒。中有仙姝遥相望,神清意密体自异。双髻高耸如云翔,危不崖崖竖其旁,紫芝石兰长芬芳。栏干曲曲一溪水,冰绡偃蹇临风扬。噫吁嚱,美人美人胡为哉,洞天之间久徘徊。貌姑射山或仿佛,天台尚有俗友来。何如此洞绝尘埃,美人美人全天才。君今作此图,谁识君心苦。十二万年世相旋,此图郁郁将谁举。

次韵答醉如见寄

浮沉人海自年年,红豆相思各一天。
玉宇琼楼寻旧梦,暮云春树发新篇。

纵横狐鼠天为暗,得失鸡虫事可怜。
待欲与君同抖擞,长鲸为掣海之边。

髀肉消磨又几年,拼将泪眼哭苍天。
不堪世事成三变,剩遣今生守一篇。
化佛化仙都是梦,屠龙屠狗总堪怜。
元龙豪气分明在,拔剑相看何处边。

晚眺

楼外丝丝碧柳重,楼头燕子故飞飞。
眼前景色真堪赏,春雨一枝红杏肥。

同学晚憩小丘

甄综道与艺,文质何彬彬。
携手憩高岗,吟咏斯以伸。
微风送晴晖,轻烟抑暮尘。
幕天与席地,大雅谁足论?
寄怀托万物,将以求吾仁。
为仁岂不乐,即此全吾真。

题醴陵湘东中学联

教读十年,活水源头滋瑞渌;
舞蹈百辈,梯云阁上好跻春。

游三狮记

王仙地如仰盂,环其南者尤为奇,三狮洞在焉。三月望日,余侍傅师家君及诸友游其地,皆大枫豫樟侧立,沈沈如拥帐幕。溪萦谷合，既阻复遥，行数里，折麓而东抵洞口。久雨土溃塞门不得入，乃席地而憩。山花正幽，原草已绿，繁莺鸣树，韵动岩谷，既而笑谑竞作。师言及十年前游此，某在斯，某在斯，山中七日，世已千年，不知王子乔若何笑吾辈忙碌也。出谷，日甚高，不欲休。依山行三四里，至洪家湾，观渌江上游，青松依陵，有塔十余级，矗立其上，下则江水渟潴，澄泓而清，小舟过之，不楫而逝。师题塔曰临江，赋五律二章，并记同游者其上，三狮亦有诗焉。

编者注：此文入选朱剑芒编选的民国教科书《国语朱氏初中国文第一册》。

生平与作品之南社湘集部分

文广璜

文广璜（1910—1939.4），字少牧。醴陵籍南社社友文斐次子。中央陆军军官学校毕业。南社湘集社员。

文广璜从黄埔军校第八期第二总队毕业，曾任国民革命军三六七团连长、营长、团副等职。民国二十八年（1939）在浙江武康的一次战斗中牺牲，年仅29岁。军长陶广护灵回归醴陵，葬于醴陵西山。

有作品见于《南社湘集》。

图1 文广璜像
（图片来源：《南社湘集》）

南丰营次偶书

茂林印信本虚荣，男子惟争事业成。
岭外烽烟江上月，万千戎马一书生。

秋夜

月影沉沉暑气降，苍茫无语望西江。
闻鸡欲起中庭舞，不觉朝暾已上窗。

兴国营次题壁

拔剑天涯去，男儿不顾家。
新诗千里雁，旧梦六朝花。
边塞笳声急，乡关月影斜。
不堪寥落夜，驻马听琵琶。

回忆

往事如烟散，前尘不可思。
愁深嫌梦短，病剧恨更迟。
万里潇湘月，三年逆旅诗。
可怜忧国泪，洒向落花枝。

哀江西

赤烧炎炎欲蔽天，人间苦海竟无边。
满城余烬鏖兵后，千里乡思落叶前。
侧耳不闻村犬吠，伤心只见白骨眠。
茫茫浩劫何时已，一话西江一惘然。

雩都营次书感

书生仗剑气凌霄，不畏人言不畏劳。
万里烽烟何日靖，六年戎马此心豪。
中原壮士歌声寂，北地长蛇毒焰高。
国耻未湔民已瘁，西风惆怅鄂公刀。

和家君

数年戎马尽祁连,无量降旗手自搴。
此日归来适上巳,及时娱乐羡群贤。
三湘烟雨供诗料,满目沧桑入管弦。
偶卸征尘遣游兴,狂歌欲上翠微巅。

左纪勋

左纪勋（1891.9—1976.6），字仲文，湖南省醴陵县新阳横田（今醴陵市左权镇将军村）人。南社湘集社员。

民国十六年（1927）前后任刘建绪第三十五军第二师军需处长（一说任国民革命军北伐第八军第二师何健部师部军需处处长），民国十八年（1929）2月蒋桂战争爆发，何健任第四路军总指挥时任四路军总部监护处总务主任、湖南特税处常德分处处长。民国二十七年（1938）和刘建绪、张伯兰等筹建醴陵湘东中学，任校董。次年任复兴实业银行（1939年由原醴陵农民银行改组，总行设长沙）监察。民国三十五年（1946）前后任湖南省银行总务处长。中华人民共和国成立后任湖南省文史研究馆馆员。

作品散见于《南社湘集》。

长沙妙高峰南园甲戌上巳雅集分韵得"气"字

春日欣迟迟，春光融百卉。
走马同看花，藐却三公贵。
极目潇湘间，云蒸复霞蔚。
少长既咸集，一刻千金费。
樽酒重论文，望风忽生畏。
傅子不可作，念之真献欷。
嘉会桃李园，裙屐犹仿佛。

风景不殊昔,时艰伤鼎沸。
好将大雅音,上壮河山气。

长沙曲园甲戌重九雅集以陶诗采敬东篱下三十字分韵得"悠"字

持醪安所适,东篱任翱游。
情怀浩如海,诗文兴不休。
赋罢长天句,凉风逼晚秋。
际此虽云乐,能无天下忧。
辽阳自古屏藩地,千里雾霾何悠悠。

挽袁家普联

岳牧比勋华,度支几见纡筹策。
乡邦推物望,摇落今悲失典型。

左铭三

左铭三（1878.9—1942.9），湖南省醴陵县新阳睦华村（今醴陵市左权镇将军村）人，曾在渌江书院就学，毕业于湖南长沙师范学校。南社湘集社员。荑江吟社社员。

左铭三历任醴陵县立模范小学校长、劝学所所长、渌江中学教员。民国六年（1917）在零陵协助刘建藩起义。民国十一年（1922）为支持孙中山培养军官，建立国民革命军，将胞兄之子左权、左纪棠（左堂）以及姑侄李人干等亲人先后送往广州黄埔军校。民国十八年（1929）2月，蒋桂战争爆发，何健任讨逆军第四路军总指挥时任四路军总部秘书长。而后绝意仕途，晚年专心研究农田水利。民国二十八年（1939）寄住其外甥国民党中央军校武冈分校中将主任李明灏家时，倡议该校将领集资，择湘西边陲靖县开办农场。经过一年多筹备，于民国二十九年（1940）秋建场。场址设靖县县城今体育场一角，大门横书"归田农场"，门联为"买山学隐，解甲归田"。任农场主任，负责全场生产事宜。民国三十一年（1942）9月，病故于靖县，终年64岁。

左铭三成诗甚富，散见《南社湘集》。抗战时期，左铭三虽年过花甲，但爱国热忱未减，每天手写时事报道，张贴到各偏僻乡村。并组织话剧团，演爱国话剧，还编《日寇暴行录》《忠义节烈集》以唤醒民众，共赴国难。著有《睦华庄诗集》，编有《忠义节烈集》《左权传》《祭叔仁文》等。曾参与《醴陵县志（民国版）》编纂工作。

左铭三是左权将军的叔父，李明灏将军的舅父。

湖湘文库《湖南近现代实业人物传略》、《醴陵县志（民国版）》有传。

渡洞庭

洞庭八百里，浮生五十年。
苍茫浊世水，荡漾镜中天。
屈子魂应在，君山花欲燃。
岳阳楼一角，高入白云边。

客居庐山日照峰彭无恙寄庐

紫烟生处偶留连，半是幽人半是仙。
愧我无文当琼玖，感君高义薄云天。
眼看婢仆莳花草，手摘星辰列几筵。
得睹庐山真面目，此身端合有前缘。

黄龙寺

一入清凉界，浑然与世忘。
树随秋色古，人带野花香。
石险泉相逐，客来僧自忙。
黄龙不可见，疑是深潭藏。

庐山

山南山北路偏长，古墓千年姓字芳。
北有濂溪南靖节，莲花香后菊花香。

红日当空自在凉，炮声响彻白云乡。
高低住户三千栋，丹铁遮天石作墙。

桐冈老人作玉带园灵幻龟纹石记征诗成帙见赠赋答

老人英词重金石，步出秦庭完赵璧。圮桥瞥见黄石公，手挽天河补天隙。姜岭云，醴泉月，山辉山媚呼欲出，黑云如墨月露白。问石何所来？问石何所护？遁迹荆山傍，适逢东山展。一剑腰间横，百怪自辟易。石成点头去，老人情脉脉。石如燕归来，老人心悸悸。老人缔石缘，不知老人癖。此石与此老，相依成莫逆。愿长束玉带，愿永餐玉液。一隐复一现，老人意自适。今来石头城，遗我袖珍册。奇幻通灵一玉盘，大珠小珠累然积。大江日夜流不转，蛟龙遇之舌为咋。君不见太公八旬乃钓璜，老人耆年星辰摘。杨公珍护已千年，至今渌水西山称胜迹。

国庆日感赋

去年双十日，有如产子时。母难子不知，子生母濒危。忆自怀胎始，颠沛复流离。十产皆不育，一产廿七儿。红光满室生，花萼辉联枝。迨今念三载，意志各参差。出没如参商，母心徒伤悲。阋墙势未已，生育空繁滋。大盗瞰其室，重器将迁移。不记投怀日，几经危险期。如何手足情，溟散不可医。即今双十节，群儿仍猜疑。国庆纪念中，一命已如丝。九箭共一束，此理可深思。国难未有涯，挥戈莫迟迟。

游镇江公园步至赵公伯先祠望金焦二山

古称焦山山里寺，又称金山寺里山。两山相距十五里，一山仍在沧波间。自昔金山离岸立，一柱擎天势岌岌。是谁赐以浮玉名，鱼龙喷雾黛痕湿。不期田海有变迁，南涨北塌无几年。昔日江流绕山下，今见碧玉如珠联。沙泥既涨土阜起，江水不止亦自止。从容走马上金山，古塔嵯峨白云里。焦山横翠如画屏，初疑君山出洞庭。

看遍金山欲腾足,一脚踏破金山青。金山绮艳焦幽冶,焦以骨胜金肥者。等闲相约小孤来,同向赵公献风雅。

浦口轮渡

车抵行于陆,舟抵行于水。水陆可并进,舟车各分驶。浦口至下关,江面可九里。津浦铁路通,宁沪铁路始。旅客常往还,货物恒停止。长江古天堑,讵能飞渡此。异想忽天开,其直已如矢。两岸架铁桥,峙于江之涘。车徐入汽船,合并为一起。平列为三行,每行七之比。舟载车以行,车停飔轮里。舟行车不行,清波随风驶。舟行抵岸时,呜呜声震耳。车乃蠕蠕动,离舟入路轨。人力够奇功,匪独我心喜。乘车且渡江,烟横暮山紫。

中秋望月不见

人事有代谢,秋月幻阴晴。一年秋月中,几见明月明。人生无百年,几度中秋节。月亦有时圆,月亦有时缺。月绕地球转,目力有差别。月亦何时圆,月亦何时缺。意谓秋之中,有月圆如饼。浓云忽开口,咬破在俄顷。东来风雨恶,大地忽迷茫。不有清辉影,何由望故乡。

偕李君树华游焦山

打桨来看水上仙,蓬莱宫阙镜中天。
山僧为献殷勤意,汉鼓周盘不计年。

远对金山近象山,终年常在水云间。
禅房花木真多事,惹得游人日往还。

坐对江天一望间,水云接处白鸥闲。
一轮金镜江如火,不到斜阳莫去看。

焦公祠内诗书画，定慧寺中白带碑。
山水半缘文字重，古香古色系人思。

曲曲栏杆莽莽间，近看烟水远看山。
记曾打桨西湖里，一样浮云镇日间。

碧山临水映斜晖，水荡岩空山欲飞。
如此好山如此水，教侬不忍唤船归。

游金山

此行有若登仙境，曲折回环到上头。
塔外看山山外水，芦花枫叶正宜秋。

镇江伯先花园

入门身带百花香，蟹子初肥菊渐黄。
更有园林最深处，一池荷叶水汪洋。

双峰夹峙树葱茏，石道纵横面面通。
著笔尽从高处好，长江如带气如虹。

年来风韵与时同，秋色平分一望中。
日暮不知归路远，留人第一雁来红。

翠微深处有人家，汲取清泉好品茶。
安得千金来买宅，山前山后看桃花。

佳气如春不是春，红男绿女往来频。
枫林密密斜阳路，呖呖人声不见人。

忆西湖

打桨湖中日月宽，偶逢佳处便贪看。

最难忘是西泠社，一树梅如绿玉盘。

玉叶金枝信可夸，雷峰塔畔灿流霞。
山僧吃尽莲中苦，补种人间富贵花。

临窗一笑各嫣然，态度轻盈妙若仙。
结得三生缘不少，朝朝相伴美人边。

选胜登临独往还，扶筇步入翠微间。
雷峰塔下桃如雪，穿破湖天来看山。

游滁州琅琊山

人道栖霞看红叶，我看红叶到琅琊。
秋风夹道垂杨柳，不碍游人问字车。
酿泉为酒有余馨，红树青山一角亭。
怪道此翁沉醉后，世人一梦不曾醒。

（以上醉翁亭）

蔚然深秀石门中，古木参天一路红。
山径愈深林愈密，蓬莱仙阁广寒宫。
马车过去势如飞，穿破斜阳入翠微。
游客不嫌归路远，载将红叶白云归。

（以上开化寺）

小孤山

小孤妙绝人间世，特立洪流风趣多。
究是江边谁氏子，好侪仙侣日凌波。

漫道名山僧占多，游山兴趣日消磨。
年来江上风波恶，独立苍茫意若何。

生平与作品之南社湘集部分 | 317

金陵杂咏选五

伏处不闻天下事，铜驼荆棘又添愁。
睦华庄上花如锦，底事扬帆到石头。

驱车吊古寄遐思，山上清凉宿草悲。
四百楼台安在也，临风长忆六朝时。

范老胸中贮甲兵，木鱼贝叶尽干城。
莫愁湖畔潇潇雨，却作喃喃念佛声。

玉笛无情别恨生，客秋禾黍已牺牲。
雨师风伯无消息，开到榴花未下耕。

不到陵园才半载，好花偏向故人开。
柳丝竹叶如相织，簌簌迎风拂面来。

打滩

千古无人说打滩，航行巴蜀总心寒。
有情填海终堪塞，无力移山自觉难。
练石昔曾称捕快，导江迄未计安澜。
五丁开凿平平道，沱水岷山一例看。

丁丑上巳南社同人雅集长沙妙高峰南轩图书馆以朱晦庵张南轩两先生卷云亭诗分韵得"遐"字

妙高峰外峰，卷云花中花。
一行十八人，摇笔扬春华。
顶礼张南轩，停我问字车。
跂登图书楼，楼楼笼碧纱。
上楼读图书，下楼试新茶。

饮罢辄复吟，东风生天涯。
闲花落酒杯，杯底灿流霞。
兹游天气新，兹会蔑以加。
兹山好风日，细细探桑麻。
谁为主盟者，室迩人未遐。

灌云县少女马秀兰愤匪犯绥远未能杀敌投身新铺自杀

居庸关外水汤汤，千里犹闻草木香。
欲馀琵琶愁远塞，怕闻鼙鼓动渔阳。
红颜未老称先烈，白首称臣拜假王。
莫上长城望东北，白山黑水两茫茫。

匡弼

图 1　匡弼像（图片来源：《南社湘集》右一为匡弼）

匡弼（1884.12.14—1950），字达河，号尧臣，谱名学舰，学名弼，今醴陵市板杉镇花桥人。出生于绅士世家，家境较为殷实。清代秀才，在当地有一定声望，被称为"达河生生"，应傅熊湘邀，曾在醴泉学校教书。南社湘集社员。

曾参与《醴陵县志（民国版）》编纂工作。

有诗词见于《南社湘集》。

甲子重九赐闲园雅集因事羁不克赴召诗以报之

卅年离索动乡关，物外萧然止傅山。
倦鸟知还何用说，新诗佳惠未容删。
树簪红叶秋弥远，泉引清渠韵自闲。

指点重阳会风雨,隔篱香逐笑开颜。

青毡一角忝人师,材不材间记取之。
道阻蒹葭歌采采,园留绿竹长猗猗。
能将圣与狂先判,始信君为我可知。
辜负明朝此高会,鸡鸣如晦总难之。

钝安以所著离骚章义见赠诗以报之

年来怕惹庾公麈,三五星辰谊更亲。
萤耿孤明非触热,莺求好友自成春。
家声俯仰承乔梓,学派中西冶旧新。
相对芷兰争吐艳,一灯风雨想幽人。

题钝安西泠撰杖图并寿尊翁润荄六十

西湖山水甲天下,撰杖相随真健者。六十老仙如少年,步登天竺意潇洒。又读翁之眼福篇,我伤一室所见寡。但看天际凤和鸾,懒识人间牛与马。鲤也趋庭诗学奇,遭逢国变吟变雅。通德乡同北海郑,少年策上洛阳贾。章龙月旦继阳秋,止于谁屋渠渠夏。诲人不倦意怡然,颜好渥丹如渥赭。笔使南山铁案移,口如上界银河泻。轻装争识岫云归,一卷丹青成拱把。濂溪从周茂叔乎,淇澳美卫武公也。平生清福胜鸥波,老去声名留雀瓦。聪明快活几人兼,强健康闲实天假。耆英会趁菊花天,葡萄酒满玻璃斝。谁舒倦眼看沧桑,聊献桃觞到灯灺。回首家君亦六旬,贱子无能真苟且。花桥幸筑一庐新,苍苍翠竹秀而野。待与移居拟寿亲,有诗敢乞先生写。

乙丑上巳醴陵雅集得"竹"字

洞庭湖水君山竹,饱领春光一齐绿。永和嘉会嗣清音,渌上一圆先架筑。主人但识义熙年,三径归来抱幽独。今雨旧雨复翩翩,开破瓮头佳酿熟。兴酣促坐逞雄谭，话到中原叹蛮触。西来大浸可稽天，千里横行看蟹足。王迹熄而诗教亡，问谁专对谁修睦。去年张楚一军兴，霸争江左偏安局。移师要塞有西河，壁垒初成刁计肃。衔枚奋勇静无哗，纷纷阵扫千毫秃。我亦追随殿后夫，相对未能忘部束。材不材间任品量，闭门屹屹笺山木。

题红薇感旧记二首

玲珑写就媚香词，一卷沧桑海内知。
容易兴挥间涕泪，生来南国本相思。

一擅琴心一剑名，敢将恩怨省平生。
前尘后事商量遍，都付春痕四韵清。

黄山谷题澹山岩诗刻跋尾

友人左君铭三以此拓见惠。高约五尺，广半之，正书七行，字数不齐，首行山谷姓名下又有庭坚二字。或近人见石刻模糊，虑人不知，故重刻标识。末有政和中刻石一行，篆法二十三十字俱作廿卅。山谷书此诗，二十五作廿五，从古也。然诗体以七字为句，似当作二十字为正，否则欠一字，不成句矣。惜哉淡山世未显，山谷集作次山。又第二首回中明洁坐十客，亦作山中。是本二字皆磨蚀。闻淡山以淡竹得名，考唐张颢记谓尝有老人居其下，以淡氏称。山谷用淡不用澹，淡与澹古通用字，故记载不一。末有住持僧名，智下一字，上半已漫灭，似高又似嵩，姑缺之。盖至政和六年，寺僧始为之上石也，诗具山谷集不赘。

匡怀瑾

匡怀瑾（1902.1.7—1951.2.19），字槐静，湖南省醴陵县板杉花桥（今醴陵市左权镇将军村）人，北京师范大学毕业。南社湘集社员。

民国十一年（1922）发起成立湖南省最早的新文学社团——湖南省立一师文学研究会。民国二十年（1931）九一八事变前任职沈阳进步报刊《东三省民报》，因文字结怨日本报人都甲文雄，九一八事变后遭到追捕，于9月26日才逃离沈阳到北平（今北京），在北平某军事机构工作，曾数次返回沈阳，刺探敌情，在锦县（今辽宁省凌海市）和榆关（今河北省山海关）工作了一段时间。民国二十二年（1933）任《民国日报》驻北京记者。民国二十四年（1935）前后任醴陵农民银行分行文书主任。同乡王芃生主持国民党军事委员会国际问题研究所时，任该所机要组人事科长。民国二十八年到民国三十五年间（1939—1946）在重庆刘咏尧部任职。民国三十五年任湖南省政府秘书处秘书科长教官、秘书。1951年逝世，葬醴陵公墓。

擅诗画，有书画作品存世，诗词见于《南社湘集》。

登天心阁

阴雨才分半日晴，东皇泥步上台城。
旧游风月重回首，故国江山倍有情。

容我苍茫怀屈贾,更谁灵秀系湘衡。
行吟痛哭人何在,赢得牢骚一借名。

兰芷相思挟塞愁,旧怜乡梦苦难酬。
网罗惊起辽东鹤,筇屐归寻阁外楼。
猛为边城怀锁钥,又从天堑泣鸿沟。
劫来悲悯知何极,遥亘燕云十六州。

由来千古已茫茫,何处沧波吊女皇。
一念漫愁卑湿地,万家原爱水云乡。
天骄摄魄心安问,楚些招魂事可伤。
倚遍栏干归未忍,高楼暝色又昏黄。

丙子重九雅集得"时"字

舸稜回首梦醒时,风雨东来渐不支。
才藻秋梧都半醉,心花寒菊两皆迟。
孤飞自绕枝三匝,九死犹存息一丝。
抚序题糕偏不称,渺怀天末已无词。

文章谋国计穷时,拼废登临强赋诗。
韵事江亭容梦在,壮游蓬岛定神驰。
西昆旧曲翻前谱,南内新声隐怨词。
乌帽半欹因发指,不关风劲有谁知。

记得六首

记得高歌出塞时,流光一撒十年迟。
头颅大索曾评价,肝胆轮囷尚慰私。
吟遍关山供字泪,恋残京洛惜尘缁。
南飞三匝真无奈,何况惊弓逼故枝。

自注：余向地沈阳主编《东三省民报》，以文字结怨敌氓都甲文雄，九一八事变后，搜捕甚亟，暗许浪人数百元，始匿天德信纸店，迄至二十六日，化装店伙逃平，始免于难。

大江东去尽沉哀，六代豪华会劫灰。
芳草晴川空望断，昔人黄鹤漫归来。
神州袖手终非计，禹鼎分脔尚费猜。
世界群龙谁见首？怜渠丧狗已累累。

早岁关都吊鬼雄，志吞胡羯气如虹。
蹈身九死雠仇切，下马千言草檄工。
竟溯湖湘愁逝水，更趋衡岳逐归鸿。
儒冠误我知何极？万里南天一转蓬。

大匠师承画苑珍，桂林山水信无伦。
峰奇突破平铺法，壁削横掺斧劈皴。
千载文光人吊古，一天秋色雁来宾。
昆岗劫火伤余烬，何物荒唐更睦邻。

轻车驱过万重峦，化险相忘蜀道难。
雾结云顽天咫尺，峰回路转地旋盘。
山城抱客疑喧市，野店闻鸡怯晓寒。
春梦尘尘人草草，偷生真耻祝平安。

江山如画涌台城，大业艰难共不平。
故国金瓯期复整，将军铁腕奋神明。
人禽一界凭分野，汉贼千秋解正名。
莫道文章成底用，中兴留颂待书生。

感事寄沈阳故都诸友

辛酸岁月又孤蒲,悱怨横胸百结纡。
已逝东隅愁晼晚,渐怜南渡忍须臾。
芦中讬命身犹健,腕底矜盟血未枯。
肯信神州成鬼域,向人魑魅尽揶揄。

一夕边声骇讯雷,崇朝草木望风颓。
八千子弟拼孤注,十六燕云待霸才。
谁分江山非故土,便教刁斗付沉哀。
塘沽字泪模糊处,多少忠魂泣夜台。

星霜凄渡女儿河,真比零丁感慨多。
坐见弹冠称上客,微闻挥泪对宫娥。
豕啼不讳当人立,虎猛无由喻政苛。
莫作寻常悲愤语,天涯回首近如何?

北斗南箕各一方,天人同减旧光芒。
放翁不尽偏安感,杜老容吟出塞章。
三矢纪仇迟喋血,十年磨剑宛凝霜。
高秋快马围场在,漫有摩空鹫翼翔。

闻敌降感赋

跋涉西来鬓已皤,雨淋铃夜奈愁何。
矜盟剧喜同仇切,急难翻怜异梦多。
一柱支危经岁月,百忧备患寄山河。
感恩谁似孤臣最,零涕无由讬胜歌。

田间杂兴六选二

初日东山一抹红,林塘低霭雾空蒙。
竹梢吹下泠泠露,清脆声传水面风。

一陇平分万顷田,纵横南陌更东阡。
犁痕到处沟盈尺,水草重生四叶莲。

过剑欧师长故宅见钝师遗容并四十七岁生日感赋三律谨步原韵哭之

少壮真怜岁月更,师门回首感生平。
铸镕已自拼孤诣,标榜终惭借令名。
关塞云山惊鹤驭,晦明风雨听鸡鸣。
归来满掬辛酸泪,曾化潮头撼百城。

星陨当年黯九州,谪仙无复软红游。
文章奕叶敷华夏,气节寒英见素秋。
侠骨吟魂双胜迹,美人名士一荒丘。
可堪国破山河在,真应伊川长老忧。

太息斯文沦浩劫,遗容泪眼忍重观。
春风桃李怀恩永,片羽云天云处宽。
青女素娥应侍辇,琼楼玉宇可胜寒。
将军故宅低徊夕,灯影沉沉漏欲残。

朱可

朱可（1888.6.6—?），字逸农、一侬，湖南省醴陵县官庄（今醴陵市官庄镇大坝村）人，日本明治大学政经科毕业，南社湘集社员。

民国元年（1912）任国民政府醴陵县议会候补议员，民国十二年（1923）任醴陵渌江中学校长。据官庄朱氏族谱载朱可民国十七年（1928）应国民政府湖南省第一次行政官吏考试考取厘金局长，历任湖南省岳阳米捐局城陵矶米捐局局长，湖北省沙市市公安局局长、岳阳谷米稽查处、芦林潭谷米稽查处专员。

作品散见于《南社湘集》。

乙丑上巳醴陵雅集得"俗"字

去年今日晴，踏青渌江曲。
合山落日红，照水须眉绿。
东斗月华升，忽见数竿竹。
随竹入古寺，只身伴佛宿。
弹指又一年，回首愁成斛。
今年今日雨，共客醉醹醁。
座中尽瑚琏，咳唾成珠玉。
我闻昔贤云，知足乃不辱。

人生行乐也，何必千钟禄。

愿凭舌三寸，化民而成俗。

如梦令·忆红词

才见青青杨柳，又是落花时候。展卷总无聊，竟把韶光辜负，思旧，思旧，心事抛残红豆。

朱师海

朱师海（1881—1964），字伯深，湖南省醴陵县王仙虹桥朱家老屋（今醴陵市王仙镇香水村）人。南社湘集社员。

朱师海幼年家境困难，娘舅资助上学。好学习，开明人士，精通医术。民国元年（1912）任醴陵议会候补议员，民国二十四年（1935）任江西省第二行政督察专署署员兼科长。

另据朱师海侄孙朱世昌老先生回忆，朱师海还曾担任长沙纺纱厂厂长。

奉报钝安即题《红薇感旧记》三首

狂名收拾行将尽，旧稿搜存得几多。
醉后胆肝醒时眼，空山岁月近如何？

天涯休息何为家，不问苍生具看花。
至竟红薇多旧感，渌江江上有琵琶。

他乡不住住温柔，公子而今可姓侯？
莫使桃红流扇底，春风流护媚香楼。

挽傅熊湘联

结交重道义，气概略同，回忆壮岁相期，尚少豪情酬老友；
文望满东南，禄位不显，求解此生何故，独留远志守名山。

刘声铿

刘声铿（1896.7.9—1960.4.18），字元标，又字仲籛，湖南省醴陵县泗汾（今醴陵市泗汾镇符田村）人。毕业于湖南达材法政学校。南社湘集社员。

据刘声铿嫡孙刘梯凡口述：刘声铿出生于富庶家庭，曾任国民革命军第四十七军军法正、国民政府湖北省麻阳县公安局局长、湖南省长沙市烟草局局长。"泗汾刘氏祠堂"为刘声铿倡议建造。

乙丑九日妙高峰雅集得"重"字

结社登高兴正浓，天然山色几千重。
严霜未许残秋菊，旱苦何曾傲老松。
往事如烟容易过，良朋似雨最谁逢。
让谁今日题糕字，漫说刘郎有旧踪。

刘德龙

刘德龙（1890—1960），字首春。湖南省醴陵市板杉燕冲刘家大屋人。出身书香门第，毕业于湖南公立法政学校，当地人称其"首生生"。南社湘集社员。

民国十六年至民国十七年（1927—1928）担任国民政府安徽省定远县县公署知事。

奉题钝安师西泠撰杖图

西湖名胜古今传，又值三潭月正圆。
试取图画不领略，心随明月已悠然。

不用参禅世已空，全湖风景画图中。
著个诗翁更清绝，归来题咏满章龙。

纪胜留名有子贤，一船端载好游仙。
世人争说蓬莱远，谁信蓬莱在眼前。

一纸喧传逐电驰，言文行远可堪思。
西泠撰杖图开日，渌水悠悠祝寿诗。

挽傅熊湘联

师事记当年，文章道德我钦承，念余日色笑未亲，店月桥霜成大梦；

宦游经此地，离乱飘摇同感慨，数千里凄凉归去，岳云湘水共含悲。

挽袁家普联

才长平准，学富周官，知遇感频年，方期北斗常依，霁月光风清雅范；

我旅朐城，公留牯岭，远游同是客，那堪仙骖忽驾，天涯海角赋招魂。

汤超举

汤超举(？—1933),字滨南,湖南省醴陵县神福港(今醴陵市茶山镇)人。南社湘集社员。

民国二十年(1931)短期任国民政府安徽省财政厅科长,同年5月复任国民政府湖南省财政厅第一科科长,民国二十二年(1933)卒于任上。

诗作散录于《南社湘集》。

甲子重九赐闲园雅集分韵得"落"字

秋高气清爽,草木未黄落。
园庭喜新构,藏经有高阁。
琅琅读书声,跃跃穿篱雀。
裙屐翩翩来,微风摇杜若。
登高非所愿,佳此花前酌。
素襟荡帘波,诗情寄靴萼。
促坐恣清谈,油油尽三爵。
城阙见青衿,哲人久不作。
念兹国步艰,毋乃风雅薄。
起坐匪异人,珍重吾徒约。

乙丑九日妙高峰雅集得"阳"字

振衣千仞此佳节，况是筵开万卷堂。
共坐菊丛疑栗里，未须酒国向高阳。
秋风江上寒芜白，危阁天心晚照黄。
料理结庐长倚徙，与忘朝市有沧桑。

挽傅熊湘联

皖邸相逢话劫灰，骨肉流离，凭怅故乡齐坠泪；
蓉城匆促迎仙旆，湘云黯淡，剧怜穉息护归辆。

许德彰

许德彰（1887.1.2—1946），字岳岑，号愚公。湖南省醴陵县嘉树镇人。南社湘集社员。

撰《醴陵文献录》《醴陵县考》《西岸境志》。有作品见于《南社湘集》。

重建宗祠告竣喜而有作

皇皇先祖毓高阳，洪武之时来楚邦。
此日子孙隆祀典，当年事业树旗常。
剑光摇动风雷护，渌水长流奕叶芳。
应建宗祠卜微里，千秋俎豆奉馨香。

醴陵县考

醴陵县竟，幅员绵薄，本禹贡荆州之域。远溯上古为渌国，高阳氏封。路史纪渌渌图国，湖南考古略云：即我醴陵渌水地也。吴起曰：三苗氏左洞庭、右彭蠡。杜佑通典，今岳州潭州衡州，皆古三苗国，夏后氏封子姓于长沙，历殷及周，立国且千年。楚之先重黎，亦封于长沙，至殷失其国。周始国于丹阳，其后兼长沙等。处属南境。春秋战国皆系楚地，秦并天下，置三十六郡，分黔中以东为长沙郡。那后又置十三城，醴陵列其中焉。县志载，前汉临湘地，高后封长沙相越为侯国。东汉始置县，然按元和郡县志，醴陵下注，是禹贡导江，又东至于醴，又据史记夏本纪及地理志，皆作醴。魏包始改为澧。故尚书作澧神仙通鉴。醴陵即此澧字。徐灏笺曰：澧与醴古字通用，孔颖达疏，醴为陵名。郑玄云，今长沙郡有醴陵县，其以陵为县乎？名胜志县北有陵，陵下有井，涌泉如醴，因以名县。以此证之则醴固县矣。而陵当以皇陵得名。常考诸书，不言醴有何代陵墓，且称名始于秦。其为秦以上之陵可知。史曰：周昭王南征济于汉，汉人以胶船进王，王至中流溺死。注指汉水，吾以为误。是时文王之德早已化及江汉，而未服者荆州南境是也。故昭王征之，则曰济于汉，必是荆州南境所属湘水也。盖湘水中存有昭山、昭潭、昭陵滩诸名，在汉均为醴陵地，而取寰宇湘中两记读之，亦载周昭王南征至此。其山其潭其滩，皆因以为名。可见昭王之尸，沉于湘水，则其为虚陵者颇类，何以言之？查县西北里有空洲，对面又有空陵岸，方舆纪要曰：空灵滩，水经注曰空灵峡，拾遗记曰：周昭王得娟娱二女，与之乘舟，同溺于水。江汉之人至今思之。立祀于江湄，建有招祇之祠，今遍寻江汉之间皆无，有之者，惟此地耳！土人讹奉观音，似乎相近。张舜民曰：自醴陵江口南行十余里，到空灵岸，有昭王陵焉。梁本纪及通鉴作空灵城。灵城音同，而曰城者，疑夫昭王陵墓在此。左右筑城以相守也。嗣后宋徐刚中记虬渊洞云：予之尉高陵寝有日矣。所谓高陵寝者，即醴陵之别名，当有皇陵在也。卜芸厂公引孙皓先封乌程侯，改葬和于乌程西陵，置邑二百家，于乌程立陵寝，使县令丞四时奉祀，若徐为高陵寝专官，其在皇陵必矣。或曰昭陵滩上，有滩神，楚宝作灵，曰昭灵王。皆不称其人，是重讳也。然则醴陵之名，自秦以来，分领併颖，历代因之。民国肇造，统一寰区，定制宜民，德化广敷。土宇增其式廓，海隅罔不率从。醴陵蕞尔微封，而遵道遵路，咸宜相安于规模画一之中，乃忧时儒者，恐其异名殊称，政府有续修县志之令，则考古必请自沿革始，庶几有所传云。

啾香憩亭碑记

西岸之境有地名孙家湾者，北临盘树，南接龙山，上通攸邑，下达县城，是为行旅往来之要道也。盖当汽车官路之间，旷野寂烟，每于黑夜无发烛之光，风雨无避身之所。尤值炎暑热天，息不得荫，渴不得饮，乡人士久欲行此义举，又苦于力不能胜。岁己巳，张明府寿彭，孙啬长明堂、朱善士子贵等，倡议募资，新建啾香憩亭。置买乌梓树下，田租六石五斗，以为常年购茶烹水之用。所有好善之姓氏芳名勒诸碑阴，以垂不朽，而彰盛德。兹事乃竣，属里人许德彰记之。

夫古者冬日饮汤，夏日饮水，无所谓茶也。《诗经》茶字凡三训，为荼菜，为茅莠，为陆秽，亦无所谓茶也。宋高承《事物纪原》引淮南子神农尝百草，得茶以解其毒，为茶之始，恐此未确。尝读《尔雅槚苦荼》郭注始有茗荈之诂；又考《汉书地理志荼陵》，师古注从草从人从木，戈奢犬加反之形声；又按《三国志韦曜传》或密赐茶荈以当酒；而阳武买茶，见王褒僮约；赐坐进茶，见飞燕别传；又据孙楚诗，姜桂茶茗出巴蜀；及温峤表，责茶三千斤，茗三百斤。则茗饮权舆，当在秦人取蜀之后。至唐陆羽著《茶经》三篇，然其纂毋煚茶序，黄庭坚茶赋，皆以瘠气侵精寒中为言，犹未尽人饮也。越至于今，普天率土，靡不以为先务。盖其释滞消壅，解愠止烦，功甚溥焉。我邑虽称产茶之区，而汲取清泉，设肆以卖茶水者，行人多有不便也。尤不若购茶煮水以施济者，而功用广也。今诸君子慷慨行善，于焉卜筑，庶几高轩过我，小住为佳，举饮一瓯，差堪润吻云耳。

南城起元塔序

余生长直溪，每往县城经过石门口，至晒谷坪前，远望而亭亭然孤秀者起元塔也。询之父老，有曰：此塔自大明一代，建于玉屏山顶。是时人文蔚起，甲第蝉联，盖地灵而人杰也。迨后塔圮，则选举拔秀之士，竟寥寥不多见。清咸丰元年，县人建议恢复。忽在廖鸿举列席其中（时鸿举入秀才，为邑兴贤堂董事），谓醴陵近城诸处，文峰极鲜，若择马背岭新造一塔，可兆科甲之盛。而入第者，册名必是金木水火土为偏旁。至同治三年，果中乡试。谭铭慎、何新增、廖鸿举、刘然亮、张堪树五人，其灵验甚著。余闻心窃喜之。虽隔道旁数百武，而未能遽然至也。今年夏邀友人张君楚杰同游斯地。近视之，塔基有二亩之大，高达七丈二尺，八方十一层，层层高广减少，方方门牖递小，顶如覆釜，四隅棱削。而石工之精巧细致，殆无有逾于此者矣。惜哉碑记缺乏，未有事实可考。即按之旧志，亦不载焉。嗟乎！古者说文无塔字，唯葛洪《字苑》云：塔，佛堂也。又东魏天平三年造须弥塔一堙，此塔字始见于石刻者。然稽《周书·异记》穆王五十二年世尊至多子塔前，《史记·大宛列传》正义引括地志，灵鹫岭，佛于山上起塔。《魏书·小月氏传》自佛塔初建，计自武定八年，八百四十二年而逆数之，当赧王二十三年，则周末已有塔矣。盖皆在异域，而不在中华也。《后汉书·陶谦传》笮融聚众数百，往依于谦，谦使督广陵下邳彭城，大起浮屠，上累金盘，下为重楼。亦见《吴志·刘繇传·释老志》凡塔制度仿天竺旧状，从一级至三五七九，世人相承，谓之浮屠，或云佛图。晋世洛中，佛图有四十二所，是塔大盛于中华，皆为释氏所建而非风水设也。自晋谢向刻杖头而塔可禳灾祲。唐韦肇题慈恩而塔乃显科第。故至今无论通都大邑，以及徼边皆于乾上龙尾之地建塔，以尖峰为文笔，大抵依形家法卜地，有缺陷者宜借人工以培修也。吾县之塔，钟孕于此，为之歌曰：醴陵人士具天眼，一粒一粟睨万类。存亡变迁等非凡，大小丘壑际坯岱。形家审势布局綦，分斗出处窥节概。天工缺陷亦常有，藉以人事可能代。孝廉廖老意拳拳，谓是文峰风水萃。懂然会议与从谋，集资人铜仗先辈。度地相阳南城外，平平矮岭曰马背。鸠工斫石大经营，塔高九仞名实配。层层叠叠十一级，石磴盘桓赖地载。功圆果满甲第联，五行相生五人逮。至今大器向晚成，远近具瞻亭亭在。虽云民国科举发，贤才辈出犹弗匮。地霱人杰世所钟，昭昭不爽吾感戴。

许德彬

许德彬(1896.9.4—？)，字森贤，号岳崐，高等小学毕业。湖南省醴陵县嘉树镇人。南社湘集社员。许德彰弟。1934年12月出版的《南社湘集姓氏录》许德彬列入《南社湘集已故社友姓氏录》。

其他资料待搜集。

阳名传

阳名传（生卒年不详），字侠君。湖南省醴陵县人。南社湘集社员。其他资料待搜集。

渌江桥望月

孤高皓月色，烟锁一江深。
临望空胸臆，趋游远市音。
沙中人语响，水际囷痕沉。
追忆情如昨，于斯费苦吟。

丙寅上巳·南社醴陵雅集分韵得"寅"字

民建年十五，干支在丙寅。
上巳追已晚，飞觞醉暮春。
集兹斗大楼，欢谑恣无伦。
市盘进珍馐，亦云百味陈。
高谈兼说怪，回座闻津津。
酒酬互相劝，几欲漉漉中。
酒兵讽无敌，诗城谁肯臣。
席中争割韵，推敲莫辞频。
风云遍地恶，行乐须及身。
持谢诸君子，风雅未全湮。

何元文

何元文（1891—1986.11.27），字少梯，晚号竹庄老人。湖南省醴陵县泗汾（今醴陵市泗汾镇）人。民国二年（1913）就读于长沙第一法政学堂。民国四年（1915）毕业于北京中国大学法律系。曾任长沙私立建国初级中学校长。南社湘集社员。船山学社社员。

民国十三年（1924）任国民政府湖南省资兴县县长。民国十六年（1927）调任衡阳县县长、常宁县县长。民国十七年（1928）相继任国民政府湖南民政厅秘书、建设厅科长、建设厅代理厅长。民国十八年（1929）调任湖南第一纺纱厂厂长。国民党军队编遣第三区办事处秘书长、第四路总指挥部秘书及少将参事。民国二十一年（1932）任长沙市政筹备处处长。民国二十二年（1933），长沙市政府成立，任长沙市首任市长，民国二十六年（1937）12月辞去市长职务。民国二十八年（1939）3月，任国民政府内政部参事。民国三十一年（1942）抗战期间，在重庆曾任国民政府军事委员会办公厅少将参

图1 何元文像
（图片来源：《湖南年鉴》）

议。民国三十四年（1945）抗战胜利，退役还乡，隐居长沙东郊水竹山庄，因而自号竹庄老人。1949 年移居香港，1951 年定居台湾省，任中坜圆光寺佛学讲习所、新竹私立光复中学、台湾新竹师范学校国文教师。1986 年逝世，终年 95 岁。

有《小山室诗文集》若干卷，已佚。晚年著有回忆录《竹庄忆往》行世。

题爱晚楼丛书集句

结绮楼前芍药开，晚吟多是看山回。
经史子集灿今古，鸣世文章出类才。

丁丑上巳长沙妙高峰南园雅集得"心"字

芳草如茵花满林，重三盛事古犹今。
浴沂适已成春服，捧剑应须耀水心。
溱洧遗风伤郑鄙，咏觞高会忆山阴。
湖湘此日还修禊，渌水迢迢思不禁。

小山瞻望漫登临，书馆南轩约未寻。
旖旎莺花自朝夕，迷离烟景半晴阴。
百年迁变浑如梦，万户安危总在心。
放眼乾坤无限感，且凭时序发高吟。

丙子上巳雅集得"游"字

风景依稀似去秋，赐闲园畔酒痕留。
关山寄慨同工部，湖海豪吟踵陆游。
眼底云烟浮劫后，域中鼙鼓数从头。
明年雅集仍凭菊，共醉茱萸酒一瓯。

荏苒光阴春复秋，十年此地任遨游。
劳人草草隙中过，世局纷纷波上流。
每感兴亡思起舞，偶怀事业愧同俦。
欣逢白社缘长结，也伴诗人泥爪留。

长沙天心阁乙亥上巳雅集分韵得"风"字

老友屯艮昔曾相邀入社，未果，而屯艮客死皖中，今以洞庭之介列名社籍，每念故人，盖不胜死生今昔之感矣。

昔闻南社尽诗雄，名士襟期国士风。
匡世文章寻坠绪，等身著作启群蒙。
百年盛业余荒草，一瞬因缘类转蓬。
我亦小园逢雅集，后来何处觅遗踪。

自怜人事太偬偬，重九年年半客中。
青简遗文怀旧雨，黄花晚节傲秋风。
茱萸笑把身差健，鼙鼓声喧道未穷。
劫后河山待收拾，莫挥涕泪问苍穹。

恭祝彭少湘先生重宴鹿鸣并九秩大庆诗

湖山云秀集清躬，平步天衢气吐虹。
菊醑介眉香晚节，鹿鸣重赋乐融融。

声蜚翰苑笔簪花，褒贬龙门汉史家。
忧国精忠昭日月，上章弹劾几埋车。

鹄玑玉尺擅量材，笛听梅花朵朵开。
悟澈黄粱成底事，早携琴鹤赋归来。

手栽桃李遍沅湘，伏胜传经寿益康。
继述篯铿欣未艾，耄期先上紫霞觞。

乡贤刘师陶先生事略

先生姓刘名师陶字少樵，湖南醴陵人，世居邑南泗汾沧霞里，晚年自号沧霞老人。六岁就外传，敏慧异常见。稍长肄业渌江书院，每试辄冠其曹。清光绪二十四年郡试第一补博士第员，贡成均，食廪饩。本可由此上进，获功名而取禄位。然先生以国难当前，不屑为科举奴役，乃偕门弟子革命巨子宁调元（太一）东渡留学。当时我国留日学生咸趋向军事、政、法等学科，为他日仕进立基。惟先生不随流俗，独肄业弘文师范大学，专攻教育，盖其素志然也。学成归国，值醴陵初设高等小学堂，民智待开，规模草创。县令遴聘先生主持。先生肩艰任巨，本其所学，立堂规，展业务，亲身负责督导，诚信所感，学生能奋勉勤学，接受良好基础教育。他日为国家建大勋业者，大有人在。此为先生在清末光、宣年间发轫事迹。

民国肇造，学制初更。长沙明德学堂创于清光绪中叶，校长胡元倓为适应新制，罗致人才，闻先生能，礼聘总理教务，假以时日，委以全责。于是先生得展所长，制订方案，慎选良师，四育并重，管教两严，从此校誉益隆，学生以能进入明德为荣。时当鼎革，新制或不为时人所习惯者，纷扰难免。惟明德人数最多，秩序最好，成材甚众，此皆先生管教有方也。

晚年先生家居，湖南教育厅长朱经农为先生昔年东京旧好，商请先生出任醴陵教育局长。先生曰教育是吾素志，何况桑梓义务，遂欣然就职。将全县公私立中、小学校之组织、财务、人事及一切规章，从新检讨，会同乡老，革者革，兴者兴，大刀阔斧，彻底整顿，使学校能永恒巩固而完善。俾吾邑之莘莘学子，于焉是赖。噫！先生默默工作数十寒暑，尽瘁鞠躬，平生所抱教育救国宏愿可谓达成无憾矣。

先生赋性淡泊，不慕荣利。当民国初建，昔年东京旧好，多在中央或地方居重要权位者，力挽先生出仕，先生概以从事教育婉谢。后来虽一度主湖南财政厅幕及出任山东省金库库长，均系短期内为协助挚友袁家普厅长整理财政，一经就绪，即飘然引去，还其初服。先生对地方公益、慈善事业亦向极热心，邑中育婴、济贫、施药、义仓诸善举，多赖大力倡导，乃能观成。遇有旱涝、兵燹，先生更不忍坐视，筹赈善后，无役不从。公正廉明，民沾实惠，劢勤上达，曾荣获大总统颁授五等嘉禾章，乡里荣之。民国十六年长沙马日事变后，邑人惨遭刑戮者不少。先生怵然心伤，不顾妄人以庇匪罪名中伤，仍尽力营救，赖以全活者甚众，群情感戴。先生平居为乡里排忧解纷，更是不辞劳瘁，民咸德之。先生志行之高洁，宅心之仁厚。可见一斑。

先生公余有暇，不废吟哦，与海内诗人唱酬之作，多散见于南社诸集及明湖唱和集，先生所作诗都二三千首，曾汇成《删余吟草》若干卷。惜为友人借去辗转遗失。余与先生居相近，先生长余十四岁，又是姑丈行，故和时常往来，而读其佳叶。其咏物、箴世、述怀诸作，初期步武少陵风范，晚年有感于家国身世，则又入于剑南之忧伤矣。南社世擘柳亚子品藻綦严，所作《南社点将录》，先生名列上品，洵公论也。

先生生于清光绪二年九月初九日，卒于民国二十四年五月，享寿六十岁。元配杨夫人，继配何夫人。有子五女二，子汇淏、汇湘、汇海、汇汉、汇江。均能克绍先芬，卓然有所树立；女玉辉、月辉，并以贤德称。汇淏于对日抗战前夕投笔从戎，共赴国难。曾以优异成绩毕业中央陆军军官学校十三期及陆军大学参谋班。于民国三十一年七月参加浙赣会战为国捐躯，时年仅廿八岁。名垂抗日阵亡将士光辉史册。

余来台后与汇湘时相过从，得见其所藏《沧霞老人散稿辑存》。承语余曰："此不肖兄弟旁搜轶稿及间常闻诸先君口诵而录存者，已不及原作什一。原本由先兄汇溟保管，民国三十一年四月先兄军次浙西，鉴于世变日亟，虑更散轶，乃手书数份，分寄散处天涯诸弟姊妹珍存，未几先兄不幸以身殉国，风木之思，鸰原之痛，无时或已。所幸此一先君遗作，先兄手迹，能携带来台，今成海个孤本矣。"余闻所述。不胜恻然。先生为吾邑宿儒硕学，品节修养，望重乡邦。故乐为述先生之生平，藉发潜德之幽光云尔。

祭邱科长皈三先生文

呜呼！宾朋俎谢，向子期有思旧之篇；亲故凋亡，陆士衡有叹逝之赋。况乎同舟谊切，朝夕相依；剪烛情深，风雨不辍。而乃哲人其萎，梁木顿摧。有不三招屈子之魂，十倍山阳之恸者乎。维先生毓德名门，蜚声早岁。丹山雏凤，便欲横云；渥水神驹，生而绝足。西吴振采，种桃凤媲安仁。南楚宣猷，敬梓追踪熊绎。学既深精乎法律，断狱无冤；爱尤遗溥于黔黎，颂声载道。斯固耳闻甚熟，故希臂助良殷。市政同持，半载多劳擘画；星沙有耀，百端正赖筹维。何图九仞山高，不及见功之成就；三春阳长，偏惊霣耗之飞来。岂是岁星仍归天上，或同仙吏暂谪人间。纵疑忖之无穷，月梁颜色；实悲伤而废既，涕泗滂沱。聊陈斗酒只鸡，用伸吊悃。更冀灵魂毅魄，遄返故乡。缀此哀辞，伏维尚飨。

薰风亭记

余长长沙市政既数月，就天心阁迤东隙地，醵*金为儿童公园，中植花木，范以栏垣，凡儿童玩赏憩息运动诸具备焉，园西北有高阜，构亭其上，杂树环阴，苍翠欲滴，落成于盛暑，薰风披拂，因以名之，窃解愠之义助养正之功云耳。

天心阁联

何止路三千，上摘星辰，万丈高楼从地起；
不容尘半点，只谈风月，一江秋水映天心。

挽邱舨三联

精明深厚信能兼，匡襄市政，正赖筹帷，那知中道联镳，绝鞠顿教悲故友；
伉俪郎君均远隔，检点宦囊，空余风月，试问彼苍何意，忌才忍遽夺年华。

挽傅熊湘联

著述播全球，公生自有千秋业；
文章遭厄运，我辈尤深三楚悲。

挽袁家普联

滇湘遗爱，皖鲁垂名，才擅理财媲刘晏；
蜕化庐山，魂归渌水，荐凭潦藻吊袁宏。

挽李隆建联

揽辔矢澄清，壮哉范滂名高东汉；
趋庭谁闻诏，悲夫孔鲤恨在南陔。

长沙天心阁薰风亭联

何云童子无知，但看攘往熙来，尽是天真活泼；
须识后生可畏，等待名成业就，毋忘园里嬉游。

张庆云

张庆云（1899—1993），女，南社湘集社员，刘鹏年夫人。祖籍福建省永定县湖雷镇，其父张汝乾于醴陵经商而迁居醴陵。

张庆云早期在醴陵从事平民教育和公益事业，是一位教育家、慈善家。民国十二年（1923）于醴陵县城瓜畲坪，开设含英女子职业学校，以刺绣、编物见长。抗战期间受其兄张慕先委托（张慕先当时协理湖南赈灾事务），在湘南主持私立儿童保育院，收留战火下流离失所的难童，并施以教育。

张庆云就像南社当中的其他女性社员一样（南社中有30多名女性社员的丈夫是南社社友），她加入南社湘集的一个重大原因就是为了表示对南社湘集的支持，对丈夫执着的事业的支持和理解，而不完全在于文学作品的创作。所以，汪梦川先生在其《南社湘集统计分析》一文中，认为张庆云在《南社湘集》中并无作品，也没有参加雅集的记录，当属挂名社友，且这种现象在旧南社中也是极为常见的。

张庆云女士1993逝于北京，高寿94岁。

暂未搜集到张庆云女士诗文作品。

张翰仪

张翰仪（？—1952），字莼厂，亦作莼安，一字若荪，号尊安，室名思益尊。湖南省醴陵县北乡小水村（今醴陵市官庄镇官庄村）人。南社湘集社员，南社闽集社员。

民国十八年（1929）任国民政府湖南省新宁县县长，民国十九年（1930）任国民政府湖南省耒阳县县长。民国十九年至民国二十三年（1930—1934）任国民政府湖南省衡阳县县长。民国二十三年（1934）任国民政府湖南省益阳县县长，编修《益阳县志》。民国二十三年7月至民国二十六年（1937）3月任国民政府湖南省湘乡县县长。民国二十五年（1936）初，时任国民政府湖南省湘乡县长的张翰仪，汇纂了《沅湘耆旧集续编》，书稿于1938年长沙"文夕大火"中化为灰烬，后易录成《湘雅摭残》。民国二十六年，任国民政府湖南省湘潭县长。民国二十七年（1938）5月任国民政府湖南省桃源县县长。民国二十七年（1938）8月任国民政府湖南省长沙县县长。民国二十七年至民国

图1 张翰仪像
（图片来源：《湖南年鉴》）

三十年（1938—1941）任国民政府湖南省郴县县长，抗日战争期间随刘建绪进入福建，民国三十六年（1947）5月28日至民国三十七年（1948）11月14日任国民政府福建省政府秘书长。

张翰仪通文史，工诗词，能书法，富藏书。书画碑帖收藏，积数万件。曾编修《益阳县志》，著《湘雅摭残》等。

2010年湖湘文库编辑出版委员会编辑出版了其编纂的《湘雅摭残》。

奉题钝安师西泠撰杖图

烟波浩荡日迟迟，娱老生涯只咏诗。
三竺六桥风景好，画图犹似月明时。

癸亥九日衡阳军次阻雨

无端风雨阻重阳，何处登高可望乡。
三径菊花天外梦，两年愁鬓客中霜。
残棋半局河山恨，兵火连年草木荒。
醉里浑忘征战苦，频吹羌笛谱伊凉。

岳阳楼

巴陵横亘洞庭东，倒影楼台一望中。
数点君山芳草碧，千年城郭夕阳红。
壮心久共江湖下，故国空余锁钥雄。
惟有神仙长管领，年年依旧醉东风。

乙丑上巳长沙雅集分韵得"社"字

沧海怅横流，湘水滔滔下。
举世人皆浊，谁为独清者。

唯楚自多材，昔贤推屈贾。
抚卷读《离骚》，南国存风雅。
兴言嗣遗音，相与开诗社。
上下兰亭会，修禊杯同把。
社兰香可撷，酒后分曹写。

题湘阴李麓如先生《寒江独钓图》

先生自有胸中画，词客争题画里诗。
一卷烟波千古在，清风长击钓鱼丝。

酬衡州左云璈先生依见赠原韵

一郡浮沉栖宦辙，八荒忧乐入孤襟。
干戈屡下伤时泪，抚字频惭保赤心。
匹马短衣搜断碣，晓风残月理幽琴。
满怀岣嵝无人识，独自迥环踏碧琴。

世乱六州谁铁错，治纷九牧各铜符。
嗟予涵迹风尘吏，羡子鸣高世俗模。
论政眼中无召杜，谈兵天下几孙吴。
何当得饮黄龙酒，我亦心雄敌万夫。

皓首数茎搔鹤发，老怀万事看鸿毛。
庭中绝学源诗礼，腹底奇文续雅骚。
著述一门希世凤，波澜四海戴山鳌。
春来好自开轩圃，闻听庭柯送夜涛。

过王船山墓

停轺高节里，瞻拜古贤茔。

断碣侵苔绿，孤山空月明。
精忠怀故国，著述了残生。
近事公知否，辽阳又弄兵。

赠友芝

误我儒冠笑我迂，半生琴鹤老江湖。
羡君自有如椽笔，横扫烟云入画图。

湘西草堂题壁

知公志不帝秦皇，万劫犹留一草堂。
抗节气凌衡岳峻，著书声托茝兰香。
石船照澈前朝月，枫马凋残故国霜。
今古无端兴废感，停招搔首立斜阳。

答陈瘦愚同社书

瘦愚社兄吟席：辱示大什及美文，朗明而不华，平易而不迫。台端英年，已能如此，为之不已，则升袁樊之堂，而窥苏陆之垒，吾党风雅，继起有人矣。古者太史采诗，以观民风，三千年来，吾国诗体递变，要之，秉思无邪之旨，抒温柔敦厚之词，以挥发其性情，而止乎忠孝礼义，乃为上乘。风骚尚矣，自苏李曹刘，以迄李杜元白苏陆诸公，其诗亦何尝逊于拜伦雪莱辈，而不可传诵，以激发人之志气耶？正声微茫，堕响莫作，伯喈已老，仲宣方兴。敢布左右，惟幸察之，专覆，并颂撰祺！

重修王船山湘西草堂记

王而农先生为有明一代大儒。丁张献忠之乱，毁身救父，清室入关，负义不屈。奉父遁处南岳，既而返湘西，结庐于石船山麓，额曰湘西草堂。著述终老,世称为船山先生。乃年湮世远,风雨飘摇,栋折榱崩,荒凉满目。弗集群力从而修焉。非所以安先哲而崇大迹也。或谓时局日艰,扰攘未已,山崩川竭,杼柚皆空,民未见德也。救死唯恐不赡,顾欲宏规模以厉顽懦,不亦难乎?余谓先生负横渠之正学,抱越石之孤忠。大功虽未著于当时,而著述遗书,发明名教纲常之大,使天下后世之人心,皆炳炳于大义。以范围宇宙于不敝者,其功尤大且远。先儒所谓为天地立心,为斯民立命,为往圣继绝学,为万世开太平者,舍先生其谁属邪?是先生之节概学问,天下后世固已馨香而尸祝之。岂于其平生托迹之草堂,忍视为无足轻重?任其破瓦颓垣,沦为鹿豕狐狸之所,而不一新之,可乎?且天下之乱,乱于人心,人心之乱,乱于学术。今有人焉,果能循曩时之遗迹,倡先生之正学,正群言之淆乱,诉往圣之精微。吾知正学术以正人心,正人心以正天下,将于是乎在。是草堂者,先生精神凭依之所也;是草堂者,先生学术讲习之地也。庸可忽乎哉?余忝宰蒸阳,抗怀大道,览石船而叹息,瞻风马以徘徊,于其重修草堂之日,敬发其凡,以谂邦人君子。

重修衡阳石鼓合江亭记

石鼓之右麓,有亭翼然其上,曰合江亭。湘水汇其右,蒸水汇其左。韩昌黎有《合江亭》诗,张南轩书之,嵌于壁。后之骚人墨客,踵昌黎之韵而形诸歌咏者,不可胜纪也。亭后穿石为洞,曰朱陵洞,传为宋朱晦庵读书处,或曰元和士人李宽结庐读书其上。刺史吕温尝访之,有《题寻真观李秀才书院》诗。余尝读朱子《石鼓书院记》,云石鼓据蒸湘之会,江流环带,最为一郡佳处,故有书院,起唐元和间州人李宽之所为。由此观之,是说也,窃有取焉。

余宰衡阳,论政之暇,与二三同志游于斯亭,近览蒸湘二流波澜之壮阔,远观衡岳七二峰峦云烟之变幻,慨然想见古昔名儒硕士流风余韵，虽世乱道衰，犹与山川而终古。第历年既久，兵燹之迭经，风雨之剥蚀，微独亭宇摧残，碑碣磨灭，而先师先贤之木主，向之所以焚心香而系道派者，皆颠倒错乱，不可复识。因谋于衡阳人士，鸠工庀材，重新其栋宇。工未竣，而余有益阳之命。主其事者欧阳南垣，阅数月以书来告曰："垣继公未竟之业，亭初告成，将以捐名寿诸金石，请纪其事。"余维天下国家之治乱，系夫学；山川亭阁之显晦，系夫人。古之圣贤豪杰立于天地之间，其或穷而在下，必倡明其学术以正人心，正人心以治天下，使天下皆范围于仁义中山之域，而乱贼寇盗之患，无由而生。自孔孟来，如汉之董仲舒，隋之王通，唐之韩愈，宋之朱、张，皆于圣学千钧一发之余，抱百折不回之志，以翼纲常而卫名教，继道统而开来学者也。论者谓诸子之功，跻之尧、舜、禹、汤而不以为过者，何哉？盖尧、舜、禹、汤，达而在上，其治世之功在一时；孔、孟、程、朱，穷而在下，其传道之功在万世。合江亭者，固先儒昌黎、朱、张游眺之所。后之慕其人者，或诵其诗，读其书，观其遗墨，访其古洞，于数百载之下，流连凭吊，而不能已，且为重新之，以传诸天下后世，岂非以其学足以继坠绪，其人足以厉顽懦欤！方今海疆多事，异说横流，訾尧舜，谤孔孟，毁程朱，猖狂悖谬，极古今未有之变。湘南为文献渊薮，凡游斯亭者，果能相与倡正学以正人心，正人心以治天下，如先儒之所为，则天下不敝，道亦不敝，谁谓旋乾转坤之功，不在兴学育才之下哉！余感于学术之兴衰，关天下之治乱，故于亭成之日，发其义而为之记。

编者注：石鼓山合江亭在衡阳市蒸湘二水合流处，唐刺史齐映建，后因韩愈诗中有"缘净不可唾"句，又雅称"缘净亭"。

沅湘耆旧集续编自序

吾湘风雅，向无专书。廖息园之《楚风补》，陶松门之《楚诗记》、陈澹元之《胜国忠魂》，类皆孤陋，君子病焉。有之，自邓湘皋先生《沅湘耆旧集》始。先生著述渊博，始为《资江耆旧集》《楚宝考异》诸书，而犹以为未尽也，乃撰是书。始于元明，终于嘉道，共一千六百八十三家，都为二百卷。搜罗宏富，巨细靡遗，信湘雅之大成，楚风之渊薮也。其后常德杨性农、湘阴郭筠仙、永明周荔樵、吾邑吴称三诸先哲，相继从事补编，裒然成帙，未付剞，先后沦亡。其稿或没于水火，或散于兵燹，灾祸频仍，篇章隐佚，广陵遗响，荡然鲜存。降及今日，欧风东被，科学竞谈，风雅一途，几成孤绝。余浪迹湖湘，浮沉宦海，退食之暇，坐拥遗编，默念吾湘自道咸以来，洪杨之役，曾左崛起，不独事功彪炳于史册，即论诗文，亦复旗帜各张，有问鼎中原之概。偶事搜讨，日积月累，或传自刊行之专集，或征自待刊之遗墨，得近百年耆旧遗诗若干家，闺秀若干家。方外若干家。选钞成帙，以湘皋先生冠首，按作者时代依次编入，缀以小传，题曰《沅湘耆旧集续编》。所有编例，一仍其旧。惟海内大乱，学术蜩螗，耆旧寂寥，岂惟吾楚。年湮代远，云散风流，孤本残篇，殊难搜集选，此举国之公惧也。宦辙驰驱，孤灯风雨，家鲜藏卷，交乏鸿儒，考证鲁鱼。自惭孤陋，幽情思古，抱阙守残，此余之么惧也。湘皋先生远矣！时局日益艰虞，文献日益凋丧，横览洞庭以南，衡岳之磅礴，湘沅之怒流，其气益抑郁壮阔而少舒。徵独为自古屈原贾谊伤心之地，而后之通儒志士，骚人墨客，仍世相望。文采不彰，潜德遂凋，如嘉道以前者，不知凡几。夫千秋者，人与人相续而成者也。余慨坠绪之茫茫，抱孤怀之耿耿，惧耆旧之不传于后世，且惧固陋之不足以永耆旧之传也。因发其意，冠于篇首，以质省内之君子。

编者注：《沅湘耆旧集续编》书稿于1938年长沙"文夕大火"中化为灰烬，后易录成《湘雅摭残》。2010年湖湘文库编辑出版委员会编辑出版了《湘雅摭残》。该书收录清道光末年至民国初年湖南近代诗人634家的旧体诗（包括少数词作）近8000

首,各体兼备,内容广泛,对太平天国、义和团、甲午战争、戊戌变法、自立军、辛亥革命、洪宪帝制、军阀混战等中国近代史上的大事,均有反映,颇具史料和艺文价值。本自序载于《南社湘集》第七期,序言与后来的《湘雅摭残》所刊序言略有不同。

题湘乡镇湘楼联

直上峰头,四面云山皆小鲁;
偶来胜地,一洗乾川唱大风。

题炎帝陵联

故国剩金碗玉鱼,青冢独崇高节里;
遗迹鉴石船枫马,丹心长照大罗天。

挽袁家普联

月明九江水,天静五老峰,病卧瞰湖山,是翁胸次真奇气;
送别长沙城,束刍资阳浦,残秋归旅榇,故乡耆旧已晨星。

陈芬

陈芬（生卒年不详），字子芬。湖南省醴陵市人。新南社社员、南社湘集社员。

据郑逸梅先生《南社丛谈》之《南社湘集姓氏录》第681页显示陈芬是湖南醴陵人。郑逸梅先生之《南社湘集姓氏录》是根据《南社湘集》第六期《南社湘集姓氏录》整理而来，但《南社湘集》第六期《南社湘集姓氏录》中［民国二十五年（1936）二月］记载：陈芬，字子芬，江苏青浦（今属上海）人。所以，或是转录有误。

生平资料和作品有待进一步搜集。

挽傅熊湘联

为谋革命屡蹈危机，逸事尽堪传，卓著英名光里社；
虽遭离乱不忘吟咏，遗书犹可读，长留文字半湖湘。

编者注：与李秀常合挽。李秀常，湖南醴陵白兔潭人，曾任国民政府湖南省政府秘书处第一科科长。

陈玄一

图 1　陈玄一像（图片来源:《南社湘集》左二为陈玄一）

陈玄一（生卒年不详），字啸樵。南社湘集社员。有作品见于《南社湘集》。

生平资料不详。

安排

安排万卷载江船，身世浮沉欲问天。
饱死蟫鱼聊尔尔，压残金线恨年年。
竟无一日心能定，曾几何时又月圆。
火要待传薪已尽，十年歧路意茫然。

秋夜偶成

抛却荣枯一片心,浊醪滥醉酒烦襟。
空阶新月生凉意,古木清霜入苦吟。
孤雁可怜归梦远,候虫无那怨秋深。
残灯倦枕频敲句,河汉微茫夜已沉。

送春

金谷繁华逐水流,迎春早为送春愁。
垂杨不到秋风瘦,作絮飞花便白头。

陈叔渠

陈叔渠（生卒年不详），字石殊。湖南省醴陵人（具体地址不详）。黄埔军校第六期毕业生，南社湘集社员。

民国二十二年（1933）任中国国民党中央各军事学校毕业生调查处训育处少校股员。民国二十七年（1938）至民国二十八年（1939）任三民主义青年团中央临时干事会人事室代理副主任。民国二十七年（1938）至民国三十年（1941）任重庆中国国民党中央各军事学校毕业生调查处内部刊物《会声月报》编辑和主要撰稿人，民国三十一年（1942）任重庆《今文月刊》三大主编之一，以本名和笔名石殊在《今文月刊》《会声月报》上发表文章，其中《唐代两大诗人的风义感及其他》一文被后来研究李白、杜甫的学人多次引用。解放前夕随部队进入法属越南，1953年赴台湾省，赴台后著《国父军事学说》。

有少量作品见于《南社湘集》。

过华园旧址

两年前此栖迟地，今日重来意已奢。
十二栏杆都倚遍，墙边难觅旧栽花。

人去楼空野草香，夕阳无语下西堂。
紫藤棚上朦胧月，犹是珠帘昨夜光。

泰山绝顶题壁

十里晴峦拥翠来，万山佳气荫崔巍。
穿云绕石路千转，拔剑倚天肠九回。
孤塔摩空寒白日，神鹰铄日撼层崖。
吟魂欲探蛟龙窟，饱听松风万壑雷。

自题小照

霸图犹自纪南州，镜里依然壮士头。
眼底鱼龙皆入海，胸中块垒独登楼。
十年未肯埋孤剑，一死何曾了百忧。
忍向中原更回首，国门东望诀双眸。

向西驿

列岫排空万壑雷，平沙独戍鸟飞回。
山魈木叶窥人过，鼍鼓秋风动地来。
万顷波涛飞白练，千年骷髅长青苔。
如何瘦尽垂杨柳，不见江头野老哀。

春夜闻莺玄武湖作

莺声唤醒繁华梦，孤馆寒窗独怆神。
湖水应怜今夜月，桃花长忆去年人。
春愁烂漫难成醉，金粉飘零已化尘。
莫道江郎才思减，腰围瘦尽旧吟身。

都门晤公侠

去年客里愁相别，今日逢君又一回。

别后新诗多感旧,花前绮梦渐成灰。
坠欢似水难重拾,往事伤心忍再来。
一世不挥闲涕泪,长鲸惯使浪如雷。

扫叶楼题壁

金风东南胜此楼,登临无限古今愁。
不辞久负芳菲意,为扫丛残更耐秋。

西山云气起崔巍,散入江心浪作堆。
水底蛰龙呼不应,怒张鳞爪郁风雷。

大江东去咽斜曛,匹马秋风扫万军。
叱起乌龙潭底月,万山倒影忽成云。

元宵病中感赋四首

十年九度元宵节,都在风尘澒洞中。
不问流离与沟壑,人间到处有飘蓬。

冬心残抱梦犹奢,又撷孤怀入岁华。
一病至今原未死,诗魂只合葬梅花。

银花火树夜三更,枕上惊闻爆竹声。
似揭吾忧破沉蛰,地球深处有雷鸣。

久病不辞心益瘁,思亲空有梦相随。
从来不滴孤零泪,自断刚肠寸寸垂。

江湾索居

鲈鱼出水蟹初肥,野屋秋风独举杯。
九月芦花飞似雪,万家砧杵响如雷。

牢愁只合闲中遣，好句偏从枕上来。
蓦地蛮烟连夜雨，江山如此总堪哀。

与怪愚夜坐

燕子西风怕倚楼，客中又见一番秋。
与君已作经年别，此会何妨十日留。
猛忆空山听夜雨，独麾劲句破孤愁。
年来唱遍江南曲，斗尽芳菲不自由。

满江红·秋感十六年客广州南岛作

燕子不来，连日雨，令人凄绝。凝眸望鲥鱼正肥，芦花如雪。南石头前疏柳垂，白鹅潭上秋月白。最难堪鹧鸪又悲鸣，芳菲歇。牂牁江，波苦咽。燕支山，无颜色。看横磨十万剑，光明灭。展翅期待天风发，黄河九曲胸中折。忆儿时高唱大江东，愁肠结。

唐代两大诗人的风义感及其他

一代伟大的诗人，管领的千百年风骚，这不是一件简单的事情，他首该具备的两个主要条件：一、有真性情蕴结于胸中，借文字以涌现于纸上，抑塞磊落，肝胆照人，不像假道学家的面孔，装腔作势。二、需要有敏妙的艺术，能传达其欲言之隐，又能留有余不尽之致，不伤于质直，不流于浅露，然后他的作品，悲壮沉雄，缠绵悱恻，使读者尚未终篇，已不知涕泗之何从，甚至或低徊掩泣，或拍案大叫，或放声欲哭。像这样的诗，在唐代人诗人中，固尚很多，但于友朋间热情横溢，风义峥嵘，以道义相崇尚，以事业相期许，以境遇相关怜，而又配合着新奇的笔调、绝妙的技巧，缠绵往复，以表现于字里行间者，除杜甫的寄怀李白各诗及白乐天《寄微之三首》以外，恐怕不及多觏。

现在，先从杜甫《梦李白二首》说起吧。

> 死别已吞声，生别常恻恻。江南瘴疠地，逐客无消息。故人入我梦，明我长相忆。恐非平生魂，路远不可测。魂来枫林青，魂返关塞黑。君今在罗网，何以有羽翼。落月满屋梁，犹疑照颜色。水深波浪阔，无使蛟龙得。

> 浮云终日行，游子久不至。三夜频梦君，情亲见君意。告归常局促，苦道来不易。江湖多风波，舟楫恐失坠。出门搔白首，苦负平生志。冠盖满京华，斯人独憔悴。孰云网恢恢，将老身反累。千秋万岁名，寂寞身后事。

这两首诗，为李白因永王璘事，长流夜郎而作。永王造反，李白在其军中，是否出于本意，不是为所迫，我们固无从明白，照杜甫的诗意，所谓"孰云网恢恢，将老身反累"，可以见李为身所累，并非本心；又云"千秋万岁名，寂寞身后事"，则李之负冤，得此恶名，而后人为之昭雪，杜固无疑于李。李流夜郎，旋因遇赦，未至而还，这诗正作于长流之际，杜老闻此信息，结思成梦，至频三夜，友谊之笃远非寻常可比。

杜甫对于李白，一片怜才之忱，在他的诗里，时时可见。如《春日怀李白》诗：

> 白也诗无敌，飘然思不群。清新庾开府，俊逸鲍参军。渭北春天树，江东日暮云。何时一樽酒，重与细论文。

这是早年杜在长安，李在东吴之作，细玩这诗，可见两人以文字相结合的大概。后来李白得罪长流，杜又有《天末怀李白》一首。

凉风起天末，君子意如何。鸿雁几时到，江湖秋水多。文章憎命达，魑魅喜人过。应共冤魂语，投诗赠汨罗。

这诗与李白二首，当是同时之作，"文章憎命达"四句，指李白才名大盛，为小人所中，但是他的忠直，可以质诸屈原而无愧，为李白诉冤，比记梦二首，尤为明显。最后又有不见一首，注云"近无李白消息"，诗云：

不见李生久，佯狂真可哀。世人皆欲杀，吾意独怜才。敏捷诗千首，飘零酒一杯。匡山读书处，头白好归来。

这诗把李之身世，因佯狂使酒，而至于世人皆欲杀，和自己爱其诗才，而深加怜惜，和盘托出。末后望其收拾才情，还山读书，用意何等深挚。合这三首诗，已可见李杜交情一斑，再读梦李的二首，便洞若观火了。

老杜有一首《寄李十二白二十韵》的长排，这首诗似乎与梦李白诗相差不远的时候所作。工丽典切，值得我们一读，也一并写在这里：

昔年有狂客，号尔谪仙人。笔落惊风雨，诗成泣鬼神。声名从此大，汨没一朝伸。文彩承殊渥，流传必绝伦。龙舟移棹晚，兽锦夺袍新。白日来深殿，青云满后尘。乞归优诏许，遇我宿心亲。未负幽栖志，兼全宠辱身。剧谈怜野逸，嗜酒见天真。醉舞梁园夜，行歌泗水春。才高心不展，道屈善无邻。处士祢衡俊，诸生原宪贫。稻粱求未足，薏苡谤何频。五岭炎蒸地，三危放逐臣。几年遭鹏鸟，独泣向麒麟。苏武先还汉，黄公岂事秦。楚筵辞醴日，梁狱上书辰。已用当时法，谁将此义陈。老吟秋月下，病起暮江滨。莫怪恩波隔，乘槎与问津。

全诗共二百字，差不多一篇李白的小传，前半叙他的诗才，为贺知章所赏识，和龙舟金殿得意之日，后半叙他的被谤受冤过多，远窜蛮方之际，中间第十韵之末，却把"遇我宿心亲"作前后和关键，便不是一篇无主的咏李白诗了。这是杜老长排格律谨严处。

最奇怪的李白对于杜甫，却是很为冷淡。从现在的李白诗集中看来，只有诗二首，一为《沙邱城下寄杜甫》，一为《鲁郡东石门寄杜甫》。前诗结句云"思君若汶水，浩荡寄南征"，后诗结句云"飞蓬各自远，且尽手中杯"。似乎没有甚么异乎寻常的交情，虽是唐人所作的本事诗，再有《饭颗山头逢杜甫》的七绝，有讥讽杜老之语，自然是伪造的。但李之对杜，远不若杜之对李，无论如何，不能讳言，这更可见老杜的怜才爱友，一片热烈至诚，出于天性了。

其次，我们再来谈谈白乐天《寄微之三首》。

江州望通州，天涯与地末。有山万丈高，有江千里阔。间之以云雾，飞鸟不可越。谁知千古险，为我二人设。通州君初到，郁郁愁如结。江州我方去，迢迢行未歇。道路日乖隔，音信日断绝。因风欲寄语，地远声不彻。生当复相逢，死当从此别。

君游襄阳日，我在长安住。今君在通州，我过襄阳去。襄阳九里郭，楼雉连云树。顾此稍依依，是君旧游处。苍茫兼葭水，中有浔阳路。此去更相思，江西少亲故。

去国日已远，喜逢物似人。如何含此意，江上坐思君。有如河岳气，相合方氤氲。狂风吹中绝，两处成孤云。风回终有时，云合岂无因。努力各自爱，穷通我尔身。

白乐天和元微之交情是非常密切的,他们两家集中,唱和诗极多。三首是白在江州,元在通州,白寄给元的诗。通篇用白描之法,将两人离合的踪迹和相思的苦况,曲曲写出,不用典故,也不假装饰,自然有一片情感,悲伤掩抑,而又言外见得两人都羁旅流荡,郁不得志。于篇末点出"穷通我尔"四字,更足表现出"诗人之志婉以约"的风度。

我们从上面所举这一连串的诗来看,杜甫与白乐天在唐代大诗人中,不仅对友朋间有着极浓厚的风义感,而且在诗的精神上和技巧上,都有其风神独绝之处。杜老缠绵往复,如有沉郁在心,而不能宣之于口,都于字里行间攫拿奋迅;至于气息深厚,精神饱满,格律谨严,更是他的长技。

乐天诗是当时典故数学的反动,六朝以来,骈偶积习,侵入诗的领域,每有藻彩纷披,其实生气毫无的作品。以致诗的组织愈工,诗的真意愈少。乐天一反其道,提倡"如话"的诗,务使老妪都解,虽然不及少陵之雄厚、太白之飘逸、摩诘之高浑,但却是这诗另辟一新领域,发挥他自己的真性情和真兴趣。不像六朝人,仅是一大堆典故,看不见作者的人生和身世的哀乐,这样有甚么神韵与意境可言呢?我们用这种眼光来读萧统的《文选》、徐陵的《玉台新咏》,就觉得可存的诗很少了。

有人说唐代的诗,中唐不如盛唐,所以白乐天赶不上杜甫,这不知是根据哪一种逻辑来的。

梁任公有句话,他说:"各种学问,都是古不如今,惟有文学,今不如古。"这是他少年时代说的,后来他的见解是否有所转变,我们无从查考。其实文学今不如古是片面的。譬如博物馆陈列的商周鼎彝,都是经过若干年的时代,他的古气磅礴,那些新出于型的现代物,自然万及不到;文学也是这样,在浑厚朴茂方面,不如古人,那是年代的关系,但是现代文学,自有现代的价值。如果只求摹仿古人，便像把新铸的铜器涂上青绿，冒称商周古物，实在是一桩大煞风景的事。所以人家说，白傅的诗赶不上杜工部，这是事实，就像上面所举的白作《寄微之三首》与杜作《梦李白二首》比较起来，自然也还逊一筹。但这是他们本身工力的高下，倒并不因为杜在盛唐白在中唐的缘故。

（原载《今文月刊》1942年第1卷第3期）

陈粹劳

陈粹劳（1906.9.25—1987.1.15），字允遐，号草草，别号鹤泉，别字疾为、佳曙，湖南省醴陵县王坊乡联盟村陈家老屋（今醴陵市王坊镇王坊村）人。湖南省立湘潭中学、国立武昌中华大学政治系毕业。南社湘集社员。

陈粹劳才思敏捷，善对、工诗，被湖南吟坛前辈誉为醴陵才子，受邵力子、于右任赏识，曾任邵力子私人秘书。后投笔从戎。民国十六年（1927）秋，陈粹劳投入国民革命军第三十五军二师政治部任科员，随军北伐至郑州，从事宣

图1 陈粹劳像
（图片来源：《南社湘集》）

传工作。民国十七年（1928）春第六军十七师进驻长沙，调任师政治部秘书，兼任进步报刊《湖南民报》编辑。6月，在南京加入国民党。之后，历任国民政府山东省财政厅科员、安徽省财政厅科员、汉口市职业学校校长。民国二十三年（1934）夏在汉口加入复兴社。民国二十五年（1936）4月时任陕西省教育厅委陈粹劳（绥德专员杭毅的秘书）接任绥德师范学校校长。民国二十七年（1938）11月

随邓文仪赴成都中央军校政治部任职，初任编审组组长，负责印刷、校对、发行宣传刊物，后调任总务组组长，主管文书、财经等事务。民国二十九年（1940）7月升任少将主任秘书，协助政治部主任联系各部门并核审文稿。民国三十四年（1945）秋调南京国民政府文官处担任编审，撰写各种文稿、报告。民国三十八年（1949）春返湘，5月任命为第一兵团少将高参，参加起义准备工作。8月，撰写起义文稿:《致蒋介石电》《告各军师长及全体官兵书》《向毛主席、朱总司令致敬电》等。起义后陪陈明仁赴京出席第一届全国政治协商会议，参加了开国大典。1950年6月任湖南省人民政府参事室参事，旋加入中国国民党革命委员会（简称民革）。8月兼任省文物管理委员会委员、组长。1951年12月作为文化战线代表出席湖南省第一届各界人民代表会议，1983年4月当选湖南省政协委员。1987年病逝。

陈粹劳创作诗词几千首，惜未编辑刊印，散见于《南社湘集》等。著有《耷翁诗词选》《关于西周漆器之研究》等。曾参与《醴陵县志（民国版）》编纂工作。

湖南省地方志编纂委员会编《湖南名人志》有传。

杂感

王孙与我结同心，异地难为游子吟。
莫向江南问消息，一帘春雨落花深。

和友韵

万缕愁丝一卷诗，累人肝胆照相思。
不堪更向莓苔立，花落东风细雨时。

江南风景近如何，烟雨楼台入梦多。
一忆缄悔教千里别，欲缄红泪换新波。

独坐

已是无聊偏独坐,万缘彻悟顿成灰。
不知何处一声笛,吹落江城五月梅。
顽石负人空说法,老天嫉世不怜才。
未堪时事填胸臆,拔剑还教一哭哀。

立秋夜作

端居结习未能删,哪有闲情拾坠欢。
秋早西风已萧瑟,夜深北斗亦阑干。
天应有恨无心问,泪欲成痕逐梦残。
世事如棋亦如幻,休将历历认真看。

出狱后遁迹穷乡索居无俚有感于中作此以遣用宁太一先生丙午冬日出亡韵

眼里纷茫百怪陈,伤心国步日斯频。
漫漫长夜天难旦,咄咄英雄气逼人。
未肯南山终隐雾,怕看东海复扬尘。
子房老去端卿死,不得狙秦且避秦。

月落乌啼万瓦霜,朔风吹断路人肠。
红羊换劫当斯世,黄鹄无心返故乡。
已是邹阳曾自白,宁同张俭与人亡。
回头一忆南冠日,毕竟鸡栖有凤凰。

偶成

眼中人物垂垂尽,脚底嚣尘逐逐忙。
自分此身无所托,可怜有国欲云亡。

事难如意唐衢哭，生不逢时阮籍狂。
袖手江头闲独立，前瞻后顾两茫茫。

武昌客次

病去愁来殊未已，鸟啼花放各无端。
江城二月春犹浅，雨夜三更梦亦寒。
逆旅囊空难作客，故人书到劝加餐。
可怜一片殷勤意，累我青衫泪不干。

杂感

岂能意气论英雄，成败难言古所同。
天不与人今日便，空将杯酒酹东风。

尚何意绪说风流，煮鹤焚琴事未休。
收拾落花魂一缕，碎愁和泪葬心头。

乙丑九日南社长沙妙高峰雅集分韵得"重阳"二字

健步能行不用筇，登高直上妙高峰。
看花有约三生幸，把臂忘年一笑逢。
秋水连天波浩浩，白云终古影重重。
临风一洒忧时泪，兵后湖湘又岁凶。

不闻风雨过重阳，雅与群贤集一堂。
大好头颅无帽落，苍茫今古几人狂。
长天飞鹜衔秋影，浊酒消愁入别肠。
诗句欲成还搁笔，浑疑斯地是南昌。

南寻道中闻上海中日战起

楼船十万集春申，万族衣冠入战尘。
抉眼悬门看此变，焦头无处觅高宾。
滔滔逝水秦庭泪，衮衮诸公越国人。
惭愧书生何所用，空余肝胆自轮囷。

惊天动地走风雷，十丈红尘一寸灰。
历历繁华成海市，纷纷商议失云台。
尽教人物逃公论，忍说河山是祸媒。
哀到孑遗声泪尽，宁知心死更堪哀。

秋日西山杂诗

夕阳无语自西颓，还照江流去不回。
古渡人稀秋水阔，橹声空放一船来。

日日登山爱独行，秋山无处不凄清。
最堪领略闲中趣，一种芒鞋踏叶声。

今古消沉一望中，尽容色相眼前空。
独怜江上寒枫叶，犹伴秋光到老红。

寒菊初开色色新，傲霜曾亦见精神。
只今细看东篱下，莫道黄花不媚人。

古寺门深万木环，钟声来自乱峰间。
不知到此风尘客，更有何愁不可删。

如此飘零枝上叶，年年飞向眼中来。
未知落地成堆后，禁得游人踏几回。

感事

何事当前最可伤,豺狼入室鼠跳梁。
经年扰扰无时定,万目睽睽望国亡。
一自衣冠沦异族,始知忧患在萧墙。
剧怜运会如今日,竟有人如石敬瑭。

天外飞来祸孰招,后庭歌舞正魂销。
存亡相共唇边齿,珍重何如掌上腰。
所惜有金无地窖,未须逃罪被人饶。
忍看风雨飘摇日,取子鸱鸮又覆巢。

如此江山失眼中,岂关军士悉笼中。
可怜误信苏秦策,不敢高张后羿弓。
征役已教民力尽,旌旗休照汗颜红。
应知同室人心恕,犹盼将军快立功。

岂甘翻唱董逃行,一曲刀环恨未成。
宇宙齐名今似昔,艰难百战败犹荣。
马援有革还生骨,苏武吞毡并哭声。
不识嚣耗传海外,更将何以慰苍生。

当年坐大任横行,误作潢池盗弄兵。
火尽残灰原未死,风吹蔓草自然生。
九州半入黄天世,两国重连白马盟。
来日茫茫安可料,寒蝉从此噤无声。

庐山作

深林一客独吟诗,别有伤心人不知。
万叶吹凉襟袖湿,恍如舟泊九江时。

归途云影忽成堆,仿佛依依送客回。
愧我当天一挥手,不曾招得入山来。

过洛阳作

惭愧年逾陆士衡,夜深初过洛阳城。
倚天一剑看山起,吹笛何人向月明。
设想风光如旧日,居然形胜比新京。
侧身东望还西望,不尽悲歌慷慨情。

出潼关

初踏关中道,缁尘渐上襟。
萧条怜野旷,仿佛入秋深。
仆仆竟何事,呜呜闻苦音。
只愁鸿雁至,羁旅更难禁。

陪从张委员长溥泉邵主席力子夫妇朱主席一民暨朱译民张西曼龚贤民张剑雷诸先生谒茂陵言念时艰缅维前烈不禁感慨系之

长埋此处帝王身,前傍英雄后美人。
一去夜台应换骨,不须方士自通神。
云飞何待秋风起,国破仍留战绩新。
漫道长安离日远,茂陵吹不到胡尘。

俨然一代汉王雄,拓土群推武帝功。
巫蛊难防天下乱,霸图传到眼前空。
忍教今古终沦变,各戴头颅一抚躬。
庙胜究将谁努力,不禁回首望诸公。

霍去病墓

正是中原丧乱殷，汗颜来拜霍将军。
此人名姓已千古，昔日勋劳余几分。
渭水长流声不断，匈奴未灭语犹闻。
凭高无限兴亡感，又见雕盘出塞云。

高冢年年土一抔，墓门斜向茂陵开。
精忠贯石双龙跃，草木摇风万马来。
独夺冠军临瀚海，不随诸将列云台。
若非今日江山破，试问谁知重霸才。

李夫人墓

生死无殊近至尊，朝云合是美人魂。
能教汉武思倾国，却让明妃独有村。
翠辇难回芳草地，远山犹现黛眉痕。
可怜岁岁逢寒食，欲向谁家觅子孙。

谒杜公祠

斯世已非唐社稷，杜陵惟剩杜公祠。
追寻野老吞声地，无异麻鞋避乱时。
广厦万间终有日，寸心千古不关诗。
高槐一树何年种，犹见成荫绿满枝。

终南山五台眺望

欲曙未曙山中天，倚枕欲眠而未眠。披衣起向明窗边，突兀万山当眼前。山中多景清而妍，气象一息回万千。不知身在山之巅，但觉心闲如枯禅。方寸块然万虑娟，唯留两眼看云烟。烟如一线云如绵，绵如可掬线可牵。层层密树云边连，重重叠叠白绵缠。烟含橘柚颗颗圆，一线百解明珠穿，忽聚忽散忽变迁，变迁聚散随自然。但许吾心相周旋，指使从心五无权。移时一轮白日悬，光芒出海湿且鲜。射照四围山蜿蜒，昂昂万马争奔先。大山插天列几筵，俯视小山如豆筳。小山点点殊可怜，翠远浮空修眉娟。清景欲摹思前贤，火急追捕未可延。稍纵即逝箭在弦，岂容坐失此良缘。不然便费买山钱，居山一日如千年。举手笑拍洪崖肩，飘飘吾亦成神仙。

九日长安作

重阳难得遇山邱，无处登高且倚楼。
梦里生涯关外客，劫余城郭眼中秋。
须防浊酒凝成泪，莫惜黄花插满头。
只是衔杯犹未饮，乡心一纵不能收。

长安羁旅感孤情，何异投荒万里行。
群雁高飞如结伴，寒蝉幽咽不成声。
谪仙无事堪西笑，杜老伤心在北征。
日暮忽闻笳鼓竞，谁将一箭取辽城。

秦岭云横木叶摧，荒寒一色近城来。
登临处处宜怀古，安得人人可避灾。
民力早闻输欲尽，天心未必竟难回。
不须更向江南望，已竭兰成作赋才。

谒傅钝师墓

寂寂深山惨不春，芙蓉新主鬼为邻。
闻名自昔因才重，垂老犹狂见性真。
七字长城推巨擘，一官何物了终身。

他时乡里征文献，近百年来只此人。

乙亥九月四十初度

十年不睹斯民苦，浩渺烟波江上愁。
抱蔓已无瓜可摘，感时空有泪双流。
敢矜忧乐关天下，漫把心期付海鸥。
醉罢歌声出金石，苍茫日色看吴钩。

南京鸡鸣寺晚眺

楼外天高未可攀，吟魂缥缈翠微间。
晚风吹散黄梅雨，偶见云边一点山。

感事（1948年12月登明孝陵）

大汉天声孰嗣音，一呼高处共登临。
风摇鼓角因秋壮，日下江河见陆沉。
倚树不言谁敌手，弯弓垂涕矢同心。
班荆向晚休深坐，作阵黄云正满岑。

受命参与修订《辞源》工作衰陋滥竽深虞覆悚赋此抒感

学海茫无际，穷源纳众流。
钩玄包万有，落笔便千秋。
独愧羊公鹤，难为孺子牛。
面墙垂没齿，学习又从头。

游状元洲并访醴陵文化馆

状元洲半亩，一水镜新磨。
东阁藏青简，长虹卧碧波。

菁莪资作育，杨柳共婆娑。

无分窥堂奥，临风任啸歌。

离亭燕

一瞬春深如许，悔把归期轻误。春到江南人不觉，又要暗中偷去。莫向主人言，嘱咐庭前鹦鹉。　　啼鸟一声何处，满地残英无主。已是有怀愁不寐，况更卧听风雨。斗室病维摩，欲见散花天女。

苏幕遮

一声鸦，天暮矣。云淡烟消，四望清如洗。好景应同千万里。月下寻秋，秋在芦花里。　　听寒砧，乡思起。人隔潇湘，好梦无从寄。秋海棠花原是泪。泪也成花，底事君无意。

双双燕·洞庭先生得湘绮翁所书邓弥之题桃花燕子图属题

鸟啼日暮，算第一销魂，雨香风软。谁家楼阁，不肯画帘全卷。怕见飞红点点，奈燕子、芳栖归晚。拼将翠尾双双，剪破春光无限。　　堪叹，轻罗小扇。早捐入秋风，又逢青眼。任它东海，已历几回清浅。依旧啼痕满面，却只恨、丹青影断。尽教消息沉沉，往事疑真疑幻。

浪淘沙·一九七五年建军节

红日焕新光，重辟洪荒，一声炮响一声枪。首播燎原星火种，当数南昌。　　抽剑倚天长，初试锋芒。人间几度阅沧桑，万里长城终屹立，永固金汤。

清平乐·送夏承焘先生并归

江东独步，一见真如故。何竟春来人又去，忍负潇湘夜雨？

临歧无限低徊,难忘青眼频垂。明日东风得便,莫教云雁空回。

挽傅熊湘联

更何遗憾耶,生有闻于当世,死有闻于后世;
所难忘情者,念公不可复见,舍公其谁与归?

罗洁纲

罗洁纲,一作絜纲,南社湘集社员。生平资料和作品暂无从查考。

清明后一日游龙洞作

步出齐东门,东风摇绿树。策蹇更穷奇,盘纡向山路。曲径窅然深,环冈同虎踞。削壁百丈强,苍苍积烟雾。曾经巨灵擘,不然鬼斧䂞。古木生精灵,梵音净心素。洞口云气合,终古自吞吐。山鼠暗瞰人,莓苔湿粘屦。我来一振衣,神州正多故。琐尾念留离,艰难怨天步。血膏野草腥,冤衔鬼雄嘘。纵目眺川原,白骨不知数。安得龙为灵,洒遍苍生雨。披荆立岘岩,中怀频局顾。鹈鴂恐先鸣,高丘怅无女。白日忽已驰,浮云自来去。生非王子乔,岂能金石固。邈矣鲁阳戈,难弴羲和御。长啸整归鞭,游迹记兹度。

忆江南

千万恨,残夜梦回时。斜月半窗筛桂影,西风一树响桐枝,无计遣相思。

浣溪沙·次雪耘韵

望断惊魂鬓欲丝。闲拈湘管写新词。倩魂销尽月明时。　　蝶梦醒来春正好,梨花雨后弱难支。谁将消息报侬知。

嫩绿枝头着绛芽。晓烟低幕曲栏斜。旧时人面忆桃花。　骏马燕昭空市骨,乌衣王谢已无家。频年蓬梗负韶华。

鹧鸪天

一曲清歌一惘然,晚妆楼上杏花天。东风吹梦魂无力,芳草牵肠欲化烟。　魂易断,恨难填,新词谁解慰缠绵。多情剩有宵来月,犹伴窗前弄影圆。

湘月·明湖残荷

高飙几日,把满湖烟水,无端吹绉。败叶斜倾千颗露,小雨乍晴时候。老去杨枝,折来芦荻,一样怜消瘦。夕阳欲下,短长堤外红透。　算来碧盖摇风,浓妆映水,盼到明年又。料得吹箫寻凤侣,佳景重来依旧。棹放沧浪,歌回金缕,月上如清昼。低回容与,暗香曾袭衣袖。

陶广

陶广（1887.10.6—1951.8.25），号思安，室号磐园。湖南省醴陵县大障乡盐山桥陶家垅（今醴陵市明月镇陶家垅村坑上组）人。南社湘集社员。

陶广18岁入湖南官立瓷业学堂，毕业后从事瓷业彩绘工作。后入北京宪兵学校及南京江南讲武堂，学成后在蔡锷部下任参谋。后在程潜、唐生智部任职。民国十五年（1926）任北伐军第八军二十六团团长，参加汀泗桥、贺胜桥等战役有功，升任旅长。同年10月，在攻克武昌战役中，缴获枪支近万，次年晋升师长。民国十九年（1930），醴陵创立县立图书馆，陶广捐献《四部备要》。民国二十二年（1933）10月担任湖南船山学社董事。民国二十四年（1935）任第二十八军中将军长，同年4月10日授国民革命军中将军衔。民国二十六年（1937）9月奉命率二十八军，由湘西开赴浙江东海前线布防，日军在金山卫登陆，陶广率部顽强抵抗。在天马山、凤凰山之役中，重挫日军，升任第十集团军

图1 陶广像
（图片来源：《南社湘集》）

副总司令兼二十八军军长。民国二十八年（1939）5月，率六十二师进入浙西杭嘉湖地区，在敌后开展游击战。陶广拥护中共抗日民族统一战线政策，与新四军协同作战，多次粉碎日军对游击区"扫荡"。因未卷入民国三十年（1941）"皖南事变"，蒋介石对陶广猜忌更深，便调走十六、六十三两个师，削弱陶广军事实力，并派特工人员监视。民国三十二年（1943）由二十三集团军副总司令改任浙苏皖边挺进军副总司令，并担任醴陵开明中学（醴陵第二中学前身）校董会董事长。抗日战争胜利后，蒋介石裁撤挺进军总部，令陶广部原地待命，不得向杭沪地区推进。陶部中下级军官均编入军官教导总队。陶广退役，隐居杭州。

民国三十五年（1946），著名爱国民主人士李济深从香港到杭州，与陶广在净慈寺密商反对蒋介石的独裁统治事宜。民国三十七年（1948）1月，加入中国国民党革命委员会，并密嘱旧部，弃暗投明，待机会成熟举行起义。陶的活动引起特务怀疑而遭秘密监视。民国三十八年（1949）3月30日被密捕，经程潜多方营救而获释。中华人民共和国成立后，中央人民政府副主席、"民革"中央主席李济深致函陶广，表示慰问。中国人民解放军第九兵团司令员宋时轮前往看望并同陶广到上海会见陈毅。1951年8月25日，病逝于西湖智果寺。

湖南省地方志编纂委员会编《湖南名人志》有传。

王阳明墓碑文

丁丑（1937）冬，倭寇已陷杭州，余率部防堵钱塘江。沟垒既成，乘间访越中诸胜，至于洪溪，谒王文成公之墓，蔓草荒烟，碑碣斑剥，为之抚然。先生有言曰："破山中贼易，破心中贼难。"尝服膺斯语，立为己治军之圭臬。今寇氛日亟，追忆昔贤，借志景行，亦以厉来者之观感云耳。民国二十六年，湖南醴陵陶广。

国民革命军第四路军干部教导总队《教导周刊》
民国廿一元旦贺词

包围吾人领域，其辽阔宏远，或至不能想象者，空间也。古往今来，今逝后续，流而不止者，时间也。在某空间之物，适与某时间相遇，虽属偶然凑合，亦殊足资纪念。而所贵者在某空间之物，能继续不与某时间脱离联系耳。中华民国诞生于某空间，倏忽枉过廿年，暗淡浪漫生活，顷廿一年元旦良辰又已开始，吾人何以申庆祝之忱，而使继续不脱离此时间耶？但屈指往事，不堪回首。以其秉受之厚，遗业之丰，又值年富力强，当可排斥外物而永远与此时间继续相遇矣。乃荏苒年华，萎靡自堕，酷嗜鸦片，鼠疫缠身，凡欺诈、虚伪、自私、不洁、残忍诸恶德，靡不习与性成，田园荒芜，水害虫灾，荐至门庭之内。一丝一粟必争，而大好河山任凭倭贼及诸碧眼虬髯之辈窥视于傍，或竟升堂入室，于此空间之物是尚能望其永远与此空间相遇耶？不能继续相遇，既已不暇，庆于何有？然则吾人以七尺躯，听其脱离联系耶？不听其脱离联系，当有以自处矣。收拾残局，开新纪元，吾辈军人肩荷尤重。望各秉承总理临终之言，对内和平，对外奋斗，共救中国，则年年此日飞花妙舞，同乐新年。使此空间之物永远继续不脱离此时间，是所庆幸且以为祝。

（原载《教导周刊》1932 年第 21 期）

挽傅熊湘联

高才橐笔喜谈兵，借箸都梁，往日戎机常记著；
避乱出游资榷税，归丧皖水，一时朋旧惜名流。

挽袁家普联

十年湖海识袁安，记曾黄鹤楼头，重阳诗酒飞豪兴；
一霎匡庐渺刘晏，讵忍渌江桥畔，和风鞍马访遗尘。

挽李（李宗仁）母刘太夫人联

燕山五桂树参天，干国栋家，教子三迁仪古训；
鹤驭九霄人上界，荣生哀死，饰终八座极堂皇。

傅霖

傅霖（1904.9.23—1951），字耀璜，号客仙。湖南省醴陵县黄獭嘴（今醴陵市枫林镇）人。天津南开大学毕业。南社湘集社员。

曾任职于国民政府宁乡地方法院，湖南高等法院检查官。民国十九年至民国三十三年（1930—1944）任中国国民党醴陵县党部执行委员。

现存《垂钓》七绝一首。其他资料待搜集。

垂钓

万里归来作钓翁，十年雄梦付东风。
春江花落随流水，流到无穷是有穷。

挽袁家普联

宦迹历鲁皖滇湘刘晏理财久已名垂不朽；
丰采想晨星硕果渌江凭吊同嗟逝者如斯。

编者注：与人合挽。

谢植黄

图1 谢植黄像
（图片来源：谢星陵先生提供）

谢植黄（1885.2.10—？），字育皆，号浴淮。今湖南省醴陵市沩山镇泉水村人。湖南公立高等铁道学校毕业，南社湘集社员。

民国六年至民国十三年（1917—1924）任职株萍铁路，在此期间创设株萍铁路醴陵德兴高等小学，兼任校长。民国十五年（1926）任国民政府湖南省河厘局主任，在此期间，与袁德宣等共组湖南粤汉铁路促成会，自民国十七年（1928）初至民国二十二年（1933）11月，湖南铁路协会与湖南粤汉铁路促成会为推动粤汉铁路株韶段（湖南株洲至广东韶关）的续建，分别代表湖南省政府与国民党中央政治会议武汉分会、广州分会、国民政府铁道部等中央和地方机构进行沟通，设想了各种可行的方案，极力促成粤汉铁路全线完工。民国二十年（1931）任中华全国道路建设协会执行董事。

另据醴陵北城谢氏族谱载：谢植黄历任湖南陆军独立协第一标标统、湖南督军公路署咨议、湘阴县例禁总局局长牙贴分处委员、粤汉铁路材料课课长、湘路公司电务主任、株萍铁路计核课课长等职。

著有《浙路见习录》。诗词作品遗世不多,仅有少量作品见于《南社湘集》。

《醴陵县志(民国版)》有传。

甲子重九赐闲园推集分韵得"飞"字

劫余池馆此崔嵬,篱菊黄时蟹正肥。
太息边坡茄鼓急,壮心欲逐雁云飞。

长沙曲园甲戌重九雅集
以陶诗采菊东篱三十字分韵得"忘"字

南社缘何起,飞檄效宾王。
河山竟还我,文字有光芒。
大地风云扰,抚序增感伤。
三三一转瞬,九九又重阳。
访旧半凋零,存者发已苍。
登高作良会,掌韵有刘郎。
莫恨霜枫老,且歌诗一章。
歌完浮大白,万事我都忘。

挽傅熊湘联

钟衡岳灵秀以生,才识迈江淹,笔共顿壮山河色;
感沧桑时局而逝,精神托箕尾,版筑犹闻歌啸声。

挽袁家普联

佳儿快婿为党国名人,何堪月黯匡庐,忽报道泰山其颓,梁木顿坏;

义赈理财皆吾侪健者，讵料年刚花甲，忍设想哀鸿失望，雀鼠俱穷。

挽曾元高联

纯孝为娱亲，舞彩遗羹堪并美；
善终知瞑目，干家栋国有诸贤。

编者注：与同乡文斐同挽。

廖公侠

图1 廖公侠像（图片来源：《南社湘集》左一为廖公侠）

廖公侠（1896.9.17—1958.11.20），字公侠，湖南省醴陵县浦口（今醴陵市白兔潭镇山水村）人。南社湘集社员。

廖公侠曾任上海公路汽车专门委员，国民政府山东省、安徽省财政厅秘书。民国二十七年（1938）4月间醴陵同乡余乐醒推荐任"中央警官学校特种警察人员训练班"（临澧特别训练班）主任办公室秘书（主任戴笠，副主任余乐醒）。民国三十三年（1944）任醴陵县临时参议会参议员，民国三十六年（1947）3月任《醴陵民报》主笔，同年7月任社长。翌年《醴陵民报》停办后任教于湘东中学。参与《醴陵县志（民国版）》编纂工作，是主要撰稿人之一。

诗词作品集《一星诗草》现存湖南省图书馆古籍文献部。

作品散见于《南社湘集》。

游红拂墓

水云漠漠荡情空，夹道山花夕照红。
回首李唐无片石，独留荒冢长秋蓬。

翠微深处独披襟，猎猎西风两鬓侵。
腰膂不支吾倦矣，惜红亭畔觉秋深。

挽高天梅

迫不能留泪一挥，荆潭月冷上人归。
何当猿鹤纷纷后，又见辰星落落稀。
老向书丛真寂寞，别来人事有依违。
河山破碎风云变，回首中原吊夕晖。

凄凉三百年间事，瘦损云龙海鹤姿。
立社岂为承绝学，论诗还许用偏师。
麟经搁笔天方乱，鸟哺伤情养更迟。
月黑天昏耆旧尽，为公无憾为时悲。

秋夜

西风渐渐撼江城，无数枫林爱晚晴。
明月入帘窥我独，寒砧微夜觉秋清。
惊人梦损黄花瘦，未老萧条白发生。
坐破一毡聊复尔，弦歌应笑武城声。

题钝安先生《西泠撰杖图》

杖履亲扶上翠峦，碧荷香里舞斑斓。
章龙黛色西泠水，一样湖山两样看。

款段寻诗万柳荫，老苏裁句大苏吟。
瑶琳照彻三潭月，撰杖如斯冠古今。

万首新诗一画图，六朝金粉认模糊。
汉家封禅周南滞，父字谈迁总不如。

离京赴粤留别玉书若筠

红叶嘶风战晚晴，喧天鼓角觉秋清。
填胸万感成来去，入梦良朋半死生。
此别已无肠可断，百忧惟有酒能平。
新亭涕泪知多少，萧瑟江关万里行。

乙丑上巳醴陵雅集分韵得"话"字

采兰赠芍良辰届，美人不来离骚迈。湖湘上下两千年，雅颂声销生感喟。南国词人善屠龙，社续几复中分派。长沙才子作主盟，灵武麻鞋叟为介。诗坛旗鼓又重张，流风余韵被陬隘。清尊瑶席坐庭院，一园花雾重金薤。新词杰句都联翩，石笋峰前通沆瀣。说诗匡鼎解人颐，满室春风尽称快。杨柳春旗一色新，蛮语参军堂下拜。罚依金谷醉难醉，酒酣耳热恣狂怪。杜鹃臣甫泣冬青，中有一人伤老大。狼嗥虎啸妖狐多，锦绣河山谁破坏。剩此西河半亩园，孤芳独赏冠高挂。绿肥红瘦恋斜晖，流觞曲水状如画。恨不龛肩斗酒叱群英，瞋目裂眦为樊哙。又恨不凌霄直撼斗牛迥，胸吞八九云梦芥。且唱昔人清浅句，莺语轻清花里话。

寄怀钝师灵隐寺

湖山澹荡留佳话，肺腑杈丫郁莽苍。
得有斯人力复古，不愁余子漫犹狂。

中宵魂梦栖灵隐，小劫虫沙入故乡。
春到南枝美有讯，一天风雪为谁忙。

过安庆

昔年曾作皖城游，腻雨飞花送客舟。
今日临江遥眺望，依然红雨坠重楼。

到秣陵访邦式达存不遇民生报亦被封途中感赋

山河犹是旧山河，锦绣春明感慨多。
草草莺花添别恨，沉沉帝纲托微波。
孤衷欲效秦庭哭，积愤难忘易水歌。
莫道文章能报国，须知屈贾亦蹉跎。

客思

渠屋依人万绪萦，十年湖海误浮名。
权门未入颜先赧，长铗初歌泪已倾。
日暮帘栊惊语燕，春深花草恼流莺。
青青柳色无情甚，又向秦淮倚别声。

登豁蒙楼

凭吊南朝古道场，无端客思感兴亡。
台城废址余芳草，辱井遗痕又夕阳。
万木萧森秋意冷，一湖阴晦晚风凉。
剧怜世变沧桑后，祸水横流忆故乡。

次叔渠豁蒙楼韵

兴亡阅尽古今天，湖海沉浮又一年。

爽爽西风欺我惫，累累白骨为谁捐。
月窥林薄秋容瘦，石击波心水晕圆。
对饮危楼更缥缈，故宫花草化荒烟。

游西山吊红拂与郭天保墓

惨淡风云护此原，天阍无路讼繁冤。
美人已断红楼梦，壮士犹留碧血痕。
为耻尸居甘易服，不堪匪患始归元。
西山渌水分明在，冢畔涛声万马奔。

登高

众峰罗列似屏围，万树低昂冷翠微。
岩石参差龙虎卧，海天远阔水云飞。
孤城鼓角悲秋老，浊世豺狼当道肥。
到处西风动麟甲，茱萸插得满头归。

己巳除夕

一曲梅花惊岁晚，几杯浊酒未归人。
四千里外亲无恙，三十年来宦转贫。
久客渐知尘网密，多愁容易鬓毛新。
剧怜出处两无着，卖尽痴呆又是春。

端午感怀

才听流莺枝上喧，又惊艾虎绿侵门。
不堪屈子忧愁死，忍向田文说报恩。
逆旅续丝难续命，劫余蒲酒喜盈樽。
榴花照眼红于血，疑是边关壮士魂。

先妣墓铭

先妣余孺人,同县良瑞公之女孙,叙臣公之子也。叙臣公初娶于张,生三子一女以卒。继娶黄,是生孺人,时同治九年九月十四日也。孺人性和顺,为父母所钟爱。待异母兄姊,人无间言。年二十,归吾父。荆钗裙布,服之无斁。逾年,王父母为食指繁,债台层叠,议异财。察其意色,若以谓孺人初至,而畀吾父债也者。孺人诇知,毅然出奁资为偿所负,不少靳。时父困于学,授徒于外,孺人治家计,勤女红。亲懿戚好,吉凶间遗之体无少阙。里之穷乏来告者,未尝不予也。公侠等居常衣履,虽不完好,而烦补缀,未尝不鲜洁也。公侠年十六,出就外传,孺人每出私钱俾置书籍。夜绩则令公侠读其旁,漏三下,倦欲寝,孺人笑曰:若遽倦耶,余则非四鼓不能交睫也。余氏故县东望族,家世丰富。人自外家来,果必盈筐。时祖母彭太孺人在堂,孺人未奉姑。则公侠等在旁,不得稍染指。春秋佳节,具酒浆肴馔,必遣公侠等请太孺人,不至,则躬往迎之。回环再四,必得请乃已。太孺人寝疾月余,一夕数遣,所卸裩衣,孺人独浣濯之。家人顾而吐,孺人曰:分内事也,而可厌耶。已而疾革,公侠伯兄亦病,躬调汤药,户无停屦。太孺人泫然曰:子若允恭,媳若季妇。允恭者父字,季妇即孺人也。孺人以家道式微,过于勤劳,致病瘵,年五十有五,民国十二年秋七月初九日卒。即以是年十月初六日葬百丈村寄庐后祖山之阳。首辰趾戌,子三人,长懋赏,次公侠,次懋孝,孙二,家桂、家栋。女孙三人,孺人之卒也,父哭之恸。诸舅氏尤哭失声。有媪泣谓公侠曰:若丧贤母,若父丧贤妇,悲已。然闺中失一良友,乡邑失一女师。余之悲,抑又甚焉。呜呼痛哉,天之夺吾母,何其速耶,铭曰:苍苍者松,亭亭者柏。铁干虬枝,以护幽宅。吾母之灵,庶几安居而永适。

节妇刘孺人传

节妇刘孺人，余伯母也。生十有八年，而嫔余世父如南公。越十年，生三子一女而世父卒。孺人抚膺大恸，不食者三日，祖母抚其孤泣而慰之曰：死易耳，立孤难。如感伤病不瘳，是呱呱者，得谁畀耶？孺人始进食，渐视事。先是余家世业农，颇饶裕。王父纯卿公畸于读，课如南公昆弟五人，家浸替，遂异财。孺人掆挡家事，女红自给。昼出种蔬，夜入纺绩，事舅姑敬礼以及其终。宛若无间言，闾里以是称之。伯不事生产，喜作狎邪游，仲亦如之，孺人怒，逐之出，而为季取女弟之女萧氏。岁饥，鬻菜根杂草为食，见者咋舌，而孺人处之晏然。惟念夫及子，则泣数行下，未尝须臾忘也。其母忧之。一日谓李媪曰：若从容语予媳，人生斯世，如轻尘栖弱草耳，若改适，数千金家产不难致，然无言吾告若也。李媪者，邻人之室，三嫁而丰于财，有口辩者也，居有间，曲言之。孺人唾其面曰：觍颜如汝，尚敢向人聒絮乃尔乎？他日归，其母让之曰：胡恚李媪，乃者吾使谏若也。孺人曰：母以嫠居宜富乎？抑宜贫乎？母曰："固无如富也。"孺人泣曰：富者人之所大欲也，自摧坚陷阵之士，以至赵女郑姬，目挑而心招，等而下之，椎埋而作奸莫不由之。惟志从节义者，必冷若冰霜。若富而守贫贱，则弃之，此贾人事也。余之所为极难将以愧事人，而不卒者，母何为出是言耶？由是长斋事佛，季壮力农，伯亦归，痛陈自悔，勉力耕稼，家渐裕，尽人谓苦去甘来，天之道也。未几，伯卒，仲亦羸耗至，孺人哀甚，遘疲癃之疾，萧侍汤药，取巾裙厕牏自浣濯之，一如孺人之所以事大孺人者。病年余，遂不起。时则民国十年八月也。孺人年二岁，季亦卒，萧抚孤失志，亦能效孺人之慨焉。孺人自二十六岁守节。守节三十有九年以死，得年六十有五。传曰：天道无亲，常与善人。若孺人所谓善人者非耶？茹苦含辛，老而弥笃，力胜于冻馁，以卵翼其孤，而竟无元宗子以继武。天之报施善人果若是耶？然叔世狂悖，竟废贞操，孺人独濯淖污泥之中，蝉蜕于秽浊，游于尘埃之外。其志洁、其行芳、毅魄贞魂，直与河山并古。视席丰履厚而湮没于荒烟蔓草间者，有间矣。彼身外物于孺人何有哉？！

百丈村寄庐记

县东五十里，有村曰百丈，东负芒墩寨，南接白茅禅林，北拱鲤山，西临濑水。居民数十家，烟火相望，鸡犬相闻。先大父乐其风俗之淳，披荆斩棘，结庐居之。北苍岩而面绿波，饶有画意。折而南有室一楹，吾父葺而新之，颜之曰百丈村寄庐。寄之云者，取渊明寄傲之旨也。室前隙地数丈，杂植松桧竹柏；室内虽不甚广，然四壁洞然，有书满架，以藏以修。庭阶寂静，树景筛风，姗姗可爱。庐之右有小池一，殖鱼虾而浮菱荇，板桥临之。大父在时，尝盛夏曳杖，携余内凉。今讲论语，偶有得，则欣然摩顶曰：光吾庐者，殆此子乎？今大父下世余十年矣，顾瞻遗迹，如在目前。而书剑飘零，有如萍梗，得不凄然顾景而自悼乎？庐畔旧有塔，风雨侵蚀，仅存短垣，入室开窗见风駒过，若人之葛巾皂衣，循墙而走也。水香莲开，露清鹤唳，或作或休，或歌或饮。闭户而友古人，几不知有尘世事也。惟念昔钓游，已成陈迹。风前搔首，实感慨系之焉。

挽傅熊湘联

为谦吏，为名儒，著述等身，独有千秋，公复何憾？
丧良师，丧僚友，怆怀异地，同声一哭，天太无情。

挽袁家普联

从政鲁省，佐治皖江，莲幕挹芬芳，爱我如公，谬向极峰称才子；
卧病庐山，归魂渌水，秋风正萧瑟，感公若我，空从羁旅哭先生。

潘毅

图 1　潘毅像（图片来源：黄乔生：《鲁迅像传》，生活·读书·新知三联书店 2022 年版，第 142 页。后排左四为潘毅；前排右三为鲁迅，右四为潘毅的老师爱罗先珂）

潘毅（1903.5.20—1937.5），名世枢，字明诚，一字柔仲，湖南省醴陵县大林（今醴陵市沩山镇）人。南社湘集社员。

潘毅自小聪颖善悟，跟随傅熊湘学习古文献考据，粗通十三经和诸子百家。民国八年（1919）在长沙长郡中学读书时就常在报刊上发表文章，反响很大。次年从长郡中学毕业，进入工业专门学校，不久又入北京大学学习，拜俄国教师爱罗先珂为师学习世界语。因反感学校不合理制度而返回醴陵，潜心钻研音韵、考据。据潘氏族谱载曾在江西萍乡中学、湖南第一师范学校执教。民国十六年

（1927），先去青岛后到厦门，任《民国》《民钟》等报刊编辑。民国十九年（1930）赴南洋，主持新加坡《星洲日报》。翌年返沪，仍治甲骨文，旁及世界语言，所业益精。民国二十三年（1934）任福建《泉州日报》主编。民国二十六年（1937）五月卒于福建泉州。

潘毅博闻强识，于天文、历数、地志诸学，均尝涉猎。撰《尧典考》，全篇约一万五六千言，叙述精审，考证详确，稿毁于一·二八淞沪抗战。著有《中国语文比较学》《中国史学史》《中国文学蜕变史》等，民国二十六年（1937）五月《泉州日报》社将其部分文章结集为《柔仲文存》。

诗词作品散见于《南社湘集》。

《醴陵县志（民国版）》有传。

山居回文

幽居喜得避尘嚚，古树藤荣敷翠条。
流水绕村山隐隐，散云随月夜迢迢。
忱多莫尽金卮酒，意乱徒鸣玉管箫。
浮世俗乖心志壮，秋深乱壑响风飙。

昂藏自大久遑遑，草莽栖迟步短墙。
霜损林柯枫叶脱，月窥窗□绮琴张。
觞飞不吝常时醉，舞剑空悲夜漏长。
肠断当年流水逝，骧腾未得自彷徨。

宿梯云阁夜题壁

结居托高阁，启户抗回溪。
离群遂初愿，灭迹迷故蹊。
荏苒寒暑迁，儃徊心志睽。

疏林留暮霭，幽壑宿新夷。
悠悠逝水疾，恻恻鸣鹃凄。
川回渔灯暗，天长云树低。
一哨激清风，万籁促余凄。
远怀不可展，孤愤谁能夷。

梯云阁宴集侍钝师作得"务"字

发墨感经传，俯仰随趋步。
蹉跎二十年，未得尽情愫。
高阁信清幽，小会伸婴慕。
浊醪引嘉宾，中厨杂草具。
今逢长者座，卷鞴滋惶惧。
值此春服成，踟蹰日亦暮。
澹虑怯俗尘，抒情献新句。
酒阑生清风，遥皋起轻雾。

孙中山先生诔

惟民国十四年三月十二日，国民党总理孙中山先生卒，呜呼哀哉。于时薪蒸翳林，兕虎横道。瘼此下民，沦兹汙淖。□彼南山，具尔瞻眺，如何今日，倏焉颓倒。率士奄伤，若丧妣考。金曰昊苍，夺吾元老。俾我茕茕，靡依靡告。譬彼舟流，涉兹烟浩。櫂楫斯丧，风雨斯瀑。愿言思之，中心是悼。援笔陈词，慉焉如捣。乃作诔曰：

茫茫遂古，天下为公。一而不党，其德乃同。世易俗漓，辈出枭雄。作之皇王，大道斯穷。降至嬴秦，一尊乃定。汉室仍之，不改其径。世历千年，莫之或正。爰逮有明，中原城圮。□彼女真，虔刘边鄙。乘我丧乱，窃据神器。改制易服，抗者蜂起。嘉定扬州，血流千里。后世子孙，罔念昔耻。靦颜事仇，甘受棰使。于穆先生，

喟然有慨。奔走呼号，振声发聩。出死入生，愫愫劳瘁。风之所被，
遐迩咸兴。同心勠力，清室以崩。众望斯属，正位金陵。功成不居，
袁氏继膺。呲彼袁氏，鸷如鹰隼。叛国厉民，群贤坐窘。洪宪昙花，
厥命遂陨。黎氏昏庸，继起北方。龟养羊头，被紫衣黄。亦有徐曹，
以贿得位。国步斯脧，民莫皇遑。于时先生，困于鱼服。枭獍内扰，
封狐外逼。十有四年，无恒安息。积劳成□，耗惊妖鹏。呜呼哀哉，
于穆先生，味道之醇。既睿且圣，拔萃超伦。法创五权，帜揭三民。
其弘如何，峻极于天。垂宪孔明，秉之以公。劢儆其顽，考庶其功。
铺内以言，假则以庸。满藏蒙回，融以并之。贫贱富贵，壹使平之。
州里同闬，政自营之。俾我民生，乐且宁之。奸人睢恣，谋臧具违。
自任其愚，国势用危。嗟我人斯，亦孔之哀。于穆先生，奄忽光灭。
不憖少留，使我心折。如可赎兮，人身其百。呜呼哀哉，典刑缅邈，
遗徽犹在。唯我后人，勉承其诲。缵斯鸿绪，俾民心阕，神之听之，
永矢无懈。

附录

宁太一纪念碑碑文

君讳调元，字仙霞，一字太一，醴陵宁氏。祖若岩，父子承。君少有大志，值清祀将替，欲阴结豪杰以图光复。尝师事黄克强先生，立大成会，又易曰华兴会，既而游日本，入孙总理所创同盟会，益肆力革命。为人刚果有智略。适日人发布所谓取缔留学生规则，众大哗愤，辞旨犀利赡美。于是归国者以万计，乃有在上海设立公学之事。君因葬同志陈天华、姚宏业回湘，触当路忌，走沪创办《洞庭波》及《汉帜》杂志，昌种族之辨，几为侦者所得，复东渡日本。时吾党方立民报于东京，君颇奋笔其间。岁丙午，萍醴浏革命军起，党人推君回国策应。至长沙，闻军败东返，抵岳阳，被捕。有司质讯，君箕踞不屈。刘泽湘以百口保君，得系府司狱三载。日课书史，遂博涉群籍。思表彰明季节烈之士，著《碧血痕》一书。久之湘绅陈文玮、龙璋营救君出狱。辛亥武昌起义，君自沪趋汉，读西报，知清廷载粮犒军，飞报九江司令截取之。清在鄂军舰，卒以饥降。民国成立，授广东三佛铁路总办，厘剔积弊，路政以肃。民国二年，袁世凯谋称帝，君联合东南各省同志，发兵抗之，黄克强先生总军事。以武汉重镇，黎氏方睦于袁，不取为患。君潜行至汉谋举事，不克，死者七十余人，逮君下狱。及宁赣讨袁军相继覆没，君闻而痛哭，赋诗托愤，竟以九月二十五日就义武昌抱冰堂，年三十有一。惜哉！三佛铁路局吏晏国芗为购具以殓。越日，刘谦归其亲，葬醴陵西山。君长于文辞，殁后，柳亚子、傅君剑刊其遗著十二种行于世。妻阳氏，子鸿猷，女鸿雪。君廉洁自持，家无余蓄。殁后二十有二年，国民政府追念旧勋，明令褒君伟烈，发币金修治坟墓，恤其家。爰勒贞珉，昭示来者。铭曰：洞庭波兮终古汤汤。碧血著论兮，悯国族之沦亡。汉帜拔兮与日月争光。愿来者继其志兮，庶道行而国昌。

于右任　撰书

于右任（1879—1964），陕西三原人，祖籍泾阳斗口于村。中国近现代政治家、教育家、书法家。时任国民政府监察院院长。

宁烈士太一传

宁调元，字仙霞，号太一，湖南醴陵人。性耿直，疾恶如仇。能饮酒，工为诗文。早岁入同盟会，从事革命。丙午秋，创《洞庭波》杂志，继更名《汉帜》，日以民族民权之义，申儆国人。世传萍醴之役，实胚胎于是云。义师既败绩，牵连就逮。以无左证，得弗死。锢长沙狱中三年，刻意治学问，暇则酌酒赋诗，歌声琅琅出金石，若忘其为囚人也者。既得释，北走燕京，主《帝国日报》，大言壮论，弹射虏政，无所忌讳。辛亥秋，将东之日本。行抵沪上，武昌兵起，乃奔走湘鄂间，累襄黎元洪、谭延闿戎幕。元年春，民社成立于上海，创《民声日报》，以君总其事。未旬日，奉大母讳，奔丧旋里。及再来，而局势一变。

初民社者，武汉起义诸豪所倡导，拥黎元洪为党魁，《民声》则其机关报。主张建都武昌，颇与同盟会及南京政府相龃龉。顾其拥护共和，保障民国，诸荦荦大端，未尝稍殊焉。君既归湘，宵人用事，继君者汪文溥、杨德邻，咸被摈斥，而民社亦竟合并为共和党。君至则大恚，宣言脱党，不复预《民声》事。顾《民声》议论益披猖，君夜被酒，直入报社，思拳殴其人，以泄义愤。会不遇，乃已。鄂有妄人某，阴贼奸诈，不得志于同盟会，辄邀游伟人巨子间，飞短流长，播弄是非以为快。君从广坐中面折之，妄人者恨君刺骨。盖其恃才负气，不能与物为推移如此。顾识者谓君祸坐此矣。

已湘人推君任三佛铁路总办，遂单车入粤，路事固为弊薮，君以辣手厉行之。神奸巨蠹，一朝倾其巢穴，则环而腾谤。君一意孤行，弗顾也。治事之暇，乃与粤之名士寓公相唱和，寄情山水间。舟车四出，游遍石门、昌华、白云诸胜，赋诗言志，有"终焉"之语。

会桃源被难，海内俶扰，君辞职走沪上。电湘督谭延闿，说以自立。北廷闻之震骇，密令名捕。君顾泰然不稍怯，径偕熊越山入鄂，将有所图。事泄，被逮于汉口之德租界，槛送武昌。狱久稽未决，而讨袁军起江西。汪文溥驰书说黎元洪反正，首以释君为请。元洪不能用。金陵既陷，大事瓦解，君遂与熊越山同时遇害。君死未数月，元洪亦纳土归燕京，段祺瑞出督鄂军，划起义门以示意。盖刘复基、彭楚藩、杨宏胜三义士之遗烈尽矣。

柳弃疾曰：十载以来，虐恶滔天，斩志士如刈草菅，君独不死，顾殒身共和之年，宁非命耶？君最恶保皇党人，尝饮沪江之春申楼，洪醉出门，遇途人，辄瞋目怒叱曰"若非梁启超耶？"手革囊击之，且行且骂且搏人。众知其醉，咸避去。抵寓庐始已。今启超贵矣，君又安得不死哉？湘人有徐佛苏者，亦梁氏党徒，素与君相稔。尝邂逅燕京，稠人广众中，徐痛诋革命党皆狗彘，非人类。时党祸方急，诇人四布，徐盖欲激君怒而发其覆也，君色变，默然不应。陈其美既开府沪江，徐私匿租界，侦军事秘密。君遇诸途，字呼之曰："佛苏别来乃无恙？"徐掩面疾走去。君告其美，亟捕治正军法。其美弗省。徐复走燕京，夤缘主《国民公报》，斥南京政府为假政府，时论哗然，议者于以服君之先见，而叹当事者之疏也。虽然，为虺弗摧，为蛇奈何？元凶大憝，何莫不然？于徐氏，又奚责焉？顾君死晚矣。

柳亚子

柳亚子（1887.5.28—1958.6.21），本名慰高，号安如，改字人权，号亚庐，再改名弃疾，字稼轩，号亚子，江苏吴江黎里镇人，原籍吴江汾湖镇北厍大胜村。中国近现代政治家、民主人士、诗人。宣统元年（1909），创办南社，民国三年（1914）至民国七年（1918）任南社主任。民国三十八年（1949），出席中国人民政治协商会议第一届全体会议。中华人民共和国成立后，曾任中央人民政府委员、全国人大常委会委员。此后任政务院文教委员、华东行政委员会副主席、中央文史馆副馆长。

傅钝安墓志铭

钝安讳熊湘，始名專，字文渠，亦字君剑，湖南醴陵人。祖慎吾，父润荄，咸事儒术。钝安少敏决，既入泮，游上海。会清失政，媚外虐内，与宁调元创《洞庭波》杂志，复与柳弃疾等结南社。凡所论议，务覆满兴汉。辛亥冬，至苏州，辑《大汉报》。未几返湘，主办《长沙报》，著论讨袁，辞甚厉。越癸丑，汤芗铭督湘，捕钝安。钝安匿某所数日，间道入里，里人知为文渠，不知即汤督所捕之君剑，故终克易名。转徙既三载，袁败汤遁，程潜总师徒莅湘，辟钝安秘书监，不就，仍主办《长沙报》。以揭吴某事，报社火，死三人，钝安适在里，免于难。嗣张敬尧督湘，醴陵受祸烈，钝安与文启矗等乞振上海，撰《湖南月报》。敬尧罪恶襮无隐，敬尧因被逐。钝安尝为省署秘书、省议会议员、沅江县长，非所乐，而尽瘁教授，历校十数，士女喜乐。当是时，蔡元培倡废经，胡适议尽燔圣哲图籍，陈独秀更非孝誉淫，徒党鼓煽，祸甚洪水猛兽。而钝安教人重识字穷理，虽未敢显树一帜，而潜诱后进坦道，俾不妄新、不苟旧，用心至苦，非流俗所易喻。钝安又尝为省图书馆长，综理丛残，蔚录成卷，微言尚经，众籍咸秩。欲藉拒邪说、抑暴行，犹前志也。庚午夏，长沙陷于贼，钝安避汉口，旋养疾庐山，更走安庆。钝安妻潘君觉以夫仅一子，虑猝遭不测，命仆貌乞者送倚钝安。钝安方病甚，任民政厅秘书兼棉税局长，虽暂乞休，作字赋诗课子读不辍。自谓必不死，盖非惧死，实早置死生度外也。尝纵览朔南好山水，于西湖有异日来花阁作水仙王语。悟劳佚一生死，岂庄周流亚耶？世固有竞权利不肯毫发让，甚者必上至无上且永永无上，残国害种，至死不一寤。十余年来，国事类如此。闻钝安之风，亦可以少愧矣。钝安以民国十九年十二月十五日卒安庆寓馆，年四十有八。归葬醴陵西山之原。子一，业葵，始九岁。女五，绍庄、绍芊、绍华、绍芸、绍芝。钝安著述颇散失，今存者《国学概略》《国学研究法》《醴陵乡土志》《醴陵兵燹纪略》《段注说文部首》《离骚章义》《国文法》《宋七律诗选》《省图书馆目录》《钝安胜录》《钝安诗文词》，都若干卷。其同社友吴恭亨为作墓碑，李澄宇则志其内石，且铭曰：始愤邦危，嫉清类非。易朔多故，政悖众期。政由学误，夷岂夏宜。独教以正，力殚效微。无教无政，劫殃乱离。九原孔安，已而畴悲。

李澄宇

李澄宇（1882—1955），原名寰，字瀛业，别号瀛北，笔名洞庭，今岳阳县筻口镇山上村周家岭人。《岳阳日报》创始人。民国初期陆军少别号瀛北，将，著名文学团体南社社员。诗人、文史家。1953年任湖南省省文史馆馆员。

祭张汉英文

维民国四年七月十九日。张君惠风卒于醴陵私第,春秋四十有四。阅十有二日,同学弟唐群英闻其讣而哀之。乃致诚遣使,远赍香花清酌庶羞,请张生贞祥代表致祭于君之灵。呜呼!

天地无心,万物同壑。福善则虚,英蕊夏落。既孤我德,女界销铄。潜灵不返,余晖闪灼。吊君德行,周规折矩。虚比洪钟,静若幽谷。吊君文学,浩瀚渊深。沟通今古,气蕴风云。吊君言语,为世之范。于侪辈中,亭亭孤干。匪桐不栖,匪竹不食。既调琴瑟,笃其伉俪。欧风东渐,诟病专制。君与民争,洪流萃域。君亦崛起,不虑其败。武汉举义,末帝逊位。夫婿英雄,血膏草莱。民国肇造,素志既酬。寡鹄哀鸣,孤枕寒衾。蛩声教育,桂兰有馨。济济来学,月异日新。川静波澄,风雨骤惊。世界竞争,合纵连横。奥塞启衅,英德交讧。全欧振荡,莫顾远东。日乘其隙,虐我震旦。泣血志士,抚剑三叹。忧愤成疾,骨朽心惨。呜呼哀哉,鲸浪滔天。惟君既死,后死勉旃。雪兹国耻,仍告忠魂。兹当永诀,奠酒三樽。阴阳虽隔,謦欬如闻。知君英灵,尚有心属。蟠蟠高堂,檐前风烛。呱呱黄口,正在襁褓。养之教之,兄弟手足。驾言往兮,无为踯躅。呜呼噫嘻,人生几何。譬如朝露,去日苦多。非寿非夭,共感逝波。君无悲戚,听此薤歌。哀哉尚飨。

唐群英

民国四年七月二十八日

唐群英（1871.12.8—1937.4.25），是中华民国的缔造者之一，女权运动领袖、女权主义先驱、民主革命家、教育家、辛亥革命功臣、中国同盟会第一个女会员。

回忆先父文湘芷的一生

先父文启蠡,字定源,号湘芷,祖居湖南省醴陵县。生于前清光绪四年六月十一日（1878年7月10日）。根据我祖籍醴陵石羊族谱,为北宋名臣文彦博（1006—1097）之后,北宋时迁江西,明初始迁醴陵,到我父为32代,世代多务农。我伯祖父元辅,天资优异,靠自学成为当时县中有名的儒生,著有《礼文汇》等书,刊印于当世,可惜去世很早,家道由此中落。我祖父元选,字香圆,号瑞菊,因子女众多,日食困难,率领儿辈垦田筑室。那时山坡地还很多,开垦的田地例无田赋,一家男耕女织,日向小康。我祖父兼习医术,活人济世,地方声誉极高,乡人尊称为菊四公。我祖母出自本乡陈氏,聪明能干,贤淑慈祥,辅助她丈夫,且带着儿女媳妇纺纱绩麻、操持家务。我父在这样的环境长大,童年大部分时间在家开设的药业中协助捡药及制药。直到他14岁那年,要求放弃药业,立志专心读书,以求上进,获得祖父同意,从此改变了他的一生。只可惜英年早世,年寿尚不足47岁,应世时间不过短短15年。先父遭逢的时世正是清末民初、全国各地最紊乱的时代,有很多不如意的事故发生,虽成为当时湖南知名人物,做了不少有益于社会国家的工作,但远没有发挥他的才能、施展他的抱负。先父去世后,他的挚友傅熊湘替他撰写墓志铭,刘约真为他在县志中立传,刘宗向为他写墓表,文氏族谱及《南社丛刊》社友录中,都有他的传记。我参考上述资料,并根据他挚友张羽翔于1951年至1955年旅台期间口述的补充资料，加以考证，记述他的一生。

苦学成名

先父文启矗14岁时（1892年），还是一失学少年，突然立志向学。近因起于与表兄因细故争吵受了祖母呵责，想用上进来发泄内心的抑忧；远因是他伯父是位读书人，在乡下颇有名气，去世后家道中落，家中藏书无人阅读整理，祖父时常为此叹息。因此，先父便产生振兴家业的责任感。因父亲小时，受过短短启蒙教育，念过《杂字》《三字经》《百家姓》《千字文》等几本书；在药铺中对一些本草药物名词，都已耳熟能详。他对面前学海多深多广无所知悉，因此敢于尝试。首先，他以自学开始，有疑难便向村塾汤兰皋老师请教。久之，老师对他的智慧、毅力与进步大为惊异，专程去祖父面前称赞先父的才智。祖父最先以为先父只是一时赌气而已，未必如此认真上进，现听兰皋先生如此一说，便也心中高兴，答应让他读书。

从此，先父正式从师上学，很快读完《幼学》、"四书五经"、唐诗，还练习作诗，写八股文，练馆阁体的小楷字，那是应科考试的字体，整齐匀称，一笔不苟。汤老师后来发现这学生的程度已超过自己，便自动辞退，要先父到县中其他宿儒如丁涤如、凌拔楠、胡绘亭等师处就读。先父从此眼界日宽、进境日大，在1899年便以高名次通过县试，翌年去省城长沙考上秀才。这是前清科举制度下的起码功名，渐渐在县中建立相当名望，并结交同辈士子与名流，如傅熊湘、袁雪安、卜世藩等。

随后，先父获得县中公费名额，即所谓增补童生，在县城渌江书院继续读书，准备参加举人考试。那时，渌江书院的主事（亦称山长）是益阳县的肖大猷，为当时湖南有名的宿儒。同学也都是醴陵当时俊彦，很多成为随后几年事业上的朋友，如宁太一、刘今希、刘约真、姚鹤汀、刘少樵、文牧希、张羽翔、汤滨南、汤芸台，等等。当时世子都只能以科举为晋身之阶，先父已获初步成功。就在那时神州大地发生亘古未有的变化，清朝在列强不断侵略之下，已极度衰颓，欲振乏力。先父顺应潮流，改弦易辙，于1902年考入湖南省高等师范学堂，该校后改为湖南优级师范，由前岳麓书院改制而来，为湖南大学的前身。次年考入京师大学堂，该校为当时国内最高学府，即北大的前身。先父以教学为主科，那时国内新学制还未建立基础，教材缺乏，京师大学堂大部分新学制教材采用日文原本，先父一改以往所学理科基本课之外，自然科学、社会科学都要从头学起，还要钻研日文、英文，学业的繁重可想而知。先父于1908年京师大学堂毕业后授举人，分发邮传部。虽然以后还是经常手不释卷，正式读书生涯到此为止。综合言之，先父自1892年14岁起到1902年京师大学堂毕业为止，短短十年中，他由一失学青少年，把中国古书读好，经过八股文的磨炼，取得了秀才底子，又接受新教育，达到当时国内最高水准的造诣。思想方面，接受了革命思潮，激发了爱国思想，随后工作更为积极开展他书生报国的宏愿。京师大学堂毕业后，三年便是民国肇始。

书生报国

先父文启䨮京师大学堂毕业后，本来分配到邮传部工作，但后来并没有到职。可能由于下述原因：一、以往在湖南高等师范学堂念过一两年书，可能早有献身教育的打算。亦可能他已意识到新旧学制有一时期青黄不接了，要做的事很多，人才很缺乏，使他有强烈的责任感。二、他对邮传部缺乏了解，没有人事渊源。三、在教育界工作可以回湖南就近照料老家。如到邮传部工作地点可能无法选择。所以毕业后，在北京湘学堂及黑龙江齐齐哈尔中学工作了短时期，便回湖南投身于教育界。几年时间他担任过省级教育行政工作，如督军府教育科长、教育司科长等，还担任过湖南第一师范、长郡中学及含光女中校长，含光女中是他创办的。之前，他还担任过长郡中学及湖南高等师范学堂的教务主任并兼任教。在他去世前的十几年中，他和当时湖南一班教育界前驱辛勤工作，为湖南教育打下良好基础，包括学风的培养、学制的建立、教材的编审、师资的培训以及术业的传授，成为湖南教育界中坚人物之一，极负时望。他在北京湘学堂教数学，在湖南教心理学，家居授徒时教国学。他有时参加南社雅集，以诗文会友。

先父文启蠡在湖南虽以教育为安身立命之所，但还有不得已的原因是为了反对当时北洋军阀在湖南的残暴统治，积极参与工作或逃避军阀的捕杀。民国初年，湖南政局有三度为北洋军阀所掌握，即袁世凯支持的汤芗铭任内、段祺瑞支持的傅良佐任内与吴佩孚支持的张敬尧任内，都是横征暴敛，滥杀无辜，湖南人民恨之入骨，但都敢怒而不敢言。唯有教育界连同一些知识分子首先发难，先以集会及书报对军阀口诛笔伐，并联络省内外进行反抗，终于促组地方武力保乡卫国，墓志铭中所谓"……促诸州起兵拒之……"就是讲这回事，先父和一班教育界朋友如胡子靖、彭国钧、刘今希、傅熊湘等深为军阀所忌惮，派人捕杀。先父几次在万分危殆的关头幸得朋友或学生通风报信，加以救助而逃脱。与反抗军阀连带而来的工作是对兵燹后灾区的善后与赈济，1918年北洋军阀张宗昌的部队在衡阳作战败退下来经过醴陵一带，大肆抢掠烧杀，灾情惨重，先父和朋友傅熊湘、刘今希等将灾区拍摄照片，同时收集各报革新志有关灾情的报导，撰写专文，编成《湘灾纪略》《湖南杂志》《天问周刊》《醴陵兵燹图》《醴陵兵灾纪略》等书刊，公之于世，同时在很多场合讲演，揭发军阀暴行，配合赈灾捐款，加强驱张（敬尧）行动。1918年1月到上海参加南北和议，在会中展出上述资料，痛陈军阀在湘暴行，声泪俱下，获得广大群众同情，后来军阀张敬尧

附录 | 419

也就是因此倒台。

先父文启鑫在地方被糜烂之后也曾短时参与重建工作。1916年，军阀汤芗铭离湘后，先父回湘初任高等师范学堂教务长。校长吴嘉瑞是他好友，出任改组后督军府的民政厅长，坚请父亲到民政厅襄助（任民政科长），后来调到安仁县任知事，但不久又离去，虽时间不长，但获得地方爱戴，誉为当时最好的县知事。1925年秋，安仁士绅不知他已去世，还推派代表到醴陵老家来打算征得他的同意，推举他去安仁出任县长。1914年在唐敬尧、蔡锷赴云南首义讨袁护法的稍前，先父的朋友袁雪安（是唐、蔡日本留学时同学）任云南财政厅厅长，曾邀先父去云南任通海厘金局长，帮助建立制度，但为时不长便返乡回到教育岗位。

关于与北洋军阀的武力对抗，事实上后来成为湖南省主席的何键就是在这种风云际会中兴起的。那时，何键自保定军官学校毕业不久，回乡遇到这种情况，组织游击队起家，民国十三年（1924）年，正式参加湘军，编为第四师所属的第九旅，何键任旅长。最初先父只是以朋友的立场协助规划，延揽人才，建立声誉，直到时间久了，而何键的事业渐具规模，始到何键军中任事。那是1923年至1925年之事。1925年何键部队驻扎在湖南永兴县，先父在军中任军法正，同时参赞军务并协助对外联络。那时全国厌战各方同意在当时北京召开全国代表大会，国民党孙中山总理自广州启程北上准备出席。先父为湖南唐生智军方代表，正拟启程，突然起病，先到长沙医治，传记中谓误于庸医，想必是吃错了药，病情恶化，转回醴陵，瞳孔扩大畏光，但精神健旺，头脑清晰，自知不起，对自己才能没有充分发挥，著述的计划尚未实现，非常伤心饮恨，甚至悲哀地说，若有扶乩之事他将借乩笔写出他胸中蕴蓄。他一一安顿后事，念出他自挽对联："一水回环随人清浊，双丸钩转成我古今。"嘱人书就然后溘然长逝。留下母亲和五子四女，顿失依靠，生活凄苦，直到儿女渐渐长大。我母亲是同县何福隆之女，慈祥而个性坚强，在困难中将儿女教养成人，于1938年去世。

流芬余韵

傅熊湘先生为先父文启蠡撰写的墓志铭与刘约真先生在《醴陵县志》中为先父所立传记以及刘宗向先生所撰墓表对先父的品德与为人都有相当多的叙述，刻画出先父令人难忘的特性（铭文附后）。墓表可惜在"文化大革命"时被毁，原底无存，现只记得有"……急国家朋友之难勇""有古君子之风"二句。张羽翔先生于1951年至1955年旅居台湾时，出自对先父文启蠡的深刻怀念也常流露于闲谈嗟叹之中，他也谈述一些先父有趣而鲜为人知的遗闻逸事。

先父文启蠡上述品质特性的形成与他的家庭环境、出身及时代背景有关，清末内地农村闭塞而淳朴，人民承袭孔孟思想和旧道德标准，知识分子接受新旧双重教育，有感于国家民族的危亡，激发了高度爱国情操和救亡的使命感，在湖南，那时曾、左、彭、胡等乡贤谢世未久，对青年人具有典范作用，黄兴、蔡锷、宋教仁等为他们同时代人，直接间接有些交谊，在思想和作风方面也深受影响。

文席谋

附：墓志铭

文公湘芷墓志铭

君姓文氏，讳启蠡，号湘芷，醴陵人也。曾祖大注，祖一彰，父元选。其先世服农，自君伯父始以儒显。君贫而力学，能文章，当清季为名诸生，毕业京师大学堂，授举人，分发邮传部，征用顾非所好。历长诸校及省教育科长，知安仁县事，长云南通海厘局，终湖南陆军第九旅军法正。年四十有八，虽获稍申其志，固未尽君之才也。为学务实践，于瑞士习，厚民俗尤兢兢致谨。遇人和易而律己甚严，节啬治生，兼赡其兄弟。民国七年，醴遭兵灾，与邑人傅熊湘走上海为请振南北和议。既而湘督所为横暴，乃为书共作其恶，促诸州起兵拒之，事卒得集，方敬尧购君而君父忽召君归然人争沮其行，君卒毅然决归，竟亦无恙，其仁孝盖平素积也。君富天才，事无不办，善为翰藻，有遗集若干卷，以民国十四年卒于家临卒诵其自挽云：一水回环随人清浊，双丸钩转成我古今。呜呼，以君之才而厄于命，穷于年，固知其斋志以殁也。夫人何氏生子五人，长席欧，次席守，三席平，四席谋，五席薰，均幼。女四人，长适丁，次适汤，余幼待字。以明年正月十二日葬君于所居对岸月形辛山乙向。铭之曰：文君石羊，自君以彰，苍头特起，异才觥觥。勤教办学，誉我髦士，无思不服，其从如水，一行作吏，为军司马，克令厥终，虽终不终，遗文有待，人寿何价，四十八载，其光熊熊，其气魂魂，铭之万年，视此磁砖。友人傅熊湘撰并书。

文席谋，笔名荆同。文湘芷第四子，祖籍醴陵县（今醴陵市），后入加拿大籍。先后两次回到湖南醴陵，提出"兰芷工程"。1993年被聘为湖南省海外交流协会顾问。

刘约真先生事略

刘谦，字约真，醴陵东乡小林桥人。生于1883年7月20日。髫龄就父读四书，稍长入醴陵渌江书院，与同学宁调元、傅熊湘最友善。后至长沙，入湖南优级师范学校，治数学。萍醴民军起，同盟会谋策应，宁调元由日归国后指挥，比抵湘。民军已溃。返次岳洲被逮，解省系狱三年。宁在狱时授意李隆建与约真组织同盟会湘支部，吸收会员，后均为辛亥革命中坚分子。调元在狱刻意读书著述，约真每星期日必从图书馆借书若干册，携往探视；图书馆所无者必多方购之。三年中宁所阅之书凡两千余种。时柳亚子、高天梅等在沪组织南社，以诗文为革命先导，宁在狱为之订编辑条例，且为制序，并介绍约真加入南社。辛亥革命后，袁世凯据位专横，日谋称帝，宁密谋七省联合讨袁，至汉口为鄂督黎元洪所逮，被杀害于武昌抱冰堂。约真闻讯，即从长沙至武昌归其榇，葬于醴陵西山。后又搜集其遗著，与柳亚子所辑者合刊成书曰《太一遗书》。1912年与文斐、马惕冰、傅熊湘等办《长沙日报》纠弹时政，对袁世凯抨击尤严，触北洋军阀之忌，购宵人深夜焚报馆。约真与马惕冰从楼上窗户跃下，越墙乃免于死。此后任省垣各中学数学教员、财政厅科员及秘书等职。傅熊湘死，为其编辑出版《钝安遗集》。"马日"事变后，各县反动势力搜捕工运、农运积极分子甚急，醴陵之进步分子逃来长沙者，约真常为其妥安置。有李人祉者为醴陵农运负责人，患肺疾，约真分屋居之，得以无恙。又有亲戚名游采臣者，系水口山煤矿铁路司机,大革命前即已加入中国共产党,事变后逃至武昌铁路局,仍任火车司机。1929年武昌路局应湖南国民党党部及政府要求,将其逮捕,解至长沙系狱,生命垂危。约真多方奔走营救,终获释放。抗战军兴,约真以年老辞职回醴,乡居数年,为附近居民设小学,积谷防灾,并赞助进步青年王名伟、罗才冈、文家驹、巫雪敖、赖以明等办开明中学,且任董事。醴陵反动势力多次阴谋扼杀开明中学,终因怵于董事会之声誉,未能得逞。约真素谙中国医术,乡民贫困不能进医院就诊者,多来求助,无论远近,有求必应,概不取酬,且赠药物。因元配顾夫人死于难产,实与乡间助产妇无知有关,遂著《胎产常识》一书,自费印刷数千本,分赠穷苦人民。1938年,长沙大火,日寇有南下之势,以居处离县城近,遂避居北乡,应程潜邀至其家课子女一年。1941年冬,醴陵成立文献委员会,设县志局,决定重修县志,推约真编纂主任。中间因日寇侵醴,一度停顿,寇降即恢复工作。1948年告成。此书多有创新,如地理、交通、食货、礼俗、教育、政治、赋役、方言等志均经深入调查,实地勘察,与过去之闭门修志者迥然不同,近代学者如周谷城等读此志后倍加赞扬。在《人物志》中为左权将军立传,亦系为人之所不敢为。县志告成后,又回长沙小住。解放前夕,国民党军队在北方节节溃退,对南方各省则严加控制,残酷镇压和平民主运动。进步青年常受约真掩护,如有许某等四人已被逮捕,即将枪决,约真闻讯,即往见省府主席陈明仁,请其出面周旋,四人方获释。武汉解放后,李明灏来长沙动员陈明仁起义,先至约真家中,约真力赞其举。陈起义时,约真积极组织签名以示声援。新中国成立后,任湖南文史馆馆员。1951年去沪,后又游北京,作诗多首,于新社会多所歌颂。曾辑其1949年前诗作编为《无净诗稿》,新中国成立后诗作编为《新生宝诗稿》,另有蕉窗忆昔图册,为纪念亡妻广征海内书画、诗词名家题咏绘图,达数百幅,惜于"文化大革命"中散失殆尽。1959年殁于上海,享年七十有六。

巫雪敖

巫雪敖,醴陵市二中离休教师,早年参与创办开明中学(醴陵市第二中学前身),并参与《醴陵县志(民国版)》编纂工作,后应刘佛年等之邀编《南社三刘遗集》。

左权给叔父左铭三的信

叔父：

你6月1日的手谕及匡美君与燕如信均于近日收到，因我近几月来在外东跑东（西）跑，值近日始归。

从你的信中已敬悉一切，短短十余年变化确大。不幸林哥作古，家失柱石，使我悲痛万分。我以己任不能不在外奔走，家中所持者全系林哥，而今林哥又与世长辞，实使我不安，使我心痛。

叔父！我虽一时不能回家，我牺牲了我的一切幸福为我的事业来奋斗，请你相信这一道路是光明的、伟大的，愿以我的成功的事业报你与我母亲对我的恩爱，报我林哥对我的培养。

卢沟桥事件后迄今已两个多月了，日本已动员全国力量来灭亡中国。中国政府为自卫应战亦已摆开了阵势，全面的战争已打成了。这一战争必然要持久下去，也只有持久才能取得抗战的胜利。红军已改名为国民革命军，并改编为第八路军，现又改编为第十八集团军。我们的先头部队早已进到抗日的前线，并与日寇接触。后续部队正在继续运送，我今日即在上前线途中。我们将以游击运动战的姿势，出动于敌人之前后左右各个方面，配合友军粉碎日敌的进攻。我军已准备着以最大艰苦斗争来与日军周旋。因为在抗战中，中国的财政经济日益穷困，生产日益低落，在持久的战争中必须能够吃苦。没有坚持的持久艰苦斗争的精神，抗日胜利是无保障（的）。拟

到达目的地后，再告通讯处。专此敬请

  福安！

侄 字林

九月十八日晚于山西之稷山县两位婶母及堂哥 二嫂均此问安

  左权，湖南醴陵人，中国工农红军和八路军高级指挥员。黄埔军校一期生，无产阶级革命家、军事家。2009年，左权被中共中央宣传部、中共中央组织部等11个部门评为"100位为新中国成立作出突出贡献的英雄模范人物"。

《柔仲文存》叙

醴陵潘明诚先生柔仲氏,博学强记,于学无所不窥,尤精音韵语言文字经史诸学。自幼年起从事于新闻事业者,十余年久,廿三年来本报就笔政,乃以积劳成疾,竟于今年五月在社身故,英年不禄,怀才长逝,一时海内外知交,无不悼之!盖如先生者,为一代学术界其造就未可限量之士,一朝物化,其损失诚至大矣。

先生平生著作甚富,除其所作诗词,凡在长沙、北平、厦门、南洋各报,以及在本报所撰诸文,并其在沪所撰之文字蜕变史一稿——一·二八炮战毁于炮火者,前后都数百万言,以先生平日素不喜存稿,且以人事迭变,已非所能搜一时集,本社同人为不欲先生遗著之淹没于斯世,重欲以纪念先生也,特就其在本报所作之一部分,辑为一集刊以问世焉。惟忆先生于逝世前之不久,尝向其友人言:"一部专门著作之成功,非痛下十年工夫不可,时人动喜以自己零碎作品出版者,此吾人之所不屑。"又忆先生十八年在厦《民钟报》撰文,中有谓:"于绝不学人轻以自己著作出版,桃李不言,其下成蹊,自己著作如何?愿留阅者评定。"观此,则斯编之刊行,使先生如在,定非所愿,顾桃李不言,其下成蹊,此又本社同人之所不能已者,究竟在学术界之贡献如何,斯固有待阅者之评定。

集中所选,其属于学术部分,系先生主编本报副刊《世说新语》诸作,至所撰之时事论文,仅选有二十四年之《贡献闽南绥靖会议》,对于《编抚民军管见》《闽南土劣之分析》及《闽南民军股匪兴亡梗概》四篇，余则均以时间性太大，慨行割爱，然仅此四篇，亦足征先生对闽省治乱了解之深，与夫对于吾闽地方贡献之大矣。又集中《从音韵方言考证华族南渐岭表之三时期》一文，系十九年作于南洋，同年曾刊载本报，《追忆爱罗先珂》一文，系十八年作于厦门《民钟日报》，此外均系在本报始于廿三年五月，终于廿四年十二月所作者。盖先生于廿五年起，便少谈学术，专作时事撰述矣。各篇编辑次序，无时间先后，此系编者为编辑上之便利，就其性质，于以类别耳。

以先生平生著作之富，兹编所辑，仅限于一小部分，而其书名曰《柔仲文存》，同人固亦如其不安，惟亦认为苟他日能搜集其前部遗著，汇别一集、二集、三集……刊之，则今兹之命名，亦未始不可用于将来巨帙之刊行，此则留待他日定先生身后之文者之斟酌耳。至本集编印之日，正中日华北大战时局恶化之时，仓促出版，校对未精，而印刷亦殊模糊，斯宜向阅者致歉焉！

泉州日报社同人　二十六年九月

浅说南社、南社湘集和醴陵南社成员二三事

一

1908年1月，吴江柳亚子、陈去病和金山高旭与刘师培、何震等在上海集会，相约结社。1909年10月高旭在《民吁日报》上发表"南社启"，郑重宣告与陈去病、柳亚子有"南社"之结。1909年11月13日，在苏州虎丘张国维（明末抗清英雄）祠正式成立南社。陈去病说"南者，对北而言，寓不向清朝之意"；柳亚子说"它的宗旨是反抗清朝，它的名字叫南社，就是反对北庭的标帜"。也有人说，南社是以宣传革命思想、振奋民族精神、弘扬民族传统、革新诗词艺术为宗旨的全国性文学社团，是以辛亥革命为背景，与辛亥革命紧密相联系而且被称为"辛亥革命的号角与旗帜"的、20世纪我国最重要的文学团体之一。其实，南社应该是继黄遵宪、梁启超等人提出"诗界革命"之后，把"诗界革命"演进为全国性的将传统诗词和民族解放、民族独立的革命斗争结合起来的伟大实践，它伴随着推翻腐败的清朝统治和北洋军阀、窃国大盗袁世凯的反封建斗争，催生了资产阶级的民主自由观念和宪政法治思想（如宋教仁等的诗文），助推了西方哲学、自然科学的研究与成长（如马君武等的诗词），特别是"主情"、主个性解放"诗如口语"的诗僧苏曼殊，成就了文学界"推陈出新"的"浪漫"的一道亮丽风景。总

之，南社不仅仅是向北推翻清朝这么简单的一个诗词组织。南社实现了中华诗词从古典到现代的过渡，开拓了古典诗词的一个崭新的局面。南社反对封建和催生民主、助推科学比五四时期陈独秀们提出的"德先生"（Democrat）、"赛先生"（Science）早若干年。南社的"诗如口语"是推陈出新的产物，比五四时期胡适、鲁迅们的"提倡白话""全盘西化""打倒孔家店"等数典忘祖的时髦口号与做法要"温恭敦厚"得多。直到今天，人们（包括中学生或大学生）宁读《燕子龛诗》而不读《尝试集》。在这个"诗界革命"的问题上，究竟谁是谁非呢？笔者认为毛泽东先生曾有过一段论述是精辟的、公允的。他指出："五四运动的不少代表人物不懂辩证法，思想方法带有浓厚的形而上学色彩，好的一切皆好，坏的一切皆坏，他们在提倡新文学反对旧文学的时候，把民族传统中许多好东西当成封建余孽而加以抛弃，他们在引进西方种种文艺形式的同时，把传统文艺中的许多经过千锤百炼、深受民众欢迎的艺术形式，也当作无用的赘物加以排拒……"不管怎么说，辛亥革命前后红火一时的诗词（或说南社），在20世纪20年代以后，跌入低谷、陷入窘境，被视为落后于时代的老古董，只能供士大夫吟风弄月，不能反映新的时代，从而受到歧视和奚落，与"五四"新文化运动的冲击有关殆无疑义。然而，这只是外因。南社本身的"先天不足"实为内因之一，辛亥革命后，南社内部有人认为反抗清廷的目标已经达到，革命已大功告成，可以偃旗息鼓了。再则，南社在发展社员过程中忽略了诗品与人品的关系，成立时成员为17人，其中14人是同盟会会员。武昌起义前夕成员达288人，到1916年达825人，最高时达1180多人。他们来自东西南北和廊庙江湖，来自各个阶层和各种利益集团，来自……不免有"泥沙俱下鱼龙混杂"之嫌，即使后来柳亚子想把南社与孙中山的"三民主义"挂起钩来，还是有人看到推翻清廷后中国社会仍然处于动乱黑暗之中，便产生悲观的情绪。

1917年还有人大肆吹捧以清朝遗老自居的"同光体"诗人。更有甚者,1923年10月竟有19人之多的南社成员以每人五千元"袁大头"的身价卖给北洋军阀曹锟,当上了"猪仔议员"。这是内因之二。

今天中华诗词从复苏走向复兴,地位提升了,笔者认为应从南社创始和成长的轨迹中吸收养分和吸取教训。一要学习南社前驱以天下为己任,紧扣时代脉搏,反映人民心声,自觉地用诗歌促进民族解放和民族振兴的精神。二要学习南社前驱大胆创新、开拓进取的精神;牢牢地把握住"二为"方向和"双百"方针。在热情讴歌有中国特色的社会主义大业的同时,不断完善并最后达到完成"诗界革命"的历史使命。

二

关于南社湘集。"1923年10月,北洋军阀曹锟贿选总统,19名南社成员收取贿金违心投票……南社内部矛盾进一步加剧,不同意见者很难包容在一个大的统一体内,此后它很难组织起统一的活动,实际上已经解体。"——见郑伯农的《霹雳狂飙卷大江》

"1924年,南社内部由于对新旧文化的态度不同而发生分裂,傅熊湘同南社社友刘约真、阳兆鲲等创南社湘集于长沙,傅任社长。"——见《醴陵文史》第八辑《醴陵辛亥革命人物简介·傅熊湘》

"(民国)十三年甲子,先生四十一岁,在长沙……当是时,南社社事中断,青年学子盛倡废旧学,先生引为己忧,与长沙社友倡为南社湘集,上巳雅集刘园,选先生为社长,广东蔡哲夫、邓尔雅诸先生首赞其成,先后加入者达数百人。"——见《钝安遗集·傅钝安先生年谱》

"1924年南社耆宿傅熊湘先生以'……提倡气节、发扬国学、演进文化'为宗旨,成立南社湘集于长沙并被推为社长。一时文学名流纷纷加入,其中有金山高天梅、姚石子、高吹万,东莞邓尔雅,吴江陈去病，慈利吴恭亨，顺德蔡哲夫，岳阳李洞庭，醴陵卜芸庵诸人。1934年钝安先生不幸客死皖中，社友公推刘鹏年先生继任社长，在其主持下先后出版《南社湘集》八期，由于抗日战争爆发，《湘集》的发行遂被迫中断。"——见《南社三刘遗集·刘鹏年先生传略》

由于笔者孤陋寡闻，上面摘抄的几段文字仅窥见南社、湘集之一斑，至于它发挥了多大作用，对当时和后世的影响如何，等等，那就只能寄望于史界和方志的补充、评价了。

三

至于南社醴陵籍成员的情况，首先究竟有多少人，笔者深觉无法稽考，据《醴陵文史》第八辑《醴籍南社社员诗词选》所载，是46人，这是1988年冬笔者代表渌江诗社第二次向上海华东师范大学校长刘佛年先生征求其伯（今希）、其父（约真）、其堂兄（雪耘）"南社三刘"遗稿时，由佛年先生的故交巫雪敖同志从上海带回的资料。可以断定这只是部分南社醴籍成员的遗稿。南社前后组织雅集活动18次，出版社刊《南社丛刻》22期，佛年先生拿名片、写便笺让到上海诊病的雪敖同志跑图书馆和其他有关文化单位去进行搜集，未必能得到所需的全部资料，况且还不一定能包括南社湘集的成员和稿件。有人告诉笔者，南社醴籍成员至少在70位，比如马惕冰、潘式南皆醴籍，二位的大名屡屡出现在南社诗人唱酬作品中，潘昉、潘昭皆醴籍，与宁调元（太一）同时留日，同时加入同盟会，也在南社诗人唱酬中经常出现。能说《醴陵文史》第八辑上没刊载他们的诗词就否定他们是南社成员吗？又比如"南社湘集"有一次雅集活动在何键主湘时的省府秘书长易书竹家举行，易书竹能不是南社成员吗？凡此种种，笔者认为可以借用巫雪敖同志在《南社三刘遗集》"编后记"中的话作结，他写道："惜数十年来，风云变幻，内忧外患，无有已时。是故南社期刊由国内各图书馆保存完善者已不多觏，搜集一举，远非易事。"再者，就以46人为南社醴籍成员的确实数字，全国千多个县，新中国成立前湖南也有40多个县，应该说醴陵南社社员的密度已经是相当大了。其次，醴籍南社社员的人品、诗品（素质）如何，笔者姑就较为熟知的四位先生简介如后。

1. 宁调元（太一）先生。先生生于1883年，幼受业刘师陶（少樵）先生，稍长入渌江书院，后入长沙明德学堂。1903年加入黄兴组织的华兴会从事反清斗争，1905年留学日本并加入同盟会，1906年萍浏醴起义军兴，受命回国指挥，起义失败，12月不幸在岳州被捕，于长沙系狱三年，"计三年间所阅读之书，可两千种，于训诂词章之学，诸子百家之言，靡不探赜索隐，以求其精"。"时柳亚子、高天梅在沪倡立南社……贻书告君。君欣然首赞其成，为商订编集体例，且制序焉。"（见刘约真《宁调元革命事略》）1910年，先生经人营救出狱，1912年冬受命联络汉、粤、沪、皖、赣等地革命组织，制订东南七省讨袁（世凯）计划，不幸事泄，1913年6月23日被捕，9月25日被杀害于武昌抱冰堂。"君遗著甚富……柳亚子、傅君剑为编次付印，提曰《太一遗书》，共十二种，二十三卷。"（见刘约真《宁调元革命事略》）当今我省正在陆续出版的700册巨著《湖湘文库》甲编中第357册便是《宁调元集》（见2009年4月17日《潇湘晨报》T03版）。综上所述，笔者认为先生是诗人，首先是革命家，他的短暂的一生，是"革命成就了诗词，诗词激励了革命"的一生。请看先生下面的这些诗句：

> 东山丝竹娱功狗，南国衣冠笑沐猴。
> 复九世仇盟玉帛，提三尺剑奠金瓯。
> 愿播热潮高万丈，雨飞不住注神州。
> 身经波浪翻回在，待抉吾眸挂国门。

鬼雄如果能为厉，死到泉台定复仇。

今天，我们处于有中国特色的社会主义和平建设时代，我们应该怎样面对现实把握和运用好自己手中的笔呢？用宁调元先生作镜鉴，是值得大家深思的。

2. 傅熊湘（钝安）先生。先生生于清光绪九年（1883），幼慧聪颖，14岁毕六经，并特重诗赋韵文，是近代中国著名文学家、诗人。——见《醴陵文史》第八辑

（光绪）二十八年壬寅先生十九岁……读书岳麓书院，山长长沙王先谦先生。（光绪）二十九年癸卯先生二十岁。读书渌江书院，山长同邑吴称三（德襄）先生。先生自言平生识古文辞及治学大要，皆吴先生启之。（光绪）三十年甲辰先生二十一岁在长沙，入高等普通师范学校……始治《马氏文通》。——见《傅钝安先生年谱》

近百年湖南文学家，曾文正外，大之者湘绮楼，而傅熊湘钝安衺然名后劲，洞庭衡岳间，称者一口无异辞云。——见《傅钝安墓碑》

钝安自少勇于为诗，每自诩一岁有三百首，殆非夸语……计全集古今体诗都1313首，其生平可传之什，当不止此。——见刘约真钝安诗跋

引我兴趣的不仅是书桌上的孙中山半身胸像，而且是挂在墙上的一副对联"青兕身后辛弃疾，红牙今世柳屯田"。这是当年南社社员傅钝根（安）书赠与柳亚子的，以宋代两位不同风格的诗人辛弃疾和柳永比拟他，可谓知音（也矣）。——见《人物》杂志肖复兴文《长啸一声归去矣——记柳亚子故居》。

还有，先生是诗人，是南社最早的成员之一，是南社湘集创始人和第一任社长，还是同盟会会员和民主革命的宣传鼓动家，是报人、图书馆领导人、名教师。先生在《湖湘文库》中也占有一集

（第370集）。先生的诗词，擅长于捕捉灵感，运用抽象思维、形象思维、联想和想象，进行艺术构思，用典则紧扣主题，得心应手、天衣无缝，从而达到现实主义与浪漫主义虚实相生、水乳交融的艺术境界。先生长子病殇，哭之以诗，骨肉之情，粗洋浩荡，层澜跌宕，一泻两千言，慈利吴恭亨谓为"哭儿长篇无荷马，两千言酸黄河泻"何其壮哉！下面抄录几首先生的诗词作结，先生作品流传之广、影响之深，先生根底之厚、声誉之隆。庶几不言而喻也矣。

一声长啸海天秋，月落参横独倚楼。万种闲愁待收束，国仇历历锁心头。

——《海上杂诗（四首之一）》

疏疏竹夹短篱笆，小小村庄野叟家。落木满山生白露，秋风一夜放黄花。瓜田水足儿挑菜，茅屋檐低妇绩麻。新酿喜堪邀客饮，醉来搓眼夕阳斜。

——《九日饮田舍》

欲写离愁一万重，可堪流水自西东，三更疏雨五更风。来办白头终有约，即抛红豆更何从，浮生踪迹似飘蓬。

——《浣溪沙·癸未避地作》

西风蓦地惊秋，天涯乍觉羁愁起。高楼一角，疏帘半卷，栏干倦倚。月堕江空，云垂海立，夜凉如水。算登楼王粲，悲秋宋玉，都未省、心中意。

极自长空万里，望乡关、白云无际。头颅大好，江山如此，人间何世？肯信元龙，飘零湖海，未除豪气！只情怀万种，年来尽迸，作征衫泪。

——《水龙吟辛亥海上作》

3. 刘鹏年（雪耘）先生。先生生于1896年，幼颖异，承家学，稍长，师从傅钝安先生，文学兴趣更加浓厚。1914年在上海中国公学求学时，由社长柳亚子介绍加入南社，时年18岁。1924年由社友公举，继钝安先生之后，成为南社湘集第二任社长。1963年逝世，有《鞭影楼词》《劫余残泪》《涉江集》等诗词著作与世长存。

先生热爱大自然、热爱和平，诗词中毕现山水林泉、阳光雨露、花鸟虫鱼……连风雨都是"雨丝风片""软风斜日"，是那么恬谧，那么温馨。如其《明湖樵歌》中的"软风斜日垂杨岸，时有幽禽三两声""最爱雨丝风片里，扁舟摇出鹊华桥"。

先生热爱家乡，热爱祖国，热爱人民。仅从其抗日期间《旅途杂咏》16首中的"隔江烟嶂横愁黛，载道流离有哭声""白骨谁怜闺里梦，黄台几见摘余瓜""稻田麦垄草萋萋，水驿山村绝犬鸡……斫地问天徒自苦，只今民命贱如泥""捉人但见石壕吏，裹革曾无马伏波"，字字带血、句句凝泪的寥寥数语，即可概见其拳拳爱乡、爱国、爱人民之心的全貌。

先生与朋友交，输诚布信，似水如醪。这里也只仅举其《玉漏迟·题吴白屋遗书》一词，即可知其究竟。词曰："玉楼何处望，吞声死别，词人长往。剩墨零嫌，犹带海潮悲壮。一掬哀时忍涕泪，共三峡词源奔放。光万丈，天荒地老，灵芬无恙。忆载酒联吟，在爱晚亭边、望城坡上。几度霜红，淘尽锦江春浪。遗恨中原未定，应化作鹃魂游漾。愁浩荡、邻笛又添哀响。"吴白屋者，四川白屋诗人吴芳吉也，号碧柳，先生另有《哭碧柳》诗六首，可见其二人情同手足，宛如一人。

先生向佛，1953年游五台山，著《清凉吟稿》，获诗百余首。元好问云："诗为禅家添花锦，禅是诗家切玉刀。"湘潭大杰寺知空法师说："自古诗情半个禅，以诗为禅，以禅为诗，无可无不可。"先生《明月池》诗云："晦夜曾闻月印波，澄空一片镜新磨，不须更忆三潭胜，万古清光此处多。"其《寺居偶兴》有句云："风声来自雁门树，烟影薄于蝉翼纱。苦海回头才是岸，青山随处可为家。"读来仿佛到了"洞云海月，入定悟空"之境界，"一瓶一钵，无我无人"的空灵之感油然而生。笔者曾两次见到先生，先生的有形感官（眼鼻口耳）和无形的内在涵养，就是一尊佛。

4. 王大桢（芃生）先生。先生是外交家、诗人。与雪耘先生联襟，年稍长。先生是同盟会员，1916年留学日本，有日本通之誉。曾任国民政府的国际问题研究所所长，其预料日本入侵我卢沟桥的"七七事变"和入侵美国的"珍珠港事件"的时间一日不差，真是料敌如神。1921年随中国代表出席华盛顿会议，为收回山东主权做了大量工作。当时先生写的《清平乐·青岛接收周年纪念感赋》，从清廷图苟安、许德占领到"日占八年，久不归青岛""巴黎和会争青岛不得""华盛顿会议约还青岛"直到最后收回青岛，一写就是七阕之多，而且全是用拟人手法写的。下面举其中《清平乐》一阕为例："胡城欢会①，人隐珠帘外。谁料多情成怨艾，暗里轻分罗带②。前时软语温存，而今好梦无痕③。莫信东皇呵护，空余风展朱幡④。"这样的一首词，如果没有注解，如果没有高深的国际外交知识和国学根底，谁知道是写"青岛丧权辱国的史迹"？由此可见，外交家而有如此高深的诗词水平，在我国近现代骚坛上似不多见。

笔者秉质鲁钝，根器浅薄，且读书不求甚解，上面拉拉杂杂、啰啰唆唆写的数千字，肯定错讹乖谬不少，倘蒙指教补正，幸甚幸甚！

刘骏永

2010年11月6日完稿于醴陵雅锡楼

作者注：
①胡成欢会，即华盛顿会议。
②轻分罗带，指某四国密约暗以青岛许与日本。

③指美国事先不知有四里密约之订，曾答应帮助我国从日本手中要回青岛，待最高会议出示密约后，亦叹爱莫能助矣。

④指和会后，实际上青岛大片土地已被日人租占。

刘骏永（1923—2014），号曼痕，书斋名雅锡楼，醴陵人。离休教师，中华诗词学会会员，株洲南楚诗社社员，醴陵渌江诗社创立人之一。有作品集《曼痕吟草》《嘶风集》《雅锡楼诗词联补遗》传世。

忆先父文斐参加辛亥革命事迹

先父文斐，字牧希，又名幻园，湖南醴陵人，光绪三十一年（1905）留学日本东京铁道学校，学铁路工程，与焦达峰为同学好友。1905年参加同盟会，与孙中山交往较深，并与孙中山合影。回国后任湖南渌江中学监督、湖南铁路学堂教务长、《长沙日报》总理、湘路公司协理等职。经常以革命诏群众，与曾杰、龙毓绶等组织同盟会支部，任支部长。

辛亥（1911年）春初，同盟会在东京开会，决议三月举义广州。孙中山在海外策动，以黄兴负责实地指挥，胡汉民、赵伯先等协助，派谭人凤等来湖南联络同志，先后开会于路边井（长沙市内街名）旅湘俱乐部及紫荆街福楼，到会者有军界刘文锦、陈作新，学办有文斐、曾杰等12人，当时推刘文锦负责军队责任，先父负责学界鼓吹责任，并密函焦达峰、杨靖康来省共商大计，决定运动军队，分三路进行。先父与焦达峰于醴陵、江西省萍乡县一带主持中路，后由于广州事败而暂止。

当时清政府收铁路为国有，借四国（英、法、德、美）银行高利贷，清政府派端方为该路督办，激起川、粤、鄂、湘四省人士激烈反对。端方率军队入川，被其部下一位同盟会会员暗杀，四川总督赵尔丰困守成都，军民环集，秩序大乱。

1911年4月14日，湖南商、学界，如先父、龙璋、文经纬、曾杰等31人，借贾太傅祠为会址，以争路为名，实行革命工作，号召各界万余人，宣布清政府36条罪状，先父集众演讲，词甚激烈，人心皆为慷慨，各县闻讯，一致崛起，社会激昂，随时有促成革命爆发之可能。

武昌起义时，先父同龙璋、吴作霖等去会清政府巡防统领黄忠浩，劝其反正，先父劝黄，只要他反正，革命党愿推他为总司令，黄忠浩不但不接受先父的好意，反而教训先父一顿，话不投机，先父就对黄说："人各有志，不勉强。"便告辞离开。后集中同志数十人开会于长沙南城外寄园，响应武昌起义，会上推我先父赴醴陵，当时驻扎在醴陵署巡防统领赵春霆，通过先父等人努力做说服工作，赵立即起义归顺。后侦知，清政府一巡抚余诚格将新军四十九标、三营开驻岳州，五十标二、三营开驻宁乡、常德、茶陵、攸县，令各县军队负责守城，革命党人进这些县，即被捕杀戮，先父悲痛以告同志。

10月22日晨，在长沙郊外的四十九标代表安定超跑至操场，发紧急集合哨，鸣枪三响，部下士兵齐集，分两路进城，陈作新领四十九标二营后队及五十一标一部分辎重马队由北门入，占领军械局，当时守北城是赵春霆部队，举枪敬礼，故不战而克。焦达峰指挥四十九标前、左右三队及工程队、大炮队入长沙小吴门，与陈作新会合，巡防营统领黄忠浩乘马出逃，遂跟踪，追获毙于小吴门城上，同时戮巡防营务处总办王毓江、交陕申锡泰、长沙县知事沈瀛等四人，其他清官吏非逃即降。

次日开会，商议组织军政府，并选举都督，先父任临时主席，报告此次革命经过，说焦达峰是奉同盟会本部特派，来湘组织军政府，响应武汉，厥功甚伟，应推焦君为都督，陈作新为副都督，表决后，先父用红笔大书粘于壁上宣布"公举焦达峰为都督，陈作新为副都督"，全场鼓掌，欢声雷动。

时清政府一藩司黄以霖仍踞藩内，焦派王献前往劝降，中弹而死,焦愤极,下令拘铮,调炮营轰击,由于藩署前后有商店群众,恐波及群众,先父劝阻,派陈文玮、龙璋劝降,遂尽收其库储及时赋入册,当时有人提议搜杀满人群众,先父力持不可,故在城满族群众无一人受牵连。

光复伊始,焦都以各机关职员品类庞杂,以内政由曾杰负责,外政由先父负责,授予全权,并组织参加参议院,以谭延闿为院长,先父及曾杰、文经纬、粟戡时等26人为参议员。当时巡营与新军不和,先父尽力调解,编新军为第一镇,由余钦翼领导;巡营为第二镇,由赵春霆领导。

10月31日,营长梅鳌率部下数百人,突入都署,遂杀焦达峰,先父正部署军事,闻变躲于夹墙内,故免遭此劫难。后陈作新亦遭杀害。谭延闿遂出任都督,布告安民。焦、陈部下万人,汹复仇,声言放火屠城,谭令先父与曾杰维持大局。当时杰已去宁乡,焦、陈部署多为先父好友、同事,奔走各首领处,涕泣陈词,曰:"焦、陈均是我同窗、同事好友,我何不悲伤,恨不得将恶徒万刀千锄,但见武汉濒危,持吾湘为后盾,若有内乱,则革命前功尽废非能慰焦、陈。"众被说服,于是谭督礼葬焦、陈,抚恤遗族,造祠铸像,惩首恶,事遂寝。

先父任第二镇参谋长、省长公署顾问时,与江西安抚使潘昉分途入江西省萍乡,安源矿工无饷,发电谭督拨款救济。

民国二年(1913),宋教仁被刺,袁世凯逆谋暴露。先父极力鼓吹声讨袁军,参加第二次革命,是主要骨干分子,被袁通缉,说先父与龙璋等为乱党六君子,通缉电云:"曰龙、曰凤、曰蟒、推文、推武、推周。"(是指龙璋、谭人凤、唐蟒、文斐、蒋翊武、周霆霖)先父再次出国避难于日本,在日本与孙中山交往甚密,当时孙中山手书"天下为公"赠先父,上款文斐同志,下款孙文。解放后由弟弟文广珩保管,曾于1956年借给湖南省博物馆展览一年。

先父在日本期间，与仇鳌、刘占藩组织政法学校，集同志百余人，在日本各地演讲，研讨救国方略。1915年，归里省亲，被捕入狱，直至袁败后获释。1917年刘占藩首义零陵县，先父与其谋，任粤汉铁路局长，运兵转饷，不辞辛劳。1927年任湖南永兴县县长，正值中国共产党活动，故有密切联系，保全有关人员，因此受牵连而归故里。

我家迁居醴陵故里后，先父与当地进步青年王名伟、文家驹等（当时都是地下党员）创办开明中学，校址位于醴陵泗汾镇（现为四中），兼任一个时期董事长，王任校长，文家驹任教导主任。我三姐文广莹（后留学美国）与嫂弟刘佛年（解放后任上海华东师范大学校长）均曾在开明中学任教，大力支持办学。

国难当头，先父支持二哥文广璜投考黄埔军校，教育二哥以保家卫国为己任。二哥黄埔十期毕业，曾任三七一团连长、营长、团副等职。1939年在战斗中牺牲，军长陶广护灵归里，葬于醴陵西山。

先父于1943年卒于故里，荣葬于醴陵西山，当时程潜曾来悼念。2000年西山划为公园。政府在先父墓前树有"文物保护"碑，以免受损，以此教育后人，供后人悼念，先父墓不远处为左权墓。由于先父是辛亥老人，对辛亥革命有贡献，政府按月发给我母亲抚恤金，直到母亲1993年去世为止。

先父去世时，我还处于少年时代，对先父参加辛亥革命事迹知道甚浅，阅读有关资料后才了解一些，不过记得先父创设同仁医院的点滴情景。当时先父见广大贫苦群众患病不能就医，就在家乡醴陵创设同仁医院（中医院），面向贫苦人民，收费低廉，贫苦人民可免费就医，医药兼施。医院设有内科、外科、五官科，三层病房楼，病房前有花园，以供住院人休息，博得乡亲们的好评。记得在病房内住有两个贫苦病妇，她们对我说："你父亲做好事积德，我们本无钱治病，你父亲知道后将我们邀来免费住院治疗。"她们直到病愈后才出院。后来，我家迁回醴陵农村老屋，每逢春节前，先父预先写若干张"米条"，有一斗米、两斗米不等，他到附近偏僻农村访贫，见贫苦农民，就给他一张"米条"，让他们春节前两三天到我家来凭条领米，使他们能过一个免于饥饿的年。我在过年前两天见到不少贫苦农民前来凭条领米，欢喜而归。这两件事我现在仍记忆犹新，历历在目。

文广琬

文广琬，文斐的女儿，1929年10月生，湖南醴陵市人，大专学历，中学一级教师。1957年随夫定居宜兴，1989年5月加入民革，曾任宜兴市政协委员、宜兴市祖国统一委员会委员、宜兴丁蜀镇侨台联谊会副理事长。

何元文事略

岳父何元文,清光绪十六年(1891)生于湖南省醴陵县泗汾乡肥塘尾皂角塘,乳名龙生,字少梯,派名元文,晚年自号竹庄老人。

岳父幼年时,深得祖父母钟爱,6岁即从祖父读书。年后从其二伯父卓岑公学,达五六年,读完了"四书五经"、《唐诗三百首》、《左传》等。1904年清朝废科举,岳父从此荒学六七年,在家耕牧和帮助家务。这年7月,他遵祖母临终遗言,在灵前与李含英(元配)结婚,两年后生子允顺。过5年,李因肺病而死。1909年冬,何元文续娶王庚英,先后生女允芙、子允光、女允衡(1945年与我结婚,现系长沙市西区退休教师)。

1911年春,岳父受同乡谢诮庄先生劝,赴长沙考取第一法政学堂,时年20岁。他日夜勤习,有暇兼温旧课,期终考试为全班70余人第一,全校300余人中第三,学业大有进步。是年恰逢辛亥革命,湖南反正,民情动荡,谣言繁兴,师生无心接受,教室常空。不久,政府新颁教育法令,将学校"公立法政学堂"原名改为"私立第一法政学校"。同学们一时难于接受,认为"私"字侮辱学生人格,群情愤怒,归替学校主持人未能负责力争,一时蠢动,摧毁校具,毁伤校长马续常,后以教育当局命令提前放假,此一学潮遂不了了之。

1912年春,北京内务部公布考选县知事,岳父闻而心动,得其父母鼓励,乃于2月赴京参加考试,但未获录取。他心想:北上一次大不容易，又不想重返"法政学校"，乃插班于西城根的"中国大学法政科"继续读书，两年期满，取得一张大学毕业证书回家，时年23岁。

岳父从政于1918年，任临湘县禁烟所长，半年后改任司法承审员，1919年任临湘县典狱官，曾记功记过各一次，记功是为勤理讼案，记过是为狱内逃走两名强盗要犯，后因南北战争爆发，临湘地当要冲，于1920年夏离职。

1921年春，他任桃源陬市警察所所长。陬市居沅江中流，为湘西水陆交通繁华的集镇，五方杂处，流氓麇集，盗窃案件时有发生，赌博吸毒者遍地皆是，经其严切查禁，稍有敛迹；清查户口，修理街道，略真功绩。1923年秋，岳父又调汉寿县警察所所长，辞未就。

1924年春，他任资兴县县长，至1926年去职，在此年中，治理政务甚多，略三事：

（一）清理积案。当时，县长兼司法。资兴地处山区，民情好讼，旧案盈尺，新讼纷然，经他细心察理，速审速判，两方威服，旧案得以终结，新讼日渐减少。

（二）消弭党派之争。资兴党派斗争，既深广，又顽强，当时全省闻名。各派仗势横行，争夺公益，威胁县长，贻害地方甚大。他能不畏强暴，不受包围，不讲人情，处事秉公，使双方均无所借口，从此地方渐趋安宁。

（三）意外遭害。1926年夏国民革命军自广东出师，直趋湘、鄂，另一部军政人员经资兴，往长沙。当时有一群不良分子，煽动学生、群众趁机捣乱，包围县教育局，竟纷奔到县政府，捣毁什物，劫夺县印。他因事态严重，即电报上级请求处理，因而去职。

1927年马日事变后，他曾任本省民政厅主任秘书，后调任衡阳县县长。他到任后，严保甲，清户口，划分区域，选练壮丁，轮流巡逻，挨户严查，从而乡里不惊，居民乐业。在衡阳任职一年零二月,当时民政厅长冯天柱因常宁县发生教育纠纷学校罢课,认为他能理治烦剧,又调其任常宁县县长。他因病坚辞未就。

1928年秋,同乡刘苇棠(台甫)任湖南省建设厅长,委任他为第一科长,半年后刘因病重辞职,他曾代理厅长一年,次年又调任湖南省第一纺织厂厂长,均颇有政绩。1930年,岳父调长沙市政筹备处,任处长,筹备长沙改设为省辖市及成立市政府的工作。1932年春,长沙市政府成立,他被派为首任市长,从此直到1938年春辞职。在此九年中,他拳拳于长沙市政建设,诸多举措,颇得政声。在此期间,岳母王庚英于1931年因难产去世,乃于次年再娶文化中,又先后生女允湘、允莲与允辉、允江二子。

1939年春,岳父赴临时首都——重庆任内政部简任视察主任,曾与邹仲融同行到川、滇、黔三省视察。先后与王缵绪、龙云、杨森等省主席会商视察要点,视察了四川的郫县、灌县,云南的蒙自、个旧,贵州的遵义、安顺等各县市,费时半年,撰写《视察观感》报告书,汇成一册,约8万言,报经行政院核准,饬各省酌予参考。

1942年岳父任抚恤委员会少将总务处长,辞未就任,后改任军事委员会办公厅少将参议,至1945年日本投降还都南京,他依例退役还乡,闲居长沙河西施家港水竹山庄。

1946年至1948年夏任长沙大懋银行董事长、总经理等职。行址设在坡子街(现坡子街粮店)。在此期间,他常忆及浪迹宦海,由委任而荐任而简任,侥幸数十年,平安度过,自惭未有涓埃,以报效国家。

1950年10月,他因对党和人民政府没有认识,心存疑惑,于是只身一人,出走广州而入香港。当时出境困难,无政府许可证是很难出深圳的,他经往年故旧沈绍三在广州用重金找到一妇女,沿途照料由小路送往香港。及至出境处、盘查过客,仍甚严密,妇女怕不敢前行,劝其回广州。他乃扮工人装,穿破衣草鞋,背负布袋,至关前，见过客络绎，检查哨兵亦多，依次一一细阅证件，百端盘问。及至他时，忽然前面枪声连响，哨兵和过客都惊惶失措，秩序混乱，他得以趁机向前冲出关口，恰遇有往香港火车，得抵达香港。

1951年，岳父由香港去台湾，当时身无长物，寄居亲族家数月，后应赵夷午之邀，同赴圆通寺禅院，听慈航法师讲解"楞严"佛经。寄居寺内一年后，应中坜圆光寺"佛学讲习所"聘，担任国文教师。1953年就聘新竹私立光复中学，任国文教师。1954年秋，就聘省立新竹师范学校国文教师，至1968年秋退休。

他一生无玩乐嗜好，衣食俭约，晚年更爱读书写字念佛，静心养性，寝食尚安，但苦孤居台岛不能与儿孙团聚，耿耿于怀。1981年，他九二生日曾自赋诗述怀，特抄录于下：

行年九二百无成，徒有高龄不算荣，老自名利全已淡，照人肝胆幸犹明。滔滔世事观千变，耿耿余怀守一诚。晚境江郎才殆尽，巴音奉教祈批评。

今岁庆生心更欢，海天儿女祝爹康。卅年骨肉伤离别，一夕情怀通翰章。愿我余龄归故里，免儿远道念高堂。上苍厌乱升平近，秋去春来理有常。

忆昔时逢强仕年，工商军政后先联。壮心因以消磨尽，建树难云次第宣。敢诩廉能临庶事，幸余爪迹尚流传。卅年俯仰扪无愧，今日食眠得安然。

秋到江南鲈正肥，故园好景未能归。偶吟自寿诚堪笑，久作人师幸免讥。且喜门徒多发展，每思故旧尽睽违。羁人不必伤迟暮，诗酒欢游雅兴飞。

岳父和我们不通音讯已有30来年，至1980年，始有允涛兄嫂自美国回国探亲，才得知岳父时仍健在，居住台北市忠孝东路松柏新村"将官休养所",即由他辗转去信,才又取得联系。

　　岳父晚年寄迹台湾,曾撰写回忆录《竹庄忆往》一书,叙述生平事迹,字里行间,处处流露出对家乡的怀恋。他盼望祖国统一,归回故里,但终因海天辽隔,未能实现,1986年11月27日,因患肺炎在中国台北荣民总医院逝世,享年95岁。

吴昌继

陶广传略

陶广,别号思安,清光绪十三年(1887)出生于湖南省醴陵县泗汾镇盐山桥,距陶家垅一里许。祖辈均以务农为业。父兰阶,有兄弟七人,所分祖业无几,少许田产也陆续卖尽。兰阶曾任乡里团总,生子四人,广排行第三,自幼就读本乡私塾十年,诵习四书五经、古文、唐诗等,至十五岁,因家境窘困而辍学,到当地鸿昌鑫糕饼坊当学徒。广勤奋好学,一有暇即手不释卷,博览群书,他自己常说:"要自立自治自学方可自强。"尤喜读《资治通鉴》,并加上顶批、旁批,以抒发个人见地。这里还顺便谈两件小事:广年少时,爱拉胡琴,其母尝悄悄语其耳曰:"中餐无米矣!"广颔首,闭目拉琴如故,一曲终了,再去借贷。有一次,刚借来几串钱,有一族人来告困,广即解囊相助,其气度恢宏豁达,于此可概见。又有一次,到陶家祠堂借钱,管账的只借给一串,请益之,管账的不耐烦地说:"哪里填得你这个穷坑满?"广愤然弃钱而去,尝曰:"饿死不吃嗟来食。"

十八岁入湖南醴陵瓷业学堂彩绘模型班,毕业后,自收艺徒二人,为县瓷业公司彩绘瓷器。醴陵瓷乃湘东名产,广手艺出众,收入尚丰,生活安定,本可以此技终其身,然广目睹清政腐败,内忧外患频仍,乃慨然兴救国救民之志,这种思想与当时社会背景历史潮流的影响是分不开的。因时值清季,朝政腐败,卖官鬻爵,贿赂公行,地方官横征暴敛,民不聊生,加以鸦片战争以后,帝国主义列强环伺中华，欲瓜分中国而后快。清朝政府对内镇压平民，对外屈膝求和，订立丧权辱国的不平等条约，连年割地赔款，国脉如丝，危如累卵；反帝反清的革命风暴风起云涌，此伏彼起，志士仁人皆欲自强自救。当此时也，广正年轻气盛，当亦跃跃欲试，遂将欲外出有所作为之意诉诸其四叔（时在南京候补）。四叔知其才而嘉其志，素所器重，深为赞许而臂助之。广先至北京考入宪兵学校，毕业后，又至南京考入江南讲武堂。在校时勤学苦练，埋头读书，假日也从不外出，成绩逐年提高，毕业时名列第二。毕业后曾在蔡锷部下任参谋（时蔡任广西都督），未几，回湖南，在程潜、唐生智部任职，属于国民革命军建制，从连长逐级升至师长，直到1935年升为国民革命军第二十八军军长，才接替刘建绪之职。

1926年第一次国共合作，广在第八军任二六团团长，参加北伐战争，亲临前线，枪林弹雨中指挥若定，一次骑马冲锋时，敌人子弹穿过其裤管，打两个洞，腿未受伤；在汀泗桥、贺胜桥战役中，与友军共同作战，广担任前锋，身先士卒，把北洋军阀一代枭雄吴佩孚的所谓铁军打得落花流水。广功绩卓著，载诸报章，因战功晋升旅长。其时，广派堂兄陶在和（号越吟）往湘西活动军阀袁祖铭起义成功，北伐军司令部委任在和为湘鄂游击司令，屯军鄂西以支援北伐。1926年10月广部攻克武昌，缴获步、机枪等近万支，因战功而升师长。1927年蒋介石叛变革命，宁汉分裂，当时广部驻河南信阳一带，部下的政工人员，大部分为共产党人。凡经蒋介石指令要拘押的，广均发给路费，一一遣散，拒未执行蒋介石屠杀共产党人的命令。军需丁伍樵请广打电报给醴陵县长，要杀害几名共产党员，广坚拒不允，丁乃辞职而去。

1937年卢沟桥事变爆发，日寇大举进犯我国，全国人民同仇敌忾，奋起抵抗。陶广一贯反对蒋介石"攘外先安内"的反动政策，而对中国共产党关于抗日民族统一战线的宣言十分拥护，主张停止内战，枪口对外，团结一致，共同抗日。至此，抗日战争爆发，形成第二次国共合作。陶广于1937年9月挥师东下，率二八军所辖六二师、一九二师、一六师、六三师共四个师的兵力，从湖南直奔第三战区浙江东海前沿阵地布防，进行阻击。日寇在金山卫强行登陆，遭到广部顽强抵抗。萧山附近一役极为壮烈。六二师团长张崆一、营长谢康全殉职，荣泽绪等五个连级军官阵亡，士兵牺牲也很大，但日寇伤亡更为惨重，挫败了敌人的凶焰，以战功擢升为第十集团军副总司令兼第三战区第一游击区总指挥，仍兼任第二八军军长。

1939年5月，陶广亲率一个师进入杭嘉湖地区，在敌后展开游击战争，得到老百姓的配合和掩护，利用水网地带的有利条件，给日、伪军以沉重打击，多次粉碎了日寇的所谓"大扫荡"。例如：1939年6月15日晨，盘踞崇德之日寇约一个营，与六二师三六七团第三营遭遇，在运河南岸展开激烈战斗十余小时，成为对峙态势，到黄昏后，敌人施放毒气，继而绕道偷越运河，进占石湾镇，离六二师师部约二里许。师部受到严重威胁，广令速调三七一团配合作战，对窜扰及盘踞之敌进行强攻，激战两昼夜，敌伤亡惨重，向各大据点杭沪等地抽调兵力增援，并配有海军机炮艇及空军飞机多架。为争取主动，广命令所部迅速转移。此次战斗，广部死伤连长田树樟以下200余人。当时，广曾亲临前线检查作战部署，亲自督战。类似以上的大小战斗，迭次挫败强敌，这里就不一一详述了。

广治军三十余年，军纪严明，秋毫无犯，经常以良心道德教育官兵。广亲自编撰《良心军纪》《精神讲话》等书，亲自讲授，所部人手一册。他常说："对日寇作战，一定要保持与老百姓鱼水似的关系，才能克敌制胜。"因此，广部在杭嘉湖地区多年，军民关系素称融洽，老百姓亲切地叫他的兵为"箬帽兵"。有"箬帽兵"在，老百姓就有安全感，日、伪军也因而龟缩在据点内，不敢出来胡作非为。

抗日战争期间,陶广对并肩作战的新四军一贯友好相处。当国民党反动顽固派在其所属防区制造摩擦时,他即予制止。广认定"抗战第一,民族至上",并与共产党员朱克靖(注)同志秘密往来,互通声气;广对中共的"抗日民族统一战线"的政策是竭诚拥护的。1940年广部在杭嘉湖一带与新四军潘玉林、郎玉麟部互相掩护支援,经常进袭日寇据点。五月间六二师三六七团第三营营长聂毅率部驻袁家汇,与潘玉林部发生摩擦,擅自将潘部财物武器收缴。广闻讯后,怒不可遏,立即命令将武器财物如数交还,并将聂毅交军法审处判刑。1942年6月新四军太湖游击队指挥员潘玉林到二八军军部联系工作,广与之会面洽谈。潘返回前方时,途经吴兴上方,被该县县长方元明(共产党叛徒)设伏狙击致死。广得知后十分气愤,即电当时浙西行署主任贺扬灵要求严惩凶手,后来方元明被撤职查办。从以上两件事,说明陶广一贯重视团结,维护国共合作。顾祝同等发动"皖南事变",举国共愤,当时广部驻防浙西一带,拒未参与此次事变。继任新四军军长陈毅将军对此表示赞赏,蒋介石对广猜忌至深。

蒋介石借抗日之名,行剪除异己之实,将其嫡系部队放在大后方或二三道防线,以保全实力,将所谓杂牌部队放在最前线,枪械弹药极少补充,军饷给养也常被克扣,实行其消极抗日、积极反共的反革命策略。他对陶广这样坚持抗日、维护国共合作的爱国将领,视为异己。抗战一开始,二十八军到达浙江前线不久,蒋介石就将一六、六三两个师调走,以后又满置特工人员,作为耳目,进行监视,同时又部署特务部队忠义救国军在其周围进行牵制,并且一直不予陶广以集团军总司令正职,先后调任第一〇、三二、二三等集团军副总司令。原职异调,行架空之实,而以年资浅、抗战功绩比他小得多的和反共得力的人委居正职,使广长期屈居人下,旨在使其坚决抗日之志,不得伸展。到1943年蒋介石才要陶广在安徽歙县成立浙苏皖边区挺进军总部,任广为总司令。

抗战中期,陶广鉴于日寇进逼甚迫,兵单防广,设法组成一个新的纵队编制,由于当时交通阻塞,给养困难,广多方借贷,筹措军饷,不但毁家纾难,而且负债累累,一再电请当时军政部拨款偿付,不料复电竟说"陶总指挥所垫各款,时日已久,碍难补发"云云。将应付之款全部赖掉,要广个人负责。广十分气愤,原拟立即辞职,但想到日寇未除,不能半途而废,只得背上包袱忍气干下去。

1945年9月抗战胜利,蒋介石将其总部裁撤,并命令广部原地待命,不得向杭沪地区推进。后来干部编到军官总队,部队整编瓦解,名义上调广去济南就任第二十集团军副总司令之职,这实际是过门罢官,明眼人一看便知。

这里顺便谈一件可笑的事。蒋介石颁发所谓"胜利勋章",重庆那些所谓达官贵人的勤务兵,有的都拿到这种"勋章",而抗战八年出生入死日夜操劳的陶广将军和所属的前方浴血抗日将士,却只闻未见,岂不是笑话。

陶广看透了蒋介石媚外求荣、昏庸反动,及其将发动内战的祸心,因此,抗战胜利后,即决心引退,隐居杭州,但其忧国忧民之心无时或已。1946年,李济深从香港来杭,与陶广在净慈寺密谈数小时,商议如何为革命出力,请广担任策反工作。当时李与宋庆龄等在港筹组"民革",广即向李申请参加该民主党派组织。嗣后,广到处奔走,号召其旧部弃暗投明,相机起义,其长子孟侠也全力参与。由于活动频繁,家中进出人员较多,引起国民党特务的怀疑和注意。1949年3月30日上午9时许,浙江省警备司令部一个参谋处长,乘军用吉普至杭州劳动路浙江新村陶广住宅,直入其内,对陶广说:"周主席(名岩,浙江主席兼警备司令)请你去商谈在乡军官的事,要立即随车前往。"其子孟侠认为一无信件,二无名片,不像邀请而是像绑架,又无法阻挡,只得任其前去。至下午3时后,不见广回家，孟侠心知有异，即往警备部、省政府打听情况，均推说不知。嗣后日复一日，音讯杳然。孟侠到处奔走呼号，电请各方救援，并设法在上海《申报》刊载陶广被捕消息，将事情张扬出去，迫使国民党当局慑于舆论威力，不敢对抗日爱国名将遽下毒手。孟侠又亲至长沙吁请程潜致电力保。这时人民解放军迅速南下，形势急转，特务纷纷逃命。1949年4月25日陶广才获得自由。为防特务再次暗害，广当即转移他处，直到5月3日杭州解放，才得以回家。

当陶广被关押在杭州郊区一所楼房中（事后得知该地名赤山埠），特务数人，日夜监视，跬步不离，逼广说出活动情况。广拒不作答，严词驳斥。有一次特务竟高喊"拿手令来"相威胁，这就是以蒋介石的手令处决人的意思。广巍然不动，早置生死于度外，特务无可奈何。广被关押迫害，折磨了二十多天，回家时骨瘦如柴，身体极度虚弱，从此高血压日甚一日，种下痼疾。广在抗日战争时期，因在游击区饮食无常，有时一昼夜要转移数次，与敌周旋，操劳过度，患严重胃出血，曾几次休克，长年只能以面食或流汁度日，米饭菜肴半点不能入口。这次被国民党特务关押，精神肉体备受摧残，还担心亲人焦急，食不下咽，每天啃几个冷馒头，喝几杯清水而已，病躯安得不垮，其夫人陈繁沚亦然。当广被押走后，生死莫卜，陈繁沚日夜忧伤，原患乳癌病急剧恶化，延至当年九月间与世长辞。

解放后，党和人民政府对陶广以民主人士看待。当时李济深任中央人民政府副主席及"民革"中央主席，亲笔致函陶广，对他被国民党特务关押迫害，表示慰问，并致函当时浙江省人民政府主席谭震林同志，说明陶广系"民革"成员，曾任策反工作，请其就近照拂。人民解放军第九兵团司令员宋时轮将军亦亲至陶广家看望，后又一同在上海会见了陈毅元帅。陶广原拟组成"民革"浙江省委，但因高血压已十分严重，半身不遂，卧床不起，无法去北京与李济深等"民革"领导人共商国是,引为遗憾。1951年8月25日凌晨3时,以脑溢血病逝于杭州市里西湖智果寺,终年64岁。"民革"主席李济深曾致函其子,表示深切哀悼。

这里补充叙述几件事,可以从某个侧面,看到陶广一生为人之道德风貌。

陶广出身贫寒,对穷苦人深表同情,效法宋代范仲淹用义田济穷的办法,买田百余亩作为义田,所收租谷,每年分两次(青黄不接时与年关)散发给醴陵四乡的鳏寡孤独无依无靠的穷苦人,并派专人主其事,名曰"散赈谷",实行二十余年。广及其家人未享用过地租收入。

陶广生平酷爱书法,以此自娱,修养身心,虽军务倥偬之际,仍持之以恒。他每日清晨早起,临碑帖数页,全神贯注,一笔不苟,计临《张迁碑》《麓山寺碑》、王羲之《兰亭集序》《圣教序》等共数百通。请其书写对联者颇不乏人,广有求必应,挥洒自如,笔力刚毅遒劲,字如其人。

陶广为人虽态度严肃,却平易近人,有儒将风。抗战胜利引退后,两袖清风。他尝引古人的话说:"子孙贤,要钱干什么?子孙不贤,要钱干什么?贤而多财则损其志,愚而多财则益其过。"他又说:"无义之财不可取,碗大金子脚踢开。"他常以岳武穆"文官不爱钱,武官不畏死,天下太平矣"自勉。1943年广军次安徽歙县,当地翰林许承尧曾书赠一联:"伟略壮猷,远绍八州都督;遐情逸致,还如五柳先生。"虽属溢美之词,但也说出了广平生风貌。

广治家律子甚严,尝书"自强不息,毋忝所生"八字于其子座右。又告诫之曰:"此心如水,此膝如铁,心欲常平,膝欲常直。"又曰:"人到无求品自高。"足见其刚直不阿的性格。

陶广爱护青年,奖掖后进,得其资助培养者多人,尤对桑梓教育事业极为关心,曾在醴陵县泗汾镇创办铁肩中学,在盐山桥办育才小学，筹措经费，兴建校舍，出资一力承担。他曾为铁肩中学亲书一联："铁肩担道义，妙手著文章。"即以铁肩二字作为校名，勉励学生努力学习，将来肩负国家的重任。

陶广对地方慈善事业，热情支持，大力赞助，特别是对长沙、醴陵等地的孤儿院，关怀备至，多次捐款。曾亲书"为人之幼"的匾额悬诸院内，以勖励孤儿院的工作人员。

广晚年赁居杭州市里西路智果寺休养治病，时海内耆宿大画师黄宾虹先生寓栖霞岭，相距咫尺，与广时相过从，交谊颇厚，常与广坐论书画之道。宾虹先生亲笔书写论书画篆刻之精辟见解数纸赠广，此乃先生从事画艺数十年，不断实践探索之结晶，广深为感激，视之若瑰宝。广亦曾亲书《黄宾虹先生八十感言》长诗一首相赠。广以垂暮之年，能亲炙艺术大师之教，引为平生快事。

陶广名其居曰"磐园"，取如磐石坚固之意。

在十年内战时期，也有过错误，但一旦找到真理，就勇往直前，义无反顾。他曾慨然地说："六十老翁何所求，只要在有生之年，能在中国共产党领导下，为人民做些好事，于愿足矣。"这几句话，表达了他晚年心愿。

王亚文

王亚文（1910—1999），湖南醴陵人，王芃生的堂弟，陶广的外甥。1925年考入黄埔军校第四期，1924年加入中国共产主义青年团，1925年加入中国共产党，长期从事中共情报工作。曾受命担任上海策反工作组组长、上海海陆空起义军政委。1999年因病逝世。

论南社中的湖南醴陵诗人

湖南西部多山，东北有洞庭湖，潇湘诸水汇于此；东南一带丘冈连绵，平川绣错，物产丰饶，文风昌盛。清末民初，湖南诗人参与南社的建立，不少人加入了南社，其中以醴陵诗人最多，其中原因，似与其地近长沙、交通便利、风气早开似不无关系。清末萍乡、醴陵起义，其地还一度成为革命风潮中心。也与南社创始人之一的宁调元积极发展有关，而他本人即醴陵人。

湘籍南社诗人是南社的重要力量，加入南社的成员共119人，仅次于江苏，其中醴陵人有26人，占五分之一。在总共二十二辑的《南社丛刻》上，湘籍社员发表作品的有56人，其中诗2202首，词343首，文197篇。发表诗最多的为傅熊湘，575首；其次为刘谦，104首，均为醴陵人。创作上成就最为杰出的为宁调元、傅熊湘以及醴陵三刘。而且，南社湘人以醴陵人为中坚力量，在南社消歇后、新南社急剧"左"转时仍继续举起"南社湘集"的大旗，以传统诗文团结旧体诗者。新南社瓦解后，湘集仍活动多年，其功绩不可抹杀。尽管"湘集"因抗战而停止，但其存世的成员仍在努力创作，以反映了民国时期乱世的现实。

宁调元（1883—1913），号太一，别号辟支，醴陵人。留学日本时，萍浏醴起义筹备就绪，他从日本回国策应，在上海与傅熊湘一道入湘，后被捕入狱。南社酝酿成立时，他是重要骨干。1908年南社成立之际，高旭曾寄书给他，附有诗四首，其一云："几复风微忆昔贤,空山时往听啼鹃。支撑东南文史局,堪与伊人共比肩。"(《南社丛刻》第二集)希望他能与吴地南社骨干互为掎角支持。当时宁调元还为南社计划编集的刊物写了序,序中主张"添论著一门,专述列代诗运之盛衰及其源流;添传记一门,专为列代诗人作小传。此外,则词话、诗话不可少也"。表明他很希望南社重视诗史的研究,彰扬先贤诗家事迹。但后来《南社丛刻》未能认真考虑到他的建议。

宁调元带动湘人积极加入南社,竭力鼎助南社的发展。1910年8月,南社在上海张家花园第三次雅集,改选领导成员,其时尽管宁调元远在北京,仍被推为文选编辑员。在此之前,柳亚子还曾要求他出任南社社长(宁调元《与柳亚子书》)。但他以"学力毋以肩此"为由力辞,即此也可见宁调元在南社同人心目中的地位。后来蔡守在《答高燮书中》中说:"弟窃思南社发起以来,更得宁太一、高天梅、傅钝根与弟辈,各于其地搜罗人才,费煞几许几力,以期成一东南文人渊薮。"可见他对宁太一功绩的肯定。

李烈钧发起二次革命,反对袁世凯,他积极响应,遭失败再次被捕,愤而赋诗云:"一局残棋尚未终,纷纷铁骑下东蒙。可怜五族共和史,容易昙花一现中。"叹民主共和转瞬化为乌有。又作《武昌狱中书感》诗云:

拒狼进虎亦何忙,奔走十年此下场。岂独桑田能变海,似怜蓬鬓已添霜。

死如嫉恶当为厉,生不逢时甘作殇。偶倚明窗一凝睇,水光山色剧凄凉。

才驱清朝,又闯入袁世凯这只虎。他心甘情愿为国而牺牲,死不足畏,愿为厉鬼而疾恶如仇。义严语峻,亢厉激昂。字字顿挫,铿锵有力，诗骨铮铮。未久，袁世凯下令枪杀了他，南社同人极为悲愤，柳亚子闻讯而赋《闻宁太一恶耗，痛极有作》诗，诗中云："当年专制犹开网，此日共和竟杀身""血溅武昌他日事，鬼雄呵护复仇来"。认为清朝政府对宁调元尚能网开一面，未杀害他，而今居然死在袁世凯屠刀之下，但即使为鬼雄，也必有复仇之日。宁调元既能在诗学上具有见识，又有组织诗社的能力，其诗风雄健刚劲。胡朴安曾论其诗云："太一才气奔放，而学有根底，满腔热血，化作文字，随处泄发。故其所作，异于时流。其诗以缙绅定字学论之，或议其粗豪，或议其无律，而不知其固草泽文学本色也。"

与宁调元为挚友、同为醴陵人的傅熊湘（1883—1930），号君剑，别号钝安。先是在上海主编《竞业旬报》。1906年萍浏醴起义在即，他与宁调元一道入湘策应，宁调元被捕入狱，他避难而逃。赋诗云："避地吾行寒，买山何处深。杜鹃三月泪，精卫百年心。幻迹飞鸿杳，奇情匣剑吟。五湖归棹晚，烟水渺难寻。"（《避地》）诗中有立誓推翻清政权的决心，也有暂时失败、归家不得的怅恨。入民国以后，傅熊湘历任湖南中山图书馆馆长、沅江县长，曾创办《湖南日报》《天问》周刊，鼓动驱逐湘督张敬尧。后来转陟庐山、九江、安庆等地。1930年12月傅熊湘逝于安庆。

傅熊湘治学严谨，国学功底较深，工诗擅词，有《钝安集》。其《送黄兴蔡锷殡归麓山》诗云："谁与重挥落日戈，江山憔悴泪痕多。一时龙虎都消歇，凄绝临歧薤露歌。"对中华民国建国英杰的凋落非常惋叹，也预示了民国初年前景的黯淡。又《杂诗》其一云："新月如钩挂落晖，天风澹荡薄春衣。闲来凭眺无余事，笼得青山两袖归。"逸情骏迈，气魄雄迈。见其坦荡之志趣。

但是，宁、傅两人均英年早逝，苍天未展其才，真正就阅历之丰富、创作期之长、诗艺之高下，还得推同为醴陵人的三刘。三刘兄弟父子同为南社诗人，实为罕见。就他们的诗艺本身来看，也不亚于南社的一些重要人物。诗中政治理念之语较少，更多的是暴露社会下层的现实，重视诗之趣味，重视炼句炼字，所以诗相对显得雅驯一些，惜不大为学界所知。

刘泽湘（1867—1924），字今希，晚号钓月老人。肄业于渌江及岳麓书院，考举人未中，但对黑暗社会有了进一步的认识。里居讲学，务求启瀹性灵，明体达用。为寻求救国之道，他自费赴日本东京弘文学院读书，同时加入了同盟会。民国元年（1912），他随粤汉铁路总办宁调元入粤为总文案，宁调元介绍他加入南社，其时便与粤中名流黄节、蔡守、邓尔雅等过从酬唱，徜徉山水。萍醴起义失败，宁调元入狱，他积极设法营救。民国建立后不久，袁世凯篡夺了胜利果实，他深表不满，在《与柳亚子书》中说："天祸中国，不惜托付匪人。"他与其弟、子一道，为倒袁而努力。宁牺牲后，他继任粤汉铁路总办。后解职归，任粤汉铁路湘局秘书，湘军总司令部参议，参与护法，后归故里。有《钓月山房诗存》。他以七言古风、歌行体见长。当时傅熊湘反袁非常坚决，一度遭到缉捕，幸赖一妓女黄少君帮助才得以免祸。他作有《玉娇曲为钝根作》咏其事：

秦皇吞并七雄毕，有诏焚书坑儒术。偶语腹诽均弃市，刊章逮捕争告密。

侦骑蹴踏东南天，下令搜牢户限穿。望门投宿思张俭，匿市吹箫笑伍员。

文伯诗豪今太傅，批鳞曾触祖龙怒。行经渌水困红尘，悔向青天扫黄雾。

雾扫重霾不见人，桃源何处避嬴秦。携将荆棘丛中侣，去买枇杷巷里春。

全用古事写今事，但很明显是借古喻今。能渲染气氛，有比兴，将紧张的局面化入婉转的故事情节中。不过仍有佳人怜才子的意味。当时柳亚子也作有《玉娇曲为钝根赋》,词调优美,而刘所作与柳作相比并不逊色。

1918年军阀张敬尧督湘时,给湖南人民带来了深重的灾难。刘泽湘的家也遭暴兵逐击,几不免于难。他以醴陵所见所闻为背景,写有长篇《哀荆南》(又名《题醴陵兵燹图》),控诉"朔方健儿"即北洋军阀部队追杀无辜的罪行,是向世人揭露反动统治者镇压无辜百姓的一幅真实写照,其中说:

吞声哭久天不闻,震地枪声响入云。刀光旋逐火光耀,死别生离骨肉分。

东邻襁负投亲故,西邻拔宅他乡去。谁省无依南北邻,宿露餐风渺前路。

老夫卜筑东茅山,白云明月相往还。朔方健儿好身手,穷追不惮藤萝攀。

飞奔直上层峦去,鸟道千盘不盈步。深林密箐且潜藏,蛇行未敢抬头顾。

枪声砉然触耳聋,一弹直射倒村童。血溅老翁襟袖湿,掩袖浪浪泪雨红……

先描叙百姓被迫纷纷逃跑的惨景,然后着重描绘村童被追射、老翁痛哭的典型场面,笔触细密,将场景真实生动地描摹出来。

刘泽湘对黑暗社会极为不满的情绪处处流溢于其诗中,如在《题石予近游图》中,赞美了一番美好山水图画后,却发出"山虞魈兮水虞蜮,飞虑网兮潜虑钩。荆棘塞路藏封豕,冠带登场尽沐猴。歧路之中又歧路,一讴才起复一讴……"的慨叹。似与李白《鸣皋歌》中"鸡聚族以争食,凤孤飞而无邻。蝘蜓嘲龙,鱼目混珍。嫫母衣锦,西施负薪"有异曲同工之慨。在1924年所作的《甲子重九雅集》中说:"十年以来人事变,江山尽换新人物。沐猴过市竟衣冠,傀儡登场仍粉墨。"对得势的新贵人物也予以讥讽与揶揄的白眼。

刘泽湘性情正直,恪守正义,笃于情谊。宁调元入狱,刘泽湘曾有《题太一南幽百绝句》。宁去世后,他写了不少悼念宁太一的诗篇,如《过西山辟支生墓》,歌颂了烈士英勇不畏的一生,深刻表达了对烈士的无限哀思。句如:"树上子规啼夜月,山头寡鹄惨离群""即今黄雾蔽乾坤,剪纸难招国士魂"。情融于景,哀婉情深,意象惨黯,流露其浓重的怀念情绪。此诗曾选入了人民文学出版社出版的《近代爱国诗选》。

《晚香堂歌》是为同学兼同志陈佩珩的事迹而创作的,诗中对陈氏参加革命所作的贡献通过艺术形式进行了表彰,称颂他"独有朱家任侠内,叩舷曾救芦中士",对陈氏营救宁太一出狱表达了衷心感激之情。诗中还鄙夷地称张敬尧为"敬儿",为之歌颂蔡锷将军"今日襄阳逐敬儿",讥当局为傀儡,嬉笑怒骂,皆成文章。

刘泽湘去世后,同为南社湘人成员的吴恭亨撰写了《刘今希先生墓碑》,其中一段诔词对他卓杰的才学与在湘集中的贡献作出了形象的概括:"今希觥觥鲁一儒,落笔雄迈无嗫嚅。鱼龙万怪杂遝俱,南社护法仗二叟……"

刘泽湘的弟弟刘谦(1883—1959),字约真,就学于湖南优级师范学校时,由宁调元介绍入南社。宁调元在长沙被捕入狱后,他多次为宁向学校借书,送入狱中供宁阅读,并将其学习笔记与读书心得带出妥为保存。1912年与傅熊湘等创办《长沙日报》。后返归故里兴办学校。宁调元就义后,他不顾个人安危,曾赴武汉将遗体运回,葬于故里西山。他与傅钝安一同为宁调元搜集遗稿,整理为《太一诗存》《辟支庐诗稿》,谋求出版。真乃重风谊、共患难、披肝沥胆的生死之交。为寄托哀思,他写有《宁调元革命事略》,又有《哭太

一诗》组诗二十首,首首哀愤悲郁,一字一泪,令人动容。如:

怕从旧箧检君遗,断楮零缣系我思。最是舍身先一日,狱中缄寄子由诗。

西山一冢倚长空,薜荔惊秋泣鬼雄。天亦为君留纪念,染枫如血满江红。

傅钝安殁后,其《钝安集》也是由刘谦整理得以传世的。周子美《无净诗稿序》中说:"至友傅钝安,为编印其遗著,皆人所难能者。"钝安在世时曾作述交诗相赠:"知君重风谊,亦欲托千秋。"未料竟成谶语。

1918年,当张敬尧率领北洋军队来到湖南肆行杀戮时,刘约真组织全族人乘帆船溯流而上,往萍乡避难,众乡亲栖身在借住的祠堂里。他愤而赋《避乱萍乡次酬瑾珊》诗云:

阵云莽莽楚天低,鸟鹊谁怜靡所栖。剩有亲朋萦梦想,已同劳燕各东西。

浮萍历乱悲身世,大树飘零感鼓鼙。劫火故园纷未灭,反风默自祷重黎。

然而萍乡也非避秦乱的桃源,他又率族人辗转来到上云,战乱频仍,国无宁日,他的心情沉重万分。有《答瑾珊见赠原韵》诗云:

烽火中原已惯经,自伤身世等浮萍。如何倦翮归林暂,又见寒磷遍地荧。

渌水一湾波正赤,朔风千里气犹腥。流民册子屠城记,博得旁观涕雨零。

兵劫后返回家乡，举目所见，一片凄凉。又赋《除夕杂忆诗》七绝二首：

渌江江上碧磷飞，已觉人烟百里稀。岁暮可怜闺里冷，尚携稚子望夫归。

不堪策蹇过前林，凭吊苍凉野烧痕。一幅流民谁画得，有人牵屋住山根。

中年以后，刘谦皈依佛门，但绝不是消极避世，而是企图以佛教思想救世。诗中说："我替穷黎重祷颂，金光来照界三千"（《除夕杂忆诗》）；"沧海横流感何极，且凭佛智证诸空"（《到长沙感赋》）；"现身说尽法王法，其奈众生善病何"（《钝根过访畅谈累日去后怅然赋此却寄》）。

刘谦有《无净诗稿》《新生室诗稿》，周子美为前集作序云："君少作才华奋发，悱恻缠绵；中年纪离乱，感时事，有少陵野史之风；近岁坚苍隐秀，诗律愈细。要之，皆不为留连光景之作，而有关国家民生者也。"这类诗正是民国时期的史诗。刘谦尤工七律，如《次韵钝根》云：

谁与骄阳斗暑蒸，几回肠断曲阑凭。又看瓜架牵新蔓，凭割溪云补断塍。

蚕室竟羁牛马走，蟾宫肯逐犬鸡升。王乔昨日吹笙过，我欲从之恨未能。

起句以问句逗起其隐忧心事，次句承其意而转写一己的哀痛。颔联以景写意，婉转贴切。后半写他不能升仙而眷怀故国的心境，吐露他对国事的挂念。融合化用司马迁下蚕室与《淮南子》中鸡犬

附录 | 465

升仙、王子乔吹笙骑鹤升天的古典及神话故事，都是为了衬托他自己不肯依附于人的骨气。他的"唱彻邻鸡天未白，敲残帘锷焰犹红"（《叠韵答天梅见赠》）、"稻垄泻泉层磴下，豆棚撑月小桥西"（《三叠前韵》）、"如何倦翮归林暂，又见寒磷遍地荧"（《答瑾珊见赠原韵》）、"蛙鸣急雨长池草，虎啸狂风翻豫章"（《睡起》），深衷曲喻，而意蕴深长，风韵隽秀，构设一幅幅凄清寥落的画面。

泽湘之子刘鹏年（1896—1963），字雪耘，就读于中国公学大学部时由柳亚子介绍加入南社，是南社最年轻的成员之一，并曾参加过南社在上海愚园第十二次、第十三次雅集。其时袁世凯独裁，他愤而有诗云：

杯蛇市虎复奚疑，眼底衣冠异昔时。始信盗铃多掩耳，何图画饼竟充饥。

罪功不待千秋笔，成败原关一着棋。漫道恶因从此绝，春风又见草离离。

句句用典，直斥袁世凯之阴毒，而能一气流转，已可看出其诗笔的老练。

少年时作诗疏秀婉丽，律句如："燕啄香泥鹊弄音，竹摇余滴柳垂荫。小溪新涨桃花水，流动渔郎遁世心。"有时不免"为赋新词强说愁"，有的议论过于悲苦，陷于颓废，似不宜出于少年之手。如："形骸纵在终何用，松菊犹存未得归"（《十八岁生日杂感》）；"万山消瘦剩斜晖，枉说参天有十围"（《落叶》）。

当他到了壮年，思想上进一步看到了世局的危难。其诗风转为沉雄多慨，磊落有气。往往鼓吹民主革命，愤战乱，忧民生。五古如："天心渺难窥，风云日千状。荐食来长蛇，闻鼙思猛将。横流靡终极，文敝道亦丧。宴安不可怀，清谈庸有当。子房愤韩仇，夫差宁越忘。相期挽天河,八表消霾瘴。"(《长沙天心阁雅集得"上"字》)七律句如:"谁教宙合腾兵气,竟使菰芦老霸才""经年龙战波成血,万井鸿嗷突断烟。"(《题家叔戍午集》)沉哀入骨。

抗战间流离入川,更多惨痛之音,如《旅途杂咏》:"鹤唳仓皇一夕惊,朝来揽泪出孤城。隔江烟嶂横愁黛,载道流离有哭声""江流鸣咽雷鸣夏,人影横斜月似霜""愁如春草未全删,百里行程历万艰""荒江夜泊雨如丝"忧愤借景传达,而景中有人。又如《大塘露宿》云:

玉露无声夜气凉,幕天席地亦疏狂。莼鲈每动秋风兴,仆马还愁客路长。
四野星辰窥梦觉,五更人语整装忙。廿年湖海飘零惯,却是兹行最断肠。

抒情真切,写景如现目前,这与他们的处境密切相关。真情实感,情景相融,又如《独山重九》诗云:

西风帘卷雨丝斜,万壑千峰密雾遮。吟侣酒痕寒白社,瘴乡秋色渺黄花。
蓼莪未尽思亲泪,离黍谁怜去国车。倚遍高楼悄无语,且将清怨付啼鸦。

凄风苦雨,愁山黯雾,忆当年联吟,看眼前秋寒。思亲怀国。故鸦之啼即一己之怨。

他也有些山水诗写得轻快自如,句如:"冰心一片尝甘露,绝壁千寻看夕晖。更与山灵留后约,轻车载得白云归"(《重游南岳》);"轻云低压佛山腰,潋潋湖光一望遥。最爱雨丝风片里,扁舟摇出鹊华桥"(《棹歌》)。莫不天趣自成。

刘鹏年的词写得也很好,婉畅风华,摇曳生姿。兹不细论。

刘鹏年的才华得到著名四川诗人吴芳吉的赏识,特别是"红树爱冬晴"句,被誉为必传之作。吴芳吉逝世后,他写有《玉漏迟·题白屋遗书》一词,后又作《哭碧柳六首》,其一云:

> 挥手三年别,思君万里遥。何期松柏性,忽被雪霜凋。天意高难问,诗魂尚可招。霊音真也幻,悲绪集今朝。

谈到南社湘人,还得论及与柳亚子等人的论争。

1915年前后,南社内部因唐宋之争而分裂。南社领导人柳亚子以及凌景坚、田梓琴、叶楚伧、陈去病等人并加上吴虞,倡唐音,反对宋诗,一度将攻击的矛头对准陈三立。因而导致南社的唐宋诗之争,柳亚子等尊唐派以政治标准无限上纲,罔顾事实,引起了推崇陈三立的一大批宗宋诗人闻野鹤、姚锡均、傅钝根、姚大慈、朱玺、成舍我、蔡守、刘泽湘、周咏等人的强烈不满,以致互相攻击,多次爆发内讧,势不两立。当时南社湘籍人基本上是反对柳亚子的,如傅钝根在《长沙日报》上连续发表诗话,分析陈三立诗歌的艺术特征,认为"海内竞尚陈散原""亚子宗唐之说益孤掌矣"。7月25日,姚大慈在《长沙日报》发表诗序,自述由学唐而学宋的经过,称誉陈三立的七律自成一家,对傅钝根推崇陈三立也颇加赞许。另外,如刘泽湘等也是支持宗宋派的。数年之后,南社分崩离析,南社的活动与创作不再为社会所注目。

新文化运动兴起,白话诗兴起,柳亚子起初持反对态度,说:"文学革命,所革当在理想,不在形式。形式宜旧,理想宜新。"还认为,诗文殊途,文宜用白话,诗则不可(《与杨杏佛论文学书》)。但后来思想大转变,1923年10月,他发起成立新南社,开始拥护白话诗，诗中说："继往开来吾有愿，愿以吾诗旧囊新酒成津梁。旧诗会入博物馆，新诗好置飞机场。"一个曾提倡复大汉之光的诗坛领袖对旧诗前途完全失去了信心，并对旧体诗进行全盘否定，尽管只是很空洞的主张。这激起了部分南社成员特别是湘籍成员的不满。成立于20世纪20年代的南社湘集，有意与新南社针锋相对，先后两任社长均为醴陵人，即傅钝安与刘鹏年。

傅熊湘在思想上也曾是反帝反封建反独裁的斗士，但对中国传统文化无比挚爱，对新文化运动极为反感，曾说："六经、史籍，吾国性，何至遂感陆沉？"他认为在举世沉迷之时，要担当起回狂澜于既倒的重任，自觉承担"灌输救济"的使命，以"国学护法"自许（吴恭亨《钝安遗集序》，《钝安遗集》卷首）。1924年1月1日，他在长沙发起南社湘集，被推为社长。他在编印的《湘集导言》中明言其宗旨："比年以来，时局变迁，友朋星散，社呈衰竭，其能岁有雅集，流连觞咏，存念故旧者，厥惟长沙一隅。而海上诸社友又别有新南社之组织，其宗旨盖亦稍异。同人为欲保存南社旧观，爰就长沙为南社湘集，用以联络同志，保存组织，提倡气节，发扬国学，演进文化。"

湘集既不同于早期南社的倡导民族革命，也不同于新南社的改辙写新诗。而是重在发扬传统文化，其中包括旧体诗样式。在新文学运动兴起之后，旧体诗式微之时，对传统文化热爱并眷恋着的诗人，无疑是有相当凝聚力的。这也说明，旧体诗与其传统文化是不可能全都毁灭的。湘集的文学主张，对全盘否定旧体诗的新潮人物与改变态度的柳亚子等人来说，未必不是狂躁时的一味清凉剂。

南社湘集社友在湖南本省有张默君、龚隼庵、骆迈南、刘今希、刘约真等人，都是一时被称为"三湘七泽的隽才"。共一百多人，其中又以醴陵人为中坚力量。刘鹏年有《寄酬钝安师》赞扬社长兼其师云："渌水骚坛久沉寂，峨峨石笋当时雄。迩来士子竞自许，居然瓦釜骄黄钟。吾师屹立振衰敝,哀弦独抱何雍容。摩天巨刃发硎试,雷奔电掣惊虬龙。"比兴杂陈,盛赞傅熊湘振兴湖湘诗风的巨大作用。

这里顺便说说湘集的文化主张。湘集领导人认为是对新文学运动中新旧两派持公正态度,但其实还是站在南京高校中以国外留学归来教授组成的"学衡派"一边,似乎还更保守。在《南社湘集》导言中,傅熊湘说:"文学新旧之界方互相诋諆,甚嚣尘上。同人之意,以为进化自有程途,言论归于适当。自惑者既失精微,而辟者又随时抑扬,违离道本,苟以哗众取宠,皆无当于言学,舍短取长,得所折衷,其殆庶几!"主张文学的渐进,反对文言改白话,更反对白话诗。

同集刊登的李赓《论中国文化》一文,把白话文的实施,说成是"中国未亡之时,作外祸之先驱耳"。此文还认为中国近代的贫弱与儒家文化无关,而是因为"国内之措施,朝野之举动"不合乎古圣先贤的"忠孝、廉让、和平、保民"的古训,是因为"固有文化特性隐晦"造成的。当今之世,应该对旧文化"从新整理,因时利用,则无论世变何似,而终不废江河万古流者也",并自信中国"温柔敦厚之文化,普被五洲大地,使人知礼让之可贵,战争之痛苦,而后兵革可弭。使世界而果克大同也,吾知其必有借于中国之文化矣"。他们的认识固然看到了新文化运动否定传统、割裂传统的缺陷,但在中国政治紊乱之际,不将改革政治置于首位,而将文化的功能夸大到不恰当的地步,不能不说是片面的。并且,他们的主张是从传统文化中寻找挽救社会的利器,这比"学衡派"以西方人文主义理论抨击新文化运动的过激主张还要落后一些。

《南社湘集》先后刊行八期。湘集的雅集活动共举行15次,至1926年就基本上濒于停顿。1930年傅熊湘客死皖中,社友们公推醴陵人刘鹏年继任社长,恢复活动,雅集地点主要在长沙曲园、南轩图书馆、天心阁、妙高峰。刘鹏年为社事尽了很大努力，尊重诗坛前辈，社事有所起色，只是后来由于抗战爆发，诗社活动不得不停止。其从湘集的文化活动与创作来看，仍是政治性高于文学性的社团。政治、文化使命感与他们的雅集活动推动了他们的创作。从宁调元到刘鹏年，他们的政治活动与创作也是前仆后继的，并体现其地域性的凝集力量。也许，没有醴陵人，就没有湘集。

胡迎建

胡迎建，江西省社科院首席研究员，赣鄱文化研究所所长，享受国务院特殊津贴，2015年获得"江西省优秀社科普及专家"称号。现为中华诗词学会副会长，全球汉诗总会副会长，江西省国学文化研究会会长，江西省诗词学会常务副会长、《江西诗词》主编，中国近代文学学会理事，首都师范大学中国诗歌中心兼职研究员，南昌大学特聘教授，华东交通大学研究生导师。代表著作有《近代江西诗话》《一代宗师陈三立》《民国旧体诗史稿》《朱熹诗词研究》《昭琴馆诗文集笺注》等。

《南社诗人群体研究》节选

第四章第三节　地域中的诗人：醴陵诗群

湖湘诗群与江浙、岭南诗群鼎足而三。此三地在近代本为各具特色的文化区域，诗歌创作也各标风尚。南社诗歌创作的地域亦因地而判，三大地域各领风骚。然如论南社的湖湘诗歌，不得不聚焦于醴陵籍诗人，不特因其人数众多，且因湖湘诗群的核心人物均为醴人。醴陵诗群某种程度上引领了南社的湖湘诗歌面貌。南社的119名湖湘籍社员，以醴陵人数为最，达26人。醴陵诗群是一个以师友亲熟关系勾连起来的创作群体，有着相近的诗歌创作宗尚。

一、核心人物与诗群

醴陵诗群之凝聚，核心人物作用极为关键。核心人物实为诗群的组织者，在地域化的诗歌交往关系中，他往往居于师友亲熟的中心，他的活动能够保证诗群的凝聚。

醴陵诗群的核心人物可以分作两期，先后为宁调元、傅熊。核心人物的活动，使得醴陵诗群的独立面貌逐渐呈现。宁调元之功在于"合"，使得醴陵诗群作为南社的有机部分参与文字播风潮的历史使命中；傅熊之功在于"分"，使得醴陵诗群呈现自我面目，这也是南社湘集最终自立的伏笔。二位核心人物的作用也是时势使然，当南社以反清为号召，醴陵诗群也是一个革命诗群；当民国肇兴，南社的政治目标退潮后，诗歌旨趣便不必"大一统"，醴陵诗群的地域特色便渐呈面目。在这个过程中两位核心人物的诗歌旨趣发挥了重要作用。

宁调元为南社的创社元老，其《南社诗序》设立了南社的文学理念，他更使得南社中实现湖湘与江浙的勾连，此时傅尃尚羽翼之，刘鹏年尚未加入南社。宁调元的文学理念与南社的总体精神一致，他强调诗歌的社会意义。"治世之音安以乐，乱世之音怨以怒，亡国之音哀以思。故哀乐感夫心，而咏叹发于声。""斯编何音，斯世何世海内士夫庶几晓然喻之，而同声一概也夫。"他与陈汉元于上海创立《洞庭波》杂志，此为湘籍反清人士的文学发表场地，时值柳亚子等在上海从事反清的活动，宁调元与柳亚子、高天梅关系甚稔，故桴鼓相应，约为南社之举。

在南社初期宁调元实为醴陵诗群的核心，因为他的关系，醴陵反清文人多被网罗入社。醴陵诗群的重要成员宁调元、傅尃、卜世藩为渌江书院同学，三人被"目为诗文三杰"，渌江书院山长吴称三赞誉他们"互相砥砺，衷诸至善"，三人相互许为文字知己，宁调元的遗著是由傅尃编订的，傅尃、卜世藩二人均有题序。三人相与援引加入南社，共举湖湘诗文大旗，探究其始，也当开始于渌江受学时代的切磋砥砺。傅尃与宁调元关系尤笃，傅尃自述与宁太一的交往，"癸卯春，晤宁子仙霞于渌江，与为同庚友，暇各出所作诗互阅，两许知音。既而仙霞赴省中肄业，复函原稿来，属删订，余以知己命，不敢辞"。傅尃正是因宁调元的关系而结交江浙革命文人，"三十二年丙午先生二十三岁，七月赴上海与同邑宁太一先生调元、宁乡陈汉元先生家鼎办《洞庭波》杂志倡革命"。

宁调元作为南社的创社元老，成为湖湘人士心中核心，其文化地位极受推崇。宁调元牺牲于反袁斗争的1913年，之后他逐渐成为湖湘诗群的一个具有感召力符号，在群体里继续发挥其凝聚力。傅尃在宁太一牺牲后为之编订遗集，这成为醴陵诗群的精神资源。《太一遗集》出版后,湖湘社友多有题诗,特别是醴陵籍社友字字哀恸,题诗大多见于《南社丛刻》。在南社湘集期间,刘鹏年还发动为宁调元征求墓志铭的活动,广得响应,湖湘社友共同强调宁调元作为南社在湖湘的领袖人物其文章气节的感召作用。

宁调元的活动并不以乡邦为局限,当然也未以之为重点,其在沪期间与柳亚子、高天梅联系较多,在广州主三佛铁路期间与广东诗群又多交往,在醴陵诗群主要与傅熊湘和刘约真联系紧密。相比而言,傅熊湘在湘时间较长,比较侧重于与湖湘诗人的联系,且与傅熊湘联系紧密的醴陵诗人多为在南社中诗歌活动的活跃分子。可以说,傅熊湘并非在宁调元牺牲后才接替其核心地位,而是在民元前后已显露其群体主导的地位。傅熊湘成为诗群核心,在于他周围凝聚了一个稳定的诗人群体。傅熊湘的核心地位确立于其主《长沙日报》期间,此时傅熊湘在长沙占地利之便与《长沙日报》这个平台,成为湖湘诗群的核心人物。傅熊湘民国元年至二年(1912—1913)均任职于《长沙日报》社,据年谱所载:"民国元年壬子先生二十九岁,返湘任《长沙日报》总编辑,兼教授省师范及各中学,携眷居长沙。""二年癸丑先生三十岁,仍主长沙日报笔政,十月革命事败,宁太一先生死义武昌,先生被袁世凯通缉,几罹于祸,遁归乡里,匿居华严庵,化名红薇及无闷居士。"傅熊湘因得《长沙日报》这一文苑场地,借之以张同社诗文。"时余主日报,复为文艺丛刊,以张同社之作。"傅熊湘据有这样的平台正如亚子据有《南社丛刻》,也就有了月旦裁量的权力。且因为他为湖湘社友的揄扬之力确立了他在群体中的威信。另外,《长沙日报》也凝聚了当时一批湖湘籍的文人,南社社友也多与其中,故形成以傅熊湘为中心的诗歌活动。

民元供职于长沙日报的醴籍社友有黄钧、马惕冰、朱德龙等。傅熊湘与黄钧唱酬为人称道,"民国二年,任长沙日报编辑……间与傅熊湘倚声竞速,一夕成百首,人多传诵"。这种诗歌相竞的乐趣也是源于二人较早的诗歌交往,傅熊与黄钧也是髫龄即识,"钝根我良友,十龄即识之。一朝复一暮,日月如电驰。相识已十年,聚首曾几时?年年逢九月,各在天一涯"。总角之交的情谊使得二人诗歌具有一种默契,后虽聚日无多,但常常用诗歌相互温暖。

傅熊与醴陵著名的南社二刘,刘泽湘、刘谦兄弟关系亦笃。他们诗歌交往以傅熊教授王仙学舍期间为最,然他们开始交往也甚早。"十七与君知,闲闲水上鸥。交淡得久要,急难资同舟。"傅熊在王仙教学期间,刘氏兄弟过从甚密,"有友曰刘谦,旬日一来相与说诗论文,赏奇析疑,欣欣然引为大快"。傅熊也常常前往造访刘氏兄弟,故刘谦有"朝朝躬叩婆人门"之说,傅熊与刘氏兄弟的唱酬往复,"文史共讨论,风雨互唱酬"的情形可于诗歌中见之,刘泽湘《次钝根见赠韵时过其王仙馆中》:"相逢何幸酹金罍,入世才经浩劫来。欲把沧桑问飞鸟,合将块垒付残杯。郑虔三绝才无敌,刘向一经心已灰。旧雨飘零今雨歇,多情柳眼几青回。"可知他们的交往含有对于时事不可为的伤怀。傅熊称二刘兄弟"与君便合筑诗城,广武相临各斗兵"。傅熊与刘氏兄弟正是棋逢对手,各筑诗城,此时他们的作品颇多,傅熊作有《醉歌行戏示式南今希约真》《后醉歌行戏赠约真》。这是傅熊作品中颇有特色的歌行之作,傅熊此作得太白之肆,正是其才气奔放的流露,充满呵天问地的不平郁怒。

以傅熊为中心,还凝聚了一个非醴陵籍的湖湘诗人群,他们与醴陵诗群宗旨相近,诗歌交往密切。傅熊在长沙期间与李洞庭、谢晋、姚大慈、姚大愿交往始密,后来五人合称为"湘中五子",五人均加入南社。五人的得名源于彼此的诗歌讨论与认同,五人本有合为选集的打算,然因事未果,"湘中五子"之名却广为人知了。"会洞庭、谢晋及大慈、兄大愿,先后集长沙,日夕与论诗,多所参证。大慈因拟选五人七言诗为一集。五人者,李谢二姚及余也。未几各以事行,其议遂罢。"

傅尃在长沙期间，与郑泽为《长沙日报》同事，此时傅尃得郑泽为诗友，诗才大进。"辛亥之春，方锐意为古文辞，见叔容则大欢，日就商榷，叔容则能辨其当否，纠弹往复，无所隐。自是又作，必得叔容论定。元二之交，同主《长沙日报》，相资尤深。叔容邃于汉魏六朝人集，旁及唐宋小词，皆戛戛独造。又私淑王壬父之作，心摹手拟，口不绝吟。其五言古诗，亦差足与抗。"傅尃《嘤求草》便是辑录他与郑泽的唱酬之作，"嘤求草一卷，辛亥五月至七月间，问诗郑叔容作。余之致力五言自此始"。

郑泽而外，黄堃为傅尃的另一知己诗友，二人曾共事长沙明德学堂，此间切磋尤多。傅尃"亡友湘潭黄堃巽卿，喜为诗。当己酉庚戌间，余教学西园，与共晨夕，爱其真挚，故视之尤厚。叔容而外，莫与抗也。余既与诸君刊叔容《萝庵遗诗》，尝欲辑巽卿之《凫翁诗》，都为一集"。黄堃与傅尃以忧心国事而能思想切合，论诗唱和。民国三年黄堃尚在与傅尃的信中论及国事的不可为，"人心已死，国事日非"，其心态已合于世外幽民，"即有所作，亦聊抒胸臆而已，不敢言诗"。与傅尃的交流诗歌充满了楚湘悲感的色彩，"天空海阔仍鱼，世法难拘不腐儒。做事惯为名士气，痴心悔读古人书。物能到眼皆成幻，酒可忘怀未忍疏。早晚乾坤收绝壑，百年原是劫余灰"。

醴陵诗群前后以宁太一和傅尃为中心，卜世藩、黄钧、文斐、文湘芷、刘泽湘、刘今希、刘鹏年为重要的成员，而郑泽、龚尔位、黄堃、方容皋、李洞庭、姚大慈等则与醴陵诗群诗歌交往甚密，从而成为南社湖湘诗群的核心群体。他们以师友亲熟为交往纽带，在日常的唱和和诗信往来中切磋诗歌旨趣，使得湖湘诗歌风貌逐渐在南社中自立其趣。而醴陵诗群的创作特色实与地域文化的涵养有关，其精神风貌源于历史积淀，又得自时代兴会，故别有特色。

二、地域风化与创作特色

（一）革命精神

醴陵诗群之结合与渌江书院关系甚大。湖湘之南社群体本为具有革命倾向的地方精英的结合，就醴陵一地而言，渌江书院正为涵育地方精英的教育机构，醴陵的革命思想最初由该书院传播。

方志中对渌江书院之兴革，言之颇详，"渌江书院原在朱子祠之右，背山面河，为宋元学宫故址"。乾隆初建学宫。从乾隆初建立，渌江书院涵育醴陵一地英才，且几经变迁，"迨清末废科举，乃改书院为学堂，相沿至今，规模益增宏敞，即今乡村师范校址也书院之学风"。本以制艺科考为宗，然"光绪初年，知县连自华，设经课，置书藏，兴贤堂，而训诂词章之学渐盛。迨光绪末叶，知县张致安，以新学命题试士，乃更奢谈时务"。"清光绪三十年，遵照学部章程，改渌江书院为高等小学，刘揆一为监督，专事鼓吹革命。当道廉得之，将兴狱，会散暑假，去后遂不复至。是后，宁调元等归自长沙，倡办中学。知县鲁晋与县人李青璜等反对甚力。旋由督抚端方亲书渌江中学匾额，议遂定。"宁调元创立渌江中学目的是在"冀滋殖革命种子"，故渌江中学的监督多为有革命思想的人士担任，接替第一任监督刘揆一工作的是文斐，也为南社社员，且为醴陵诗群的重要成员。文斐留学日本期间已经加入同盟会，为反清的中坚。

南社醴陵社友与渌江书院渊源有自。刘师陶为渌江书院学长，其读书渌江书院期间屡得书院山长揄扬，后从教于此，曾为宁调元师，对于宁调元的思想与诗歌影响颇大，"宁调元幼故倜傥，独诚服师陶，其后以节烈文学著，实基于此"。潘昭，字式南，他也曾主持渌江书院的工作，他将渌江书院改为渌江中学，以宣传革命思想，"科举初停，即与何陶、萧翼鲲等改渌江书院为学堂，聘刘揆一为监督，畅敷革命学说，邑人思想为之一变"。

如前所论，宁调元、卜世藩、傅熊湘曾就学于渌江书院，另外知为渌江书院肄业的南社社友还有袁家普、刘泽湘、刘谦、左铭三等。这张名单包含了醴陵诗群的主要成员，一方面学缘关系使得他们成为一个相互关联的群体，另一面他们经由渌江书院的涵育而思想上倾向于革命，这是更为牢固的结合因素。求学时代种下的激进思想、用世热情，反映在诗歌中便是一种干世态度，个人的牢愁幽怨打并入对民瘼的关怀、对国事的关注。

（二）楚骚传统

楚骚对于醴陵诗群的影响在于诗歌的精神气度。干世热情固得自近代学风丕变的浸润，也来自楚骚的忠君忧国的诗歌传统。醴陵诗群对屈原作品无不烂熟，不少诗人还对楚骚有着专门研究，宁调元有《楚辞王注补》若干卷、傅勇有《离骚章义》，其意旨不在名物训诂而在阐发幽微，自述骚心。"昔朱子序所注楚辞，以为王逸章句，洪兴祖补注，详于训诂名物之间，至其大义则皆未沉潜反复。嗟叹咏歌，以寻其文词旨意之所出。"然"今观乎朱子所注，仍不出乎训诂名物之间，以较王、洪，仅勉强附事实耳"。至若乡贤曾涤生、曹镜初等，虽有诠解，然终嫌未尽，故傅勇"断以己意，为离骚章义一卷，意在补姚、曾之未尽之旨，去王、洪强附之失"。其说欲一寄幽怀"念屈原处众浊之世，为哀怨之音，欲一悟君改俗而不可得，然则余居今日而欲使朔风变楚，乐操土音者，不尤自伤其茕独耶"。对于楚辞之解读，之所以认为训诂名物不足以晓谕众人，乃在于醴陵诸子意欲明道醒世，而非承袭乾嘉学风仅作解经之语；之所以认为前贤阐释多有未尽，乃在于希图将离骚注入一种时代的解读，这也更合于南社时代的士人精神，充满一种对传统的因与革。

对于诗歌的创作，评之者以上承楚骚作为一种揄扬的评价，胡朴安以体现楚骚传统来称誉傅勇和宁太一的诗歌，"澧兰、沅沚之间，自三闾大夫之后，代有离忧之士。宁太一、傅钝根皆其选也。

卜世藩评宁调元诗歌："平生忠爱心，远与灵均伍。"傅尃自论其诗多楚骚之传统，"楚国词宗所自出，醴陵文通之旧封，不少美人香草之怀，尽多春水绿波之感。岂谓批风抹月，足当刻羽引商，亦知范水模山，未抵回肠荡气"。诗群浸润楚骚之风，继承了屈原忠爱的精神气度，也继承了诗歌中对于个性与情感的表达。醴陵诗群的创作时而可见一种喷薄的激情，一任才气情思流荡无拘，正是胎息楚骚中充沛的情感和自由的精神。

楚骚特有的兮字句法在湖湘社友的创作中还多有呈现，其他地区的社友则少用这种诗歌形式，这也体现了一种诗歌的地域风貌。如朱德龙的《有所思》："我所思兮在江曲，凌波仙子颜如玉。娇如秋水出芙蓉，淡如灵池濯芳菊。木兰为舟桂为楫，锦帆延伫波光绿。我欲从之鱇与鰈，迢迢一水隔江渌。"仍然是传统的香草美人笔法，具有一种回环的情思。

（三）宗尚汉魏兼法宋诗

湖湘诗风尚保守，清末以王闿运为首的湖湘诗派提倡汉魏诗歌，这也影响到南社的创作。傅尃尝问宁调元教学童所宜，宁调元答曰："苏李古诗十九首足矣，即近体可力追此也。"宁调元主张以汉魏古诗教授学童，在其对汉魏诗歌的认同。不少诗人崇尚汉魏，喜作古体诗。刘鹏年《拟古》似为其学古诗之习作，得古诗十九首的清新隽永以及对于朝露人生的忧思："寥寥天上星，涓涓草间露。之子渺何方，宵长苦难度。中夜悲风发，撼我空庭树。树上有寒蝉，低吟未曾住。准拟梦中逢，偏阻辽西路。推衾忽长叹，此意谁与述。妾命非足惜，君恩岂忘故。分飞能几时，朱颜已迟暮。念念摧衷肠，潸潸泪如雨。"

但是醴陵诗群没有受到地域宗派的束缚，他们在"学宋"的时代风潮面前也有所浸染。"湘中五子"都有学宋之倾向，尤其以傅尃和姚大慈为最。其实傅尃的学宋倾向早在渌江书院期间便已萌芽，对之影响颇大的恩师吴称三的诗歌,就并没有局于诗宗汉魏盛唐的湖湘诗风,他与宋派诗人有师承且其创作得到宋诗派大家何绍基的赞许。邵阳谢永谞评论吴称三的诗歌:"学总汉魏三唐际,品在明贤七子间者也。"颇似苏长公诸作,又不得以明七子限,宜为一时老辈敛服吴称三尝受学于道州何绍基,何对其诗歌曾给予揄扬:"尝赋荷花生日诗,为道州何叟引重。"何绍基为宋诗派重要诗人,吴称三受业于其门下,其诗歌已经不再斤斤于汉魏盛唐,而颇涉宋诗门径。这一点在傅尃等学生身上,也得以体现。傅尃也喜宋诗,自述其为宋诗经历:"十年前,余在长沙,尝约同社数人为宋七律诗,一时议论风生,于时人之诗,多所评骘,未暇及古人也。迩来平江李赓庸、宁远邓钟岳二生从余学诗,每有所作,则以拙集为蓝本,余亦持窃帝自娱之见,相与批答,谓某诗似吾某作,某诗出吾某篇,二生亦私相印可,姝姝而守之,虽觉名山笑人,顾其进竟,则每出意料,则謦欬以近而真也。二生信笃,不欲使终囿于一先生言。欲为选读苏黄以下诸诗,俾得沾溉者久矣。属流转兵间,重遭忧患,复撄痼疾,恐遂溘死,而律法不得传。长夏既届,养疴汉上,溽暑如炙,蒸汗淫溢,挥笔而外,迄无以慭,乃就坊间得《宋诗钞》读之,会心之顷,辄加评点,手自甄录,凡得三十二家,为七律诗如干首。苏黄领袖一代,故当首录,自余作者,以方附庸。至于取舍之间,多有别指,非期共喻,聊赏吾徒。"该序作于丙寅,即1926年,其描述的十年前的情形,时值1916,为傅尃再主长沙日报期间的活动,年谱"丙辰五年先生三十三岁,以友人招重至长沙主长沙日报兼教授岳麓高等师范文史专科"。傅尃曾在《长沙日报》发表诗话,论陈三立诗的艺术特色,且谓"亚子宗唐之说益孤掌矣"。傅尃且将姚大慈赞誉陈三立的《愿陆沉室诗自叙》登载于其所主的《长沙日报》上。当时"约同社数人为宋七律诗,一时议论风生",可知其宗宋诗歌企向在湖湘诗群中已有回响。

醴陵诗群因地域的涵育，在近代学风的浸润下，具变革之思想，成为醴陵一地的新兴精英文人。他们承袭楚骚的传统，诗歌充满干世热情和澎湃的个人情感，诗歌有复古之倾向，上承湖湘诗派的汉魏诗歌宗向的传统，却又不斤斤于模唐拟宋，以时代划分政治畛域，更倾向于从艺术的角度追求诗歌的价值。

三、醴陵诗群创作评述

醴陵诗群交往颇密，诗谊甚笃，且诗歌宗尚接近，然其诗歌创作则各具面目，无苟同附庸之嫌，也使得醴陵诗群成为一个具有丰富创作实绩的群体。下将醴陵诗群重要成员的创作作一评述。

宁调元的诗歌在南社诗人中也可算独树一帜，其友傅尃之评诚为确论，"太一之诗，宏丽奥衍，汪洋恣肆，多郁怒哀思之作，极才力所驱使，喷薄而出，不肯为时流纤，亦不屑落穷官苦"。对于宁太一的汪洋才气，喷薄无拘，社友胡朴安也有相近的评价，"才气奔放，而学有根底，满腔热血，化作文字，随处泄发，故其所作，异与时流。其诗以缙绅定字学论之，或议其粗豪，或议其无律，而不知其固草泽文学本色也"。宁调元的郁怒悲情较为集中地流露于其狱中之诗。太一曾有两次入狱经历，一为反清，一为反袁，当其系狱时曾有大量诗歌，堪为其代表。钱仲联先生赞之："读罢《南幽》浩气吟，楚囚两系志难沉。《明夷》《太乙》篇多少，字字黄龙痛饮心。"

革命诗人作品并非全是金戈铁马，出语铿锵，宁太一作品就多有易水秋风的变徵之音。宁太一尤喜以"秋"入诗，检之诗题便已可知：《秋感》《秋闱》《秋怀》《秋兴》《秋凉》《秋砧歌》《秋日闲咏》《秋夜》《秋原晚眺》，等等，特别是其《秋兴》，一叠再叠，以至四叠之。宁太一所体验的"秋"不仅仅是一种节序的凉意与萧瑟，更是一种人生体验和时代感觉，是一种时代化的文人悲秋情绪。这也是一种个性化的体验，因为宁太一的善感与悲思，使得秋意象成为他诗歌的特色。

宁太一以"秋"为题的诗歌中《秋兴》之作最多。其诗歌得杜甫《秋兴八首》之神韵,将家国之思、身世之感与物候之兴结合起来,因其革命激情的灌注而又有了区别于杜甫的个性特色。宁调元1913年因反袁事入狱,因在狱中文献无征,仅能回忆杜甫《秋兴八首》中的四首,故其和作每组仅有四首,然无碍其情感的表达,"癸丑邸系武昌,自夏徂秋,蛰伏少事,默诵杜陵秋兴诗,仅忆其四,因叠其韵和之,以写幽怀"。宁调元狱中尚能忆及的杜甫《秋兴八首》的为一、二、三、六首,且看其第三叠的诗歌:

秋烟漠漠锁荒林,隔岸楼居气象森。逝水为谁留泡影,流光不惜分余阴。

一场筵散轻分手,千里月明共此心。等是不堪愁里听,朝来寒雨晚来砧。

落日孤城万柳斜,江山无复旧繁华。故宫真有金人泪,银汉频回帝子槎。

一夜微霜飞木叶,数行清泪咽胡笳。芙蓉生在秋江上,何事开花又落花。

汉家陵阙对西晖,南眺潇湘烟雨微。眼见红羊成浩劫,若为黄鹄竟高飞。

畏蛇畏药何时了,为雨为霖此愿违。起视东南生意尽,几人田宅拥高肥。

鸾囚凤锁楚江头,一叶梧桐惊早秋。云雨已成今昨梦,乾坤不尽古今愁。

汾湖箫管惊神鳄,海岛旌旗殉野鸥。伐桂锄兰都细事,翻令鱼网漏吞舟。

诗歌中有着杜诗中熟悉的秋烟、落日孤城、汉家陵阙、胡笳等意象,然又带有"鸾囚凤锁"的自我身世之悲,对"东南生意尽"的家国之痛。宁太一不特为醴陵诗群中学杜大家,放之南社也极特立挺出。《太一遗集》中很多学杜、和杜、集杜的诗歌,如《复愁十二首用杜工部韵》《山斋曲三首用杜工部曲江曲韵》《冬日杂咏集杜》《秋兴用草堂韵》等。宁调元学杜,在学其忠耿之气、苍生之思、家国之忧,也在学其情感艺术的混融表达。宁调元为人所称道处正在其宁为楚囚不改其志的无畏精神,这是湘人忠耿之气的表现,诗歌则有着激越与浩荡。然如认为宁调元的诗歌粗豪无律,便非确论,宁调元诗宗盛唐,其诗歌追求杜甫律诗中诗情与格律的混融:"弟作诗每为格律所缚,心苦之。昨顷来论,因阅少陵诗及诸人所作,如天马行空,操纵自如,为欣慰者久之。诚所谓得我心之同然者也。"

傅熊之作,论者评之甚高,"近百年湖南文学家,曾文正外,大之者湘绮楼,而傅熊湘钝安衰然名后劲,洞庭衡岳间,称者一口无异辞云"。社友吴恭亨如此推誉,将傅熊的文学地位上接曾国藩、王闿运,当有不少揄扬成分。傅熊好友刘谦评之甚洽,"其学根底六经,淹贯子史骚选,尤湛于小学及桐城马氏文通。于古今文字义法,正变得失,考覈裁定,自辟户牖,旁究释氏书,亦多精诣。所为诗古文辞,才气敏赡,赅众体之长,操笔千万言,如江河倾注,见者疑有神助焉"。傅熊之诗在于其既济之以学,又壮之以才,故读之有元气淋漓之感,既不枯寂又不俗滑,看其《长歌行戏示醉庵采崖》:

我欲奋飞冲青天,乱云遮顶不得前。我欲翻身上皇古,颛顼已没茫天死。无端忽堕人间世,三十年来此何事。万万千千到眼前,看尽还看无一是。天风与我来,为我吹尘霾。划然一剑决云表,要此混沌地壳胡为哉?吾将以魂为雷霆,而身为风云，眼为日月星与辰，左臂泰山右臂恒，左足华岳右足衡。别辟一世界，无昼无夜同光明。别造一律历，无冬无夏同和清。凡所隶吾域内者，同泯智慧同太平。抱此奇想亦有日，蹉跎百念无由成。长为造物苦相扰，不造造物有何好。造成更莫置人寰，恐到人寰终不了。龚生昨日为我言，一身病苦相纠缠。朝来又听史公语，人生少乐还多苦。是谁作俑戏为人，土雕木形有此身。作歌还问龚与史，姑妄言之吾醉矣。

依然是歌哭无端的文人感怀，出以屈原天问似的呵问语态，又带着一种冲决一切的革命勇力，改天换地的奇想背后是落寞人生的醉语。

傅勇之作可分为几个阶段，各个阶段风貌不一。其《钝安诗自序》曾自作划分和整理：

《纫秋兰集》一卷，壬寅癸卯仅存作，癸卯师吴称三先生，从问学诗法，复与亡友宁仙霞掉臂上下，商榷得失，平生师友之谊，于兹一倾。十年以还，无此乐也。今遗墨在纸，而宿草已长，感思逝者，不忍尽弃。

《纫秋兰后集》一卷，甲辰至丙午六月作，湘中癸甲以还，士论稍变，一时风会所向，文字实其先河，然质亦稍胜矣。余方治科学，营乡校，而诗功一废。

《废雅》一卷，丙午七月至戊申作，于时伤世变，遘忧患，哀思之音多而和啴缓之音少矣。追怀前事，掷笔以欷。

《废雅后集》上下卷，己酉至辛亥七月作。承以前忧，痛未歇也。复遭家难，肝肠欲摧。自此渐入壮悔时矣。逮余沪游而大事克定，故托终于此云。

《嘤求草》一卷，辛亥五月至七月间，问诗郑叔容作。余之致力五言自此始。其在明年，大汉初安，日不暇给，友声寖微，可录裁数首而，叔容和作附焉。

《白萍集》一卷，辛亥七月至十二月作，逍遥海上，流转兵间，悲喜交乘，正变迭奏，秋风既夕，弥用悲余。

《壬癸集》一卷，壬子至癸丑十月作，岁德在水，符黑龙之帜，诗不加进，世亦不加治，今之视昔，又何如也。繁忱所系，不复可云。比诸获麟，则吾德不逮。

《联句》一卷，壬子至癸丑作，一时嘉会，极文酒之乐，朋旧离合之际，世变系焉。

《集龚》一卷，己酉至癸丑作，凡以为戏，定庵俊语如珠，本易连贯，今之作者亦多矣。其在吾集，等于附庸。

傅尃的自述中包含他对自己甲寅（1914）之前各个时期创作的评价，少时所作，意在珍存；稍长之作，质胜于文；国变之作，出语激越；长沙遇郑泽，诗歌始大进；其于辛亥后作，似有偏爱，悲喜交集，既有朋好聚合之乐，又有国事丕振的兴奋，发之于诗，成为作品中的亮色。

黄钧，字梦蘧，有《栩园遗集》，其作品较有特色的是《蜀道吟草》，傅尃阅之甚有所感，"风雨扁舟夜，江湖独往时。吟怀故不浅，寥落使谁知？"作品颇染《竹枝词》的民歌风味，得自江山之助，如《舟过巫山》："三十里间水清浅，碧波如绣草茸茸。密云不雨春容淡，知是巫山第几重。"《巴东夜泊》："朝发黄牛峡，一滩复一滩。巴东两日到，魂梦怯狂澜。"

文湘芷，名启蠡，有《文湘芷诗文集》。文湘芷善文，其诗歌以文为诗，有叙述之特色，且文湘芷本重事功，故其诗作多有为而发。他为民国七年（1918）醴陵因护法战争遭受的兵燹之灾而奔走，且于和议会上痛陈张敬尧督湘暴行，醴陵一邑因而获益。《戊午六月余生四十矣时醴经兵燹邑市为墟余与钝安芸厂今希诸君勉处残城商办善后事宜俯仰身世感赋二律》，颇有忧时之气。"忽忽此生成过去，茫茫前事苦低徊。旧栽乔木高于屋，三宿空桑劫有灰。少日气吞云梦泽，中年哀入望思台。无端万里长风兴，时作波涛撼梦来。"

刘泽湘，字今希，有《钓月山房诗存》。论者评之，"穷研训诂，博通诸经，为词章胎息汉魏六朝，才藻高华，时称独步"。"其于诗古文辞，无体不工，骈文及七古歌行尤著。常与友人卜世藩、傅熊湘、弟谦等，连吟斗韵。"刘泽湘之诗以七古为最，颇能采梅村歌行之构思，将叙事融于富艳的彩藻之中，其中《玉娇曲为钝根作》《过西山辟支生墓》为其代表作。前者写傅勇一段英雄美人的故事，后者写好友宁太一的革命经历，事与情融，也可作诗史观。

刘谦，字约真，有《峭嶙吟馆诗存》。社友周子美评之："君少作才华奋发，悱恻缠绵；中年记乱，感时事，有少陵野史之风；近岁坚苍隐秀，诗律愈细。要之，皆不为留连光景之作，而有关国家民生者也。"钱仲联先生赞之为"楚国诗坛一席专"，其哭太一诸作，颇可观。《哭太一诗十首并序》："漫漫长夜何时旦，宁戚悲歌梦见之。死别依依弥一载，伤心追悼不成辞。"《哭太一诗后十首并序》："年年狱里送君归，七字吟成涕雨挥。今日人间又冬至，临风谁更话依依。"诗歌系之以序，说明作诗缘由，诗后均加小注，记叙与宁太一的交往以及宁殉难之经过，情与史兼备。

卜世藩，字芸庵，有《韵荃精庐》《诗文钞》。傅勇称道其诗"自向诗坛领一军"。论者称其："尤工诗古文词，驰声南社，岁丙寅，裒所作诗文都为《韵荃精庐》《诗文钞》各六卷。吴稱三称其文，才思横溢，有使笔如舌之妙。赵惟熙谓其古今体诗，如初日芙蓉，天然可爱。"卜世藩之诗除"初日芙蓉"的清新小诗外，也有具"九曲奔腾之伟观"的作品，如《伤乱四首》："天边烽火惊飞鸟，湖上波涛犯客舟。"正因身经变世，不得萧然世外耳。

醴陵诗群在湖湘诗群中地位突出，其人数最多，且宁调元、傅尃二人在湖湘诗群中居于核心，左右湖湘诗群的动向，故其不单对湖湘一地，且对南社也有重要意义。醴陵诗群以师友亲熟关系网罗勾连，彼此诗歌交往中确立了相近的诗歌宗尚，频仍的诗歌交往也使得这个群体诗谊甚笃。醴陵诗群沾溉地域之风，得楚地骚赋传统，继承了缠绵哀婉的风格，又济之以志士的干世救国热情，故其诗风别具一格。

邱睿，四川内江人，博士，副教授，汉语国际教育硕士专业学位研究生导师。2010年入职西南大学国际学院。研究方向为中国古典诗文、中华文化传播。主持国家社会科学基金后期资助项目"南社诗人群体研究"等多个南社研究项目，发表多篇南社研究论文，出版南社研究专著《南社诗人群体研究》。

本文节选自邱睿先生《南社诗人群体研究》一书中第四章"南社时代诗人群体的传统网络：地缘与亲缘"的第三节"地域中的诗人：醴陵诗群"。

南社与驱张运动

——从《天问》说开去

一

笔者之所以要撰写此文,是因为受到陆米强同志一篇文章的启发。

1999年5月,上海中共"一大"会址纪念馆扩建工程竣工。在新馆陈列室中,新增了一套《天问》周刊。据陆米强在《日月映光辉——中共"一大"会址新馆首次展示的几件档案资料》一文中介绍:"《天问》周刊,是1961年由该馆从上海旧书店选购来的。《天问》周刊的应运而生,是与毛泽东领导的驱张运动分不开的。1919年五四运动后,毛泽东在湖南领导驱逐反动军阀张敬尧的运动。同年8月,为了扩大驱张宣传,联络省外驱张力量,经毛泽东等人研究决定,派彭璜等人作为湖南学联代表前往上海,联络全国学联和全国各界联合会,声援驱张运动。1920年2月,湖南驱张代表团到达上海,创办了《天问》周刊,并在霞飞路277E号(今淮海中路523号,原建筑已拆除),设立编辑兼发行所,编辑者是傅熊湘(屯艮)和彭璜等人。""1920年5月5日,毛泽东率领湖南驱张请愿团来到上海,与彭璜等人会面,指导驱张斗争。7月4日,他在《天问》周刊第23号上发表了战斗檄文《湖南人民的自决》。"《天问》周刊

1920年2月1日在上海创刊，同年7月11日发行至第24号后停刊。每周星期日出版一期，版面为16开铅印，每期篇幅为16页至32页不等。《天问》周刊流传至今，在社会上保存极少，目前仅发现在上海革命历史博物馆筹备处和上海市档案馆保留全套藏本。"

中共中央马克思、恩格斯、列宁、斯大林著作编译局研究室编著的《五四时期期刊介绍（二）》也认为："《天问》是湖南学生驱张代表团在上海创办的、以揭发张敬尧祸湘罪恶和呼吁全国各界援助驱张运动为主要内容的刊物。"尽管该书的作者也承认："我们现在看到的只有第四号第五号合刊，1920年2月29日出版。"有的学者甚至认为《天问》是"中共早期期刊"。

但笔者查阅了一些史料，发现陆文和以上的一些阐述都值得商榷：

首先，《天问》周刊的创办者是"湖南善后协会"，而不是"湖南驱张代表团"。

南京图书馆民国特藏部藏有湖南善后协会民国八年（1919）一月编纂的《湘灾纪略》（非卖品）一书（索书号为：D693·9/345），该书载有《湖南善后协会章程》，此《章程》第十二条云："本会事务所暂设上海法界宝昌路花园里口二七七E。"这里的"宝昌路花园里口二七七E"，就是陆文所说的"霞飞路277E号"。

据郑逸梅《南社丛谈》载：《天问》周刊的编辑者傅熊湘（屯艮）1920年在上海期间，参加了胡朴安、汪子实等发起的"鸥社"，每月雅集二次，该社社员均为南社社友。《国际南社学会丛刊》第六期上发表了胡朴安的后人汪欣提供的"鸥社"成员的手稿排印的《〈鸥社诗稿〉辑》，辑录了每个与社者的住址，傅熊湘（屯艮）当时在上海的住址是"法租界霞飞路二七七E花园里口湖南善后协会"。而毛泽东当时在上海的住所则是哈同路民厚南里29号。毛泽东1920年6月7日致黎锦熙的信中也写道："京别以来，在天津、济南、泰山、曲阜、南京等处游览一晌，二十五天才到上海，寓哈同路民厚南里二十九号,同住连我四人。"

《天问》周刊的编辑者傅熊湘就是"湖南善后协会"的"组设"者之一。傅熊湘(1883—1930),号钝安。刘鹏年编的《钝安遗集》载有《钝安先生行状》,云:"张敬尧之入湘也,挟其虎狼之威,所至蹂躏,醴陵受祸尤酷,先生与袁雪安文湘芷走上海乞赈,且组设湖南善后协会,主办《湖南》月报、《天问》周刊,揭敬尧祸湘罪恶。"另:刘鹏年编的《傅钝安先生年谱》亦云:"七年(戊午),先生三十五岁。三月湘军败于岳州,遂归家。而邑中遭兵灾,城乡尽焚。八月至长沙。十二月与文湘芷先生启蠡赴沪请愿南北和平会议(按:先生至沪后手编《醴陵兵灾纪略》《醴陵兵灾图》《湘灾纪要》,印送南北当局及各界人士,以供考览)。八年(己未),先生三十六岁。居沪南社故旧游宴甚欢……张敬尧祸湘益甚,创《湖南》月报、《天问》周刊等为驱张鼓吹。"

其次,毛泽东的《湖南人民的自决》并非7月4日在《天问》周刊第23号上首次发表。

《毛泽东早期文稿》一书在《湖南人民的自决》一文的注释中已经对此文的来龙去脉阐述得非常清楚:

> 本文在1920年6月18日上海《时事新报》首刊和同年7月4日上海《天问》周刊第23号重刊时,文章头尾部分一半以上文字下加有着重号。另外,1920年5月16日出版的《天问》第16号刊载的《湖南人民自决会宣言》一文,内容与本文基本相同。所异之处除署名为"湖南人民自决会"外,主要是《湖南人民自决会宣言》开头有"全国国民、各报馆、各民意团体、各省军民官吏、广州军政府参众两院湖南议员、郴州谭延闿先生、衡州吴佩孚先生、天津熊希龄先生、范源濂先生、郭宗熙先生、上海和平会议章士钊先生、彭允彝先生、徐佛苏先生、

北京天津上海南京汉口广州日本各湖南同乡同鉴",而无"张敬尧走了……自然是湖南的仇敌"一段议论。

《天问》为何重复刊登内容"基本相同"的文章呢?这与傅熊湘在"驱张运动"中的编辑风格有关。这从他编的《湘灾纪略》的"凡例"四、五两款即可看出:"四、是书取材,既多采自报章,有同一事实而各报详略互见,或措词不同者,因并录之,以明事实之真相。五、是书所采文告函电有全文者,均依全文录出,不加删削,以存真谛。"据此,笔者以为:《湖南人民的自决》与《湖南人民自决会宣言》两文都是出自毛泽东之手,前者采用的是论说体,后者采用的是函电体。

二

从南社研究的角度,笔者很自然地会关注《天问》周刊的编辑者傅熊湘。傅熊湘原名專,字文渠,号钝安、钝艮、屯艮、钝根等。湖南醴陵人。早年加入同盟会,与宁调元、姚勇忱等从事反清革命。1905年与宁调元在上海创办《洞庭波》杂志,倡言革命。因反清色彩甚浓,被清政府查禁。宁调元避往日本,傅熊湘遂潜回乡里。1906年10月28日,他又在上海美租界爱而近路庆祥里与谢诮庄、丁慧仙等创办《竞业旬报》。宣称"本报宗旨注重于振兴教育,提倡民气,改良社会,主张自治"。萍浏醴起义失败后,宁调元于岳州被捕,傅氏获悉后火速返湘组织营救,并为狱中的宁调元提供图书以研讨革命,相互鼓励。1911年7月赴上海参加《南社丛刻》的编辑工作。武昌起义爆发,他与张默君一道编辑《大汉报》,报道辛亥革命风云。不久便回湘任《长沙日报》总编辑。"二次革命"失败后,因极力反袁而遭通缉,幸赖妓女黄玉娇之助得以全身。后傅氏因以作《红薇感旧记》,在南社成员中广征题咏,柳亚子辑成《〈红薇感

附录 | 491

旧记〉题咏集》并为之作序。1918年12月，傅熊湘与醴陵籍南社社员袁雪安、文湘芷等"过洞庭，经岳阳、汉口、九江、芜湖，到达上海"，投身于驱逐湘督张敬尧的运动之中。

张敬尧（1880—1933），1918年任湖南督军。傅熊湘根据当时报纸和各方面材料编辑的《湘灾纪略》对张敬尧等军阀在湖南的残暴行径有这样的记述："自六年（1917）十月，北兵溃退，攸（县）醴（陵）一带，于是始见杀掠矣，岳州于是始见焚毁矣。及南兵至岳，岳州且重受其扰矣。七年（1918）三月，南兵由岳州溃退，长沙之银行、典当、商号，凡精华所萃之区，于是大受劫掠矣。道途所经，自长沙、湘潭、湘乡以达宝庆、衡阳、永州，又自平江、浏阳、株洲、醴陵以达攸县、茶陵，皆南军先去，北兵踵来，南兵既掠而过，北兵且掠、且淫、且杀而前。而南兵溃卒不能归队者，又勾结土匪骚扰乡村。时各县知事多被迫走，军队所置官吏又复动军需，酷索苛勒，小民疲于奔命，有死无违。于是湘东一带。绵亘数百里间，无不遍遭蹂躏矣。而湘督张敬尧第七师踵至，大肆横暴，杀掠奸淫，靡所不至。湘东之民，如火亦热。"张敬尧的部下"日以寻花姑娘为乐""少者固可免矣，即白头老妇，亦所不免"；屠戮百姓"或剖其心，或刳其腹，或割其势，或抽其肠，或脔其手足，或剥其肌肤，或絮捆油渍而倒焚，或熏鼻烙而痛死……"在这场南北军阀的战争中，受害最重的是几次拉锯的醴陵、株洲两地："四月二十五日攸县败讯至，溃军麇集醴陵。自攸县以达株洲，无不遍遭焚掠，而尤以醴陵、株洲为甚。醴陵街市万家及渌江大桥，俱于四月二十七日夜分焚毁略尽。人民逃避不及，焚杀以死者殆数千人，积尸遍野。时北军势已不支，遂走株洲。翌日，南军追至，北军复焚株洲而走，市中房屋几尽，人民被杀戮者不可胜记。连日复战，南军败走攸县。五月七日，北军始由株洲列车至醴。时南军已尽出醴陵。北军大肆杀掠，醴城居民，几无幸免。九日复火。于是醴城房屋八千余栋，及公署、教堂,尽付一炬。居民惨死又数千人。又复连日迫烧乡村房屋数千栋。火势半月不熄。奸淫掳掠,至不忍闻。环地百余里,不见人迹者二十余日。而株洲一带,以数经战斗,残破无余。自株洲至萍乡老关,铁道两旁所有未毁民房,概为兵据。"在这场南北军阀之战中,湖南人民做了政治斗争、军阀扩张实力的牺牲品,张敬尧开进平江,"三天不封刀",烧杀淫掠,无所不为;"醴陵全城万家,烧毁略尽,延及四乡,经旬始熄"。战事结束后,醴陵全县"仅遗二十八人,此二十八人每对人云:我们妻离子散,骨肉分离,零丁孤苦,并不想活"。在此场浩劫中,醴陵全县共受灾 47901 户,被杀21542 人,焚烧屋宇 14752 栋,荒田 10490 户,损失财产 19410281元。在 1918 年 3 月到 1920 年 6 月,张敬尧搜刮湖南民财多达 2000余万元。而湖南人民损失达 6000 余万银圆之上。

与此同时,张敬尧也无时无刻不在摧毁湖南教育。1918 年 3 月,张敬尧进入湖南即令军队占驻长沙各个学校。毛泽东就读的湖南第一师范"为张敬尧所部之混成旅所占,仅余寝室二栋,教室三间,师生四百余人逼处一隅,至无空地。而兽军喧嚣数日,故妨课务","至于学校经费,常无着落。公立各校及私校之原受津贴者,1918 年秋季以后,开学数月,不予一钱"。时任湖南第一师范学校校长的孔昭绶(南社成员)联合五所公立学校校长"以经费无着,学校即将涣散,联合向张辞职"。

1918 年 12 月,傅熊湘等到达上海,随即便开始了向南北和会请愿的工作。1918 年 12 月 8 日的《民国日报》便以"旅沪湘人痛陈疾苦"为题,作如是报道:"旅沪湖南善后协会上南北当局电云(衔略)此次战祸,湖南受创最巨。惨酷之状,前史未闻。曩者湘民,辗转锋镝,号泣无门。今幸双方罢兵,敢以吾湘三千万同胞历劫所受之惨状为当道一沥陈之:在湘客军,数逾十万。淫掠焚烧,无所不至。举其著者,如醴陵之役,全城被焚;黄土岭之役,女尸满山。此外城镇市村，焚掠蹂躏，几无幸免……"农历除夕前，他编成《湘灾纪略》，并作一绝句："到耳一城余鬼哭，伤心四野尽鸿嗷。茫茫天道何堪问，拼把生灵付此曹。"春节后，他又根据文湘芷、刘今希等在灾区拍摄的照片，编成了《醴陵兵灾图》，并作《题醴陵兵灾图后》二首："人民城郭是耶非，孤鹤重来累涕欷。凄绝栋云帘雨尽，空余残堞恋斜晖。""谁省流民郑侠图，哀鸿遍野待来苏。天高听远殊难问，哭向穷途泪已枯。"1919年2月20日上午，北京政府与广州政府于上海召开"南北和平会议"，傅熊湘、文湘芷等在会上展出了上述资料，"历陈张敬尧在湘之暴与醴民被灾之惨，泪与词迸，指抵几，振振有声，听者为之感动"（刘约真撰《醴陵县志·人物传七·文启矗传》）。谁知南北军阀政客只是在会上讨价还价，完全将傅熊湘、文湘芷等人的诉求置于脑后，上海和会从2月20日到3月2日进行了11天，其中正式会议只开过五天，双方所谈问题可以用"毫无进展"四个字形容。在这种情况下，傅熊湘有《二月二十八日和议停顿，感事》："已怨开迟又开歇，重开终恐易飘零。园林是处都无主，风雨中宵苦未停。仙字柱劳镌玉牒，神幡谁与击金铃。只应肠断湖南路，野草连天战血腥。"为了加强舆论宣传的力度。3月2日起，《民国日报》以"湖南善后协会"名义在头版头条发表《湖南公民紧要声明》揭露张敬尧以湖南银行所置沅江田产擅行出卖。5月14日，和议再停，傅熊湘当即以《五月十四日和议再停，书事》为题作绝句四首："傀儡登场又一回，后台掣线舞前台。等闲戏罢收将去，枉用旁人说怨哀。""定情钿约记当时，密语犹防鹦鹉知。却被上清诸女妒，专房竟不让蛾眉。""哀弦独柱不成弹，忍说人间有凤鸾。终赖此公存正气，群儿录录但求官。""憔悴青衫满泪痕，行吟江月又黄昏。逢人莫便夸诗史，别有伤心未忍言。"从5月14日起，《民国日报》一连几天在第一版通栏大字载："张敬尧不去，湘祸不了。张敬尧不去，和议不成。总代表注意，分代表注意，湘代表注意！主张不议决去张敬尧，湘人誓图相当之对付。旅沪湘人公决。"同时，《民国日报》的"民国小说"副刊连载"雪苑"（袁家普，字雪安，南社社员）的纪实小说《湘祸》。

1920年5月，毛泽东等湖南学联的驱张代表也从北京转战上海，与傅熊湘等人会合。毛泽东自己就曾经说过："驱张运动的发起，名流老辈小子后生，一齐加入，就是缘于这几种很深刻的激刺。故湘人驱张，完全因为在人格上湘人与他不能两立。"按照毛泽东的说法，傅熊湘、袁雪安、文湘芷当属"名流老辈"之列，而当时年仅27岁的毛泽东等当属"小子后生"一辈。这两种驱张的力量都在上海会合，诚如《天问》的创刊号上《去张运动与湖南人》一文所云：这次的驱张运动是湖南人民的"大觉悟、大联合"。此外，前去上海驱张的南社成员文湘芷1912年2月至7月曾任湖南第一师范学校校长，另一位南社成员孔昭绶也在毛泽东就读第一师范期间两度出任该校校长。这样一种"师生之谊"使"名流老辈小子后生"在异乡的联合更凭添了一种亲和力。

三

张敬尧等军阀在湖南恣意杀人放火、奸淫劫掠的罪恶行径给湖南人民带来了空前的灾难，同时也成为文学创作的一种"触发源"。醴陵籍的南社成员刘谦（约真）在醴陵兵灾期间曾领着族中的老弱妇孺，乘木船溯流而上，到江西萍乡避难。辗转流离之中，他创作的诗歌就达38首。事后，他将这38首诗汇编成《戊午集》。集中诸诗，真实地描绘了醴陵人在张敬尧来临时相牵奔避的情景："健儿威怖小儿啼，喇喇春山响马蹄。金印尽夸如斗大，还寻萍实到深溪。"（《杂诗》之一）经过军阀部队的洗劫，仅太平山附近"村舍被焚者八十余家"，刘谦悲愤地写道："缘山入谷正扬麾，已是鸟栖楚幕时，为惜昆冈石同毁，纪功何处觅丰碑。"（《杂诗》之二）醴陵人被迫背井离乡,逃往邻近的江西萍乡,"醴人避萍不下十万,久之,额际咸作煤炭色","琐尾流离避缴忙,箐林锻羽太郎当。无端少好成衰丑,不信长寿更有方"(《杂诗》之三)。此时,萍乡的老百姓"方闹荒,醴人购米不得,多流为丐"。刘谦诗曰:"负米其如百里遥,隔江吹彻伍员箫。自来不肯因人热,独上寒山拾堕樵。"(《杂诗》之四)在《在叠前韵二首》的自注中,刘谦还提到这么一件事:当时醴陵官于京者曾致电张敬尧,恳请他下令制止部下的暴虐行为,张竟以"覆巢之下无完卵"答之。另一位醴陵籍的南社成员刘泽湘(今希)在醴陵兵灾期间"尝避之山中,遭暴兵逐击",他便根据自己的亲身经历写下了歌行体长诗《哀荆南》,全景式地直接描写了醴陵兵灾的惨状,揭露了军阀犯下的罪恶行径:"南风不竞鼓声死,联军勒马还攸水。避敌仇民来健儿,滔天兵祸仓黄起。健儿攘臂初下车,星月无光夜不哗。狠似贪狼狂似虎,竭来舞爪还张牙。张牙舞爪将人攫,初劫市廛后村落。缣帛千箱掠入营,金钱万贯抄充囊。搜牢频数十室空,比户萧条付祝融。烈焰障天三百里,茅檐华屋光争红。王谢堂焦燕巢覆,衔泥从此依林木。琐尾流离道阻长,相逢惟有吞声哭。吞声哭久天不闻,震地枪声响入云。刀光旋逐火光耀,死别生离骨肉分。东邻襁负投亲故,西邻拔宅他乡去。谁省无依南北邻,宿露餐风渺前路。老夫卜筑东茅山,白云明月相往还。朔方健儿好身手,穷追不惮藤萝攀。飞奔直上层峦去,鸟道千盘不盈步。深林密箐且潜藏,蛇行未敢抬头顾。枪声耷然触耳聋,枪弹直射倒村童。血溅老翁襟袖湿,掩袖浪浪泪雨红。晻晻日斜声渐远,老翁收泪负尸返。临行向我长咨嗟,别有伤心语诚恳。自言家在山之南,有媳十五女十三。昨夜逼奸都毙命,只今藁葬又中男。长男被掳驮军器,少男年小不更事。禾生陇亩杂蒿莱,嗷嗷行复沟中弃。朝来县示贴墙头,似道军民不再仇。岂料绎骚今倍昔,焚余牲畜绕村搜。老身行年今七十,鸱来取子更毁室。可怜野死骨谁收,分作鸟鸢蝼蚁食。行矣自爱盍归欤，人为刀俎子为鱼。国亡种灭浑细事，不见张弧鬼一车。我惨翁言心胆落，重怜翁遇神尤索。蹒跚归卧破山房，两部蛙声争阁阁。噫嘻蛙何痴，阁阁空尔为？南阡北陌间，谁公复谁私。于今弱肉供强食，是非不辨雄与雌。卧不成眠灯焰灭，啾啾新鬼声凄咽。谁绘荆南兵燹图，江山千里猩红血。"除了这些直接表现醴陵兵灾的诗歌外，湖南籍的南社成员还写了大量的抒情诗，来抒发自己的感慨。在陈家庆的《感湘乱作次韵》中，我们感受到"风萧雨晦悲流徙，月惨霜凄感苦辛"的哀伤；在卜世藩的《伤乱四首》和《戊午五月小住县节孝祠和约真四首》中，我们感受到"殷遗托命余刀俎，乱德凭谁扫九黎"的愤怒；在文湘芷的《戊午六月余生四十矣，时醴经兵燹邑市为墟，余与钝安、芸厂、今希诸君勉处残城，商办善后事宜，俯仰身世，感赋二律》中，我们感受到"已分逃秦更无地，不须料理武陵行"的惆怅和无奈。

湘籍南社成员在驱张运动中的文学创作，在其他省籍的南社成员中引起了很大的反响。住在上海近郊金山的高燮在《与傅钝安书》中有云："一昨忽得执事由沪寄来《湘实纪略》《醴陵兵灾纪略》各一册，知贤者犹在人间，为之欣跃三百。及徐读二书既竟，则又不禁痛哭大号，丧气数日。安得亟与君握手唏嘘一吐其愤懑也。"傅熊湘的《醴陵兵灾图》作成后，首先送给了其时寓居上海江苏常州籍的南社社员汪兰皋。汪兰皋（1869—1925）光绪二十九年（1903）曾任醴陵知县，陈蜕庵等纷为幕客，大遭袁世凯之忌，旋被革职。傅熊湘到上海后，就与之取得联系，并请他作《醴陵兵灾图叙》，文载《南社丛刻》第21集。柳亚子亦作《题〈醴陵兵灾图〉》："坐大江东是祸胎，不征不战费疑猜。会师武汉徒虚语，长岳终教弃甲来。""平西卖国贼堪杀，营窟臣佗亦盗名。流尽湖湘万家血，可怜护法竟何成。"吴江凌景坚也有《晤傅屯艮于花园里，赠诗一律，即题其〈醴陵兵灾图〉》："野烧苍凉泣寓公，余生江海一相逢。稻粱无地栖归雁,雷雨中宵起蛰龙。节钺新为邻子得,泥丸请自大王封。长图不写凌烟阁,凄绝苍生涕泪中。"徐珂(仲可)作《傅屯艮属题〈醴陵兵灾图〉后》:"大同不必期,非种或可锄。是亦吾族耳,自杀胡为乎。生齿日益繁,教养果谁恃。拉杂摧烧之,或且快天意。南强北或胜,大小奚所较。何日定于一,春梦我未觉。十日今代出,石砾金为流。宁独楚人怒,问天天悠悠。""干净土安在,醴灾适然耳。群盗方如毛,圣人亦未死。内忧更外患,人祸还天灾。似此年复年,死所安在哉?黄台瓜日稀,何堪再三摘。且披流民图,莫作抱蔓客。"胡朴安也作《为傅屯艮〈醴陵兵灾图〉》:"大道久衰息,连年事纷争。潇湘战云恶,干戈横暴兵。万室付一炬,醴陵成空城。地赤烟未息,池涸骨已平。细雨土花紫,阴云鬼火青。井邑改常道,门户不分明。家破身无寄,踯躅城中行。昔日楼与阁,今为棘与荆。蹄蛩泣寒月,归燕惊空庭。悲哀谁与语,仰天呜呜鸣。凄风起穷巷,歌舞出大营。将军不足贵,乱世民命轻。"这些题画诗再现了《醴陵兵灾图》中城池遭战火焚毁后的惨状。对于无家可归的湖南民众,表达了无限的同情与悲愤之情。台湾青年学者林香伶认为:"题画诗文在南社中扮演凝聚社友对于画作共识的作用。""社友为画作索题,除了具有显示朋友交谊的意涵外,还有个人号召力相互较劲的用意。"《醴陵兵灾图》在题材和表现形式上都不同于传统意义上的文人画,与此相关的大量题画诗文的出现,一方面反映了南社社员对驱张运动的认同,另一方面也显示出傅熊湘在南社中的影响力。

傅熊湘居沪期间,与"南社故旧游宴甚欢"。1919年4月6日,傅熊湘、文斐、文湘芷、钟藻、罗剑仇等醴陵籍社员出席在上海徐园举行的南社第十七次雅集。12月,傅熊湘执编的《南社丛刻》第二十一集出版。这一集刊载了他"自戊午年十一月来海上作凡古今体诗140首"。胡朴安曾云:"民国九年,屯艮与吹万及余,作无锡、镇江之游,每至一处,屯艮诗辄先成,余与吹万和之。""兹游也虽仅三日,而神情颇适,得诗甚多。余得古今体14首,吹万得古今体19首,屯艮得古今体9首,刊为《京锡游草》,当时朋辈,互相传观……偕游虽仅三人,而亦南社中一故事也。"傅熊湘频繁地与南社社友交往,很大程度上是出于为驱张运动"造势"的考虑。当时上海报馆的编辑,有相当一部分是南社的成员。傅熊湘的《海盐朱葆庭先生六十寿言》中记载了这样一件事:"湘人在沪设湖南善后协会,首揭张敬尧祸湘十大罪,凡万余言,遍登各报告白栏,以为呼吁。熊湘至,问书所自来,则出上海《民国日报》之长沙通信,署名曰凤兮者是也。余忆长沙有同社海盐朱凤蔚,而上海《民国日报》又为老友叶楚伧所主,凤蔚弟纯先亦与焉,是凤兮必凤蔚无疑。既询之楚伧,果然。"除了借助报刊的舆论力量外,傅熊湘等频繁的社交活动,也衍生出大量的与驱张运动相关的诗歌作品。在一次宴请参加南北和会特使王子铭的宴会上,傅熊湘"历述醴陵杀之惨,滔滔数千言,声泪俱下",同席的南社社友汪兰皋即席赋五律一首云:"稍喜琅琊道,能为飞天来。食人方率兽,复鼎又登台。柱倚申卿哭,城崩杞妇哀。旧游乃堪忆,泪落向隅杯。"傅熊湘第二天即以《幼安县长于王使席上听余演述湘醴兵灾谓听者强半堕泪不独昔日文通黯然神伤也为诗见示次韵奉答》为题,用原韵和四首:"已分身如叶,频经浩劫来。酒难浇垒块,春为黯池台。嘉定三屠痛,扬州十日哀。此情纷在眼,争忍独浮杯。""当日文通国,曾钦叔度来。都非昔池馆,莫问古亭台。归鹤千年叹,嗷鸿中泽哀。何由循往治,感旧覆深杯。(自注:汪治醴日适丙午萍醴浏革命事起时张文襄方督两湖将驰大兵往剿独赖君抗电得免)""襃鄂森毛发,将军飒爽来。清谈挥玉尘,名士集金台。拯溺凭援手,陈诗与告哀。肯忘同座客,泪滴掌中杯。(自注:王以奉使照料和议来沪)""望治群生亟,昭苏傒后来。犹闻侈军阀,枉自筑谬台。(自注:和会方以陕西停战参战军停募及借款停付事不果致停议)""野有千家哭,人怀九土哀,诸公齐努力，为祝太平杯。"翌日，汪兰皋又叠原韵四首，嗣后，汪兰皋与傅熊湘如有所作，皆用"来、台、哀、杯"四韵。汪兰皋有27首，傅熊湘有12首。一时间，南社社友中用"来、台、哀、杯"四韵赋诗者有25人，得五律174首，七律23首。汪兰皋编辑为《来台集》，排印以遗同人。胡朴安曾如是评价此集云："南社集会，自为周实丹殉义集会以后，激昂慷慨之气，渐渐沉沦，至民国八年、九年，无复声矣。兹集亦稍见南社当年之精神也。"

金建陵　张末梅

金建陵、张末梅，南社"布衣诗人"江苏丹阳张挥孙之孙女婿、孙女，中国南社与柳亚子研究会理事，知名南社研究者，著述较多。此文原载2005年12月《南京理工大学学报（社会科学版）》第18卷第5期。

参考文献

1. 杨天石、曾景忠编:《宁调元集》,湖南人民出版社 2008 年版。
2. 傅熊湘著,颜建华编校:《傅熊湘集》,湖南人民出版社 2010 年版。
3. 郭建鹏、陈颖编著:《南社社友录》,上海大学出版社 2017 年版。
4. 张明观、张慎行、张世光编著:《南社社友图像集》,上海人民出版社 2019 年版。
5. 汪梦川:《南社词人研究》,上海古籍出版社 2015 年版。
6. 邱睿:《南社诗人群体研究》,中国社会科学出版社 2014 年版。
7. 栾梅健:《民间的文人雅集:南社研究》,东方出版中心 2006 年版。
8. 全国图书馆文献微缩复制中心:《南社湘集》。
9. 曹辛华、钟振振主编,何宏玲、孙会芳整理:《民国诗词学文献珍本整理与研究·南社诗选》,河南文艺出版社 2016 年版。
10. 刘沐兰编:《南社三刘遗集》,华东师范大学出版社 1993 年版。
11. 张夷、丁及主编:《南社人物名号录》,团结出版社 2014 年版。
12. 唐存正:《唐群英传》,中国文史出版社 2020 年版。
13. 柳亚子:《首版〈南社纪略〉》,上海大学出版社 2017 年版。
14. 张明观:《柳亚子史料札记三集》,上海人民出版社 2017 年版。

15. 刘骏永:《雅锡楼诗词联补遗》,2013 年版。

16. 张夷、丁及主编:《中华南社文化书系·第 1 辑·南社人物联语集》,团结出版社 2014 年版。

17. 张良修主编:《历代醴陵诗词对联选集》湖南美术出版社 2011 年版。

18. 胡朴安组编,继堂点校:《南社丛选》,上海科学技术文献出版社 2020 年版。

19. 刘师陶遗著:《沧霞老人散稿辑存》,湖南省渌江诗社 1989 年版。

20. 陈书良主编,吴康等著:《湖南文学史·现代卷》,湖南教育出版社 1998 年版。

21.《战旗旬刊》,1938 年 7 月 1 日。

22. 中国银行经济研究室编辑:《全国银行年鉴（1937）》,中国银行经济研究室 1937 年版。

23. 付晓霞、刘斌主编:《二十世纪天津美术史料整理与研究》,天津人民美术出版社 2011 年版。

24. 汤烫主编:《湖南金融百年》,岳麓书社 1999 年版。

25. 张研、孙燕京主编:《民国史料丛刊·463：经济·金融》,大象出版社 2009 年版。

26. 张研、孙燕京主编:《民国史料丛刊·466：经济·金融》,大象出版社 2009 年版。

27. 联合征信所调查组编:《上海金融业概览》,联合征信所 1947 年版。

28. 寻霖、龚笃清编著:《湘人著述表（一）》,岳麓书社 2010 年版。

29. 郑逸梅编著:《南社丛谈》,上海人民出版社 1981 年版。

30. 郑逸梅:《芸编指痕》,北方文艺出版社 2019 年版。

31. 虞和平主编:《中国抗日战争史料丛刊·921：文教·史地》，大象出版社2016年版。

32. 龚笃清审订，颜建华选编:《清代湖南朱卷选编》，湖南师范大学出版社2012年版。

33. 夏剑钦编:《湖南纪胜文选》，湖南师范大学出版社2011年版。

34. （明）车大任、车以遵、车万育等撰:《邵阳车氏一家集（一）》，岳麓书社2008年版。

35. 孙燕京、张研主编:《民国史料丛刊续编·1031：史地·年鉴》，大象出版社2012年版。

36. 湖南省政府秘书处统计室编:《湖南年鉴（1935）》，湖南省政府秘书处年1935年版。

37. 朱宗震、王欣嘉译注:《近代序跋文选译》，巴蜀书社1997年版。

38. 东方杂志社编辑:《东方杂志》1908年第1期。

39. 政治学院中共党史教研室编:《中国共产党六十年大事简介》，中国人民解放军国防大学出版社1985年版。

40. 萧致治:《辛亥著名人物传记丛书·黄兴》，团结出版社2011年版。

41. 马庆忠著:《肝胆相照的战友：孙中山和黄兴》，广东高等教育出版社2017年版。

42. 江苏省中华民国工商税收史编写组、中国第二历史档案馆编:《中华民国工商税收史料选编·第一辑（上册）：综合类》，南京大学出版社1996年版。

43. 陈熙:《南社闽集及社友考》，福州晚报第14940期，A14版，闽海神州。

44. （清）梁启超:《梁启超全集》（第七集），北京出版社1999年版。

45. 金建陵、张末梅著,吴江区南社研究会、柳亚子纪念馆编:《南社的红色册页》,《妙中校刊》1948年第1期、第2期。

46. 刘佛年著,金一鸣整理:《刘佛年学述》,浙江人民出版社1999年版。

47. 黄乔生:《鲁迅像传(修订版)》,生活·读书·新知三联书店2022年版。

48. 关赓麟署:《交通史路政编》(第10册),交通铁道部交通史编纂委员会1935年版。

49. 柳亚子等撰:《傅钝安先生哀挽录一卷》,民国二十年(1931)铅印本。

50. 刘鹏年等撰:《袁雪安先生荣哀录一卷》,民国长沙铅印本。

51. 沈云龙主编,邵毓麟等撰:《王芃生先生纪念集》,文海出版社有限公司1966年版。

52. 杜珣编著:《中国历代妇女文学作品精选》,中国和平出版社2000年版。

53. 吴逢辰主编:《江南第一衙——浮梁县署》,江西人民出版社2002年版。

54. 方汉奇:《中国近代报刊史》(全2册),山西教育出版社2012年版。

55. 孙修福编译:《中国近代海关高级职员年表》,中国海关出版社2004年版。

56. 凌云主编:《常在明月追思中:著名教育家刘佛年先生纪念文集》,江西教育出版社2004年版。

57. 梁伯彦主编:《孙中山逸事》,中国国民党革命委员会广州市委分会2001年版。

58. 杜恂诚:《中国金融通史·第3卷:北洋政府时期》,中国金融出版社2002年版。

59. 中国社会科学院近代史研究所《近代史资料》编译室主编:《陆海军大元帅大本营公报选编》,知识产权出版社 2013 年版。

60. 游虎威主编:《茶山岭区志》,醴陵市茶山岭区区公所 1989 年版。

61. 《醴陵县志（民国版）》,湖南省醴陵市志编纂委员会重印 1987 年版。

62. 中国人民政治协商会议长沙市委员会文史资料研究委员会主编:《长沙文史（第 14 辑）》,1994 年。

63. 攸县志编纂委员会编:《攸县志》,中国文史出版社 1990 年版。

64. 郴县志编纂委员会编:《郴县志》,中国社会出版社 1995 年版。

65. 湖南省靖州苗族侗族自治县县志编纂委员会编:《靖州县志》,生活·读书·新知三联书店 1994 年版。

66. 新宁县县志编纂委员会编:《新宁县志》,湖南出版社 1995 年版。

67. 湘乡县志编纂委员会编:《湘乡县志》,湖南人民出版社 1993 年版。

68. 湖南省衡南县志编纂委员会编:《衡南县志》,中国社会出版社 1992 年版。

69. 桃源县地方志编纂委员会编:《桃源县志》,湖南人民出版社 1995 年版。

70. 《祁阳县志》编纂编委员会编:《祁阳县志》,社会科学文献出版社 1993 年版。

71. 湖南省安仁县志编纂委员会编:《安仁县志》,中国社会出版社 1996 年版。

72. 定远县地方志编纂委员会编:《定远县志》,黄山书社 1995 年版。

73. 湖北省黄冈地区行政公署编:《黄冈地区简志汇编》,湖北省

参考文献 | 505

黄冈地区行政公署，1981年。

74. 湖南省新晃侗族自治县志编纂委员会编：《新晃侗族自治县志》，生活·读书·新知三联书店1993年版。

75. 永兴县地方志编纂委员会编：《永兴县志》，中国城市出版社1994年版。

76. 湖南省临武县志编纂委员会编纂：《临武县志》，中南工业大学出版社1989年版。

77. 湖南省宁乡县志编纂委员会编纂：《宁乡县志》，中国大百科全书出版社1995年版。

78. 景德镇市地方志编纂委员会编：《景德镇市志》，中国文史出版社1991年版。

79. 江津县志编辑委员会编著：《江津县志》，四川科学技术出版社1995年版。

80. 《湖南名人志》编委会编：《湖南名人志》，中国档案出版社1999年版。

81. 湖南省志编纂委员会编：《湖南省志·第1卷：湖南近百年大事纪述》（修订本），湖南人民出版社1959年版。

82. 湖南省地方志编纂委员会编：《湖南省志·第4卷：政务志政府》，湖南出版社1993年版。

83. 湖南省地方志编纂委员会编：《湖南省志·第7卷：综合经济志海关》，五洲传播出版社2003年版。

84. 云南省地方志编纂委员会总纂，中共云南省委统战部编撰：《云南省志·卷44：党派志》，云南人民出版社2001年版。

85. 刘国铭主编：《中华民国国民政府军政职官人物志》，春秋出版社1989年版。

86. 中国人民政治协商会议湖南省醴陵市委员会文史资料委员会编：《醴陵文史·第8辑：纪念辛亥革命八十周年专辑》，1991年。

87. 中国人民政治协商会议湖南省株洲市委员会文史资料研究委员会编:《株洲文史资料·第 5 辑》,1984 年。

88. 中国人民政治协商会议湖南省株洲市委员会文史资料研究委员会编:《株洲文史·第 10 辑》,1986 年。

89. 王芃生与国际问题研究所、中国人民政治协商会议湖南省株洲市委员会文史资料研究委员会编:《株洲文史·第 15 辑》,1990 年。

90. 中国人民政治协商会议湖南省株洲市委员会文史资料研究委员会编:《株洲文史·第 8 辑》,1985 年。

91. 中国人民政治协商会议湖南省耒阳市文史资料研究委员会编:《耒阳市文史资料·第 3 辑》,1987 年。

92. 政协汕头市委员会文史资料研究委员会编:《汕头文史》,1983 年。

93. 中国人民政治协商会议井冈山市委员会文史资料研究委员会编:《井冈山文史资料·第 5 辑》,1991 年。

94. 中国人民政治协商会议湖南省委员会、文史资料研究委员会编:《湖南文史资料选辑》,湖南人民出版社 1981 年版。

95. 中国人民政治协商会议湖南省委员会、中国人民政治协商会议湖南省委员会文史资料研究委员会编:《文史资料·第 2 辑》,1961 年。

96. 中国人民政治协商会议湖南省委员会、文史资料研究委员会编:《湖南文史资料选辑·第 2 集第 5 辑》,湖南人民出版社 1981 年版。

后 记

2021年年初，醴陵市文联正式启动《南社中的醴陵人》的编纂工作。同年9月，醴陵市诗联协会主席李纪干同志带领协会会员，历时半年，对醴陵籍南社诗人的资料做了较为广泛的搜集整理。此后，唐青柏、张坚、徐峰等对前期成果进行了审定。2022年2月，正式委托谢仁辉同志牵头组建编纂团队。

两年多来，谢仁辉、张训贻、赖福明、肖晓菲、邬添奇、何开思、刘嘉欣等编纂人员尽职尽责，千方百计，广泛搜集，多方求证，彼此之间反复讨论，数易其稿，终成此书。醴陵市文旅广体局姚武飞、屈继元在此过程中做了大量协调工作，使本书得以顺利付梓。

编纂工作得到了相关部门单位的大力支持和帮助。中国南社纪念馆、柳亚子纪念馆、湖南省图书馆、醴陵市委组织部、醴陵市委宣传部、醴陵市文联、醴陵市文旅广体局、醴陵市档案馆、醴陵市图书馆、醴陵市第一中学、李立三故居，以及来龙门、浦口、王仙、东富、泗汾、沈潭、明月、茶山、板杉、左权、枫林、官庄等镇街及其下辖村（社区），渌口区渌口等镇及其下辖村（社区）提供了支持和协助。南社醴陵籍诗人后代朱天相、朱辉林、廖财林、刘梯凡、欧阳乐、文志、傅益亮等提出了宝贵建议；文志勇、谢星陵、匡知成、傅德良、林德建、屈继元等热心人士提供了线索。在编纂过程中，参考了有关专家学者的研究成果和相关媒体的公开资料。在此，一并表示感谢。

由于醴陵籍南社成员众多，时间相隔较长，历史资料大量湮灭，未能完整搜集到全部诗人的信息，有的甚至还是空白，加上编者专业知识欠缺，未能透彻阐述和分析"南社中的醴陵人"这个群体在那段特殊时代环境下的成长因素，未能深刻揭示诗人们作品的深刻内涵和精神风貌。这一遗憾，只能期待后来者了。

限于经验不足，水平有限，疏漏谬误之处，恳请读者谅解并祈专家学者批评指正。

编者

2024 年 10 月